임원경제지
권48-49

섬 용 지

贍用志 1

추천사

《섬용지》 출간! 우리 전통건축인들의 큰 경사

《섬용지》가 드디어 출간된다니, 평생 전통건축 복원에 매달려 온 장인으로서 기쁜 마음으로 축하드립니다! 《섬용지》는 제가 복원에 매진해 온 궁궐과 절집을 대상으로 한 것은 아니지만 조선 후기의 일반 가옥 건축기술과 건축재료를 체계적으로 담고 있는 대표적인 저술이어서, 우리 전통건축인들은 하루빨리 번역 출판되기를 목마르게 기다려 왔습니다. 이제야 우리 전통건축의 바탕이 튼튼하게 다져진 듯합니다.

현대와는 달리 우리 전통가옥은 단순히 주거하는 물리적 공간이 아니었습니다. 가족과 소통하는 일상생활 공간이었고, 담장 너머 옆집과 마을로 열린 길이었고, 그 길을 가다 보면 향교와 절집과 대궐로 닿는, 세상과 동물과 식물이 공존하는 생태문화의 공간이었습니다.

풍석 서유구 선생은 《섬용지》에 그런 공간을 만드는 이모저모를 섬세하게 그려 놓으셨습니다. 그러기에 《섬용지》를 읽다 보면, 어린 시절 뛰놀던 방과 마루, 부엌과 외양간, 우물과 논으로 흐르는 도랑이 보입니다. 뒷산 소나무, 참나무를 스치는 바람 소리, 뻐꾸기 소리, 개구리 소리가 들립니다. 시멘트와 벽돌, 각종 편리한 건축자재로 뚝딱 짓는 요즘 집에서는 좀처럼 느끼기 힘든 사람 냄새, 거름 냄새, 한지의 따뜻함이 느껴집니다.

《섬용지》 출간을 계기로 우리 전통건축과 현대건축을 잇는 새로운 작업이 풍성히 시작되길 기원하고, 연구 번역에 힘쓴 임원경제연구소 여러분의 오랜 노고와 정성에 찬사를 보냅니다.

– 신응수(대목장, 국가무형문화재기능협회 이사장)

전통건축의 맥을 되살릴 《섬용지》의 완역 발간! 감동입니다!

《섬용지》는 우리 전통건축에 대한 실용적인 기록입니다. 그동안 전통건축을 연구하는 학자들이 부분적으로 소개하긴 했지만, 전체가 완역되어 간행되는 것은 처음입니다. 반갑고 감동스러운 소식입니다.

우리 회사는 전통건축을 현재에 이어 가는 일을 주로 하는 곳입니다. 따라서 《임원경제지》 번역 사업에 작은 후원자가 되어 지금까지 같이해 온 것은 너무 당연했습니다. 앞으로《임원경제지》16분야 113권 54책이 완역되는 그날까지 후원을 이어 나갈 것입니다. 그리고 이 시대의《섬용지》를 써 나가는 일에 앞장서겠습니다. 임원경제연구소 여러분의 노고에 마음 깊이 감사드립니다.

– 백경기(㈜우리문화 대표)

열린 안목과 실용주의의 결실, 《섬용지》

전통한옥을 짓는 일에 매진해 온 목수로서, 2백 년 전의 우리 한옥 짓는 법을 집 배치부터 터다지는 법, 기둥과 지붕, 방, 구들, 창, 부엌, 부뚜막, 외양간, 우물, 곡간, 변소, 담장 쌓기에 이르기까지 세밀하게 기록으로 남긴 서유구 선생의 열린 안목과 실용주의가 놀랍습니다! 집이든 살림살이든 기본이 바로 서야 오래간다는 풍석 선생의 잔잔한 말씀이 들리는 듯합니다.

– 이승무(도편수)

《섬용지》야, 나오너라

오늘날 써먹을 수 있는 조선 후기 실용과학의 적정기술 곳간《섬용지》가 마침내 나오네요. 가슴 벅찹니다. 겹구들 놓고 은행잎이나 솔방울로 방바닥을 걸고 기름틀 만들어 참기름을 짜 먹는다니! 생각할수록 통쾌합니다. 세계화 속에서 과학기술문명에 절어 노예처럼 살아가는 우리에게 샘물처럼 신선하게 다가오는《섬용지》의 메시지!

– 박찬교(전통한옥 연구가, 농부)

전통 생활공간 이야기《섬용지》출간을 축하합니다

드디어 우리 아이들과 함께 2백 년 전 조선시대를 생생하게 여행할 수 있게 되었네요. 옛 님처럼 집도 같이 지어 보고, 부엌에 들어가서 불도 때 보고 요리도 하고, 뜨끈한 구들방에 눕기도 하고, 들기름 등잔에 불 밝히고 천자문도 낭랑하게 같이 읽을 수 있을까요?

– 민승현(초등학교 교사)

조선 선비들의 일상 생활공간 영위법

진작 나왔으면 지금 짓고 있는 제 집에 꼭 참고해 봤을 텐데…… 정말 아쉽습니다!

늦었지만《섬용지》출판을 계기로, 조선 선비들이 일상 공간인 집을 어떻게 설계하고 영위했는지 자세히 살펴보겠습니다. 《섬용지》가 갈수록 황폐해져 가는 우리 현대인의 삶에 단비가 되기를 축원합니다.

– 박보영(도시농부)

당대의 사상적 흐름을 거슬러 오른 문제적 기록

일상생활을 담는 공간인 집은 개인 삶의 실상이자 가족과 공동체의 의미망을 그대로 보여 줍니다. 2백 년 전, 집을 어떻게 무엇으로 짓고, 어떤 일상도구를 썼는지를 체계적으로 상세하게 기록한 《섬용지》는 그 자체로 우리 전통문화의 생생한 콘텐츠이자 생명력 넘치는 건축인문학 자료가 아닐 수 없습니다. 당대 조선 주자학의 보수적인 경학적 사유 흐름을 거슬러, 이토록 실용주의적 문제의식과 열린 비판정신으로 일상을 다듬은 풍석 서유구 선생이야말로 진정 위대한 르네상스인이자, 문제적 인간이 아닐까요?

– 류민성(㈜인문학문화포럼 회장)

풍석 서유구 할아버지의 이용후생 정신!

조선 후기 실학의 큰 별 풍석 서유구 할아버지가 저술하신 《섬용지》의 출간을 대구 서씨 후손의 한 사람으로 두 손 모아 감축합니다. 최고위직 사대부이면서도 오로지 조선 백성의 삶을 윤택하게 하는 데 평생을 바치신 풍석 어른의 이용후생 정신이 2백 년의 시공을 넘어 우리 현대인에게 공유되기를!

– 서현도(청운산업 대표이사)

전통적인 삶을 사랑하는 이들의 교과서

전통농사법 재미에 푹 빠져 있는 제게 《섬용지》의 세계는 또 다른 매력입니다. 우리 조상님들은 본채와 곁채, 후원과 연못을 어떻게 배치했는지, 외양간과 곳간, 화장실은 어떻게 지었는지, 우물은 어디에 파고 담장은 어떻게 둘렀는지, 인생 후반기에 안거할 집을 마련하기 위해서도 정말 공부할 게 많습니다! 《섬용지》는 전통문화를 사랑하는 우리 모두의 교과서입니다.

– 윤남철(개인사업가)

林園經濟志

임원경제지
권48-49

섬용지

贍用志 1

건축·도구·일용품 백과사전

권1·건물 짓는 제도
권2·건물 짓는 재료
·나무하거나 물 긷는 도구
·불로 요리하는 도구

풍석 서유구 지음 추담 서우보 교정
임원경제연구소 옮김

풍석문화재단

이 책은 ㈜DYB교육 송오현 대표 외 수많은 개인의 기부 및 문화체육관광부의 지원으로
완역 출판되었습니다.

임원경제지 섬용지 1

지은이　　　풍석 서유구
교　정　　　추담 서우보
옮기고 쓴 이　🌿 **임원경제연구소** (소장 정명현)
　　　　　　　공동번역 및 교열 : 이동인, 이강민, 김태완, 최시남
　　　　　　　2차 교열 : 정정기, 김현진, 강민우, 이유찬
　　　　　　　교감 및 표점 : 민철기, 김수연, 황현이, 노성완, 윤성훈
　　　　　　　삽화 제작 및 그림 조사 : 정명현, 정정기, 김현진, 강민우, 이유찬
　　　　　　　자료정리 : 고윤주
　　　　　　　원문 및 번역 최종 정리 : 정명현
　　　　　　　감수 : 안대회, 이강민(이상 권1, 권2 '건물 짓는 재료'까지),
　　　　　　　　　　　정선용, 이문현(이상 권2 나머지 부분)
　　　　　　　연구소 홈페이지 www.imwon.net

펴낸 곳　　　🏛 **풍석문화재단**
　　　　　　　펴낸 이 : 신정수
　　　　　　　진행 : 진병춘, 박시현　진행지원 : 박소해
　　　　　　　전화 : 02)6959-9921　E-mail : pungseok@naver.com
편집디자인　아트퍼블리케이션 디자인 고흐
펴낸 날　　　초판 1쇄 2016년 11월 27일
　　　　　　　2쇄 2021년 9월 13일
ISBN　　　　979-11-89801-44-1

* 표지그림 : 김홍도 〈기와 이기〉《단원 풍속도첩》, 한궁도병풍(국립고궁박물관 소장)
* 사진 사용을 허락해 주신 국립중앙박물관, 국립민속박물관, 국립광주박물관, 국립부여박물관, 관동
　대학교박물관, 대구대학교박물관, 서울시립대박물관, 태백석탄박물관 여러분께 감사드립니다.

《임원경제지·섬용지》를 펴내며

풍석 서유구 선생이 저술한 《임원경제지》 가운데 주거생활 분야를 담고 있는 《섬용지》 출간을 시작으로, 조선의 생생한 일상생활을 드디어 여러분께 활짝 열어 놓을 수 있게 되어 진심으로 기쁘게 생각합니다.

잘 아시다시피 《임원경제지》는 조선 후기 정조·순조 연간에, 대학자이자 최고위 관료직을 두루 역임한 풍석 서유구 선생(1764~1845)이 당시 일상생활에 필요한 실용지식 전반을 체계적으로 연구해서 기록한 백과사전입니다. 선비로서 가정을 영위하고 가문을 일궈 나가는 데 꼭 필요한 실질적인 지식을 16개 분야로 범주화하고, 각 분야에 해당하는 지식을 또 분류하고 세분화하여 일상 단위별로 필요한 지식을 상세히 기술한, 일종의 가정백과입니다.

가령 삶에 필수적인 음식과 관련한 지식을 기록하려 해도, 우선 밥 짓는 곡식들을 알지 않으면 안 되고, 그러자면 농사짓는 각종 방법을 알아야 합니다. 밥 먹는 데 반찬도 필요하니, 각종 채소와 나물에 관한 지식이 필요하고, 강과 바다에서 나는 각종 물고기와 어패류, 해초류에 관한 지식과 소·돼지부터 새 종류에 이르는 온갖 짐승을 사육하거나 사냥하는 법을 다루지 않을 수 없습니다. 갖은 요리법도 제대로 알아야 밥상을 차릴 수 있으니 각종 음식 레시피를 구체적으로 살펴 세세히 적지 않을 수 없습니다.

풍석 선생은 고향인 임진강변에서 18년간 칩거하는 동안 직접 농사짓고, 물고기 잡고, 소 기르고, 밥 짓고 아마 음식도 직접 해 보셨을 겁니다. 물론 봉제사 접빈객을 위해 여러 가지 술도 직접 담그셨겠지요. 어렸을 때부터 줄곧 공부해서 과거 급제하여 벼슬길에 올랐으니, 처음에는 어느 것 하나 제대로 할 줄 아는 것이 없으셨을 겁니다. 요즘처럼 병원이나 약국도 흔치 않았을 테니, 자녀를 양육하거나 병 치료를 위해 《동의보감》만 해도 골백번 읽으셨겠지요.

이 책 《섬용지》만 해도 집을 무엇으로 어떻게 지어야 하는지를 자세히 서술하고 있습니다. 집 배치 방법부터 터다지는 법, 지붕 이는 법, 외양간, 곡간, 변소, 우물 만드는 법, 알아 두어야 할 목재와 석재, 벽돌, 기와 등을 망라하고 있어서, 읽다 보면 가족이 사는 데 필요한 집을 어떻게 지어야 하는지 구체적으로 떠올리게 됩니다. 더구나 집에서 살면서 필요한 온갖 생활용품들까지 용도별로 분류하여 낱낱이 적어 놓고 있어서, 당시에 어떻게 살았는지 마치 영화 화면을 보는 듯 느껴집니다.

단순히 관찰해서 기록했다면 이렇게 생생하게 느낄 수 없을 것입니다. 선생은 가문에서 누대에 걸쳐 장만한 책들뿐만 아니라, 청나라와 일본에서 구해 와 대궐 내 규장각에 수장한 고금의 한문전적까지 두루 살펴 일상생활에 필요한 내용을 채록하여 실제로 적용해 보고, 모르는 것이 있으면 농부뿐만 아니라 하인, 백정, 대장장이에게까지 물어서 앞뒤를 자세히 살펴 엄밀하게 기록했습니다. 인용한 내용은 출전을 명확히 밝혔고, 틀렸거나 보완해야 할 부분이 있으면 정확히 자기 의견을 달았으며, 빠진 부분은 직접 살펴서 정리했습니다. 이렇게 후반생을 바쳐 의식주와 문화생활을 정리한 결과가 총 113권 54책에 이르는 방대한 《임원경제지》입니다.

2백 년 시공을 훌쩍 뛰어넘은 오늘날, 《임원경제지》는 우리에게 더할 나위 없이 훌륭한 살아 있는 전통문화 콘텐츠가 되었습니다. 조선 후기의 일상을 그대로 복원할 수 있을 만큼 당시의 생활 내용을 풍부하고도 입체적으로 보여 주기 때문입니다. 실로 우리나라뿐만 아니라 전 세계적으로도 유례가 없는 백과사전이자 기록유산이 아닐 수 없습니다.

하지만 풍석 선생이 살았던 조선 후기와 현대를 사는 우리 사이에 놓인 2백 년 동안, 그 풍부했던 전통 실용지식은 일제강점기의 폭압과 남북 분단, 한국전쟁 같은 엄청난 변동과 상처를 동반한 근대화 과정에서 대부분 맥이 끊겨 사라지거나 어슴푸레한 기억 속에서 민속자료로만 남게 되었습니다.

그렇기에 《임원경제지》를 번역하는 일은 한문으로 기록된 내용을 단순히 우리말로 옮기는 일이 될 수 없었습니다. 2백 년 사이에 끊겨 사라진 당시의 일상 지식을 연구 복원하고, 남아 있는 전통 방식을 체험해 봐야 비로소 번역이 가능해지는 것입니다. 임원경제연구소가 원본이 없는 상황에서 남아 있는 4, 5종의 오류 많은 필사본을 가지고 거의 15년을 고투해 온 것은 바로 이런 까닭이었습니다.

그동안 《임원경제지》를 연구·번역하는 데 온 정성과 땀을 바쳐 온 임원경제연구소 여러분의 노고에 깊은 감사를 드리면서, 16지 전체가 제대로 완역 출판되기까지 더한층 매진해 주실 것을 부탁드립니다. 그리고 임원경제연구소가 연구·번역할 수 있도록 물심양면으로 오랫동안 후원해 오신 DYB교육 송오현 대표님과 후원자 여러분께 진심으로 감사드립니다.

아울러 풍석문화재단 설립에 동참해 주신 재단 이사진과 고문님들, 기타 재단 관계자분들과 어려운 여건 속에서도 묵묵히 일하고 있는 사무국 직원들께도 뜨거운 감사의 말씀을 드립니다.

또한 연구·번역한 원고를 맡아 정성껏 디자인하고 편집해서 멋진 책으로 제작해 주신 씨앗을뿌리는사람 출판사 여러분께도 감사 인사를 드립니다.

이 방대한 《임원경제지》가 우리 문화산업에 중요한 기반이 된다는 것을 깊이 이해하고 지원해 주신 조윤선 문화체육관광부 장관님과 관계자 여러분께도 다시 한 번 감사드립니다. 문화체육관광부의 지원이 없었다면 이번 《섬용지》 출판을 할 수 없었을 것입니다.

풍석 서유구 선생은 후기에 들어 더욱 배타적 정통론에 빠져든 조선 성리학의 주류에서 벗어나, 공직을 두루 역임하는 가운데 이용후생의 실용주의 정신으로 안민부국을 위해 헌신한 분입니다.

우리 풍석문화재단은 풍석 서유구 선생의 《임원경제지》와 다른 저술들을 지속적으로 출간하는 데 힘을 모을 것입니다. 이와 함께 학술대회와 홍보,

관련 사업을 통해 선생의 업적과 사상을 국민 여러분과 공유하여, 선생이 남긴 방대한 전통문화 콘텐츠가 우리 대한민국의 문화적 긍지와 새로운 문화산업의 토대가 될 수 있도록 노력하겠습니다.

　국민 여러분께《섬용지》를 펼쳐 보일 수 있게 된 것을 진심으로 기쁘게 생각하고, 전통문화를 사랑하는 마음 그대로 저희 재단 사업에 동참해 주시길 간절히 기원합니다.

2016년 11월
풍석문화재단 이사장 신정수

《임원경제지·섬용지》 발간을 축하하며

《임원경제지》 완역 작업의 첫 성과물인 《섬용지》의 발간을 축하합니다.

조선 후기 최고의 학자 중 한 분인 서유구 선생은 개방, 실용, 실증의 정신을 바탕으로 당시 한국, 중국, 일본에 전해 오던 실용지학의 정수를 집대성하는 데 일생을 바치셨습니다. 이러한 서유구 선생의 노력의 결실이 바로 113권에 달하는 조선시대 최고의 생활백과사전인 《임원경제지》입니다.

서유구 선생이 853종의 서적을 참고해 약 40년에 걸쳐 저술한 《임원경제지》는 학문적 가치가 뛰어날 뿐만 아니라, 농업, 식품, 건강, 건축 등 오늘날 우리의 산업 혁신과 창조경제에 활용할 수 있는 소중한 문화유산이기도 합니다. 그러나 그동안 많은 사람들이 《임원경제지》의 학문적 가치와 번역의 필요성에 공감하고 있었음에도 완역되지 못했습니다. 단순한 한문 지식만으로는 이 책에 담긴 각 분야의 다양한 지식과 난해한 문장들을 정확히 이해하고 읽기 쉽게 풀이하기가 매우 어려웠기 때문이라고 생각합니다.

이번에 서유구 선생의 사상과 업적을 기리고 지식을 복원하기 위해 설립된 풍석문화재단이 심혈을 기울여 《임원경제지》를 우리말로 번역해 완간한다는 소식은 참으로 반가운 일이 아닐 수 없습니다.

《논어(論語)》에 "옛것을 익히고 새것을 알면 남의 스승이 될 수 있다.(溫故而知新 可以爲師矣.)"고 하였습니다. 이를 현대에 맞게 되살려 보면 전통과 현대의 소통이야말로 또 다른 의미의 한류를 이끌어 낼 수 있는 원동력이 아닐까 생각합니다. 우리 전통문화의 보고인 《임원경제지》를 통해 옛것을 배우고 이를 현대적으로 복원함으로써 한국문화의 우수성을 세계에 더욱 널리 확산할 수 있을 것입니다.

특히 가장 먼저 발간되는 《섬용지》는 조선시대 백성들의 생활도구들이나 집짓기 제도 등에 대한 상세한 기록으로 우리 전통의 삶을 그대로 보여주는 매우 귀중하고 가치 있는 자료입니다. 이 자료는 서유구 선생의 업적과 학문적 성과를 공유하고, 연구 기반을 조성하는 출발점이 되리라 확신합니다.

이제 막 첫 권을 발간했습니다. 《임원경제지》가 우리말로 완간될 때까지 많은 분들의 더 큰 노력과 지속적인 관심이 필요할 것입니다. 앞으로 풍석문화재단의 활약을 더욱 기대합니다. 정부도 소중한 우리의 전통문화 유산을 오늘을 사는 후손들과 세계인들이 나눌 수 있도록 최선의 노력을 기울이겠습니다.

힘들고 어려운 작업을 묵묵히 수행해 오신 임원경제연구소 정명현 소장님, 풍석문화재단 신정수 이사장님과 관계자 여러분께 진심으로 감사드립니다.

2016년 11월
문화체육관광부 장관 조윤선

후원인의 글

《섬용지》 출간에 부쳐

임원경제연구소에서 《임원경제지》의 아홉 번째 지인 《섬용지》를 출판한다고 하니 기쁘기 한량없습니다. 2003년 번역 작업을 시작해 그동안 많은 우여곡절을 겪으면서 2009년의 《본리지(本利志)》에 이어 두 번째로 번역서를 내는 결과를 보니, 번역 결과물이 이제부터 순차적으로 쏟아져 나오리라 믿어 의심치 않습니다. 특히 《섬용지》는 《예규지(倪圭志)》와 더불어 사농공상의 위계가 있던 조선 사회에서 각각 공(工)과 상(商)을 다루는 지로서, 《임원경제지》의 장점을 두드러지게 하는 중요한 책이라고 들었습니다.

선비로서는 최고의 정점에 도달한 경화세족(京華世族)의 양반이 무두질과 대패질을 하는 장인들과 교류하며 기술을 연구하고 기록하여, 지금 우리가 재현하고 발전시킬 수 있는 근거를 남겼습니다. 심지어 화장대, 바늘, 장신구 같은 여성에게 필요한 안방 필수품들의 제작법도 여성 저술가보다 더 치밀하고 상세하게 다루었습니다. 조선 사회가 공(工)·상(商)을 푸대접하고 무시한 풍토는 오늘날까지 그 여파가 깊어, 전문 기술을 보유한 선대의 가업을 계승하는 일을 후손들이 꺼리고 있습니다. 그 결과 전통 기술이 소멸할 지경에 이르렀습니다만, 이런 상황에서 《섬용지》가 저술되어 오늘날까지 이어진 사실은 천우신조라 할 만합니다.

임원경제연구소에서 정명현, 민철기 공동소장 이하 모든 연구원의 열정적 연구와 헌신적 노력으로 빛나는 번역 연구 결과를 내놓았기에 아낌없는 박수를 보냅니다. 연구소의 이 같은 성과는 초지일관(初志一貫)해 온 기나긴 여정의 결과입니다. 우공이산(愚公移山)의 묵묵한 행진의 보답입니다. 한 지 한 지가 출판되어 나올 때마다 관련 분야의 전문가와 관심 있는 연구자들은 조선의 전통 기술을 연구, 계승, 발전시킬 탄탄한 원천 기반을 확보할 수 있을 것입니다. 학자와 학생들은 전통 기술에 대한 전체적인 이해와 그에 바탕을 둔 창의적 기술 연구에 큰 도움을 받을 것이며, 기자와 작가들은 구체적이고 근거가 확실한 자료를 확보할 것입니다. 《조선왕조실록》 번역이 지닌 파급력에 맞먹는 영향이 있지 않을까 하고 감히 추측해 봅니다. '조선 사람 생활의 발견'이라 부를 만한 충격을 주리라 저는 확신합니다.

풍석문화재단의 도움으로 문화체육관광부의 예산 지원을 받아 책을 출판할 수 있어서 저로서는 큰 영광입니다. 민간의 후원으로 시작한 번역 사업에 정부가 화답했다는 사실은, 국가에서도 꼭 필요한 사업임을 공인받은 것이라, 번역 사업 제안자인 정명현 공동소장과 저 개인의 판단이 시대적 여건으로나 사회적 분위기로나 틀리지 않았음을 방증하기 때문입니다. 앞으로 정부의 든든한 지원과 민간의 후원으로 결실을 맺게 될 《임원경제지》 번역서 출간이 끊임없이 이어지고, 그 결과물이 문명의 패러다임을 사농공상의 차별에서 사농공상의 분별로, 허학(虛學)에서 실질적인 학문으로 바꾸는 중요한 전기가 되기를 바랍니다.

풍석 서유구 선생은 《섬용지》의 기물들을 하나하나 수집하고 직접 설계도 하셨습니다. 단순히 의식주 중에서 우리가 사는 공간을 채우는 물건에 주목하신 게 아니라 그곳에 사는 사람들의 생활을 근원적으로 변화시킬 다양한 장치들을 두었다고 생각합니다. 제게는 재미있고 인상적이고 충격적인 기사들이 아주 많았는데, 그중에 '일계체(日計屉)'라는 항목이 특히 눈길을 끌었습니다. 30칸짜리 쌀서랍을 풍석 선생께서 직접 고안하여, 한 달간 소요되는 쌀을 30칸에 나누고 이를 매일 한 칸씩 쓰도록 한 뒤주 말입니다. 편리와 절약을 동시에 챙기는 일거양득의 효과가 있기에 풍석 선생의 고민이 얼마나 구체적이고 현실적인 문제에까지 미쳤는지 알 수 있는 상징적인 대목이었습니다.

제가 DYB최선어학원을 설립하고 현재까지 경영하면서 간직하고 있는 화두 중 하나가 최선(最善)입니다. 최선은 '가장 좋은 것', '가장 적합함', '온 정성과 힘을 기울인다'는 뜻입니다. 제가 알기로 임원경제연구소는 이 책을 적당한 선에서 출판하자는 여러 번의 유혹을 견뎌 내며 가장 좋은 상태가 아니면 안 된다는 뜻으로 온 정성과 힘을 기울여 내놓았습니다. 《섬용지》를 이해하는 데 꼭 필요한 그림이나 사진 자료를 그리거나 찾는 데도 적지 않은 전문적인 공력이 투여되어야 합니다. 가장 좋은 결과를 내기 위해 연구에 임하지만 항상 좋은 결과를 내놓을 수는 없습니다. 그렇기에 《섬용지》라는 결과물은 그 결과와 과정의 양 측면에서 많은 사람들의 모범이 되며, 그 결과만이 아니라 그 과정에서 보여 준 태도도 우리 사회에 기여하는 바가 적지 않습니다. 많은 분들의 땀과 뜻이 모여 출간된 이 《섬용지》가 그보다 훨씬 더 많은 사람들의 땀을 절약해 주고 모두의 뜻을 벼리는 데 일조할 수 있기를 간절히 바랍니다.

2016년 10월 12일
DYB교육 대표 송오현

차례

섬용지 권제1 贍用志 卷第一

건물 짓는 제도 營造之制

섬용지 권제2 贍用志 卷第二

건물 짓는 재료 營造之具

나무하거나 물 긷는 도구 樵汲之具

일러두기

- 이 책은 풍석 서유구의《임원경제지》를 표점, 교감, 번역, 주석, 도해한 것이다.
- 이 책은 풍석 서유구의《임원경제지》를 표점, 교감, 번역, 주석, 도해한 것이다.
- 저본은 정사(正寫) 상태, 내용의 완성도, 전질의 구성 등을 고려하여 고려대학교 도서관 소장본으로 했다.
- 현재 남아 있는 이본 가운데 서울대학교 규장각한국학연구원, 일본 오사카 나카노시마부립도서관, 미국 UC버클리대학교 아사미(淺見)문고 소장본을 교감하고, 교감 사항은 각주로 처리했으며, 각각 규장각본, 오사카본, 버클리본으로 약칭했다.
- 교감은 본교(本校) 및 대교(對校)와 타교(他校)를 중심으로 하고, 필요에 따라서는 이교(理校)를 반영했으며 교감 사항은 각주로 밝혔다.
- 번역주석의 번호는 일반 숫자(9)로, 교감주석의 번호는 네모 숫자(⑨)로 구별했다.
- 원문에 네모 칸이 쳐진 注, 法 등과 서유구의 의견을 나타내는 案, 又案 등은 원문의 표기와 유사하게 네모를 둘렀다.
- 원문의 주석은【 】로 표기했다.
- 서명과 편명은 번역문에만 각각《 》및〈 〉로 표시했다.
- 표점 부호는 마침표(.), 쉼표(,), 물음표(?), 느낌표(!), 쌍점(:), 쌍반점(;), 인용부호("", ''), 가운뎃점(·), 모점(、), 괄호(()), 서명 부호(《》)를 사용했고 인명, 지명 등 고유명사에는 밑줄을 그었다.
- 字, 號, 諡號 등으로 표기된 인명은 성명으로 바꿔서 옮겼다.

역자 서문

14년째다. 《임원경제지》 번역 사업을 시작한 지 말이다. 개시 후 1년 안에 원고를 마치고 3년 안에 모든 원고를 출판하겠다는 애초의 계획은 하룻강아지가 범에게 달려드는 격이었다. 2009년 《본리지》를 출간한 뒤 이제 겨우 두 번째 지를 마쳤다. 풍석문화재단 및 씨앗을뿌리는사람에서는 처음으로 나오는 《임원경제지》 번역서다. 물론 그간 《섬용지》 번역만 하고 있었던 것은 아니다. 2012년에는 1,632쪽에 달하는 임원경제지 개관서, 《임원경제지 : 조선 최대의 실용백과사전》을 세상에 선보였다. 이 책의 출판을 계기로 이듬해에는 한국고전번역원에서 진행하는 특수고전협동번역사업의 일환으로 《임원경제지》 중 의학백과인 《인제지(仁濟志)》 번역 사업을 지원받을 수 있었다. 한국고전번역원의 지원으로 4년째 이어지고 있는 《인제지》 번역 사업은 이제 2/3 정도 마쳤다.[1]

　《섬용지》 번역 과정은 기대와, 걱정과, 두려움과, 놀람과, 희열의 불규칙적인 무한 반복이었다. '《섬용지》에는 무슨 내용이 들어 있을까? 문장을 제대로 해독할 수 있을까? 우리가 한 번역이 완전히 엉터리로 판명되지 않을까? 저자는 어떻게 이처럼 자세히 묘사할 수가 있지? 이 기사는 바로 이런 모양을 설명했구나! 다음 주제에서는 어떤 기물을 어떻게 묘사했을까? 아~ 이 문구는 도저히 모르겠다. 원문을 잘못 판독한 탓에 오역한 부분은 없을까? 아니, 고관대작이었던 남자가 어떻게 이런 분야까지 조사를 했지?

1　《인제지》는 총 28권으로, 《임원경제지》 전체 분량의 44퍼센트를 차지하는 거작이다.

하하, 깜깜하던 문자 숲이 이제는 조금 훤해졌어! ……'

여러 해 동안 원고를 보고 또 보면서, 이제 겨우 《섬용지》의 세계를 조금이나마 파악할 수 있게 되었다. 아직도 부족한 점이 많으나 오랜 협동번역 연구의 결과를 많은 분들과 공유할 수 있어서 참으로 영광이다.

《섬용지》는 우리나라 옛 문헌에서 가장 취약했던 분야 중 하나로 알려진 기술 분야를 집중적으로 다룬 책이다. 우리는 조선의 공예나 도자기 제조 및 건축 기술의 결과물인 유적지나 유물들을 보면서 감탄을 자아내곤 한다. 하지만 이를 제작하는 과정을 구체적인 그림이나 언어로 정리한 자료를 찾기는 참으로 어려웠다. 그간 자료가 이러저러한 이유로 산실된 것도 한 가지 이유이겠지만, 애초에 기술을 구현하는 과정을 보여 주는 저술은 편찬된 사례가 매우 드물었기 때문이다.

물론 유네스코 세계기록유산으로 등재된 조선왕조 의궤(儀軌)류의 기록물은 당시 상황을 그림과 함께 세밀하게 전해 주어서 후대의 연구에 큰 도움이 된다. 의궤는 조선시대에 왕실이나 국가의 주요 행사가 진행된 내용을 정리한 기록물이다. 여기에는 행사의 전말과 경과, 소요된 재용(財用)과 인원, 의식 절차, 행사 후 논상(論賞) 등의 내용이 들어 있다. 이 기록에서는 그림이 주된 요소라는 점이 큰 장점이다. 하지만 의궤에는 행사에 기물(또는 재료)을 얼마만큼 사용했는지, 소요된 비용은 얼마인지를 적었을 뿐(그 모양을 그려 놓은 경우도 있다), 그 기물(또는 재료)을 어떻게 만들었는지는 적어 놓지 않았다. 결과물만 알 수 있는 것이다. 게다가 의궤에 기록된 물품들은 국가 행사에서 사용한 것들이라 민가에서 일반 백성들이 사용한 물품과는 차이가 크다.

기술을 다룬 조선시대 저술의 이 같은 특성으로 인해 우리 주변에 가장 흔했던 방석이라든지, 놋그릇이라든지, 뒤주 같은 것을 어떻게 만들었는지는 알 길이 없다. 불과 수십 년 전까지만 해도 시골에서 가마니 짜는 모습을 심심치 않게 볼 수 있었고, 그 기술을 몸에 터득한 사람들도 적지 않았다. 그러나 이제 이런 수공업 기술은 점점 사라지고 사장되고 있다. 그나마 다행으로 기와집 같은 전통 가옥을 짓는 기술은 전통문화에 대한 아득한 향수, 건강과 전통미에 대한 관심, 한류의 확대에 힘입어 살아남을 수 있었다.

그러나 이런 몇 가지 분야를 제외하고는 이제는 조선시대에 사용한 기물을 재연할 수 있는 풍토 자체가 형성될 수 없는 지경이다. 20~30년 뒤 전통문화를 계승하기 위해 평생을 애써 온 수많은 장인들이 자신의 기술을 펼칠 수 없을 때, 수천 년에 걸쳐 축적된 전통 공업·공예 기술 대부분이 사라지리라는 우려를 떨칠 수 없다. 이미 상당한 분야는 사라졌다.

이런 상황에서 《섬용지》는 우리에게 놀라운 세계를 펼쳐 주었다. 민속박물관에서나 봄 직한 여러 민속유물들을 제작하는 방법과 그 물건들이 성행하던 당시의 상황, 그리고 그 기술 수준에 대한 날카로운 평가 등이 《섬용지》 곳곳에 실려 있었다. 어린 시절 매일 밟고 뒹굴며 살았던 마루를 만드는 방법을 알았을 때, 온돌방을 제작하는 방법을 세밀하게 규명할 수 있었을 때, 여성들의 온갖 의복과 장신구, 안방 필수품들을 제작하는 과정을 접했을 때, 국수를 뽑아내는 '국수틀'이나 술을 짜내는 '술주자'의 구조를 그려 냈을 때, 우리는 그야말로 200년 전 조선 사람이 되어 있었다.

《섬용지》는 조선 사람이 일상생활에 필요한 '무엇(기물 및 재료)'을 '어떻게' 만드는지를 방대하고 치밀하게 탐구한 저술이다. 다룬 내용이 매우 방대하고 세밀하며 체계적이라는 점에서 전통시대의 기술, 즉 공업·건축·공예 분야의 최대이자 최고의 저술이라는 평가에 주저할 이는 없으리라 믿는다. 게다가 이런 기물을 만들어야 하는 목적도 뚜렷하게 밝혀 놓았다. 그것은 바로 기술의 발전으로 조선인 전체의 삶을 편리하고 풍요롭게 하기 위함이었다. 한마디로 민생(民生)의 이용후생(利用厚生)인 것이다. 서유구는 주장한다. "사대부가 공업 제도를 마음에 새겨 두어야 한다!(士夫宜留意工制)"라고.[2] 이용후생의 책임은 결국 사대부, 즉 지식인에게 있다고 확신했기 때문이다.

《섬용지》는《임원경제지》번역 과정에서 가장 먼저 초고가 완료된 지다. 초고 완성 뒤 역자를 포함한 5명이 교열을 일 년 넘게 두 차례나 진행했다. 교열 과정은 매번 즐거움이 넘쳐났고 역자는 말할 것도 없고 모든 참여자들은 기꺼이 자신의 원고처럼 온 열정을 다해 임해 주었다. 2009년부터는 이 원고를 바탕으로 임원경제연구소 연구원들이 다시 교감과 표점을 보완했고, 번역문도 전면 재검토했다.[3] 그러한 과정을 거치며 기술 분야에 문외한이었던 역자들은《섬용지》의 세계로 차츰차츰 깊이 들어갈 수 있었다.

초기 원고가 완성된 뒤,《섬용지》번역은 크게 다섯 단계로 진행되었다. 3종의 필사본(오사카본,[4] 고려대본, 규장각본. 이 중 고려대본을 저본으로 삼았다)을 대조하고, 원출전을 찾아 이와 비교하면서 원문의 오류를 보완하는 교감(①), 원문에 문장부호를 추가하는 표점(②), 이렇게 정리된 원문을 토대로 한 번역과 교열(③), 주석(④)까지 연구소에서 완료한 뒤, 마지막으로 감수(⑤)를 거쳤다. 교감 과정에서는 애초에 전산 입력이 잘못된 글자부터, 필사본 사이의 오류까지 밝혀냈다.[5] 이를 토대로 표점을 찍으면서 세밀하게 세워 놓은 원칙들을 반영하려 했다.

번역과 교열 과정에서는 한문의 문장구조를 살리면서도 한글의 문장구

---

2 《섬용지》권4〈공업 총정리〉"공업 교육" '사대부가 공업 제도를 마음에 새겨 두어야 한다'.
3 전면 수정한 원고를 확인한 원 역자는 이 번역을 자신의 번역으로 인정할 수 없고 따라서 자신이 책임질 수도 없다는 판단으로 대표 역자에서 제외되기를 희망했고, 이에 따라 정명현이 교감, 표점, 번역, 주석, 삽화 등 최종 내용에 책임을 지고 작업을 진행했다. 이 과정에서 차서연이 권3을 전면 재검토했다.
4 《섬용지》권1·2는 오사카본이 없고 대신 버클리본이 있으며, 권3·4는 오사카본이 있고 대신 버클리본이 없다. 오사카본과 버클리본은 서로 짝이 되는 동일한 필사본이나 소장처만 다르기 때문이다. 여기서는 버클리본과 오사카본을 대표해서 오사카본이라 적었다.
5 이미 밝힌 바 있지만,《섬용지》원문은 서울대 규장각한국학연구소의 입력본(규장각본)을 제공받은 것이다.

조로 최대한 자연스럽게 옮기려고 했다. 하지만 한문과 한글이 근본적으로 문장구조가 달라서 생기는 어색함을 줄이려 했음에도, 여전히 표현이 자연스럽지 못한 곳이 많으리라 생각한다. 또 역점을 둔 사항은 번역문뿐 아니라 물명(物名) 등의 용어를 일관되게 표현하려 했다는 것이다. 국어사전과 백과사전 등에 수록된 용어를 기준으로 삼되, 한자명과 한글명이 사전에 동시에 등재된 경우 되도록 한글명을 표제어로 삼았다. 주석은 본문 이해에 필요한 최소한의 사항만 제시하려 했으며, 원출처를 일일이 밝혔다.[6] 기존 번역서로는 《산수간에 집을 짓고》(안대회 역)와 《천공개물》(최주 역본과 최병규 역본)이 많은 참고가 되었다. 이 중 전자는 《섬용지》가 선역되어 있어서 번역의 방향을 잡는 데 도움을 주었다.

주석에서 출처를 밝힌 사항 외에 특기할 점은, 필요하다고 생각되는 곳에 그림이나 사진 자료를 부가한 것이다. 《임원경제지》를 번역하는 우리의 기본적인 태도는 원문에서 말하고자 하는 내용을 그림으로 표현할 수 있어야 한다는 것이다. 그림으로 표현하는 것은 번역자가 내용을 충분히 숙지했을 때 비로소 가능한 일이다. 숙지하지 못했을 때도 그림을 그릴 수는 있으나, 그 그림에 오류가 생길 수 있다. 설령 그림의 일부에 오류가 있더라도 독자들이 본문을 이해하는 데 도움을 준다는 점에서, 그리고 차후에 이에 기반을 둔 더 나은 번역이 나올 수 있다는 점에서 그림은 그 역할을 충분히 한다.

물론 시각 자료를 부가한 가장 큰 목적은 각종 기물의 제작법을 시각화함으로써, 독자에게 더욱 쉽게 내용을 전달할 수 있도록 하기 위이다. 한글로 아무리 유려하게 옮긴다 해도 '전혀' 이해할 수 없는 대목이 《섬용지》

---

6 번역문에 원 출처를 써 주는 일이 독자들에게 번잡스러운 정보를 줄 뿐이라 불필요하다는 의견도 있었다. 검색 체계가 발전하여 마음만 먹으면 비교적 쉽게 출처를 찾을 수 있는 인터넷 환경이 조성되었기 때문이다. 그러나 출처를 밝힘으로써 독자들에게 신뢰를 주고, 이를 더 깊이 궁구하려는 전문 독자에게 조금이라도 접근 과정을 줄여 주어야 한다는 판단으로 출전 주석을 달았다(단 일실된 책이거나 우리가 갖고 있는 자료로 찾지 못한 기사에 대해서는 '출전 확인 안 됨'이라고 표기했다).

에는 자주 보인다. 그런 곳에 간단한 그림 한 점과 유물 하나만 덧붙여 주어도 가독성과 이해도가 몇 배나 증가할 것이다. 시간이나 인력의 부족을 감안하여 시각 자료를 아예 배제할까 망설이기도 했지만, 애초에 우리가 밝힌 "삽화도 번역"이라는 입장을 우리 스스로 등질 수는 없었기에 부족하나마 할 수 있는 데까지 준비했다. 이번《섬용지》번역에서 많은 시도를 할 수는 없었지만, 몇 가지 기물을 묘사하는 그림 자료를 만들면서 고전 번역에 새로운 방법론을 적용해 보고자 했다. 더 많은 내용을 그림으로 그리고 싶었으나, 여러 여건의 한계로 더 확장할 수 없었던 것이 안타까울 따름이다.

유물 자료나 고문헌에 수록된 삽도를 제시하는 것은 번역문 이해를 높여 주는 또 다른 효과적인 방법이다. 처음에는 필요한 유물이 생각보다 많지 않으리라 예상했다. 하지만 서적은 물론이고 인터넷 세계의 도움으로 전혀 상상조차 못했던 유물까지 찾아서 넣을 수 있었다. 이 자료들은 대부분 조선시대 유물이지만, 서유구가《섬용지》에 추가하려 했을 것으로 추측되는,《왕정농서(王禎農書)》나《천공개물(天工開物)》의 삽화들까지 최대한 보여 주려 했다. 국립민속박물관에서 오랫동안 근무하신 이문현 선생님이《섬용지》기사에 꼭 부합한 사진 자료들을 소개해 주셔서 번역과 주석에 큰 도움이 되었다.

감수는 크게 두 분야로 시행했다. 한문 자체를 제대로 풀었는지를 검토하는 번역 문장 감수와 전문 분야의 용어나 의미를 정확하게 반영했는지를 검토하는 전문 분야 감수가 그것이다. 이 기조로《섬용지》에서 다루는 전문 분야를 고려하여 다시 세 분야로 나누었다. 즉 건축 분야(권제1 전체, 권제2 일부), 복식·여성용품 및 실내용품 분야(권제3), 일상생활용품 분야(권제2 일부, 권제4 전체)이다.[7] 안대회, 이강민,[8] 정선용, 이문현, 조순희, 최연우, 이렇게 모두 여섯 분이 맡아 주신 정성스런 감수 덕분에 역자의 오독으로 인한 오역을 수정하고, 표현을 더 자연스럽게 수정했으며, 부정확한 전문 용어나

정보를 상당히 수정할 수 있었다.[78]

　　DYB교육 송오현 대표님의 조건 없는 기부는 《섬용지》 번역 사업의 처음이자 끝이나 다름없다. 송 대표님의 기부로 시작된 후원은 그 뒤로 100여 분에 가까운 후원자의 후원으로 이어졌다. 이분들의 지원이 없었다면 번역 사업이 도중에 좌초될 위기를 무사히 넘길 수도 없었고 이토록 오랫동안 유지할 수도 없었을 것이다.

　　《임원경제지》라는 책이 우리 시대의 공공재임을 공감하여 《섬용지》를 비롯한 《임원경제지》 번역서를 순차적으로 출간할 수 있도록 적극적으로 지원해 준 문화체육관광부와 풍석문화재단에 깊은 감사를 드린다. 풍석문화재단의 신정수 이사장님을 비롯한 관계자들과 출판사 씨앗을뿌리는사람 장익순 대표님을 비롯한 편집부 관계자들은 《섬용지》가 책의 꼴을 갖출 수 있도록 교정뿐만 아니라 여러 방면으로 도움을 주었다.

　　《섬용지》를 출간할 수 있었던 것은 이처럼 수많은 분들의 관심과 격려와 지원 덕분이다. 모쪼록 많은 분들의 손을 거쳐 나오게 된 이 《섬용지》가, 더 많은 이들이 우리나라 전통문화에 대한 관심과 이해를 더 깊이 할 수 있는 자그마한 계기가 되기를 간절히 바란다.

2016년 10월 14일
교감·표점, 번역·역주에 참여한 분들을 대신하여 정명현 씀

7　《임원경제지》에서 권수를 표현할 때 '권제(卷第)1'과 같은 식으로 쓴다. 그러나 원문 번역 부분을 제외하고는 '권제'를 보통 '권'으로 줄여서 쓰기로 한다. 즉 '권제1'의 경우 '권1'로 표기할 것이다.
8　이강민 선생님은 책의 번역 단계(2004년)부터 참여하여 마지막 감수까지 오랫동안 《섬용지》에 관심을 보여 주셨다.

《섬용지》해제[1]

1) 제목 풀이

《섬용지》는 건축·도구·일용품 백과사전으로 4권 2책, 총 99,167자로 이루어져 있다.

섬용(贍用)은 '쓰는 물건을 넉넉하게 한다'는 뜻이다. 쓰는 물건이란 임원에 거주하는 데 필요한 물건이다. 그러니까 집을 비롯하여 일상의 주거공간에 소용되는 집 재료나 가구 및 소품 일체를 가리킨다고 하겠다. 이 쓰는 물건을 제대로 만들고 제대로 활용할 줄 알아야 넉넉하게 쓸 수 있다는 생각이 담겨 있다.

이를 담아내기 위해 서유구는 총 13개의 대제목으로 개괄했다. 다른 지(志)에서 보이지 않는 매우 세부적인 구분이다. 4권 분량으로 대제목이 13개나 되는 지는 없다. 《정조지》(7권)와 《이운지》(8권), 《본리지》(13권)의 대제목이 각각 11, 14, 18개인 점을 보면 대제목이 얼마나 많이 배치되어 있는지 알 수 있다. 《섬용지》는 권마다 평균 3개 이상의 대제목이 배치되어 있는 것이다. 그만큼 《섬용지》에는 일용 물건으로 엮인 매우 다양한 분야의 지식들이 한데 어울려 있다.

서유구가 살던 시대는 집을 비롯한 생활필수품의 대부분을 대량생산품으로 구입하는 요즘과는 전혀 다른 시대였다. 한 땀 한 땀 장인의 손길을

---

[1] 이 글은 서유구 지음, 정명현·민철기·정정기·전종욱 외 옮기고 씀, 《임원경제지:조선 최대의 실용백과사전》, 씨앗을뿌리는사람, 2012, 895~930쪽에 실린 내용을 토대로 증보, 보완한 것이다.

거쳐야 완제품이 되는 가내수공업 시대였다. 하지만 지금의 풍요에서 빚어진 여러 문제에 대한 반대급부로 당시 조선을 그저 낭만적으로만 보아서는 안 된다. 《섬용지》 전체를 통관하는 문제의식은 조선의 기술이 너무나 낙후되어 있다는 통렬한 반성이다. 〈섬용지 서문〉 전체가 조선의 기술이 낙후했음을 한탄하고 분발을 촉구하는 내용으로 채워져 있다. 다음은 서문의 앞부분이다.

생활용품 분야[贍用]에 이르러서는, 한숨이 나올 만한 곳이 반 이상이 훨씬 넘는다. 지금 이 《섬용지》는 목차가 13개로 구성되어 있으나 한 항목이라도 한숨이 나오지 않는 곳이 없다.[2]

서유구는 이렇게 한숨을 먼저 내뱉고서 이어 13개 기술 분야를 일일이 거론하며 모두 "거칠고 졸렬하다."는 악평으로 마감한다. 우리가 아는 조선의 건축이나 공예, 즉 한옥이나 도자기 등에 대한 현재 우리의 평가가 정말 객관적인지 의아할 정도다. 이런 수준이었던 조선에서 외국의 좋은 물품에 눈을 돌린 것은 당연했다. 중국과 일본의 수입품 수요가 많았던 것이다. 서유구에게 중국산을 받아들이는 일은 그다지 문제가 아니지만 일본산까지 수입해야 할 지경이 되었다는 데 대해서는 수치심이 컸던 듯하다.

아! 우리나라가 예부터 중화를 우러러 의지한 이유는 기술이 미치지 못했기 때문임이 틀림없다. 그러나 당당히 서로 맞서는 나라들로서 섬나라 오랑캐인 일본에게서 물건을 서슴없이 수입하게 될 줄 누가 생각했겠는가? 아! 이 지를 읽는 이여, 분개하는 바가 있으리라![3]

---

2 〈섬용지 서문〉.
3 〈섬용지 서문〉.

〈섬용지 서문〉은 이렇게 조선의 기술 수준을 자각하고 분발을 촉구하는 말로 끝을 맺는다. 이러한 반성은 〈섬용지 서문〉으로 시작해서 《섬용지》의 마지막 주제인 '공업 교육'에까지 이어져 있다.

　《섬용지》는 16지 중 서유구 자신의 저술을 가장 많이 반영한 지다. 서유구의 저술 중 특히 《금화경독기(金華耕讀記)》에서 대부분 인용하고 있는데, 이 한 책의 비율만 무려 44.1퍼센트(43,749자/99,167자)나 된다. 총 851개의 기사 중 439개가 《금화경독기》에서 인용한 것이다. 이 같은 결과는 서유구 이전까지의 조선 문헌을 통틀어 《섬용지》에서 다룬 내용 중 취할 만한 기사가 거의 없었음을 방증한다. 조선 문헌 중 《금화경독기》 다음으로 많이 인용된 《증보산림경제》(40회)에 나오는 일용품 관련 내용이 빈약한 점을 보면 이 분야의 조선 자료는 거의 없었음을 알 수 있다. 게다가 서유구의 안설(案說)은 총 167회(9,187자)나 등장한다. 이를 포함하여 서유구의 저술에 해당하는 부분은 모두 57.5퍼센트(57,091자/99,167자)나 되어 전체 저술의 반이 넘는다. 《금화경독기》 다음으로 많이 인용된 중국 문헌 《천공개물》이 51회(12,375자, 12.5%) 인용되었음을 보면 《섬용지》의 출처 분포를 짐작할 수 있을 것이다.

　하지만 조선에 건축이나 수공예품, 공예품에 관한 책이 거의 없었다는 사실이 이 분야에서의 실행이 빈약했음을 뜻하지는 않는다. 현장에서 제작하는 공인들은 많았을지 모르지만 그들이 현장에서 얻은 기술을 글로 남기는 사례가 없었던 것이다. 그러니까 장인들이 없는 것은 아니었으되 그들이 습득한 기술을 글이나 그림으로 세세하게 남겨 놓은 자료가 거의 없었음을 뜻한다.

　《섬용지》에 보이는 서유구의 평가에 따르면 장인들의 기술이라 해도 거칠고 졸렬한 수준이었다. 그러나 이마저도 장인들이 기록으로 남기지 않았기 때문에, 서유구는 다시 인류학적 사명감을 띤 인류학자처럼 당시의 기술을 자신의 문장으로 고정시킬 수밖에 없었던 것이다.

《섬용지》에서 주요하게 소개하는 것들은 가옥을 비롯한 여러 건축물, 주요 일용품과 배·수레·가마 등 교통수단, 흙·나무·돌·금속 같은 원재료 가공 등 굵직한 공산물들이다.

당시에는 너무 흔해 빠져 기록할 가치가 없다고 여겨진 물건조차도 하나 하나 모두 적어 놓았다.[4] 아래에 나열한 목록을 보면 《섬용지》에서 다룬 내용의 일단을 살필 수 있을 것이다. 여기 적힌 목록은 대부분 《금화경독기》에서 인용했다. 조선의 문헌에서 눈에 띄는 기록을 찾지 못했기에 자신의 저술에서 인용했을 것이다.

갈퀴, 망태기, 바가지, 물항아리, 솔솔(수세미), 시루밑, 조리, 주걱, 국자, 튀김용 국자, 석쇠, 바탱이, 자배기, 도마, 가위, 찬합, 바구니, 상자, 배자, 토시, 베개, 부채, 비녀, 족두리, 치마저고리, 골무, 다리미, 빨랫줄, 옷상자, 옷걸이, 양칫물 컵, 비누와 치약(소금) 보관함, 세숫대야 깔개, 세수치마, 수건, 욕조, 빗, 족집게, 민자, 빗 상자, 거울, 화장대, 양탄자, 화문석, 죽부인, 의자, 방석, 커튼, 모기장, 발, 효자손, 빗자루, 쓰레받기, 먼지떨이, 요강, 곰방대, 담뱃갑, 재떨이, 연지 등 각종 물감, 옻, 화로, 숯, 석탄, 부젓가락, 부삽, 등, 등잔, 등잔걸이, 각종 기름, 부시, 부싯돌, 성냥, 소화기, 비옷, 비모자, 우산, 배, 수레, 썰매, 기중기, 도르래, 자, 되, 저울, 톱, 대패, 숫돌, 아교, 금박, 은박, 유기(놋쇠), 농기구.

시대는 격절되어 사라진 물품이 많지만, 당시 삶의 조건을 고려했을 때 이 얼마나 인간 삶에 밀착한 도구들인가.

---

4 그러나 조선 전역에서 광범위하게 활용했던 도구로, 조선만의 독특한 기구였다고 알려진 '지게'는 다루지 않았다. 그 이유는 모르겠으나 아쉬운 점이다. 지게에 대해서는 김광언의 《지게연구》(민속원, 2003년)를 참고할 만하다.

《섬용지》는 자연물로 인공물을 만들어 내는 방법에 관한 책이다. 따라서 그 제작 과정과 완성품의 모습은 매우 중요한데, 《섬용지》에는 그림이 단 두 군데만 수록되어 있다.[5] 지금까지 유물이 남아 있다 해도 서유구가 묘사하고 있는 물건과 일치하지 않는 경우도 많기 때문에, 《섬용지》의 해설에만 의지해 완벽하게 복원해 내는 일은 한계가 있다. 이런 문제를 서유구도 강하게 의식했을 것이다. 실행으로 옮길 수 없는 설명이라면 글을 쓴 의도와는 멀어지기 때문이다.

《임원경제지》에서 그림을 수록하고 그 그림에 대한 설명을 덧붙인 도보(圖譜)를 독립된 권에 따로 둔 지는 《본리지》(총 4권)와 《전공지》(총 2권)뿐이다. 《본리지》가 '먹을거리',[6] 《전공지》가 '입을 거리'에 관한 지라면, 《섬용지》는 '살 곳'에 관한 지이다. 이 세 지가 식·의·주를 생산해 내는 원천 기술을 전달하고 있다. 그렇다면 《섬용지》에도 도보가 실리는 게 당연했다. 수록된 내용을 보더라도 그림이 필요함을 절감했다.

서유구는 《섬용지》에도 '도보'를 넣으려 했다. 구상 단계에서 더 이상 나아가지 못해 남아 있지 않지만, 구상의 흔적은 확인할 수 있다. 먼저 "각각의 기름틀의 모양과 만드는 방법은 모두 〈이용도보(利用圖譜)〉에 자세히 나온다."[7]라는 언급이 그것이다. 여기서는 '〈이용도보〉'라는 도보의 명칭까지 정해져 있는 것으로 보아 《본리지》의 〈농기도보〉나 〈관개도보〉, 《전공지》의 〈잠상도보〉나 〈방직도보〉처럼 《섬용지》에 걸맞은 도보를 계획했던 것 같다. 또 다른 증거로 《섬용지》 권4 '도자기흙 빚기' 서두의 "가마 만드는 법에는 따로 도보가 있다."[8]라고 한 기사를 들 수 있다. 이 부분은 오사카본에는 없고 정리본에만 남아 있다.

---

5 《섬용지》 권1 〈건물 짓는 제도〉 "우물" '수고(물 저장고)'에 24점(총 5도), 권2 〈건물 짓는 재료〉 "기와와 벽돌" '갓 구운 벽돌의 건조한 성질 제거법'에 9점이 있다.

6 먹을거리로 가공하는 정보를 수록한 《정조지》도 있으나, 요리법을 도보로 만드는 풍토는 조선뿐 아니라 중국에도 없었던 것 같다.

7 "各榨形製, 俱詳利用圖譜." 《섬용지》 권2 〈불로 요리하는 도구〉 "짜거나 누르는 여러 도구" '기름틀'.

오사카본에[8]있던 내용이 사라지거나 수정되기도 했다. 오사카본의 '거중기' 조와 '녹로' 조에는 "제상도보(制詳圖譜, 제도는 도보에 자세하다)"[9]라는 해설이 각각 붙어 있어서 뒤에 도보에서 보여 주려던 계획이 있었음을 알 수 있다. 그러나 정리본에서는 '거중기' 조는 삭제되었고, '녹로' 조 주석은 "제도는 《본리지》〈농기도보〉에 자세하다(制詳本利志農器圖譜)."로 수정되었다. 이를 통해 오사카본이 작성되었을 때부터 도보를 추가하려는 계획이 있었고 이후에 만들어졌을 가장본(家藏本)에서도 도보를 작성할 의지가 있었음을 알 수 있다. 도보가 작성되었다면 아마도 《천공개물》의 그림이 상당량 들어갔을 것이다.[10] 《금화경독기》 다음으로 많이 인용한 책이 《천공개물》이고, 이 책에는 거의 모든 해설에 그림이 함께 수록되어 있기 때문이다. 그러나 《임원경제지》를 마무리하면서 《섬용지》에 들어갈 〈이용도보〉에는 여력이 미치지 못했던 것 같다.

2) 목차 내용에 대한 설명

《섬용지》에서는 이 책에서 다루는 크고 작은 일용품에 대해 조선과 중국과 일본의 제작 및 사용 방식, 용도를 설명하고 조선 방식의 문제를 지적하고서 그 대안을 주로 중국에서 구하고 있다. 그러나 모든 내용이 그러하지는 않다. 조선에서 사용하는 물건을 소개하는 것으로 멈춘 곳도 매우 많다. 설명만을 보고 제조할 수 있을 만큼 상세하게 쓴 곳도 있고, 간략한 형태와 용도만 기술한 곳도 있다.

'이동곡간(반고)'은 전자에 해당한다. 이동곡간은 곡식 1,500두(斗, 말)를

---

8 "其窯法, 別有圖譜." 이 서두는 서유구의 안설인데, 여기서 질그릇이나 사기그릇을 만드는 기술이 조선의 기술 중 가장 낙후되었다고 하면서 그 원인을 가마 만드는 법과 굽는 법에서 중국을 본받지 못했기 때문으로 분석하고 있다.
9 《섬용지》권4 〈운송 기구〉 "무거운 물건을 드는 여러 기구" '거중기', '녹로'.
10 《천공개물》은 대부분 그림과 해설이 함께 수록되어 있다.

저장할 수 있는 이동식 곡간으로, 기둥이 4개, 인방(引枋)[11]이 8개인 목재 구조물이다. 기둥의 길이는 7척, 인방의 길이는 6척.[12] 그러니까 기둥과 인방이 결합한 길이를 감안하면 가로와 세로가 약 2.2미터, 높이가 약 2.4미터인 직육면체 모양의 곡간이다. 기둥과 인방으로 전체 틀을 갖추고서 바닥과 천장, 그리고 사방벽을 나무판으로 짜 맞추도록 한 뒤 문 설치법을 다음과 같이 설명한다.

이동곡간의 문 꾸미는 법:두 짝문을 쓰지 않고 단지 두 문설주가 마주하는 쪽에 긴 홈을 파낸다. 다시 널빤지 8~9개를 모두 2.6척으로 자르고 양 끝에 혀를 만든 다음 널빤지를 차례차례 문설주의 홈에 끼워 넣는다. 맨 위의 널빤지 1개와 상인방의 문 가까운 곳에 쇠지도리와 쇠고리를 박아 여닫거나 잠글 수 있게 한다.

이동곡간 정면 한가운데에 너비 2.5척의 문 만드는 법을 설명한 부분이다. 문설주에는 홈을 파내고 문의 역할을 할 널빤지의 양 끝에는 혀를 만들어 홈과 혀가 결합할 수 있게 만들라는 설명이다. 문설주에 파낸 홈을 따라 널빤지가 하나씩 끼여 들어가는 구조인 것이다. 맨 마지막 널빤지에는 자물쇠 장치를 하도록 했다.

서유구는 이 같은 세세한 설명을 통해 나무 곡간을 제작할 수 있도록 서술했다. 지금 식으로 말하면 제작 매뉴얼과 같은 역할을 한다. 이전까지는 이런 제작 매뉴얼을 글로 기록하는 경우가 거의 없었다. 장인들은 서로 암묵적 지식을 전수하고 기술을 익히면 되었다. 말로 설명하고 작업 시범을 보이면, 그것으로 제작 기술은 계속 전수될 수 있었다. 서유구처럼 작업의

---

11 인방:기둥과 기둥 또는 벽선에 가로질러 벽체의 뼈대 또는 문틀이 되는 가로재의 총칭.
12 척은 영조척(營造尺)이다. 영조척 길이는 약 34.3센티미터로 환산할 수 있다. 서유구 지음, 정명현·김정기 역주, 《임원경제지 본리지 1》, 소와당, 2008, 91쪽 주7번 참조.

노구솥(태백석탄박물관)

모든 과정을 하나하나 문자로 정리한다는 개념이 거의 없었던 것이다. 《섬용지》는 당대에 쉽고 흔해 보였던 바로 이런 기술을 정리함으로써 기술 전수를 용이하게 함은 물론, 당대 기술의 실상을 인류학적 탐구 대상으로까지 확대할 수 있는 자료를 구축했다.

깨진 작은 솥을 땜질하는 법에 대한 해설도 마찬가지이다. 솥땜장이가 작은 화로를 메고서 거리에서 솥을 때우라고 소리치고 다니는데, 하루에 솥 2~3개를 땜질한다고 당시의 풍경을 소개하고서 땜질하는 법을 얘기한다. 두세 조각이 났어도 붙일 수 있다고 한다.

터진 자국을 한데 붙이고 대를 얽어 단단히 테를 두른 다음 쇠못으로 터진 가운데를 쪼아서 작은 구멍을 뚫는다. 그러고는 쇠를 녹여 구멍에 붓고서 원래의 작은 솥 조각을 두드리고 토닥거리며 평평하게 해 준다. 터진 자국의 길이를 가늠하여 2~3개의 구멍을 만들기도 하고, 3~4개의 구멍을 만들기도 한다. 다시 온전한 솥이 되면 솥에 물을 부어도 새지 않는다.

가난한 민간의 소박한 풍경이 연상되는 이 기사에서는 솥땜장이의 땜질법까지 소개하고 있다. 단점도 지적해 둔다. 비록 물이 새지는 않지만 땜질한 노구솥은 흠이 나기 쉽고 땜질 흔적으로 인해 기우뚱거려 결국 오래 쓰지 못한다고 했다. 기운 옷을 입는 가난한 사람들의 산물이라고 하면서 당시의 문화를 소담스럽게 전해 주고 있다.

《섬용지》는 남성과 여성의 영역을 넘나든다. 빗접은 머리 손질에 필요한 용구를 보관하는 상자다. 머리 손질은 남자와 여자 모두에게 중요한 일과였다. 따라서 이와 관련된 자잘한 일용품도 그들에게는 매우 소중한 물건이었을 것이다. 서유구는 남성용 빗접은 간략하게 소개하고 여성용 빗접 해설에 더 공을 들였다. 남성용 빗접은 그야말로 용도대로 머리 손질에 필요한 최소한의 크기와 도구만 언급하고 있다. 반면 여성용 빗접은 훨씬 큰데다가 정교하고 복잡하다. 얼레빗·참빗·빗솔·빗치개(빗청소기)·족집게·민자(아녀자용 빗)와 퇴발낭(머리카락 넣는 주머니)을 두는 곳이 분리되어 있고 아래칸에는 비누·소금 등 세면용품과 화장품을 따로 보관하도록 설계되어 있다. 통짜로 된 공간에 모두 보관하는 '단순한' 남성용과는 달리 몸치장 도구들을 용도에 따라 구별해 놓은 '섬세한' 여성용 빗접까지 세세하게 묘사해 놓은 것이다.[13] 빗접에 들어가는 용품 하나하나에 대해서도 모두 따로 표제어를 설정하여 설명해 둔 것은 당연하다.[14]

전문적인 장인의 영역이라 할 만한 내용도 서유구는 매우 공을 들여 서술했다. 《섬용지》 권4의 마지막 대제목은 〈공업 총정리〉이다. 이곳에는 목재를 비롯하여 금속(금·은·동·철 등), 옥과 돌, 질그릇과 사기그릇, 뼈·뿔·가죽 등을 다루거나 만드는 법이 들어 있다. 《천공개물》의 정보를 다량 인용한 서유구의 연구는 말년까지도 이 분야에서 그치지 않았다. 초고본인 오사카본 《섬용지》에는 이 〈공업 총정리〉 부분이 소략하다.

《섬용지》는 모두 4권 13개 분야로, 권1은 〈건물 짓는 제도〉, 권2는 〈건

---

13 《섬용지》 권3 〈몸 씻는 도구와 머리 다듬는 도구〉 "머리 다듬는 여러 도구" '빗접'.
14 《섬용지》 권3의 "머리 다듬는 여러 도구"에 모두 나온다.

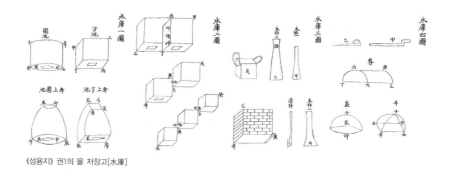

《섬용지》 권1의 물 저장고[水庫]

물 짓는 재료〉, 〈나무하거나 물 긷는 도구〉, 〈불로 요리하는 도구〉, 권3은
〈복식 도구〉, 〈몸 씻는 도구와 머리 다듬는 도구〉, 〈일상생활에 필요한 도
구〉, 〈색을 내는 도구〉, 권4는 〈불 때거나 밝히는 도구〉, 〈탈것〉, 〈운송 기
구〉, 〈도량형 도구〉, 〈공업 총정리〉로 구성되어 있다.

이 주제들을 지금 식으로 풀면 대체로 다음과 같다.

건물 짓는 법, 건축 자재, 에너지 및 상수도 공수 도구, 주방 용기, 의복
손질 도구, 욕실 도구, 실내 인테리어 가구 및 용품, 염색 재료, 에너지 소
비 도구, 교통수단, 운송 도구, 측량 도구, 공업의 실제와 공업의 이해.

권1 〈건물 짓는 제도〉에서는 집의 배치, 터 다지기, 척도 등 총론을 비
롯하여 지붕, 방, 흙손질과 벽돌쌓기, 창, 마루, 부엌과 부뚜막, 뜰, 곡간,
외양간, 화장실과 도랑, 담장, 우물을 다룬다. 가옥을 구성하는 모든 건축
물과 시설물을 아우르고 있다. 여기에서는 조선의 가옥이 중국의 그것에
미치지 못한 점이 많다는 견해를 견지하고 있다. 총론에서는 중국의 가옥
제도와 대비를 통해 조선 주택의 문제점들을 적나라하게 드러내고 있다.
글의 첫머리부터 가옥 구조가 중국처럼 일(一)자 형이 아니라 구(口) 자나 'ㄱ'
자 두 개가 마주하는 'ㄴㄱ' 모양인 조선 가옥의 문제 6가지를 지적한다. 이
어서 기초공사, 건물의 치수, 칸살, 지붕, 방, 흙손질, 벽돌쌓기 등 온갖
공사에서 조선 공법의 문제점들을 지적하고 중국 제도를 본받아야 한다고

기와 만들기(《천공개물》)

촉구한다. 또한 가옥에서 나오는 모든 찌꺼기나 배설물을 농사에 거름으로 사용할 수 있도록 구조적 배치에 세심하게 신경 쓰고 있는 점도 주목할 만하다.

복고 열풍으로 인해 한옥을 무비판적으로 추수하는 현상에도 자극이 될 만한 충고들이 많다. 조선 건축에 대한 서유구의 비판적 접근을 적극적으로 받아들여 새로운 한옥을 디자인하는 현대 건축가들도 있다. 《임원경제지》에서 건축과 관련된 내용을 엮어 번역한 안대회의 《산수간에 집을 짓고》는 출간 후 불과 몇 년 사이에 한옥에 관심 있는 많은 이들의 필독서로 자리 잡았을 정도이다. 안대회는 "한국인이 살아온 집에 대해 가장 폭넓고, 가장 완전한 체계를 갖추어, 가장 깊이 있게 글을 쓴 최초의 사람"이 서유구라고 자신 있게 말한다.[15]

권2의 〈건물 짓는 재료〉에서는 "목재", "석재", "흙 재료", "기와와 벽돌", "도배 재료" 등 5개로 나누어 소개했다. 주로 조선에서 행해지는 방식을 종합적으로 정리하고 중국의 방식을 소개하고 있는데, 예를 들어 당시 미장을 할 때 중요하게 쓰인 '새벽흙'을 얘기하면서 벽돌을 쓰는 중국 제도를 따른다면 이 새벽흙도 필요 없다고 했다. 또 기와나 벽돌을 굽는 가마 제도의 문제점을 드러내며 중국 제도를 따르자고, 《열하일기》를 인용하여 주장하기도 했다. 종이·기름과 풀·아교와 여러 재료를 첨가해 도배하는 법도 안내했다.

"나무하는 도구"에는 도끼·낫·벌낫·갈퀴·망태기가 있다. 그런데 나무꾼을 연상하면 바로 떠오르는 '지게'가 《섬용지》에 수록되지 않은 점은 의아하다. 권4의 〈운송 기구〉에서도 지게는 나오지 않는다. "물 긷는 도구"에서는 조선에서는 집마다 따로 바가지와 그에 연결된 줄을 갖고 다녀서 비위

---

15 서유구 지음, 안대회 엮어옮김, 《산수간에 집을 짓고》, 돌베개, 2005, 376쪽.

생적이라며 중국처럼 우물에 도르래를 써야 한다고 했다. 또한 물통을 지게로 운반하기보다 중국인들처럼 한쪽 어깨에 메고 가는 방법을 쓰자고 권유한다.

〈불로 요리하는 도구〉부터는 매우 많은 표제어가 제시되는데, 각 표제어마다 흥미로운 기사들이 많다. 주로 《금화경독기》를 인용하면서 주요한 기술은 《천공개물》에 자주 의존한다. 일일이 거론하기 번거로울 정도로 많은 물건이 등장하기 때문에 이 이후는 《섬용지》 목차와 번역문을 참고하기 바란다.

가마솥·노구솥·시루 등 밥을 하거나 재료를 삶거나 찌거나 데치는 도구, 냄비·프라이팬·석쇠 등 요리하는 도구, 술독·중두리·바탱이·자배기·용수 등 술 빚는 도구, 매·체·함지박 등 곡물 갈이 도구, 기름틀·국수틀·다식판·떡살 등 누르거나 찍어 내는 도구, 식칼·도마·가위·쇠모탕 등 자르고 익히는 도구, 밥상 및 그릇·수저·젓가락 등 밥상에 올리는 도구, 찬합·병·항아리·광주리·바구니·뒤주·일계체(30칸짜리 쌀서랍) 등 저장 용기가 여기서 다루는 내용들이다. 이 중 일계체는 저자가 고안한 용기인데, 한 달간 소요되는 쌀을 30칸에 나누어 매일 한 칸 씩 쓰도록 한 일종의 뒤주이다. 매일 쌀을 되는 번거로움이 없고, 양식을 절약할 수 있는 장점이 있다고 한다. 그 외에도 일상의 필수품이지만 주목하지 않은 물건들이 많이 실려 있다.

권3의 〈복식 도구〉는 갓·망건·털모자 등의 쓰개, 도포·심의(深衣)·가죽옷·배자·토시·털버선 등의 옷과 갖옷, 이불·요·베개 등의 이부자리, 허리띠와 신발, 패도·초혜집(이쑤시개나 귀이개 등을 휴대하는 통)·털부채 등의 장신구, 족두리·비녀·저고리·치마·원삼·신발 등 여자 복식, 바늘·골무·다듬잇방망이·건조대 등의 재봉 도구, 옷걸이·버들상자·농·옷장 등 보관 도구를 다룬다. 이 중 심의는 선비들의 겉옷으로, 그 제도에 대해 논란이 많은 복식이라 이에 대한 저자의 견해를 길게 수록했다. 저자의 고증적 논증이 돋보이는 대목이다.

또한 "몸 씻는 여러 도구"로는 각종 대야·양칫물사발·가루비누합·세수치마·뒷물용 유황대야·탕관(목욕물 데우는 통)·목욕통이 있고, 얼레빗·참빗·빗솔·빗치개·족집게·민자(아녀자용 빗)·빗접·화장대 등은 "머리 다듬는 여러 도구"이다.

〈일상생활에 필요한 도구〉도 소개한다. 이 도구 중 일부는 《이운지》에서도 다루었다 하면서도, 이곳에서는 심신 수양을 위한 고상한 도구를 다룬 《이운지》에서와 달리 일상적인 것까지 두루 싣고 있으니 중복이 문제되지 않는다고 했다. 먼저 잠잘 때 필요한 도구로, 침대·담요 등을 소개했다. 카펫이나 말총 담요 같은 이색적인 물건도 눈에 띈다. 자리·요·베개도 종류가 다양하다. 앉는 데 필요한 도구로 의자·책상·방석 등을, 시야를 가리거나 모기나 냉기를 막는 도구로 병풍·방장·발·모기장·겹분합문을 소개했다. 이외에 지팡이·등긁개·비·쓰레받기·먼지떨이·요강·호자(가래침받이)·담뱃대·담뱃갑·재떨이의 모양과 용도도 알려 주었다. 여기서 소개한 일상생활에 필요한 도구 중에는 중국산과 일본산이 많다. 이 중 모기장이나 외풍을 막기 위한 방장·겹분합문 같은 물건도 주목할 만하다. 또 쓰레받기는 대개 기름 먹인 종이로 만드는데, 소가죽으로 만든 것도 있었다. 등긁개로는 일본산·중국산·국산을 모두 소개했다.

〈색을 내는 도구〉에서는 채색용·화장용·염색용으로 쓰이는 23종의 물감과 기름과 옻 등을 소개한다. 이 가운데 옻칠은 일본이 천하에서 가장 뛰어나다며 먼지 하나 묻히지 않으려고 바다로 나가 칠을 할 정도라 했다. 옻칠 외에 시칠(감물)·황칠·쇠귀나물칠 방법도 있고, 동유·법제들기름·관솔기름·호두기름을 이용하여 광택과 방부제 효과를 내기도 했다. 또 목기를 물들이는 법, 목기에 점 찍는 법, 부채종이나 가죽을 물들이는 법도 자세하다. 조선에서 쓰지 않았던, 가죽을 염색할 때 백반을 사용하는 법을

案

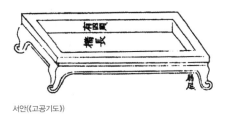

서안(《고공기도》)

알리기도 했고, 훈증으로 가죽 물들이는 법도 소개했다.

권4는 〈불 때거나 밝히는 도구〉, 〈탈것〉, 〈운송 기구〉, 〈도량형 도구〉, 〈공업 총정리〉로 구성되어 있다.

먼저 〈불 때거나 밝히는 도구〉에서는 "화로와 숯", "등과 초", "점화 도구", "소화 도구"를 다룬다. "화로와 숯"에서는 구리화로·쇠화로·사기화로·질화로·흙화로·풍로·휴대용 화로 등 각종 화로를 소개하며 중국산과 일본산이 좋다고 했다. 또 잠자리에서 쓰는 와욕로(뜨거운 물을 사기나 쇠 그릇에 부어 둔 통)를 본받아야 한다고도 했다. 숯 만드는 법과 오래 쓰는 법, 숯이 탈 때 터지지 않게 하는 법을 소개함과 동시에 석탄 권장에도 많은 분량을 할애했다. 먼저 석탄이 많이 매장되어 있음에도 이용후생에 뜻을 두지 않아 탄광을 열 생각을 하지 않는 사대부[讀書窮理之士]를 질타했다. 석탄은 목탄보다 화력이 강해서 농기구를 제조하기에도 좋고 무엇보다 당시에 남벌로 인한 산림의 황폐화를 방지할 수 있는 장점이 있었다. 광산을 열고 대장장이를 모집하여 구리나 철 제련으로 얻는 이익을 보여 준다면, 다투듯 모여들어 온 나라에 석탄이 보급될 것이라고 서유구는 확신했다.

적동(赤銅)으로 사자나 아이 모양을 주물하고 주둥이를 내어 만든 취화동(吹火銅, 불 부는 구리통)은 이색적인 물건이다. 취화동을 달군 뒤 물에 넣으면 구멍으로 물이 빨려 들어가고, 이를 화로에 올려놓으면 곧 김을 내뿜으며 끓는데, 이는 차를 다릴 때 쓴다.

"등과 초"에는 조선의 조명 용기가 모여 있다. 독서등·좌등·휴대용 등·걸개등·연등·법산자(법제한 산가지등) 같은 등과 만리초·풍전초·밀랍초·기름초·구피유초(오구나무껍질기름초) 같은 초를 소개하고 촛대·등잔에 관한 정보를 모았다. 오래 쓸 수 있는 초와 등을 만드는 법도 있다. 독서인에서 중요한 독서등 같은 경우, 서유구는 조도를 높이고 화재 위험을 줄일 수 있도록 금박을 입힌 등을 제안하기도 한다. 초에 대해서도 벌집(밀랍) 이외의 재료로 만드는 다양한 초를 선보이고 있다.

여기서 '기름을 채취하는 것들'은 주목해야 할 기사다. 서유구 저작인 《행포지》를 유일하게 인용한 곳인 이 기사는 기름을 채취할 수 있는 야생 식물과 물고기를 소개하고 있다. 조선에서 상용한 조명 재료는 밀랍·삼·콩·들깨·참깨 등 몇 종에 불과했다. 밀랍은 귀해서 비싸고, 참기름은 식재료로도 유용하다 보니 거의 쓸 수가 없기에, 등불에 쓰거나 종이나 가죽에 기름 먹이는 데에는 들기름을 애용했다. 이에 참깨와 콩은 식량으로 충당하고 들깨를 비롯한 기름 채취용 작물 재배지를 줄이는 일이 이용후생의 한 방도라는 생각에 24종의 야생식물 및 바다 생선을 활용하자고 제안했다. 《농정전서》에서 소개한 '사(樝)'라는 나무의 씨가 제주에서 나는 저율(樗栗)과 같은지 실험 재배를 하려 했던 자신의 체험을 말하면서 기름 비용 절감을 기대한 대목에서, 기름 채취가 당시에 얼마나 중요한 과제였고 서유구 자신이 이를 위해 얼마나 애썼는지를 짐작할 수 있다.

이어 "점화 도구"로 부시·부싯돌·부싯깃·성냥을, "소화 도구"로 쇠스랑·괭이·쇠갈고리·쇠갈퀴·물총차를 소개했다. 이 중 부싯돌은 중국산이 좋다고 했다. 소화 도구는 농기구와 이름은 같지만 자루가 훨씬 긴 도구들도 있다. 물총차는 일종의 소방차인데, 조선에서는 군영(軍營)에 주로 갖추고 있다고 했다.

〈탈것〉 중 "말 타는 도구"로 안장·안장걸이·채찍·말솔·도둔(말방석)을 들었다. 그중 가장 중요한 도구인 안장은 중국산이 좋다며 그 이유를 4가지 들고서 중국의 제도를 따를 것을 촉구했다. 그러나 또 다른 주요 도구인 등자는 언급하지 않았다. 조선에서 말이 그다지 많이 활용되지 않았음을 짐작할 수 있는 대목이다.

"타는 도구"로는 태평차·쌍륜차·독륜차·쟁기수레·가마를 소개했다. 태평차는 말이나 나귀가 끄는 수레. 조선에는 없었던 듯 중국의 제도만 나온다. 나머지 수레도 재력 있는 사람이나 쓸 수 있는 고급 탈것이다. 쟁기수레는 사람이 미는 모습이 쟁기와 같다 해서 붙여진 이름이다. 또 노약자 수송용으로 중국식 가마를 본받도록 추천하기도 했다.

"여행에 쓰는 온갖 도구"에서는 침롱·이불·침상·요강·베개 등 침구용품을 비롯하여 바람막이 안경·비옷·비모자·우산 등 다양한 기상 상태에 대비하는 장구들을 소개했다. 이 가운데 바람막이 안경은 고글과 같은 용도의 물건이다. 여기서는 특히 우천 시에 대비한 정보를 많이 실었다. 그야말로 여행의 필수품만을 언급한 것이다. 또한 이 부분은 《이운지》 권8 〈명승지 여행〉과 함께 보아야 하는데, 〈명승지 여행〉에서는 문화적 유흥과 관련된 준비물에 더 강조점을 두었다. "여행에 쓰는 온갖 도구"가 하드웨어를 다뤘다면, 〈명승지 여행〉은 소프트웨어를 다뤘다. 두 곳에 각각 상호 참조하라는 서유구의 안설이 실려 있다.

〈운송 기구〉에서는 "배", "수레", "무거운 물건을 드는 여러 기구"를 다룬다. "배"와 "수레"는 역시 중국의 제도를 본받으라고 당부하고 중국 제품을 소개한 내용이 대부분이다. 야항·화선·윤선·대차·독륜차·타차 등은 중국산이고 발차·동차·설마(썰매)·담기(메고 운반하는 틀) 등은 조선에서도 활용하던 수레였다.

"무거운 물건을 드는 여러 기구"에서는 거중기와 녹로 두 가지를 소개했

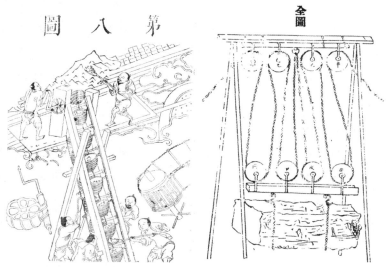

《기기도설》에 실린 기중기(좌)와 《여유당전서》에 실린 거중기(우)

다. 녹로는 도르래를 이용하여 무거운 물건을 들어 올리는 기계로, 《본리지》에는 물을 끌어 올리는 기구가 같은 이름으로 나온다.

거중기는 다산 정약용(丁若鏞, 1762~1836)이 화성을 건설할 때 이용한 기구로 유명하다. 정약용의 《여유당전서》에는 정조가 《고금도서집성(古今圖書集成)》에 들어 있는 《기기도설(奇器圖說)》을 하사하자, 정약용이 이를 연구한 보고서 형식으로 거중기(기중기)의 제작·이용법을 상세하게 적었다는 내용이 나온다.[16] 《고금도서집성》은 서유구의 부친 서호수(徐浩修, 1736~1799)가 연행 사절로 갔다 오면서 정조의 명을 받들어 구입해 온 지 불과 몇 년이

---

16 "제가 전하께서 내려 주신 《기기도설(奇器圖說)》에 실려 있는 기중(起重)의 법들을 살펴보니, 모두 11조(條)나 되었습니다. 그런데 대개는 정밀하지 못하고 다만 제8조·제10조·제11조의 그림만이 자못 정밀하고 신묘했습니다. 그러나 제10조의 그림은 구리쇠로 만든 나사(螺絲)의 도르래가 있어야 됩니다. 지금 생각해 보건대, 비록 나라 안 제일의 기술자라도 그것을 만들지 못할뿐더러, 더구나 구리쇠 바퀴에다 톱니를 만드는 일은 어려울 것입니다. 이 때문에 제8조와 제11조를 취하고 참고해서 변통하여 만들었는데, 다음과 같습니다." 《다산시문집》 제10권 〈설(說)〉 "기중도설(起重圖說)". 한국고전번역원 '한국고전종합DB'에 실린 번역문을 필자가 약간 수정함.

되지 않았던 거질의 책이다. 그런데 의아하게도 기구에 대해 상당히 해박한 지식과 깊은 관심이 있었던 서유구가 거중기에 대해서는 매우 소략하게 적었다. 정조 대 화성 건설 시(1794년)에 쓰였다는 사실과 간단한 특징을 수록하고서 건축에서 없어서는 안 된다고만 했다. 그 이유는《기기도설》을 열람하지 못했기 때문이다.

이 사실은《섬용지》오사카본의 '거중기' 조에 적었다가 삭제한 자신의 글에서 확인할 수 있다. 이 글에서 그는《사고전서총목제요(四庫全書總目提要)》에 소개된《기기도설》·《제기도설》의 그림들과 책의 특징을 적고서 자신이 평소에 보고 싶었으나 보지는 못했다고 했다.[17] 정약용이 정조의 명령으로 자료를 일찍 섭렵했던 데 반해 서유구는 수십 년 뒤까지도 그 자료를 보지 못했던 것이다.

그러나 이 기사는 지워졌는데, 그 이유는 훗날《기기도설》을 구해서 보았기 때문일 것이다.《기기도설》및《제기도설》이《본리지》〈그림으로 보는 농사 연장(농기도보)〉에서 이미 자주 인용된 것으로 보아 어느 시점에서 이 책을 열람했음을 알 수 있다. 그러나 정약용이 응용하여 만든 거중기와《기기도설》의 기중기는 형태나 작동 원리에서 차이가 많이 났다. 그래서《기기도설》을 확인했음에도 그림을 더 이상 싣지 못한 것 같다.

〈도량형 도구〉는 "길이", "부피", "무게"로 구성되어 있다. "길이"에서는 주척(周尺)·영조척(營造尺)·포백척(布帛尺) 3가지만 소개한다. 주척은 표준척이고, 영조척은 건축용 자이며, 포백척은 옷감 재단용이다.

주척은 주나라 때 정해진 자로, 실제 길이는 시대에 따라 많은 변화가 있었다. 진(晉)나라 순욱(荀勖, ?~289)이 복원한 자가 주척이며,《율려정의(律

---

17 "四庫全書總目有:'奇器圖說三卷, 諸器圖說一卷. 西洋人鄧玉函口授王徵而譯之. 爲書卽以小力運重之術也. 起重十一圖, 引重四圖, 轉重二圖, 取水九圖, 轉磨十五圖, 解木四圖, 解石·書碓·書架·水日晷·代耕各一圖, 水銃四圖, 圖皆有說. 其製器之巧甲於古今. 皆裨益民生之具.' 余平生願見而未得見."《贍用志》卷3(오사카본)〈運輪之具〉"起重諸器"'擧重機'.

《呂正義》》(명나라 주재육 저)나 《양한금석기(兩漢金
石記)》(청나라 웅방강 저) 등에 실린 그림의 실제
길이를 참조하라고 조언했다. 비교적 짧게
정리한 내용의 이면에는 서유구의 엄청난 연
구 결과가 배어 있다. 《본리지》 권1에서 중국
과 조선의 역대 척도를 고구한 치밀한 고증 연
구 기사가 밑바탕에 깔려 있지 않다면 수많
은 논란이 있었던 주척에 대해 이렇게 간결하
게 결론만을 얘기하기는 거의 불가능했을 것
이다. 《본리지》에는 주척의 1/2 길이의 그림
을 실어 놓았는데, 이를 2배 하면 실물 고증
을 통해 밝혀낸 주척(23.1cm)과 거의 같다.

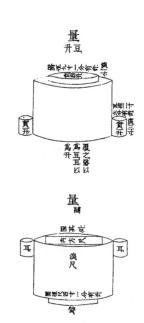

도량형(《고공기도》)

영조척은 《율려정의》에 나오는 명나라 지
폐인 보초(寶鈔) 그림을 기준으로 만들고, 포
백척은 세종 때 제작한 포백척을 표준으로 하라고 주문했다. 이 모두가 《본
리지》에서 자세히 설명한 내용이다. 주척의 표준이 없어서 생기는 조선의
수많은 사회적 폐단도 이미 《본리지》에서 다룬 사항이라 생략한 것 같다.

"부피"에서 서유구는 조선의 제도에 대한 평가 중 가장 관대한 평가를
내린다. "지금 민간에서 날마다 쓰는 승(升)이 가장 알맞은 제도를 얻었으
니 이 제도에 따라 만들어야 한다."라고 말하는데, 이는 조선의 섬용 제도
에 대한 서유구의 평가 중 최고라 할 것이다. 그의 이런 후한 평가는 자신
이 행한 실험에 근거한다. 《한서》〈식화지〉에 따르면 중간 크기의 기장알
2,400개가 1합(合, 홉)이다. 이에 근거하여 민간에서 쓰는 1승(升, 10합 즉 1되)
에 들어간 기장 수를 세어 보았나 보다. 그랬더니 22,330알이었단다. 1승
에는 24,000알이 들어가야 할 텐데, 이에서 1,670개 못 미치는 차이는, 이
보다 차이가 훨씬 큰 중국의 되에 비하면 거의 없는 거나 마찬가지라 했다.

그래서 "두·승은 꼭 옛 제도에 얽매일 필요가 없다."라는 결론을 내릴 수 있었던 것이다.

그러나 이 같은 호의적 분위기는 곡(斛)에 와서 다시 돌변한다. 곡은 석 (石, 섬)과 같은 말인데, 조선에서는 15두를 1곡으로 삼았다. 합·승·두 같은 10진법의 부피 단위에 15라는 수가 끼면서 생기는 계산의 번거로움과 운반의 불편함을 없애기 위해서라도 중국의 '10두 1곡' 제도를 회복해야 한다고 했다. 또 '두'나 '곡'의 크기가 집집마다 다르고 심지어 한 집에서도 크고 작은 두 종의 용기를 갖고 있는 실태를 개선해야 한다고 했다. 큰 용기로 받고, 작은 용기로 주는 속임수를 없애고 용기의 표준화를 이뤄 내는 일이 공동체를 유지하는 밑바탕이 되기 때문이라는 것이다.

"무게"에서는 당시에 통용된 리(釐)·분(分)·전(錢)·양(兩)·근(斤) 단위를 소개하고 저울 구조를 간단하게 설명했다.

《섬용지》의 마지막 대주제는 〈공업 총정리〉다. "목재 다루기", "금속 다루기", "옥과 돌 다루기", "질그릇과 사기그릇 빚기", "뼈·뿔·가죽 다루기", "진주조개", "공업 교육" 등 7개의 소주제로 구성되어 있다.

"목재 다루기"에서는 자귀·톱·대패·끌·송곳·변탕·갈이틀·숫돌·상어 껍질·속새·부레아교 등을 소개하고 대나무에 새기는 법을 정리했다. 자귀는 나무껍질을 벗기는 데 쓴다. 톱·대패·끌·송곳 제조법은 모두 《천공개물》에서 취했다. 조선에서 사용한 연장들을 용도에 따라 다양하게 소개하지 않아 아쉬운 부분이다. 변탕은 쇠를 다듬는 줄과 같은 역할을 하는 연장이다.

갈이틀[18]은 목재를 둥근 모양으로 손질하기 위한 장치다. 둥근 나무그릇 같은 용기를 만드는 이 기계는, 그릇을 빚는 물레와 비슷한 역할을 한

---

18 초고에서는 원문대로 선목차(旋木車)로 옮겼다. 이 기사의 정확한 의미를 알기 위해 임원경제연구소 홈페이지에 게시했는데 3시간 뒤 '갈이틀'이라는 답글이, 5시간이 채 안 되어 상세한 분석 글이 올라왔다. '갈이틀'은 이때 답글을 올린 여러 분, 특히 황재운 선생의 조언을 참조했다.

다. 현대에 쓰는 목선반의 조선 버전이기도 하다. 갈이틀의 구조와 작동법에 대한 서유구의 설명(본문의 번역문 참조)은 학자 화가[儒畫]인 조영석(趙榮祏, 1686~1761)의 그림에 나오는 갈이틀과 거의 일치한다.

다만 홈틀에 어떻게 나무 축을 고정하여 안정적으로 회전하게 할 수 있었는지 설명이 없다. 조영석의 그림에서도 홈틀이 가려져 있어 그 구조를 파악하기는 어렵다. 또한 '갈이칼'을 안정시키기 위해서는 오늘날의 바이스 같은 고정 장치나 지지대가 필수적인데, 이 기사에서는 이에 대한 설명도 없다(그림에서는 '갈이칼'을 잡은 장인의 왼손 아래에 고정 장치로 보이는 가로대가 가로로 길게 놓여 있다).

갈이틀의 구조와 작동법은 조영석의 그림과 서유구의 해설을 동시에 보면 이해가 훨씬 쉽다. 그런데 이 기사는 오사카본 초고에는 아예 실리지 않았다. 뒤에 추가한 것이다. 이 기사가 없었다면 조선에서 사용했던 중요한 작업 연장과 그것을 사용하는 과정을 놓칠 뻔했다. 물론 이 기사의 설명과 제시된 그림의 묘사가 모두 일치하는 것은 아니나 이만큼의 일치를 보이는 작품을 찾기도 어려운 실정임을 감안하면, 거의 같은 시기의 거의 비슷한 연장을 서로 다른 곳에서 기록한 것으로 봐도 무방할 것이다. 윤두서(尹斗緖, 1668~1715)와 김준근(金俊根, ?~?, 1880년대 주로 활동)이 그린 갈이틀도 있는데, 그 그림에 나오는 갈이틀과는 모양이 딴판이기 때문이다. 기록(글이든 그림이든)이 중요한 이유가 여기에 있다.

목재 표면을 다듬는 도구로 상어 껍질·속새(양치식물)를 이용하고, 접착제인 부레아교는 민어 부레(중국에서는 조기 부레)를 곱돌 통에 넣고 끓여 만든다고 했다.

"금속 다루기"에서는 금·은·구리·철·황동·놋쇠·납 등을 채취·가공·활용·판별하는 법을 주로 소개했다. 표제어가 41개나 되는 많은 분량이다. 금속을 채굴·정련하는 방법은 주로 《천공개물》·《본초강목》·《고금비원》 등 중국 서적에 의존하여 서술했다.

조영석의 〈목기 깎기〉에서 본 갈이틀

윤두서의 〈선차도〉

　물론 조선의 상황을 서술한 기록도 있다. 금은 조선에서도 전국에 분포되어 있으나 채취는 주로 삼남(三南, 충청·경상·전라도) 이북에서 성행했다며, 삼남 지방에도 금이 나지만 농사에 더 매달리느라 관심이 없을 뿐이라 했다. 조선에서 금은 주로 사금 형태로 채취됐기 때문에, 비교적 쉽게 돈을 벌 수 있어 농사를 버리고 사방에서 금광으로 몰려드는 당시의 세태를 알려 주고 있다. 금 만드는 법을 비롯해 금박·도금 등의 활용법도 기록해 두었다. 은에 대한 정보는 금만큼 많지는 않으나 비슷한 내용들이다.

　구리는 구리 자체로서뿐만 아니라 청동·황동 등 합금의 형태로 다양하게 활용했던 금속이라 그만큼 많은 분량을 할애했다. 이 기록에서 다소 놀라운 정보를 얻게 된다. 조선에서 구리를 광산에서 캐낸 것은 극히 최근 들어서인데, 그 이유는 구리 제련법을 몰랐기 때문이라는 것이다. 일본산 구리를 중계무역으로 중국에 되팔았기 때문에 중국에서도 조선에서 구리가 난다고 오해했다며 당시의 실상을 감추지 않았다.

　반계 유형원(柳馨遠, 1622~1673)이나 성호 이익(李瀷, 1681~1763) 같은 학자들이 구리가 팔도에 퍼져 있다고 하면서 흙 속에 가둬 놓고 일본에서 수입하는 세태를 아쉬워한 내용을 소개하기도 했다. 이익은 구리 제련법을 비싼 돈을 주고서라도 알아내야 한다고 한탄했는데, 이에 대해 서유구는 이익이 잘 모르고 한 소리라며, 구리 제련법은 은 제련법과 같은데 다만 이용후생의 도구에 뜻을 두는 사람이 없어서 그렇다고 걱정한다. 최근에야 비로소 함경도에서 동전을 만들고 있지만 그릇 등 다른 제품은 일본산에 못 미친다고 했다. 청동기시대를 거쳤고 놋그릇 같은 구리합금 용품을 일상에서 다량으로 쓰고 있던 한반도에서 구리 가공법을 몰랐다는 사실을 통해 조선의 공업 기술 수준을 다시 보게 된다.

'짝퉁'에 대한 경계도 있다. 조선에서 유통되던 놋그릇에도 속칭 '퉁'이라는 모조품이 있었던 모양이다. 흑연과 적동(赤銅)을 녹여 바리때 같은 그릇을 만들어 광을 낸 뒤 이것을 놋그릇이라고 속여 판다며, 유사품에 속지 말라는 경고 메시지도 담았다.

철에 대해 소개하는 부분에서도 역시 《천공개물》 등 중국 문헌을 많이 인용하고 있으나, 칼 제조 기술의 강국이었던 일본의 칼을 소개하는 대목에서는 《화한삼재도회》를 자주 인용한다. 철 관련 기사에서는 우선 철을 채취, 정련하는 과정을 매우 자세하게 설명하고 있다. 여기에 나오는 금속 가공에 대해서는 《천공개물》에 그림이 상세하다. 훗날 〈이용도보〉를 추가했다면 모두 들어갔을 그림들이다. 철 주물법을 설명하는 부분에서 《천공개물》의 저자 송응성(宋應星, 1590~1650)은 "조선의 풍속은 솥이 깨지면 반드시 산속에 버리고서 다시는 녹이지 않는다."[19]라고 한마디 했다. 이에 불끈한 서유구는 바로 안설을 단다. 길에서 소리치며 고물 쇠를 모았다가 되파는 고물 장수가 팔도에 쫙 깔렸다며, 송 씨가 어느 오랑캐 풍속을 전해 들었는지 모르겠다고 다소 격앙된 어투를 드러내기도 했다. 아무리 기술이 중국에 뒤진다지만 없는 사실을 지어내는 일은 참을 수 없었던 모양이다.

칼에 대해서는 한·중·일 어느 책에서나 하나같이 일본이 최고임을 인정했다. 《천공개물》에서는 "일본도는 칼등의 두께가 0.02척 정도도 안 되는데도 손가락에 얹어 보면 기울거나 뒤집어지지 않으니 어떻게 망치질했는지

---

19 《섬용지》 권4 〈공업 총정리〉 "금속 다루기" '철 주물'.

모르겠다. 중국은 그 기술을 얻지 못했다."[20]라고 했고 《무비지》에서는 일본 "칼은 매우 단단하고 날카로워 중국에서 만든 칼이 미치지 못한다."[21]라고 했을 정도이다.

'호미와 박(괭이의 일종)' 조에서는 농기구 만드는 법을 소개했고, '물풀무' 조에서는 중국에서 쓰는 급류를 이용한 풀무를 적용하도록 권유했다. 물풀무는 《본리지》에서 이미 그림과 함께 소개한 바 있다.

"옥과 돌 다루기"에서는 옥·수정·금강찬·미얀마 보석·유리·돌 등을 채취하여 가공하는 법을 소개했다. 옥을 자르고 새기는 여러 방법이 있는데, 새길 때는 옥 표면을 무르게 처리해야 한단다. 가짜 옥 만드는 법도 있다. 수정은 조선에서도 영남과 관동에서 간혹 나오지만 가공 기술이 없어 수정으로 그릇 만드는 이가 드문데, 경주 사람들이 가공법을 알아서 안경을 만든다고 했다. 유리 이용법 중 미끄러운 유리에 글씨를 쓰거나 그림을 그리는 방법이나 유리 그릇 닦는 법도 알아 둘 만하다.

조선에서는 비석을 많이 만들었다. 그래서인지 돌을 쪼아 채취한 뒤 고르게 갈고 매끈하게 광내서 글씨 새기는 법을 비교적 자세히 이야기했다.

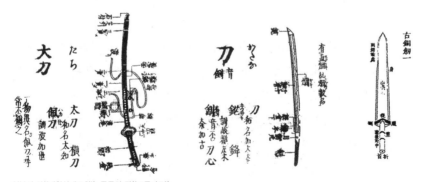

일본의 칼(《왜한삼재도회》), 중국의 칼(《고공기도》)

---

20 위와 같은 책, 〈공업 총정리〉 "금속 다루기" '칼'.
21 위와 같은 곳.

질그릇 빚는 과정(《천공개물》)

떨어져 나갔거나 쪼개진 돌을 메꾸거나 붙이는 법도 알려 준다.

　"질그릇과 사기그릇 빚기"에서는 중국의 질그릇과 사기그릇을 굽고 그것들에 채색하는 법을 주로 이야기하고, 안설에서 조선의 상황을 간혹 언급한다. 서유구의 견해로는 조선의 기술 중 이 기술이 가장 떨어지는데, 그 이유는 가마를 만들고 그릇을 굽는 법이 중국의 방법을 본받지 못했기 때문이라고 분석했다. 고려청자·조선백자가 국제적으로도 인정받는, 매우 수준 높은 예술품이라 평가받고 있는 지금의 눈과는 너무나 달라 당황스럽다. 《천공개물》에서 인용한 설명은 그대로 따를 수 있을 만큼 전 공정이 매우 상세하다. 중국에서는 물론 유럽에서도 최고로 쳤던 징더전(景德鎭)에서 자기 만드는 법도 자세하다. 그러나 "잔 하나에 드는 공력을 헤아리면 72번의 손을 거쳐야 비로소 그릇을 만들 수 있어서 그 사이에 들어 있는 세세한 절목을 아직도 다 말할 수가 없다."[22]라고 하여 그 상세한 기록으로도 다 표현이 안 된다는 말로 맺었다.

　"뼈·뿔·가죽 다루기"에서는 상아·뼈·대모·가죽 등을 가공하거나 분별하는 법을 주로 정리했다. 가공을 위해서는 부드럽게 만들어야 하므로 그 방법을 서술한 대목이 많은 부분을 차지한다. 중국이나 일본 문헌을 보면

22　위와 같은 책, 〈공업 총정리〉 "질그릇과 사기그릇 빚기" '중국의 사기그릇'.

이런 가공법에 관심을 갖는 일이 자연스러워 보일 정도이지만, 역시 조선에서 이 일을 담당하는 장인의 사회적 지위를 고려하면 서유구의 관심은 남다른 데가 있음이 틀림없다. 여기에 수록된 분야는 거의 모두가 장인의 전문 영역이다. 지금의 눈으로 보더라도 전혀 다른 전문 분야를 같은 권에서 다룬 사실이 놀라울 뿐이다. 게다가 당시 조선의 상황으로 들어가 보면 그 놀라움은 더욱 경이롭다.

흔히 우리가 알기에 백정은 천민이다. 백정은 주로 짐승을 잡아서 가공하는 장인층이지만, 당시 그들에 대한 대우는 매우 인색했다. 최하층 천민이라는 인식 때문이었다. 천민 계층에는 백정 외에도 짐승 가죽을 가공하여 각종 공예품을 제작하는 '갖바치'도 있었다. 여기서 다룬 "뼈·뿔·가죽 다루기"의 내용도 역시 갖바치의 세계다. 이들의 기술과 지식을 글로 정리한다는 시도 자체가 최고위층 사대부로서는 상상이 쉽지 않은 행동이다.

그러나 서유구는 가죽 다루는 법에 대해서도 역시 비교적 상세한 기록을 남겨 두었다. 일례로, 무인도(無刃刀, 날 없는 칼)로 무두질(짐승 가죽을 부드럽게 하는 기술)하는 작업을 구체적으로 보여 주기도 한다. 무두질 같은 작업을 글로 쓰는 일은 특별한 호기심을 가진 사람의 취미로 가볍게 넘길 수도 있다. 그러나 백정이나 갖바치와 접촉하는 것 자체를 그다지 아름답지 않은 일로 여기던 시절, 신분의 장벽을 무시하고 그들 작업의 핵심 세계에 접근하여 그 내용을 기록했다는 사실을 염두에 두어야 한다. 무두질에 대한 정보는 책에서 얻기 힘들었기 때문에 서유구는 몸소 그 지식을 취재하고 채록했을 것이다. 기술의 정리와 보급의 측면에서 가죽 세공도 꼭 필요한 작업이기 때문에 신분 장벽을 심각하게 고려하지 않은 것 같다.

"진주조개"에는 진주·보석·호박에 관한 다양한 정보가 실려 있다. 이 중 진주조개를 채취하는 이들이 잠수 시간을 늘리기 위해 주석으로 만든 긴 대롱을 연결하여 지금의 잠수부 장비와 유사한 장치를 하고 작업했다는 설명이 흥미롭다. 그러다 간혹 대롱을 믿고 너무 오래 작업하거나 추위를 견디지 못하고 죽는 일도 있었단다. 조개에서 진주를 만들어 내는 방법도 알려 준다. 《열하일기》에서는 중국인들이 조선 진주를 '고려주(高麗珠)'라 부르는데, 북경으로 들어가는 조선 물산 중 진주가 으뜸이라는 평가를 받는다고 했다. 또 보석의 여러 종류를 소개하면서 그중 호박 가공법을 중점적으로 설명했다.

마지막으로 "공업 교육"에서는 사대부도 공업 교육에 뜻을 두어야 하며 시골의 규모 있는 집에서는 하인들에게 공업을 가르쳐 가옥의 보수·수리를 집 안에서 해결해야 한다고 역설했다. 또 생산품에 그 물건을 만든 장인의 이름을 새겨 상품의 질을 판별할 수 있게 하자는 제안도 했다. 장인이 장인다우려면 그들이 사용하는 도구를 빼놓을 수 없으므로, 도구를 다양하게 제대로 갖춰 언제든 바로 쓸 수 있게 잘 정비해야 함도 강조했다.

《섬용지》에서 장인의 모든 영역을 다룬 이유는 〈섬용지 서문〉에서도 드러나지만 권4의 마지막 소제목(공업 교육)에서 구체적으로 드러난다. 그 내용에 따르면 조선의 기술 수준이 낮고 도구도 좋지 않아서 중국산과 일제가 아니면 봉양과 장사 및 제례에서 예를 제대로 차릴 수 없었다. 그리고 이렇게 된 원인을 바로 사대부에게 돌렸다. 나라에는 크게 직분이 6가지[六職]가 있는데, 공업이 그 하나이다. 그런데 이 공업이 망가지면 육직이 모두 엉성해진다는 것이다. 육직은 한 국가 구성원의 직분을 표현한 말로, 왕공(王公), 사대부, 장인[百工], 상인[商旅], 농부, 길쌈아낙[婦功]을 가리킨다.[23]

서유구는 조선의 상황이 바로 장인의 직분인 공업 제도가 잘못되어 나머지 5가지 직분까지 엉성해졌다고 분석했다. 농법·수차 제도를 강구하지 않아 농부의 직분이 엉성하고, 길쌈 도구가 갖춰지지 않아 길쌈아낙의 직분이 엉성하고, 수레·배가 제 역할을 못해 상인의 직분이 엉성하다는 것이다. 따라서 이 네 직이 엉성하니 왕공과 사대부의 직분도 제대로 발휘되지

---

23 육직에 대해서는 《주례》 〈고공기〉에 나온다.

않는다고 했다.

서유구의 주장에 따르면 이는 사대부들이 농·공·상을 천시하는 풍토에서 비롯되었다. 그러나 농·공·상은 선현과 성인도 기꺼이 실행한 분야라며 옛 풍습을 되살릴 것을 강조했다. 군자는 '도구를 편리하게 하고 쓰임새를 이롭게 하는 방도[便器利用之道]'에 마음을 두고 《영조법식(營造法式)》이나 《천공개물》 같은 기술서를 연구하여 실질적 효과를 백성에게 보여 줄 수 있어야 한다. 그것이 군자, 즉 사대부의 역할이요 의무라는 것이다.[24]

공업이야말로 모든 직분이 제대로 실행되도록 하는 토대 기술임을 강력하게 호소한 서유구는 장인의 역할과 중요성을 상세히 논한 《주례》〈고공기〉에 이미 젊었을 때부터 푹 빠진 사람이다. 서유구가 젊은 시절 그의 작은아버지 서형수(徐瀅修, 1749~1824)에게 《주례》〈고공기〉를 배웠는데, 어느 날 〈고공기〉를 공부하다가 갑자기 책상을 탁 치고 일어나 "대장부 글이 이러해야 하지 않겠습니까?"라고 했다는 일화가 서유구 문집의 서문에 전할 정도로 일찌감치 〈고공기〉에 심취했다.[25]

서유구는 사대부의 역할이 공업 제도가 제대로 일어나도록 하는 데 있다는 신념을 《섬용지》에서 실천했다. 최고위 관료를 지냈고 규장각 제학을 비롯하여 6조 판서를 두루 역임한 서유구는 창문 문살 만드는 법을 알리고, 화장실 구조를 안내했으며, 아녀자의 규방 용품에도 전문적 언급을 보탰고, 솥땜장이의 작업도 놓치지 않았고, 갓바치의 섬세한 세공까지 밀착 취재해 일일이 기록해 두었다. 조선의 사대부라고 하기에는 너무나 방대하고 세세한 분야에까지 관심을 기울였고 그 활동 결과를 글로 남긴 것이다. 건축물에 대한 전문적 소양은 《섬용지》에만 그치지 않는다. 《이운지》에서

---

24 《섬용지》 권4 〈공업 총정리〉 "공업 교육" '사대부는 공업 제도에 뜻을 두어야 한다'.
25 "憶余嘗在明皐精舍,與楓石子,講禮之考工記,時燈火靑熒,秋聲砰湃在楚間.楓石朗誦數遍,拍案而起曰:'大丈夫爲文,不當如是耶!'余笑而頷之." 《楓石全集》 《楓石鼓篋集》 〈楓石鼓篋集序〉 (《韓國文集叢刊》 288, 210~211쪽).

도 임원에서 청아하게 사는 사대부에게 필요한 정원 배치라든지 서재나 악기 연주실 같은 특수 목적의 건축물이라든지 집안에 들여놓을 각종 가구 등에 대한 자신의 견해를 쏟아 냈다. 《섬용지》에 실린 서유구의 저술 양이 16지 중 가장 많다는 사실은 건축·일용품·도구 분야가 바로 그가 가장 마음에 두고 공들인 분야 중 하나임을 보여 줌과 동시에, 조선에서 가장 빈약한 분야였음을 역설적으로 말해 주고 있다 할 것이다.

3) 편집 체제

《섬용지》는 총 4권으로, 대제목이 13개, 소제목이 67개, 표제어가 608개, 소표제어가 25개, 기사 수는 851개, 인용문헌 수는 73개이다. 대제목은 권 순서대로 1개, 3개, 4개, 5개 배치되어 있고, 소제목은 각각 15개, 15개, 17개, 20개다. 표제어는 69개, 142개, 181개, 216개가 배치되어 있다. 《섬용지》는 16지 중 권당 평균 표제어 수가 가장 많다(152개). 인용문헌은 3곳에서 빠져 있다.[26] 글자 수는 권1이 가장 적고 권4가 가장 많은데(35.8%), 권1의 2배가 넘는다.

안설을 포함한 기사 수는 총 1,019개로, 기사당 원문 글자 수는 평균 94자다.

《섬용지》에서 서유구 저술 이외의 조선 문헌은 9.3퍼센트, 서유구 저술은 57.5퍼센트여서 《섬용지》에서 조선 문헌은 총 66.8퍼센트를 차지한다. 서유구가 가장 열악하다고 평했던, 그래서 중국과 일본을 본받아야 한다고 열을 올렸던 기술과 공업 분야에서 조선의 저술이 70퍼센트에 육박한데는 현장에서 몸소 뛴 서유구의 열정과 노력이 가장 큰 역할을 했음은 두말할 나위가 없다.

---

[26] 《섬용지》 권4 〈공업 총정리〉 "질그릇과 사기그릇 빚기" '사기그릇에 채색하는 법';같은 권, "진주조개" '호박 씻는 법';같은 권, "진주조개" '호박 부수는 법'. 이 중 첫째의 예에는 인용문헌 표기 자리에 6자 들어갈 공간이 비어 있다.

표1 《섬용지》 표제어류 및 기사 통계

권 수	대제목	소제목	표제어	소표제어	기사 수	인용문헌 수	원문 글자 수
인							472
목차							248
1	1	15	69		90	11	17,782
2	3	15	142		206	17	19,136
3	4	17	181		250	30	26,122
4	5	20	216	25	305	53	35,407
합 계	13	67	608	25	851	73(중복 제외)	99,167

표2 《섬용지》 기사당 원문 글자 수

원문 글자 수	기사 외의 글자 수	기사 글자 수	기사 수(안설 포함)	기사당 원문 글자 수
99,167	2,781	96,386	1,019(851+168)	94

표3 《섬용지》 소제목별 표제어류 및 기사 통계

권 번호	대제목	소제목	표제어	부록	소표제어	기사	인용문헌	원문의 글자 수
인								472
목차								248
1	1	1	2			3		
		1	2			3		
		1	2			4		
		1	5			7		
		1	4			7		
		1	8			10		
		1	6			6		
		1	3			3	11	17,782
		1	4			6		
		1	6			6		
		1	4			5		
		1	3			4		
		1	5			7		
		1	7			8		

		1	8	○		11	11	17,782
2	1	1	4			17		
		1	2			10		
		1	4			6		
		1	7			10		
		1	6			17		
	1	1	4			4		
		1	11			13		
	1	1	24			29	17	19,136
		1	12			12		
		1	9			17		
		1	9			10		
		1	12	○		12		
		1	7			7		
		1	11			21		
		1	20			21		
3	1	1	11			12		
		1	17			25		
		1	5			5		
		1	5			7		
		1	5			9		
		1	6			7		
		1	10			12		
		1	6			11		
	1	1	13			17	30	26,122
		1	13			20		
	1	1	23			25		
		1	8			11		
		1	7			10		
		1	11			14		
	1	1	23			31		
		1	13			19		

		1	5			15	30	26,122
4	1	1	17			26		
		1	24		25	31		
		1	4			5		
		1	5			5		
	1	1	5			5		
		1	6			7		
		1	16			26		
	1	1	5			5		
		1	7			10		
		1	2			2	53	35,407
	1	1	3			3		
		1	7			11		
		1	1			1		
	1	1	12			12		
		1	41			65		
		1	25			36		
		1	3			4		
		1	18			25		
		1	11			21		
		1	4			5		
합 계	13	67	608	2	25	851	73 (중복 제외)	99,167

4) 필사본 분석

4종의 필사본이 현존한다. 오사카본은 권3·4만 남아 있는데, 결본인 권1·2는 바로 버클리본이다. 《섬용지》 역시 오사카본의 편집 지시가 매우 중요하다는 사실을 보여 준다. 그러나 오사카본 이후 상당히 많은 내용이 추가되었기에 오사카본의 편집 교정을 따르고 여기에 추가 내용을 보완한 가장본을 토대로 고려대본이나 규장각본 등 정리본이 성립한 것이 분명하다.

《섬용지》오사카본은 편집이 제대로 이루어지지 않았고 책 자체가 완성되지 않은 원고임을 잘 보여 준다. 권이 시작하는 첫 면 4줄은 다음과 같이 시작한다.

林園十六志卷第(1줄)

洌上 徐有榘 準平 纂(2줄)

贍用志上(3줄)

服飾之具(4줄)

이는 전사본과는 상당히 다른 체제이다. 우선 제1줄과 같은 책 제목과 권차는 다른 지에서는 보이지 않는다. 제2줄은 이후 전사본과 같다. 제3줄은 전사본에는 '남 우보 교(男 宇輔 校)'로 되어 있다. '섬용지상(贍用志上)'은 전사본에서는 제1줄에 나온다. 제4줄은 전사본에는 '영조지제(營造之制)'로 되어 있다. '복식지구(服飾之具)'는 전사본에서는 권3의 첫 내용에 해당한다. 또 '섬용지상'이라는 제목도 표지에 쓸 법한 내용이다. 여기에는 《섬용지》의 권차를 적어야 하는 것이다.

또한 정리본에서는 권4의 첫 주제인 〈화촉지구(火燭之具, 불 때거나 밝히는 도구)〉가 아예 권이 분리되지 않은 채로 '섬용지상(贍用志上)'에 배치되어 있다. 이로 볼 때, 섬용지의 첫 내용이 편집 과정에서 완전히 바뀌었음을 알 수 있다.

오사카본 《섬용지》에는 정리본, 즉 고려대본이나 규장각본의 내용이 빠진 곳이 매우 많다. 특히 권4의 내용이 많지 않은데(표4 참조), 가장본에서 대폭 보강되었을 것이다. 오사카본이 정리본의 직접적 모본이 아님을 보여 주는 결정적 증거이다.

〈표4〉는 〈공업 총정리〉의 하위 항목들을 정리한 것으로, 오사카본과 정리본의 차이를 보여 준다. 오사카본에는 없는 부분을 표기했다. 이 표

를 보면 오사카본에는 전혀 기록되지 않은 내용이 고려대본이나 규장각본에 수두룩하게 실려 있다. 다른 어떤 지보다도 《섬용지》에서 오사카본의 완성도가 떨어진다. 달리 보면, 이는 서유구가 말년까지 《섬용지》 저술에 심혈을 기울였음을 방증한다. 또한 오사카본 《섬용지》가 바로 고려대본이나 규장각본 필사를 위한 모본인 가장본의 직접적인 모본이 아님을 말해 주기도 한다. 오사카본 이후에

《섬용지》 버클리본

대폭 수정·증보한 정리본이 있지 않았다면 지금 남아 있는 전사본의 형태를 결코 갖출 수 없었을 것이기 때문이다.

표4 오사카본 《섬용지》 권4에 없는 부분

대제목	소제목	표제어 수	오사카본에 없는 부분
공업 총정리	목재 다루기	12	1, 7~8, 12
	금속 다루기	41	2~10, 12~14, 16, 17의 3개 중 마지막 기사, 18~21, 22의 41줄 중 뒤 40줄, 23~30, 31의 안설 7줄이 없고 이곳에 동그라미 표시만 있음(이곳을 편집하려 했음을 알 수 있다. 안설을 적은 별지가 있었을 수도 있다), 32, 34~35, 37~38
	뼈·뿔·가죽 다루기	25	1의 두 번째 기사, 2, 4의 두 번째 기사, 5, 7~13, 15~18, 21, 23~25
	질그릇과 사기그릇 빚기	3	전부 없음
	뼈·뿔·가죽 다루기	18	1의 4줄 중 뒤 3줄, 2~3, 5~6, 8~9, 11~16
	진주조개	11	4~5, 8~11
	공업 교육	4	2, 4

한편 오사카본에는 빠진 《섬용지》 권1·2 필사본은 버클리대 아사미(淺

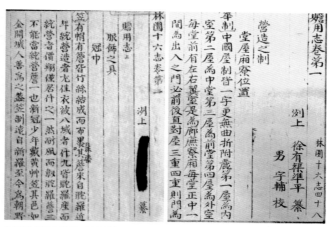

《섬용지》 오사카본(좌), 고려대본(우)

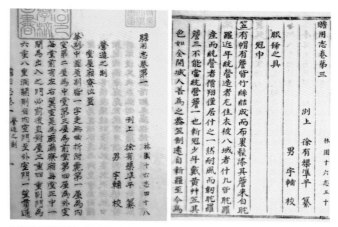

《섬용지》 규장각본(좌), 한국은행본(우)

見)문고에 소장되어 있다. 이 필사본의 표지에는 "贍用志 朝鮮 徐有榘 草本"이라 적혀 있어 이전 소장자인 아사미가 다시 제본한 것으로 보인다. 표지를 넘기면 아사미가 '임원십육지'의 16지를 나열하고 권수와 수록 내용을 16지의 인(引)에 근거하여 적어 놓았는데, 메이지 42년(1909)에 적은 것이다. 별책에 수록된 16지의 인은 오사카본에만 있는 유일본이다. 이 별책을 참조한 것으로 보아 1909년 당시 이미 오사카본과 아사미본이 분리되어 있던 것으로 보인다. 만약 같은 사람이 소장하고 있었다면 아사미본《섬용지》에 유독 16지의 내용을 특기할 필요가 없었을 터이다.

버클리본 표지를 펼치면 그 안에 다시 표지 제목이 있다. '섬용지상(贍用志上)'이라 적혀 있고, '영조지제(營造之制, 건물 짓는 제도), 영조지구(營造之具, 건물 짓는 재료), 초급지구(樵汲之具, 나무하거나 물 긷는 도구), 취찬지구(炊爨之具, 불로 요리하는 도구)'라고 그 내용이 적혀 있다. 권1과 권2의 권두 기록 방식은 오사카본의 다른 지와 같다. 다만 앞 5줄은 별지로 덮어씌운 상태로 보아 후일에 편집한 것으로 보인다.

5) 인용문헌 소개 및 인용문헌을 통해 다시 본 북학(北學)

인용문헌은 총 72종이다. 《섬용지》에서는 서유구 자신의 저서 《금화경독기》에 대한 의존도가 압도적이다(총 439회). 전체 내용 중 45.3퍼센트(43,749/96,386)에 달한다. 《천공개물》이 다음으로 많이 인용되었는데(51회, 12,375자), 전체의 12.8퍼센트를 차지했다. 《천공개물》에 들어 있는 핵심적인 기술 공정을 많이 수록했다.

이 밖에 20회 이상 인용된 서적은 《증보산림경제》(40회), 《화한삼재도회》(33회), 《고금비원》(36회), 《열하일기》(29회), 《왕씨농서》(25회), 《본초강목》(24회) 등이다. 또한 인용된 조선 문헌은 《금화경독기》·《증보산림경제》·《열하일기》를 비롯하여, 《산림경제보》(11회), 《북학의》(5회), 《무예도보통지》·《이목구심서》·《속방》(2회), 《구암유고》·《동의보감》·《반계수록》·《성호사설》·《여지도서》·《유원총보》·《견문방》·《행포지》(1회) 등 총 16종이었다. 서유구의 저술은 《금화경독기》와 《행포지》 2종이다. 글자 수를 기준으로 볼 때는 인용 비중이 차이가 난다(〈표5〉 〈표6〉 참조).

서유구의 안설은 총 167회에 걸쳐 9,187자가 반영되어 총 9.2퍼센트(9,187/99,167)의 비율을 보인다. 출현 횟수는 《금화경독기》 다음으로 많았다.

《섬용지》는 기술 전문 저술이라 이와 관련된 전문 저술이 많이 인용되었다. 《천공개물》이 대표적이고, 《태서수법》·《고금비원》·《왕씨농서》·《본초강목》도 주요 기술서였다. 특히 《화한삼재도회》가 비중 있게 실린 점은 일본의 기술 수준이 여러 분야에서 조선보다 뛰어났음을 보여 준다.

박지원의 《열하일기》는 특히 돋보인다. 중국의 선진 문물을 들여오자는 북학(北學)을 주장한 핵심 인물의 저술답게 이 책에서 인용한 내용은 중국의 우수한 기술을 본받아야 한다는 취지의 기사가 대부분이다. 북학파의 또 다른 핵심 인물인 박제가의 《북학의》는 이에 비해 상대적으로 인용 횟수가 적었다. 북학파가 들여오자는 중국의 선진 물물은 대부분 기술 분야의 문물이었다. 《임원경제지》에서 《섬용지》 외에 기술에 초점을 맞춘 분야는 《본리지》와 《전공지》가 있다. 이 두 지에서도 역시 '북학'의 의도를 담은 기사들이 많다. 〈섬용지 서문〉에서 "나는 농사짓는 도구와 옷감 짜는 물품 분야에서 우리나라의 제조법 가운데 여러 가지가 거칠고 뒤떨어짐을 이전에 논한 적이 있다."[27]라는 언급은 바로 이 두 지를 두고 한 말이다. 농업 기술을 다룬 《본리지》에서는 박지원의 《과농소초》와 《북학의》를 자주 인용했는데, 그 내용에는 대부분 중국의 농법이나 관련 기술을 배우자는 주장이 담겨 있다. 《섬용지》 역시 기술을 다룬 지로, 북학이 핵심 주제다. 그렇다면 기존에 북학파로 알려졌던 이들의 문헌이 많이 거론될 만도 한데, 박지원과 박제가 두 사람을 제외하고는 찾기가 어렵다.

예를 들어, 북학파의 비조라는 서명응(徐命膺, 1716~1787)이나 또 다른 핵심 인물인 홍대용(洪大容, 1731~1783)의 저술은 하나도 언급되지 않았다. 반면 유형원의 《반계수록》이 주목할 만한데, 서유구가 인용한 부분에도 북학의 주제의식이 담겨 있다. 비록 1회 인용으로 그치고 있으나 《본리지》에서 이미 소개한 중국의 대전법(代田法)을 도입해야 한다는 유형원의 주장 등과 함

---

27 "曾於耕穫之具·紡織之需, 論我法之粗劣, 已種種矣." 〈섬용지 서문〉.

께 의미 있게 되새겨 보아야 할 대목이다.

이런 측면에서 오히려 북학파의 비조를 재정립할 실마리가 여기에 있을 가능성도 있다. 서명응이나 홍대용의 저술을 《섬용지》에서 한 번도 인용하지 않았기 때문에 그들이 북학파가 아니라는 단순한 결론을 내리려는 의도는 없지만, 《섬용지》에서 이토록 치열한 북학적 문제의식을 드러내고 그 해결책을 모색하는 과정에서 당대의 저술을 참고하지 않았을 리가 없을 텐데, 그들의 저술에서 취할 내용이 없었다면 좀 더 신중한 평가를 해야 하지 않을까 하는 것이다. 서유구는 할아버지 서명응의 저술을 모두 꿰고 있던 사람이다.[28]

《증보산림경제》는 세 번째로 인용 횟수가 많은 책이다. 이 사실만 본다면 이 책의 저자도 북학적 문제의식을 가지고 있는 사람이라 추측할 수 있다. 그러나 《증보산림경제》에는 중국의 기술을 소개하는 식의 서술이 없다. 다만 특정 문제를 해결하기 위한 방법만 전달할 뿐이다. 그러니까 이 책에서는 방법을 서술하기만 할 뿐 《열하일기》와 같은 당위론이 없다. 글자수에서도 《증보산림경제》(2,409자)는 인용 횟수가 더 적은 《열하일기》(3,629자)와 큰 차이가 난다.

1회만 인용한 《반계수록》 기사[29]는 조선의 부피 단위의 문제를 거론하며 중국의 방식으로 바꿔야 한다는 주장을 하고 있다. 15두(斗)를 1곡(斛, 섬)으로 삼는 조선의 제도를 바꿔 중국처럼 10두를 1곡으로 해야 한다는 것이다. 이에 대해 서유구도 안설에서 그의 주장에 동조했다. 《증보산림경제》와 《반계수록》은 인용 횟수로는 큰 차이가 있지만 담긴 내용의 강도는 후자가 더 크다 할 것이다.

---

28 반면 홍대용의 저술은 《임원경제지》 전체에서도 발견되지 않고, 서유구의 문집에서도 교유 사실을 확인할 수 없다. 그와 사이가 좋지 않아서 그의 저술 자체를 보지 않았을 가능성도 있겠으나, 이에 대해서는 더 조사할 필요가 있다.

29 그러나 글자 수에서는 《산림경제보》(11회, 465자)나 《북학의》(5회, 564자)와 큰 차이가 없다.

표5 《섬용지》에서 서유구 저술 이외의 조선 문헌 비중

인용 조선 문헌	글자 수	기사 수
열하일기	3,629	29
증보산림경제	2,409	40
구암유고	1,068	1
북학의	564	5
산림경제보	465	11
반계수록	441	1
성호사설	168	1
무예도보통지	165	2
여지도서	105	1
동의보감	63	1
이목구심서	37	2
속방	36	2
견문방	27	1
유원총보	16	1
합계	9,193	98
비율(%)	9.3(9,193/99,167)	11.5(98/851)

표6 《섬용지》에서 서유구 저술의 비중

구분	글자 수	비고
서문	472	
목차	248	
권수, 권차, 권미제, 저자명, 교열자명	127	
대제목, 소제목, 표제어, 소표제어	1,934	
안설	9,187	168회
금화경독기	43,749	439회
행포지	1,361	1회
합계	57,078	
비율(%)	57.5	(57,078/99,167)

표7 《섬용지》에서 중국 문헌의 비중

서명	글자 수	기사 수
천공개물	12,375	51
태서수법	4,576	2
왕씨농서	2,288	25
가례의절	1,362	2
본초강목	1,288	24
고금비원	1,284	36
거가필용	977	15
국사소지	748	7
제민요술	687	6
다능집	577	9
인사통	511	9
속사방	470	15
지세사	342	5
준생팔전	327	5
무편	301	1
경도잡지	219	4
무비지	219	2
물류상감지	190	11
강희자전	140	3
만가휘요	138	4
율려정의	129	1
구선신은서	125	3
피서록화	122	1
만법수지	117	1
몽계필담	106	1
본초습유	103	3
왕씨화원	103	1
제신잡지	90	2
표인소전방	87	1
오잡조	84	1
잡방	72	1

노학암필기	65	1
농정전서	64	1
삼재도회	53	1
소창청기	49	1
공씨담원	48	1
삼산방	47	1
도씨본초주	45	1
광지	41	1
유환기문	40	1
고금의통	38	1
영남잡기	36	1
전기방	36	1
이원	35	1
화가기방	33	1
풍씨구담	32	1
농상촬요	30	1
본초별설	30	1
기거기복전	29	1
전기비결	28	1
서사기	24	1
정자통	22	1
천기잡록	22	1
서계총화	21	1
뇌공포자론	18	1
이보국방	18	1
비율(%)	31.3(31,061/99,167)	32.5(277/851)

표8 《섬용지》에서 일본 문헌의 비중

구분	글자 수	기사 수
화한삼재도회	1,770	33
비율(%)	1.8(1,770/99,167)	3.9(33/851)

표9 《섬용지》에서 출전 미상 문헌의 비중

구분	글자 수	기사 수
출전 미상	65	3
비율(%)	0.06(65/99,167)	0.35(3/851)

표10 《섬용지》에서 조선 문헌의 비중

구분	글자 수	비고
서유구 이외의 조선 문헌	9,193	
서유구 저술	57,078	
합계	66,271	
비율(%)	66.8	(66,271/99,167)

　조선의 물질문명에 대한 서유구의 비판적 태도에는 박지원의 영향이 적지 않았으리라 짐작할 수 있다. 중국의 건축 제도를 설명한 《섬용지》의 첫 기사는 《열하일기》 인용문으로 시작한다. 《섬용지》에서 인용한 《열하일기》의 기사들은 거의 대부분 중국의 기술을 설명하면서 조선의 그것과 비교하는 내용이다. 그런 기사들은 모두 조선이 중국의 기술을 본받아야 함을 주장한 글이었다. 중국을 방문해 본 적이 없었던 서유구도 박지원의 이런 입장을 자신의 저술에서 상당 부분 채용한 것이다.

　서유구가 북학의 입장에서 기술한 《섬용지》의 논조에서는 조선의 문명 수준을 내부자의 관점이 아니라 외부인의 관점에서 객관화하려는 태도를 엿볼 수 있다. 심지어 조선의 물질문명 수준에 대한 비판이 너무 잦고 그 강도도 높아서 조선에 대한 기대를 저버린 것은 아닐까 하는 오해를 불러일으킬 정도이다. 그러나 이렇게 비판적으로 서술한 것은, 조선의 수준을 더욱 냉정하게 바라봄으로써 조선 문명의 개선점을 명확하고 도드라지게 하려는 의도로 읽어야 할 것이다.

6) 자료적 가치

우선 서유구의 《금화경독기》 내용을 가장 많이 담고 있는 지라는 점을 들 수 있다. 《금화경독기》는 일실된 책으로 알려졌다가 최근(2010년)에 일본의 도쿄도립중앙도서관에 소장되어 있다는 발표가 있었다. 발견된 본은 총 8권 중 7권 7책으로, 총 289면, 8만 자 분량이며 8권은 일실되었다고 한다. 이 '도쿄본' 《금화경독기》에는 《임원경제지》에 실린 내용의 대부분이 없다.[30] 그렇다면 《금화경독기》는 현존본보다 적어도 2배 이상이 되는 방대한 책이라 할 수 있다. 《임원경제지》에서 인용한 《금화경독기》 중 이 《섬용지》에 수록된 내용이 가장 많다. 이 측면에서 일실된 나머지를 복원하는 데 《섬용지》가 큰 기여를 할 수 있을 것이다.

또한 《섬용지》에서 인용한 《금화경독기》는 기술사적 측면에서 매우 중요한 자료이다. 그간 조선의 기술 현황이나 구체적인 세부 기술, 기구 제작법, 기구 작동법, 그리고 그 기술의 수요 상황을 알려 주는 자료가 부족했다. 《금화경독기》는 이전까지 서술되지 않은 채 전승되어 온 조선의 기술을 세밀하게 정리한 서적이다.

서유구는 《섬용지》에서 건축·일용품·도구와 관련된 원재료 채취 및 가공과 완제품을 만들기까지 필요한 공정을 모두 다루기 위해 《금화경독기》뿐 아니라 《천공개물》을 비롯한 《증보산림경제》·《화한삼재도회》·《고금비원》·《열하일기》 등 한중일의 여러 문헌에서 한 주제로 수렴하는 내용을 간추려 정리했고, 많은 안설을 삽입하여 자신의 의견을 표명했다. 따라서 여기 인용한 많은 문헌들이 19세기 조선의 상황을 중심으로 정리되었다는 데 그 의의가 크다.

정명현(임원경제연구소 공동소장)

---

30 조창록, 〈楓石 徐有榘의 《金華耕讀記》〉, 《韓國實學研究》 19, 韓國實學學會, 2010, 287~288쪽.

瞻用志引

나는 농사짓는 도구와 옷감 짜는 물품 분야에서 우리나라의 제조법 가운데 여러 가지가 거칠고 뒤떨어짐을 이전에 논한 적이 있다. 후생(厚生)의 근원이 되는 분야에서 아마도 법도대로 다 하지 못한 점들이 있었으리라. 그런데 생활용품 분야[瞻用]에 이르러서는, 한숨이 나올 만한 곳이 반 이상이 훨씬 넘는다.

曾於耕穫之具、紡織之需, 論我法之粗劣已種種矣. 厚生之原, 蓋有未盡其度者. 至於瞻用, 可發歎者益强半焉.

지금 이 《섬용지》는 목차가 13개로 구성되어 있으나 한 항목이라도 한숨이 나오지 않는 곳이 없다. 책 첫머리에서 논한 건물 짓기에서는 그 제도[1]와 도구 및 재료에 대해 상세하게 정리했다. 무릇 집은 우리가 살아가는 곳이니 그 제도에 잘 갖춰진 방법이 있어야 한다.

今是志也, 目有十三, 無一非發歎者. 其首所論在營造, 而制及具詳著焉. 夫宮室, 吾人所以奠居也, 其制度宜有成法.

예컨대 기둥의 주위를 다섯으로 나눈 다음 둘을 뺀 나머지에 서까래를 건다. 그리고 그 서까래의 기

假如五分其楹之圍, 去二以爲椽. 以其椽之長三分,

---

1 제도: 원문의 '制'를 옮긴 것이다. 《섬용지》에서 이 글자는 '制度'라는 표현과 함께 매우 빈번하게 나타난다. 《섬용지》에서 '제도'는, '사회규범'이나 '사회구조' 등을 가리키는 것이 아니다. 이 책의 용례에서는 거의 대부분 인간 사회가 아니라 사람이 제작한 물건이나 기물을 대상으로 쓰이고 있는데, 이때는 이것들의 제작 방법, 형태 및 구조 등을 의미한다. 오해의 여지가 있음에도 굳이 이 용어를 쓰는 이유는 그때마다 풀이를 조금씩 달리함으로써 생기는 오해를 방지하기 위함이다.

贍用志引

曾於耕稼之具紡織之需論我法之粗劣已種種矣

厚生之原蓋有未盡其度者至於贍用可發歎者益

彊半焉今是志也曰有十三無一非發歎者其首所

論在營造而制及具詳著焉夫宮室吾人所以奠居

也其制度空有成法假如五分其樞之圓去二以為

樞以其椽之長三分去一以為室以其室之度為之

堂於是乎棟梁居楔廚庫樓廂一以是準焉可也我

人不憖人自剞劂量工以意出舉一方櫛比之屋無一

中律國有人乎哉燒甓之制茫然不聞故凡有所築

둥을 셋으로 나눠 하나를 뺀 나머지로 방을 만들며,[2] 그 방을 기준으로 마루를 만든다. 지도리··말뚝·빗장·문설주 같은 건물에 필요한 부속물과 부엌·창고·다락·곁채와 같은 건축물을 한결같이 이 기준으로 하면 된다.

그런데 우리나라 사람들은 그렇지 않다. 사람들마다 제 맘대로 분량과 제작법을 정하고 자기 생각을 덧붙여 시행하므로[以意出擧],[3] 한 구역에 즐비하게 늘어선 집들이 하나라도 법도에 맞는 집이 없다. 이래서야 과연 이 나라에 사람이 있다고 할 수 있겠는가.

벽돌 굽는 제도는 아득하여 알려진 바가 없다. 이 때문에 일반적으로 담이나 벽을 쌓을 때, 기와 조각을 흙반죽에 섞어 허공을 지탱하다 보니 들쭉날쭉 아귀가 맞지 않아 좀처럼 가지런히 정돈되지 못한다. 질그릇을 빚고 다듬는 작업에서는, 비록 도구를 갖추었다고 하지만 가마 만드는 법이 거칠고 조잡하여 정묘한 단계에 이르렀다는 말을 아직 듣지 못했다. 손기술도 거칠고 둔해 대부분 법도에 들어맞지 않으니, 나무하거나 물 긷거나, 불로 요리하거

去一以爲室；以其室之度, 爲之堂. 於是乎, 根、臬、扂、楔、廚、庫、樓、庳, 一以是準焉可也.

我人不然. 人自劑量工, 以意出擧, 一方櫛比之屋, 無一中律. 國有人乎哉?

燒甓之制茫然不聞, 故凡有所築, 雜瓦礫而揢楮空, 齟齬疎豁, 無少齊整. 陶埴刮摩之工, 雖云備具, 然窯法粗陋, 未聞臻妙. 手技荒鈍, 多不中度, 則樵汲、炊㸑、盥櫛之具, 有未善者也.

---

2 서까래의 길이는 일반적으로 건물 폭을 의미한다. 따라서 건물 폭의 2/3를 방으로 사용한다는 의미이다. 나머지 1/3은 우리나라 전통 건축의 툇간에 해당한다.
3 자기……시행하므로[以意出擧] : 출거(出擧)는 중국의 수·당·송·원나라에서 실시된 이자를 붙이는 대부 제도. 여기서 이의출거(以意出擧)는 자기 생각을 덧붙여 보탠다는 의미로 계속 이전 규칙을 덧보태며 바꾸어 원래 기준을 벗어남.

雜瓦礫而揩空齟齬歸疎豁無少齊整陶埴刮摩之工

雖云備具然窰法粗陋未聞臻妙手技荒鈍多不中

度則樵汲炊爨鹽韲之具有未善者也紡織昧方杼

匠失空服飾居何以得優卅採無術榨壓多闕設

色火燭何以盡當若其騎乘運輸者尤多疎漏畜牧

之政不講焉羸翔貨行旅之乘者十之一焉舟僅有

通行之名車則漠然故國中營營勞勞背負而行何

況同律度量衡是王政之大務今也不然京而有京

之用鄉而有鄉之用矣但京鄉然矣甲坊之斗斛與

乙坊不同東舍之所尺與西舍各異何從而考稽乎

나, 몸 씻거나 머리 다듬는 도구들 중 아직도 쓸 만
한 좋은 것이라곤 없다.

베 짜는 이는 제 방법에 어둡고 목수는 적절한
기술을 잃었으니, 복식이나 기거의 일상생활이 어
찌 편하겠는가? 채광(採鑛)에서도 제 기술이 없고 기
름 짜는 데서도 부족한 부분이 많으니, 색을 내거나
난방 및 조명에 쓸 물품을 어떻게 다 감당하겠는가?
탈것이나 운송 같은 경우는 더욱 거친 게 많다. 목
축에 관한 행정이 강구되지 않기에 말과 노새 가격
이 치솟아 여행자 가운데 이들을 타는 사람은 열에
하나이다. 배는 물 위를 다닌다는 이름만 겨우 있
고, 수레의 경우는 막막하기만 하다. 이 때문에 온
나라 사람이 지지리도 분주하고 힘들게 이고 지고
다닌다.

더군다나 도량형을 통일하는 일은 왕정(王政)의
큰 책무이거늘, 지금은 그렇지 못하다. 통일되지 않
은 도량형으로 인해 서울에는 서울에서만 쓰는 도
량형이 있고, 지방에는 지방에서만 쓰는 도량형이
있다. 어찌 서울과 지방만이 그러하겠는가? 갑 지역
의 두(斗)와 곡(斛)은 을 지역의 그것들과 같지 않고,
동쪽 창고에서 쓰는 근(斤)과 척(尺)은 서쪽 창고에서
쓰는 그것들과 각각 다르다. 그러니 무엇을 기준으
로 헤아려야 한단 말인가?

일반적으로 이 같은 생활용품 분야의 물건 중 우

紡織昧方, 梓匠失宜, 服
飾、起居何以得便? 卝採無
術, 榨壓多闕, 設色、火燭
何以盡當? 若其騎乘、運
輸者尤多疏漏. 畜牧之政
不講, 馬贏翔貴, 行旅之乘
者十之一焉. 舟僅有通行之
名, 車則漠然. 故國中營營
勞勞, 背負而行.

何況同律度量衡是王政之
大務, 今也不然. 京而有京
之用, 鄉而有鄉之用. 奚但
京鄉然矣? 甲坊之斗, 斛與
乙坊不同, 東舍之斤、尺與
西舍各異. 何從而考稽乎?

凡此贍用之物, 本土之粗

凡此贍用之物本土之粗劣如是也故不得不資於
鄰而伏助燕都行貨焉島貿易於兹與焉嗟乎我國
自古仰賴於中華其技藝之不及固也誰謂以堂堂
相亢之國而甘輸於海中之一醜乎嗟夫讀是志者
其有所興慨者與

리나라 것은 대개 이처럼 거칠고 졸렬하다. 그러므로 어쩔 수 없이 이웃 나라에 의지하여 도움을 받게 되니, 북경과의 재화 교류와 대마도와의 무역이 이 때문에 흥기하게 된 것이다. 아! 우리나라가 예부터 중화를 우러러 의지한 이유는 기술이 미치지 못했기 때문임이 틀림없다. 그러나 당당히 서로 맞서는 나라들로서 섬나라 오랑캐인 일본에게서 물건을 서슴 없이 수입하게 될 줄 누가 생각했겠는가? 아! 이 지를 읽는 이여, 분개하는 바가 있으리라!

劣如是也. 故不得不資於隣而佽助, 燕都行貨, 馬島貿易, 於玆興焉. 嗟乎! 我國自古仰賴於中華, 其技藝之不及固也. 誰謂以堂堂相亢之國, 而甘輸於海中之一醜乎? 嗟夫! 讀是志者, 其有所興慨者與!

섬용지 권제 1

贍用志卷第一

I. 건물 짓는 제도

근세에 서울의 재력 있는 집에서는 이중 온돌[複堗]을 만들기도 한다. 그 방법은
다음과 같다. 먼저 땅을 평평하게 골라 앞이 높고 뒤는 낮게 한다.【굴뚝 근처가
앞이고, 아궁이 주변이 뒤이다.】고랫등을 쌓고 돌을 까는 공정은 보통의 방법대
로 한다. 다만 불목이 보통 온돌에 비해 2배가 깊고, 아궁이까지의 거리가 3~4척
정도 된다. 온돌바닥이 비스듬하여 앞이 높고 뒤가 낮은 점이 보통 온돌과 다르
다.《금화경독기》

- Ⅰ -

건물 짓는 제도

營造之制

1. 몸채와 곁채의 배치 　　堂屋、廂寮位置

1) 중국의 제도 　　華制

중국의 건물 제도는 모두 '일(一)'자 형태여서 구부러져 꺾이거나 건물끼리 딱 붙어 있지 않다. 건물 안쪽을 기준으로 첫 번째 건물이 내실(內室)이고, 두 번째 건물이 중당(中堂), 세 번째 건물이 전당(前堂), 네 번째 건물이 외실(外室)이다.[1] 이 몸채마다 앞에 좌우의 '곁채'가 있는데, 이것이 낭(廊)·무(廡)·요(寮)·상(廂)이다.[2] 몸채마다 한가운데의 1칸은 출입문이어서 반드시 앞뒤를 바로 마주 볼 수 있게 해 놓았기에, 건물이 3겹, 4겹이면 문은 6겹, 8겹이다. 문을 활짝 열어 놓으면 내실의 문에서 외실의 문까지 한눈에 관통하여 그 곧음이 화살과 같다. 그러니 이른바 "겹문을 활짝 열어 놓으니 내 마음이 이와 같도다."[3]라는 말은 마음이 바르고 곧음을 비유

中國屋制皆一字，更無曲折附麗，第一屋爲內室，第二屋爲中堂，第三屋爲前堂，第四屋爲外室. 每堂前有左右翼室，是爲廊、廡、寮、廂. 每堂正中一間爲出入之門，必前後直對，屋三重、四重則門爲六重八重. 洞開，則自內室門至外室門，一望貫通，其直如矢，所謂"洞開重門，我心如此"者，以喩其正直也.《熱河日記》

1　중국의……외실(外室)이다 : 중국의 전통 주택은 주 건물이 종축선 상에 차례로 배열되고, 좌우를 건물로 막아 그 사이에 마당을 만든다. 이렇게 마당을 중심으로 건물들이 둘러싸며 배치되기 때문에 사합원(四合院)이라 하는데, 마당의 개수에 따라 1진원(一進院), 2진원(二進院) 등으로 부른다. 본문에서는 4개의 건물을, 제일 깊숙한 곳에서부터 밖으로 나오며 묘사하고 있다. 따라서 평균적인 3진원 또는 4진원 규모에 해당된다고 하겠다.

2　낭(廊)·무(廡)·요(寮)·상(廂) : 낭(廊)은 지붕이 있는 통로의 총칭이다. 독립적으로 건축하기도 하는데, 주거건축에서는 대개 건축물 앞의 처마 밑 공간을 지칭한다. 무(廡)는 주위를 두르는 건축물을 말하지만 낭과 통용된다. 상(廂)은 주 건물의 앞에서 좌우로 대칭되는 건축물을 말한다. 요(寮)는 상과 유사한 의미로 사용된다.

3　겹문을……같도다 : 송(宋) 태조(太祖) 조광윤(趙光胤, 927~976)의 말로, 원문과 유사한 내용의 글이 여러

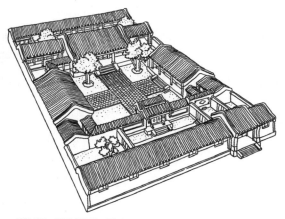

중국 북경 지역의 사합원(3진원)의 모습

한 것이다.3《열하일기》4

2) 우리나라의 제도

중국 건물 제도는 모두 각각이 일(一)자 형태로 만들어져 서로 이어지지 않는데, 우리나라의 경우는 그렇지 않다. 몸채인 방(房)과 '마루[堂]'5에 곁채인 상(廂)이나 무(廡)가 빙 둘러 이어지고, 용마루와 처마,6 마룻대와 서까래가 구부러져 꺾이면서 딱 붙어 있어 집의 모양이 구(口) 자나 왈(日) 자, 또는 'ㄱ' 자 둘이 마주하기도 한다(ㄴㄱ).

東制

中國堂屋之制, 皆各成一字, 不相連續, 吾東則不然. 房堂、廂廡回環連續, 薨、霤、棟、椽曲折附麗, 其形①或如口字, 或如日字, 或二ㄱ互對.

---

3 문헌에 전한다. "변경에 신궁이 완성되었다. 정전에 납시어 앉아 겹문을 활짝 열도록 하고 좌우의 신하들에게 말했다. '이것은 내 마음과 같으니, 조금이라도 사심이 있다면 사람들이 다 알 것이다.'(汴京新宮成. 御正殿坐, 令洞開諸門, 謂左右, 曰:"此如我心, 少有邪曲, 人皆見之.")"《宋史》卷3〈本紀〉第3.

4 《熱河日記》〈渡江錄〉"六月二十八日".

5 마루[堂]: 중국의 용례와 차이가 있지만 우리나라에서 당(堂)은 대개 마루 혹은 대청의 의미로 사용한다.

6 처마: 외벽면의 바깥으로 돌출시켜 내민 지붕의 부분. 비바람이나 햇빛을 막는 구실을 함.

① 形: 저본에는 "刑". 규장각본·버클리본에 근거하여 수정.

나는 그 결점이 6가지가 있다고 생각한다. 집의 용마루가 구부러져 꺾인 곳은 '기왓고랑[瓦溝]'[7]의 물길이 서로 만나는 곳인데, 깔아 놓은 암키와[鴛瓦][8]가 얕고 좁아 쉽게 넘친다. 지붕이 새고 마룻대가 썩는 문제가 대부분 이곳에 있으니, 그 결점이 첫째이다.

구(口) 자 모양의 건물 안이 마당인데, 마당이 좁은 데다가 집 그늘이 서로 가려 곡식이나 과일을 햇볕에 말리는 데 모두 불편하니, 그 결점이 둘째이다.

사방 처마의 낙수가 모두 마당으로 모이지만, 배수되는 곳은 문과 행랑채의 섬돌[9] 밑에다 보이지 않는 구멍과 작은 도랑을 만든 데에 불과하다. 이런 것들은 움푹 꺼져서 좁아지거나 모래나 진흙에 막혀 폭우라도 한번 오면 마당에 물이 흘러넘치니, 그 결점이 셋째이다.

건물이 이미 사방으로 둘러 있으니 바람 통할 곳이 없다. 이 때문에 조석으로 밥 짓는 연기가 처마의 서까래와 창과 벽 사이를 빙빙 돌면서 그을음과 연기로 더럽고 거무스름하게 온통 옻칠해 놓은 집처럼 만드니, 그 결점이 넷째이다.

불을 끄는 방법은 물을 퍼다 붓는 것만 있는 것이 아니다. 쇠갈고리와 기타 연장으로 마룻대와 지붕을 무너뜨려 더 이상 번지지 않게 해야 한다. 중국의 건물 제도에서 건물들이 붙어 있게 짓는 방식

余以爲其失有六：屋甍曲折處爲瓦溝水道之所交會, 而所鋪鴛瓦淺狹易溢, 屋漏棟朽多在此處, 其失一也.

口字之內爲中庭, 庭旣狹窄, 屋陰交翳, 曬穀曝菓, 皆所不便, 其失二也.
四面簷滴交湊中庭, 其所洩水, 不過就門廡階砌之底, 作隱穴小溝而已. 窪陷窄狹, 沙泥壅淤, 一遇暴雨, 庭除汪洋, 其失三也.

屋旣四周, 通風無處, 朝夕炊煙盤旋於簷楹、牕壁之間, 煤汙熏暗, 擧作漆室, 其失四也.

救火之法不但恃戽水而已, 必用鉤索雜械頹塌棟宇, 使不延燒. 中國屋制之必忌附麗, 蓋亦慮火也. 我東

---

7 기왓고랑[瓦溝]：기와집 지붕에 빗물이 흘러내리도록 된 고랑.
8 암키와[鴛瓦]：기와로 지붕을 이을 때 고랑이 되게 젖혀 놓는 기와이다. 앙와(仰瓦), 여와(女瓦)라고도 한다.
9 섬돌：낮은 곳에서 높은 곳으로 올라가는 것을 돕기 위한 중간 단계의 돌.

을 꺼리는 이유는 대개 불을 걱정하기 때문이기도 하다. 우리나라에서는 몸채와 곁채가 하나의 건물로 합쳐져 있기 때문에, 비록 수백 개의 쇠갈고리가 있다 해도 건물을 끌어 당겨 무너뜨리는 방법은 사용할 수 없다. 그러므로 한 귀퉁이에서 불이 나도 집 전체가 다 타게 되니, 그 결점이 다섯째이다.

집을 지을 때는 먼저 안팎을 구분해야 한다. 그런데 지금 서울 안의 권문세가에서는 제아무리 크고 좋은 집이라도 종종 바깥채와 안채가 서로 이어지는 구조를 편하게 여긴다. 장마 때면 맨발로 드나들고, 심하면 창문이 마주하여 안채의 소리가 바깥채까지 들리니, 그 결점이 여섯째이다.《금화경독기》

그러나 중국 북방은 들판이 평평하고 넓어 비록 시골의 민가라 해도 그들 모두 차지할 수 있는 땅이 광활하다. 그러므로 일(一)자로 된 집을 3겹, 4겹으로 지을 수 있다. 반면 남방의 경우는 산이 가파르고 물이 굽이져 흐르므로 그 사이의 빈터를 따라 집을 지어야 하기 때문에, 건물 제도가 구부러져 꺾이거나 붙을 수밖에 없다. 그러므로 《천공개물(天工開物)》이나 《고금비원(古今秘苑)》에는 모두 '고랑기와[溝瓦]'를 논한 곳이 있다. '고랑기와'는 바로 지붕이 만나 고랑을 이루는 곳에서 낙숫물을 받는 기와이다. 여기서 남방의 집 제도에도 구부러져 꺾이는 곳이 있음을 알 수 있다. 다만 우리나라의, 네 귀퉁이가 구부러지고 꺾여 구(口) 자 형태를 이루는 제도와 다를 뿐이다.

則堂室、廊廡合成一屋, 雖有千百鉤索, 莫施引塌之術. 一隅火起, 全家燒爐, 其失五也.

爲宮室, 先辨內外. 今京城內豪貴之家, 雖甲第傑構, 往往外舍與內室相連爲便. 雨潦時, 徒跣出入, 甚或牕戶相對, 內聲出外, 其失六也.《金華耕讀記》

然中國北方原野平曠, 雖村野民家, 皆得占地廣闊, 故能作一字屋三重四重耳. 若南方, 山隈水曲, 隨隙地卜築者, 其屋制不得不曲折附麗. 故《天工開物》、《古今秘苑》皆有論溝瓦者. 溝瓦卽室宇合溝處承霤之瓦也, 是知南方屋制亦有曲折處, 特不如我東之四隅曲折合成口字形耳.

일반적으로 집을 지을 때는 지세(地勢)에 따라야 한다. 예를 들어 평평하고 넓은 땅을 얻었을 경우 몸채와 곁채가 딱 붙지 않으면 참으로 좋다. 어쩔 수 없이 구부러져 꺾이게 지을 수밖에 없다면, '고랑기와'에 특별히 유의하여 많은 빗물을 받더라도 넘치거나 새지 않도록 해야 된다. 《금화경독기》

凡營造宮室宜隨地勢, 如得平曠之地, 堂屋、廂廡不相附麗則固善矣. 不然而不得不曲折, 則特宜留意溝瓦, 令承受淫雨, 而不溢漏可也. 同上

2. 건물의 기초

基址

1) 중국의 제도

중국의 집 짓는 제도에서는 반드시 땅을 깨끗이 정리하고 달구로 다지고 나서 다시 깎아 평평하고 반듯하게 하여 토규(土圭)[1]로 땅을 측량하고 나침반을 놓을 수 있는 뒤에야 대(臺)를 쌓는다. 대는 모두 돌 주추이며, 1단 혹은 2단이나 3단은 모두 벽돌로 쌓고, 그 위에 돌을 다듬어 쌓아서 대를 만든 뒤 대 위에 집을 짓는다. 《열하일기》[2]

華制

中國室屋之制必除地杵築,
仍復劚劚平正, 可以測土
圭安針盤, 然後築臺. 臺
皆石址, 或一級或二級三
級, 皆甎築而磨石爲甃,
臺上建屋.《熱河日記》

2) 우리나라의 제도

일반적으로 집을 지을 때 먼저 집 지을 땅을 헤아려 정하고 큰 나무달굿대[木杵]【민간에서 '원달구[元達古]'[3]라 한다.】로 빙 둘러 가며 두루 흙을 다진

東制

凡營造屋舍, 先計定建屋
之地, 用大木杵【俗名"元達
古."】周回遍築土. 旣堅實,

---

1 토규(土圭) : 그림자 길이를 측량하는 기구이다. 이 기구를 이용하여 그림자 길이를 잰 뒤에 동서남북 어느 쪽으로도 치우치지 않은 정중앙을 찾는다. 본문에서 토규를 측량한다는 말은 정중앙을 찾아 땅이 기울어지지 않도록 하는 과정을 뜻한다. 토규에 대해서는 《주례(周禮)》〈지관(地官)〉 "대사도(大司徒)"에 나오는데, "토규의 법으로 땅의 방위를 재고 해그림자를 바르게 하여 땅의 중앙을 찾는다.(以土圭之法測土深, 正日景, 以求地中)"고 했다. 여기서 '測土深'은 정현(鄭玄)의 주석에 따르면, 땅의 깊이를 재는 일이 아니라 정중앙에서 사방으로 펼쳐진 거리(南北東西之深)를 말한다. 중국 하남성 낙양 동남쪽에 있는 고성진(告成鎭)에 당(唐) 723년에 세운 주공측경대(周公測景臺)가 토규법을 시행한 증거이다. 하지(夏至)에 8척의 표(表) 그림자가 1.5척이 되는 지점을 '지중(地中)'이라 하고, 이로부터 사시(四時)와 기준점을 정했다.

2 《熱河日記》〈渡江錄〉 "六月二十八日".

3 원달구[元達古] : 땅을 다질 때 사용하는 장구 모양의 나무나 돌로, 잘록한 허리춤을 칡 줄이나 소가죽으로 묶고 새끼줄을 연결하여 여러 명이서 들었다 놓았다 하며 작업한다. 원달고(圓達古)라고도 한다.

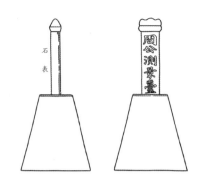

중국 하남성(河南省) 등봉시(登封市) 고성진(告成鎭)에
위치한 주공측경대의 모형

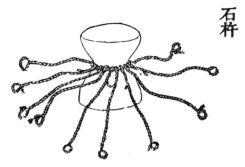

돌로 만든 원달구(《화성성역의궤》)

다. 단단히 다져지면 다시 주추 놓을 곳을 확정하여 완전히 곧게 땅을 말구유 모양으로 파고 들어가는데, 깊이는 5척(0.5장) 정도이다.【만약 건축할 원래의 땅이 낮고 습해서 단단하지 않으면 깊이가 10척(1장) 정도까지 되어야 더욱 좋다.】

먼저 여기에 왕모래를 0.7~0.8척 넣고 물을 많이 부은 다음 나무달굿대로 이리저리 세차게 다지는데, 달굿대 끝에서 쿵쿵 울리는 소리가 난 다음에야 비로소 손을 멈춘다. 다시 모래를 넣고 물을 부어 앞에서 다진 방법대로 다지는데, 대략 5척 정도의 깊이가 되려면 6~7번은 나누어 다져야 비로소 돌처럼 단단해진다.

모래 구하기가 어려운 곳이라면 누렇고 거친 모래【곧 색이 누렇고 희면서 모래와 흙이 섞인 것으로, 민간에서는 '석비레[石飛嵐]'4라 부른다.】만 가져다

更計定安礎之處, 通直掘土如馬槽形, 深可半丈許.【若元地卑濕不實則深至一丈許, 尤好.】

先納麤沙七八寸, 多灌水, 用木杵徘徊猛築, 至杵頭硬硬有聲, 然後方住手. 復下沙灌水, 如前築去, 略半丈深, 須分六七次築, 始堅如石矣.

如取沙不便之處, 但取黃粗沙,【卽色黃白而沙土相雜者, 俗呼"石飛嵐."】灑水

---

4 석비레[石飛嵐] : 지표면 가까이에 암반이 완전히 풍화되지 않아 푸석돌이 섞인 흙. 주로 화강암이 풍화된 밝은 색의 모래를 가리킨다.

가 여기에 물을 뿌려 축축하게 한 뒤 앞의 방법처럼 층층이 다지면서 힘을 배로 들여야 된다. 누런 모래도 없으면 황토를 물로 적시고 나서 앞에서 다진 방법처럼 다진다. 《증보산림경제》[5]

令濕, 層層下築如前法而致力倍之可也. 如無黃沙, 但用黃土漬水築之, 亦如前法. 《增補山林經濟》

집을 지을 때 기초 닦기에 가장 유의해야 한다는 것은 사람이라면 누구나 안다. 그래서 재력이 있는 집에서는 이것저것 많이 드는 비용을 아까워하지 않고 숯을 넣고 다지기도[6] 하고 소금을 넣고 다지기도[7] 하면서 남산(南山)보다 단단할 수 있다[8]고 여기지만, 얼마 되지도 않아 집 동쪽이 무너지고 서쪽이 내려앉는다. 이는 다른 까닭이 아니라, 대를 쌓는 작업을 먼저 하지 않았기 때문이고, 주추 놓는 일에 법식이 없어서이다.

營室最宜留意基址, 夫人而知之矣. 有力之家不惜煩費, 或用炭築, 或用鹽築, 謂可錮於南山, 而曾未幾何東頹西墊者. 無他, 不先築臺, 而安礎無法耳.

우리나라 사람들은 집을 지을 때 대를 높이 쌓지 않고 모래 다지기만 겨우 끝나면 바로 땅의 평평한 면에 주추를 놓는다. 그리고 상부 공사가 끝나야 비로소 조그만 계단을 쌓는다. 이 때문에 자리 잡은 곳이 이미 낮으니 쉽게 습기를 끌어들인다.

東人作舍, 不曾高砌臺址, 而築沙纔畢, 卽就地平安礎. 待上宇工訖, 始砌矮階, 占地旣卑[1], 易引濕氣.

---

5 《增補山林經濟》卷1〈卜居〉"築基"(《農書》3, 26~27쪽).
6 숯을……다지기도 : 이 방법을 탄축(炭築)이라 한다.
7 소금을……다지기도 : 이 방법을 염축(鹽築)이라 한다.
8 남산(南山)보다……있다 : 집의 기초를 단단하게 만들었다는 의미이다. 본래는 무덤을 남산 깊은 곳에 단단하게 만들어 놓아 도굴을 방지한다는 뜻이다. 이는 한(漢)나라 문제(文帝)가 자신이 죽으면 후장을 하고 싶다는 뜻을 이야기했을 때, 장석지(張釋之)라는 신하가 후장을 반대하는 뜻으로 다음과 같이 한 말에서 유래한다. "그 관 속에 욕심낼 만한 물건이 있다면, 비록 남산에 단단하게 묻더라도 오히려 틈이 있을 것입니다. 그러나 그 관 속에 욕심낼 만한 물건이 없다면, 비록 석관이 없다 한들 또 무엇을 근심하겠습니까?(使其中有可欲者, 雖錮南山猶有郤；使其中無可欲者, 雖無石槨, 又何戚焉?)" 《史記》卷102〈張釋之馮唐列傳〉42.
[1] 卑 : 저본에는 "畢". 버클리본에 근거하여 수정.

게다가 주추를 놓는 일조차 법식이 더욱 없어서 주추의 길이가 가지런하지 않고 주추 밑은 처음부터 다듬지 않아 울퉁불퉁 고르지 않다. 매번 자갈로 주춧돌 네 귀를 괴어 윗면만을 가지런하게 하고 겉은 흙반죽으로 발라 놓는다. 그러나 실상 주춧돌 밑이 비어 있어 빗물이 스며드니, 흙이 얼면 주추가 솟아올랐다가 녹으면 내려앉는다. 그러다 괴어 놓은 자갈이 하나라도 함몰되면 주추와 기둥이 기울어 집이 모두 망가진다.

만약 중국의 제도를 본떠, 모래 다지기를 막 끝내고 나서 땅의 평평한 면에 석대(石臺)를 2~3층 쌓아 올리고, 그 위에 벽돌을 깔고, 다시 그 위에 주추를 세운다면, 주추 밑을 평평하고 바르게 다듬지 않을 수 없으니, 모든 주추가 끝이 가지런해져 먹줄처럼 곧고 바닥이 평평할 것이다. 따라서 석대 전체가 기울거나 함몰하는 경우를 제외하면 집채가 비틀어지거나 무너지는 사태가 영원히 없을 것이다. 《금화경독기》

且其安礎尤爲無法, 長短不齊, 礎底初不琢治, 磈礌不平. 每用石礫撑礎四隅, 以齊其上面, 外以泥土塗之. 其實礎底空虛, 雨水侵入, 土凍則礎湧, 土釋則礎蹲. 撑礫一陷, 礎傾柱欹而全宇盡棄矣.

苟倣中華之制, 築沙纔畢, 就地平築起石臺二三級, 上鋪甎甓, 立礎於甎甓之上, 則礎底不得不琢治平正, 而衆礎齊頭, 繩直準平. 除非全臺傾陷, 則屋宇永無歪頹之患矣. 《金華耕讀記》

3. 척도

尺度

1) 건물의 세 부분

심괄(沈括)은 《몽계필담(夢溪筆談)》에서 유호(喻皓)의 《목경(木經)》을 인용하여, "일반적으로 건물에는 세 부분이 있는데, 들보[1]에서 그 위로는 상분(上分), 집 바닥 위는 중분(中分), 기단은 하분(下分)이다."[2]고 했다. 일반적으로 들보나 서까래, 기둥, 네모진 서까래, 계단 등은 다 서로 짝이 되는 '척도(尺度)'가 있다. 옛사람들은 집을 지을 때 이처럼 세심하게 척도에 주의했다. 대개 하분이 지면에서 멀면 벽은 습기를 끌어들이지 않고, 상분이 높고 가파르면 '기왓고랑[瓦溝]'으로 물이 쉽게 흐르니, 훌륭한 장인이라면 특별히 유의해야 할 것이다. 《금화경독기》

屋三分

沈括《夢溪筆談》引喻皓《木經》云 : "凡屋有三分, 自梁以上爲上分, 地以上爲中分, 階爲下分." 凡梁、椽、楹、桷、階級皆有相配尺度. 古人作室, 兢兢乎尺度如是矣. 蓋下分遠地, 則墻壁不引濕氣 ; 上分高峻, 則瓦溝易爲洩水, 良工之特宜留意也.《金華耕讀記》

중국에서 집 짓는 제도는 바닥에서 '용마루[屋脊][3]'까지 높이를 재어 처마선이 그 중간에 오게 한다고 한다. 대개 상분과 중분의 치수가 서로 같은 것이다. 이렇게 한 다음에야 기왓고랑이 물동이를 뒤집

中國宮室之制, 從地至屋脊, 測其高下, 簷爲居中云. 蓋上分與中分尺數相等也, 如是然後瓦溝如建瓴, 雨

---

1 들보 : 건물의 기둥과 기둥 사이 위에 앞뒤로 건너질러 상부하중을 지지하는 가로재. 이와 직교하면서 건물의 길이 방향에 평행한 가로재를 '도리'라고 한다.
2 《夢溪筆談》卷18〈技藝〉.
3 용마루[屋脊] : 지붕 꼭대기에 있는 수평 방향의 지붕마루. 평면에서 볼 때 가옥의 중심을 지나며, 가옥의 가장 높은 부분이 된다.

어 놓은 모습4과 같아 빗물이 쉽게 빠지므로 지붕이 샐 우려가 없다. 우리나라의 옛날 집 가운데 종종 지붕 구조가 아치 모양이어서 기와 층이 거의 세로로 선 듯이 된 이유도 물길로 물이 쉽게 빠지도록 하기 위함이었다.

水易洩, 無滲漏之患. 我東舊屋, 往往梁霤穹隆, 瓦級殆若豎植者, 亦爲水道順溜也.

근세에 도료장(都料匠)5들은 그저 보기 좋게만 하려고 척도를 무시하여 매번 네 귀의 처마끝이 들리게 한다. 그리하여 상분의 척도는 중분의 2/3도 안 되어 지붕의 중간은 경사가 완만하고 끝은 들려 있어서 물길이 자연스럽지 않다. 폭우라도 한번 지나가면 자리마다 비가 새니 마룻대가 썩고 들보가 꺾여 집 전체를 모두 버리게 된다. 그러므로 서둘러 고쳐 옛 제도를 따라야 할 것이다. 《금화경독기》

近世都料匠但取觀美, 廢却尺度, 每令四簷軒擧, 於是上分尺度不及中分三之二, 而中迆末擧, 水道不順, 暴雨一過, 屋漏牀牀, 棟朽梁摧, 全室盡棄, 亟宜改從舊制也. 同上

2) 칸살[間架]6

중국의 집 제도는 중앙의 두 기둥7 사이가 매우

間架

中國屋制, 兩楹之間甚廣,

---

4 물동이를……모습: 원문의 '建瓴'을 옮긴 것으로, '建'은 '뒤집는다', '瓴'은 '물동이'를 의미한다. 이 말은 《사기(史記)》의 물동이를 옥상에서 쏟는 비유("猶居高屋之上, 建瓴水也."《사기(史記)》 卷8 〈고조본기(高祖本紀)〉)에서 나온 말로 일반적으로 '세력이 강함'을 빗대는 말로 사용한다. 그러나 본문에서는 그 모양을 묘사한 것이다. 물을 거꾸로 쏟아부을 때 물동이의 측면이 급한 경사를 이루는 비스듬한 곡선이 되는데, 이 선을 지붕면에 비유한 것이다.

5 도료장(都料匠): 중국 당대(唐代)에 출현한 전문 건축시공 기술자를 지칭한다. 우리나라에서도 건축공사의 총책임자를 지칭하는 말로 통용되었으며, 도목수(都木手), 도편수(都邊手), 도대목(都大木) 등과 같은 의미이다.

6 칸살[間架]: 간(間)은 두 기둥 사이의 거리를 가리키기도 하고, 네 기둥 사이의 면적을 가리키기도 한다. 그러나 도리 부재의 간격을 말하는 가(架)와 함께 쓰일 경우, 간(間)은 도리 방향(좌우 방향)의 기둥 간격을, 가(架)는 보 방향(전후 방향)의 기둥 간격을 뜻한다. 전체적으로는 기둥의 위치를 잡는다는 의미로 건축의 평면 계획을 말한다. 우리나라에서는 칸살 혹은 간살이라 부른다.

7 두 기둥: 원문인 양영(兩楹)에서 영(楹)은 《석명(釋名)》 권5 〈석궁실(釋宮室)〉에서 "영은 정이다. 정은 정연하게 혼자 서서 곁에 의지할 것이 없는 것이다.(楹, 亭也. 亭, 亭然孤立, 旁無所依也.)"라고 풀이했듯이 고대의 저택 앞에 세워 둔 2개의 독립기둥을 지칭하는 말에서 유래했다. 양영(兩楹)은 건축의 '중앙 칸[御間]'을 만드는 좌우의 둥글고 굵은 기둥으로, 이 사이(兩楹之間)는 행례(行禮)의 주요한 공간 기준이었다.

넓어 거의 우리나라 보통 집 두 칸에 해당한다. 재목에 따라 줄이거나 늘인 적이 없으며 마음대로 넓히거나 좁히지도 않는다. 반드시 척도를 기준으로 삼아 칸살을 만든다. 《열하일기》[8]

중국에서 집 짓는 칸살은 척도가 일정하다. 그러므로 들보, 문지방,[9] 창호 등을 모두 시장에서 살 수 있고, 그것으로 단장하고 설치해도 척도가 조금도 어긋나지 않으니 일이 쉽고 결과가 빠르다. 이것은 척도가 일정해서 생긴 효과이다. 《금화경독기》

幾我國平屋二間. 未嘗隨材短長, 亦不任意闊狹, 必準尺度爲間架. 《熱河日記》

中國營室間架尺度齊一, 故梁、臬、牕戶皆可市買, 及夫粧設, 不爽毫釐, 事易功速, 尺度一定之效也. 《金華耕讀記》

---

8 《熱河日記》〈渡江錄〉 “六月二十八日”.
9 문지방 : 원문의 얼(臬)은 고대에 문이 더 이상 열리지 않도록 가운데에 박아 둔 작은 나무말뚝을 의미하는 말이었으나, 보통 문지방의 의미로 사용된다.

4. 지붕 얹기

蓋覆

1) 중국의 제도

중국에서 기와 얹는 방법은 다음과 같다. 기와 몸통은 완전히 동그란 대나무를 넷으로 쪼갠 모양과 같고, 기와 하나의 크기는 두 손바닥을 나란히 한 크기와 비슷하다. 민가에서는 원앙와(鴛鴦瓦)[1]를 쓰지 않는다. 또 서까래 위에 산자(橵子)[2]를 얽지 않고 바로 여러 겹의 삿자리[3]를 깐다. 【안 재력 있는 집에서는 나무판을 서까래 위에 깔고 기와를 나무판 위에다 얹기도 하는데, 이렇게 하면 삿자리와 비교할 때 한결 견고하고 오래감을 알 수 있다.】 그런 다음에 삿자리 위에 기와를 얹는데, 이때 흙반죽을 깔지는 않는다. 기와 하나는 위를 쳐다보게 하고 다른 하나는 엎어 놓아 서로 맞물려서 암수가 되게 한다.[4] 회반죽으로 기와의 틈을 메꾸되, 물고기 비늘 모양으로 층층이 단단하게 붙이면 참새나 뱀이 뚫는 일이 저절로 없어질 것이다. 《열하일기》[5]

華制

中國蓋瓦之法：瓦體如正圓之竹而四破之，其一瓦之大恰比兩掌．民家不用鴛鴦瓦，椽上不搆橵子，直鋪數重蘆簟．【案 有力之家或用木板鋪椽上而蓋瓦於木板上，較蘆簟，更覺堅久．】然後覆瓦，簟上不藉泥土．一仰一覆，相爲雌雄，縫瓦以灰，鱗級膠貼，自無雀、蛇之穿．《熱河日記》

---

1 원앙와(鴛鴦瓦)：수키와[鴛瓦]와 암키와[鴦瓦]의 합을 맞춰 배열해 놓은 기와.
2 산자(橵子)：서까래 위에 기와를 잇기 위하여, 가는 나무오리나 싸리나무, 또는 가는 장작 따위를 새끼로 엮어 댄 것, 또는 그 재료.
3 삿자리：갈대를 엮어서 만든 자리.
4 기와……한다：암키와 역할을 하는 기와 2개를 하늘을 향해 나란히 놓았을 때 생기는 틈새 위에 수키와 역할을 하는 또 다른 기와를 엎어 놓는 공정이다.

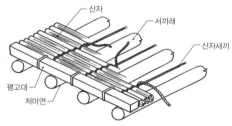

원앙와. 볼록 솟은 부분이 수키와이고 오목한 부분이 암키와이다.(©wizdata / Fotolia)

서까래 위에 까는 산자

2) 우리나라의 제도[5]

우리나라의 기와 몸통은 너무 크기 때문에 너무 휘어 있다. 너무 휘어 있기 때문에 저절로 그 안에 빈곳이 많아 그곳을 흙반죽으로 메우지 않을 수 없다. 흙반죽이 누르는 무게만으로도 이미 마룻대가 휠 우려가 있다. 흙반죽이 일단 마르면 기와 밑이 저절로 들떠서 비늘 모양으로 층층이 붙인 기왓장이 흘러내리면서 결국 틈이 생긴다. 이 때문에 바람이 스며들고, 비가 새고, 참새가 구멍 뚫고, 쥐가 집 짓고, 뱀이 똬리 틀며, 고양이가 기와를 뒤집어 놓는 사태를 막을 수가 없다. 《열하일기》[6]

기와지붕에 참새가 구멍 뚫고 뱀이 똬리 트는 이유는 오로지 상분의 척도에 법식이 없기 때문이다. 대개 서까래를 까는 방법은 다음과 같다. 가령 오량(五梁)[7]을 건다면, '종도리[脊梁]'에서 '중도리[中梁]'까지 서까래를 거는 일이 하나요, 또 중도리에서 '처마

東制

東國瓦體過大, 故過彎. 過彎, 故自多空處, 不得不補以泥土. 泥土壓重, 已有棟撓之患. 泥土一乾, 則瓦底自浮, 鱗級流退, 乃生罅隙. 不禁風透、雨漏、雀穿、鼠竄、蛇繆、貓翻之患. 《熱河日記》

瓦屋之雀穿蛇蟠, 專由上分尺度之無法耳. 蓋鋪椽之法, 假令五架, 則自脊梁至中梁架椽一道, 又自中梁至外梁架椽一道. 苟使脊梁

---

5 《熱河日記》〈渡江錄〉 "六月二十八日".
6 《熱河日記》, 위와 같은 곳.
7 오량(五梁) : 도리(道理)를 다섯 줄로 놓은 지붕틀의 꾸밈새.

도리[外樑]'까지 서까래를 거는 일이 또 하나이다. 만약 종도리에서 처마도리까지 높낮이가 척도에 맞으면 깔아 놓은 서까래가 위는 가파르고 아래는 경사가 줄어 기왓고랑이 물동이를 뒤집어 놓은 모습과 같아진다.

그런데 요즘은 보기 좋게 하기 위해 반드시 사방 처마를 쳐드니, 그 형세가 어쩔 수 없이 처마도리의 높이가 중도리에 비해 약간의 차이밖에 나지 않아서, 처마를 두른 서까래가 서지 못하고 눕게 된다. 중도리에서 위아래 서까래가 서로 만나는 곳에 저절로 굴곡이 생기므로 반드시 흙반죽을 두껍게 깔아야 한다. 이 때문에 위로 종도리에서 아래로 처마 끝까지 뚜렷하게 커다란 흙 지붕이 된 뒤에야 비로소 기와를 얹을 수 있다.

얼면 흙이 부풀고 녹으면 흙이 주저앉아 기와와 흙이 서로 붙고 습기를 끌어들여 쉽게 상할 뿐만이 아니다. 흙이 부풀었다 주저앉기를 반복하면 기와 층이 틀어져 참새가 구멍 뚫고, 뱀이 똬리 틀며, 쥐가 집 짓고, 비가 새는 사태가 뒤섞여 생기게 된다.

요즘에는 또 다른 방법이 있다. 서까래 위에 산자를 깔되 산자 위에는 흙을 조금도 쓰지 않는다. 다만 나무 다듬을 때 나오는, 도끼질한 나무껍질을 산자의 틈에 깔아 구멍을 메우고 기와를 그 위에 얹는다. 이때 마른 기와만을 비늘 모양으로 층층이 서로 물리게 하고, 사방 처마의 수키와[筩瓦] 마구리에만 회반죽8으로 흙손질하여 마무리하는데, 이를 '마른 기와 얹기[乾蓋瓦]'라 한다. 이 공법은 진흙9을

至外梁高下合度, 則其鋪椽也, 上峻下殺, 瓦溝如建瓴.

今爲觀美, 必令四簷矯擧, 其勢不得不外梁之高較中梁, 僅差尺寸, 而環簷之椽不豎而偃矣. 其上下椽交接處自然彎曲, 必須厚鋪泥土. 上至屋脊下及簷際, 居然作一土宇, 然後始可覆瓦.

凍沍則土噴, 氷解則土蹲, 不但瓦土相襯, 引濕易傷. 更噴更蹲, 瓦級齟齬, 而雀穿、蛇蟠、鼠穴、雨漏之患雜然而至矣.

近有一法:椽上鋪橃子, 橃子上不用寸土, 但以治材時斧過木皮鋪塡補空, 蓋瓦其上, 而但用乾瓦鱗級相含, 只於四簷筩瓦之口, 用灰泥墁飾, 謂之"乾蓋瓦". 較諸用泥, 頗能耐久, 然瓦底猶多空隙, 終不禁雀鼠

쓰는 방식에 비해 상당히 오래 견딘다. 하지만 기와 밑에는 오히려 빈틈이 많아 참새나 쥐의 피해를 끝내 막지 못한다.

【안】 석성금(石成金)[10]의 《인사통(人事通)》에 다음과 같이 적혀 있다. "지붕에 기와를 깔 때 지금 사람들은 매번 갈대섶을 묶어 깔고 여기에 흙반죽을 더해 주는데, 이는 결코 작고 단단한 대나무 3~4뿌리를 단단히 묶어 왕전(旺磚)[11] 위에 놓고 기와를 까느니만 못하다. 이렇게 하면 잘 잇대어져 마무리가 잘될 뿐 아니라 도적이 후벼 구멍을 뚫는 사태를 면할 수 있다. 이때 기와 줄마다 모두 단단히 이어야지 성글게 해서는 안 된다."[12]

그 방법을 자세히 살펴보면 우리나라의 마른 기와 얹기와 비슷하여 흙반죽을 사용하지 않는 점이 같다. 그러나 나무껍질을 쓰는 우리나라의 공법과 비교하면 상당히 오래가는 데다 참새나 쥐의 해가 적다. '수키와[筒瓦]' 속의 빈 곳은 더욱더 대나무 묶음으로 구멍을 막아야 할 것이다.】《금화경독기》

之害也.

【案】石成金《人事通》云:"屋上鋪瓦, 今人每用蘆柴扎[1]把, 加放泥瓦, 總不如用小堅竹三四根扎緊, 放旺磚上鋪瓦, 不獨連牽結實, 且免賊挖天洞之患. 每瓦行俱要安緊, 不可鬆疏."

詳其法, 與我東乾蓋瓦法相類, 其不用泥土則一也. 較諸木皮, 頗覺堅久, 且少雀鼠之害. 其筒瓦內空處尤宜用竹把補空.】《金華耕讀記》

---

8   회반죽 : 기와를 잇는 데는 석회와 백토(白土)를 혼합한 회백토(灰白土)를 사용하는데, 특히 처마 끝의 수키와 틈을 메우는 데 사용하는 것을 아귀토[瓦口土]라 한다.
9   진흙 : 원문의 '泥'를 옮긴 것으로, 단순한 진흙이 아니라 일종의 토목공사용 접착제(예컨대 모르타르와 같은)의 의미이나 두 가지 의미가 혼용되고 있고, 접착제라 하더라도 이에 걸맞은 명칭이 없어서 진흙(또는 흙반죽)으로 옮긴다.
10   석성금(石成金) : 1658~?. 중국 청대 학자. 강소성 양주 출신으로, 저작이 40여 종에 이르렀다. 저술은 대개 통속적이었고, 세상을 경계하면서도 집안을 다스리는 데 도움이 되는 내용이었다. 저작물은 《전가보(傳家寶)》 4집으로 편집되어 있는데, 서유구는 그의 저술을 《임원경제지》 여러 곳에서 즐겨 인용했다. 건륭(乾隆) 연간(1736~1795) 초에 죽었는데, 그때 나이가 80여 살이었다고 한다.
11   왕전(旺磚) : 서까래 위에 기와를 얹기 전에 나무판 대신 깔기도 하는 방형의 납작한 벽돌. 밑에서 올려다볼 때 서까래 사이로 보인다는 의미에서 망전(望磚)이라고도 한다.
12   《傳家寶》 卷9 〈人事通〉 "竹把鋪瓦", 301쪽.
[1]   扎 : 저본에는 "九". 버클리본·《人事通·竹把鋪瓦》에 근거하여 수정.

3) 초가 지붕

　시골에서는 지붕을 이을 때, 대부분 볏짚을 사용하여 볏짚 2~3줌으로 엮어서 이를 비늘처럼 겹쳐 가며 지붕을 얹는다. 다시 볏짚으로 새끼를 꼬아 가로세로로 얽은 뒤, 새끼 끝은 서까래 머리에 맨다. 볏짚이 바람에 뒤집히거나 비에 썩기 때문에 한 해에 한 번씩 교체한다. 10년 동안 드는 비용이면 거의 구운 기와의 값과 맞먹을 정도이나, 낡은 인습을 버리지 않고 구차하게 살면서 잠깐의 비용을 들여 길이 이로울 방도는 생각지 않으니, 이는 참으로 좋은 계획이 아니다.

　중국의 이엉 지붕 만드는 법은 다음과 같다. 조[粟稷]의 짚을 쓰는데, 10여 개 남짓의 줄기마다 아래와 위를 가지런하게 한 뒤, 잔줄기와 잎이 달린 가지를 둘러 묶어서 작은 묶음을 만든다. 그런 다음 날카로운 칼로 이 묶음을 0.7~0.8척 길이로 비스듬히 베어 말굽 모양을 만든다. 들보에 서까래를 걸고, 서까래 위에 삿자리를 깐 뒤, 삿자리 위는 회반죽을 발라 흙손질한다. 손질한 반죽이 채 마르기 전에 앞서 만든 말굽 모양의 짚 묶음을 촘촘히 배열하여 비늘처럼 차례로 얹는다. 두 말굽 모양을 하나는 엎어 놓고 다른 하나는 젖혀 놓는 식으로 서로 겹치게 하여 통틀어 한 줄을 만든다. 이렇게 하면 짚 묶음의 바닥쪽이 회반죽에 붙어 설령 태풍이 불어도 뒤집혀 쪼개지지 않는다. 우리나라의 이엉 얹

草蓋

鄕村覆屋, 多用稻藁, 編作數三把, 鱗次蓋屋, 復以稻藁絞索, 縱橫縈絡而繫其索端于椽頭. 風翻雨腐, 一年一易, 積累十年之費, 恰敵燔瓦之直, 而因循苟且, 不思暫費永利之道, 甚非計也.

中國苫屋之法：用粟稷稭, 每合十餘莖本末互齊, 仍以細莖帶葉之條纏縛, 作一小筴. 用利刀相距七八寸斜劉, 作馬蹄形. 梁上架椽, 椽上鋪蘆簟, 蘆簟上用灰泥坊[2]墁. 迨泥未乾乃用藁筴密密排比, 鱗次覆蓋. 兩馬蹄覆仰相接, 通爲一條, 而底黏灰泥, 縱遇颶風亦不翻披. 較我國苫覆, 可耐五六年. 然工費頗煩, 且於改覆時, 舊藁之黏泥者, 削淨未易耳.《金華

---

[2] 坊 : 저본에는 "圩". 일반적인 용례에 근거하여 수정.

기에 비하면 5~6년은 더 오래간다. 그러나 공사비용이 상당히 부담이 되는 데다가 이엉을 고쳐 이을 때는 회반죽에 붙은 이전의 짚을 깨끗이 깎아 내기가 쉽지 않다.《금화경독기》

바닷가나 물가, 포구 같은 곳에서는 갈대로 지붕을 잇고, 북쪽 내륙에서는 자작나무 껍질로 지붕을 잇는다. 갈대나 자작나무 껍질은 볏짚에 비해 상당히 오래 견디지만, 토산물이 아니면 또한 마련할 수가 없다.《금화경독기》

4) 돌 지붕

두메산골의 민가에서는 간혹 돌판으로 지붕을 이기도 한다. 이때의 돌은 색이 푸르고 나무판처럼 얇은데, 크게는 4~5척이고 작게는 1~2척 정도 된다. 비늘 모양으로 층층이 이어 올리면 비바람을 피할 수 있다. 기와집에 비교하면 더욱 오래 견디지만, 흠은 가난하고 검소함이 너무 심하다는 점이다. 곳간 및 곡간이나 뒷간 같은 건물에 이 제도를 쓸 만하고, 담장의 지붕을 얹기에 더욱 좋다.《금화경독기》

5) 회 지붕

요동(遼東)과 심양(瀋陽) 일대의 민가에는 간혹 회반죽으로 지붕을 얹은 집이 있다. 그 방법은 다음과 같다. 지붕에는 종도리가 없고, 서까래들은 수평으

耕讀記》

近海、濱浦之地用蘆葦覆屋, 深北用樺皮覆屋. 比諸稻草, 頗能耐久, 而苟非土産, 亦莫能致③也. 同上

石蓋

山峽民家或用石板蓋屋. 其石色靑而薄如木板, 大或四五尺, 小或一二尺. 鱗級相次, 可避風雨. 較諸瓦屋, 尤爲耐久, 但欠寒儉太甚. 如庫廩、溷廁可用此制, 尤宜於墻垣蓋覆.《金華耕讀記》

灰蓋

遼、瀋之間民家或有以灰泥蓋屋者. 其法︰屋無脊梁, 衆椽平架, 上鋪蘆簟. 用石

---

③ 致 : 저본에는 "治". 버클리본에 근거하여 수정.

로 걸며, 서까래 위에는 삿자리를 깐다. 석회와 황토, 고운 모래를 같은 비율로 하여[13] 느릅나무즙[14]을 두른 뒤 이 반죽을 흐물흐물하도록 찧어 삿자리 위에 두껍게 발라 흙손질해 준다. 손질한 반죽이 다 마르면 돌처럼 단단하고 숫돌처럼 평평하여 그 위에 곡식이나 과일을 햇볕에 말릴 수가 있다.

다만 반죽을 개는 요령이 없으면 바로 갈라질 일이 걱정된다. 여기에 어저귀[15] 줄기섬유를 잘게 썰어 넣고 반죽을 개면 갈라지지 않는다. 또 흙손질한 반죽이 채 마르기 전에 거적으로 덮어 햇볕을 쬐지 못하게 했다가 마른 다음에 거적을 걷어 낸다.

【안 《왕정농서(王禎農書)》에 '장생옥(長生屋)'에 대한 논의가 있는데, 장생옥은 법제(法制)[16]한 회반죽으로 지붕을 얹는다. 아래의 '흙손질[圬墁]' 편에 자세히 실어 놓았으니, 이것과 함께 참고해야 한다.】《금화경독기》

灰、黃土、細沙等分, 澆以榆木汁, 擣泥厚墁蘆簟之上. 旣乾則其堅如石, 其平如砥, 可曬穀曝果於其上.

但和泥無法, 則輒患皸坼, 用檾麻絲細剉和泥, 則不皸. 且於墁泥未乾時, 覆以苦草, 勿令見日, 待乾淨去苦.

【案 《王禎農書》有長生屋論, 用法製灰泥蓋屋. 詳見下《圬墁》類, 當與此參攷.】《金華耕讀記》

---

13 석회와……하여 : 보통은 석회 3 : 황토 1 : 모래 1의 비율로 반죽하는데, 이런 반죽을 회삼물(灰三物)이라 한다.

14 느릅나무즙 : 느릅나무의 껍질을 끓여 쓰기 때문에, 유피전수(榆皮煎水)라고도 한다. 점성이 있어 접착성을 높여 준다.

15 어저귀 : 아욱과 1년초 식물. 섬유는 삼보다 조금 약하다.

16 법제(法制) : 제조 과정에서 일정한 기준대로 만든다는 뜻이다.

5. 방과 캉(炕)[1]

房、炕

1) 방과 캉은 제도가 다르다

우리나라의 방 제도는 다음과 같다. 가령 동쪽이 높은 남향집의 경우 동쪽 1칸[2]은 위가 다락, 아래는 부뚜막이고, 가운데 1칸이나 2칸이 방이며, 서쪽 1칸이나 2칸이 대청이다. 방은 남북으로 창을 내어 햇빛을 받아들이고 바람을 통하게 하며, 대청을 둘러 분합문(分閤門)[3]을 만든다. 대청과 방의 경계는 '장지[粧子]'[4]로 구획을 지어 추위를 만나면 닫고 더위가 오면 여니, 겨울에는 따뜻하고 여름에는 서늘하여 생활하기에 편하다.

중국의 캉 제도는 다음과 같다. 남쪽으로는 모두 창이고, 한가운데 1칸은 출입문이다. 동·서·북 삼면에는 돌출된 처마가 없게 하여 벽돌로 외벽을 쌓으면서 바로 서까래 머리까지 묻히도록 지붕 높이까지 이르게 하며, 동서 두 벽에는 각각 둥근 창을 뚫

房炕異制

吾東房室之制 : 假令東上南向之屋, 東一楹爲上樓下灶, 中一楹或二楹爲房, 西一楹或二楹爲廳. 其房南北設牕, 以受明通風, 環廳作分閤. 廳房之界隔以粧子, 遇寒則闔, 當暑則闢, 冬溫夏涼, 便於起居.

中國炕制 : 面南皆牕, 正中一間爲出入之門. 東西北三面無冗簷, 累甎築墙, 直埋椽頭, 盡屋之高, 東西兩墻各穿圓牕. 南牕北壁之下,

---

1 캉(炕) : 만주 지역에서 구들을 가리키는 용어. '구들[龜突]'이란 방 밑에 화기(火氣)가 통하게 하여 난방하는 구조체로, 온돌의 구조부를 가리킨다. 만주 지역의 캉은 방 전체를 난방하지 않고 침상에만 가설하는 것이 특징이다.

2 칸 : 원문의 '楹'은 본래 '기둥'이라는 뜻이나, 기둥과 기둥 사이인 '칸'의 의미로 사용되기도 한다.

3 분합문(分閤門) : 한옥의 방이나 대청 앞쪽 전체에 길게 드리는 여러 짝의 문. 뒤의 '7. 창'에서 자세하게 소개한다.

4 장지[粧子] : 살대에 종이를 발라서 채광이 되게 한 창이나 문. 보통 방과 마루 사이의 문을 가리키며, 미닫이와 비슷하나 높이가 높고 문지방을 낮게 설치한다. 뒤의 '7. 창'에서 자세하게 소개한다.

는다. 남쪽 창에서 북쪽 벽 아래까지 서로 마주하게 벽돌을 쌓아 '침대 구들[臥炕]'을 만들되, 그 너비는 10척 남짓 되게 하고, 바닥에는 모두 벽돌을 깐다.

대개 벽돌을 많이 쓰고 흙이나 나무는 적게 쓰며, 동·서·북 삼면의 기둥과 들보가 모두 벽 안에 묻히도록 하기 때문에 비바람을 맞지도 않고 불이 이웃으로 번질 걱정도 없다. 일단 한가운데의 문만 하나 닫으면 저절로 성벽(城壁) 또는 성루(城壘)나 성보(城堡)가 되어 도적이 벽을 뚫거나 담을 타넘는 사태를 끊을 수 있으니, 역시 좋은 제도이다. 중국 대강(양자강) 이남의 방 구조가 우리나라와 비교해서 어떤지는 아직 잘 모르겠지만, 대체로 남쪽 사람들이 방에서 살고 북쪽 사람들이 캉에서 사는 것도 각각 그곳의 풍속을 따른 결과이다.《금화경독기》

2) 캉 제도

먼저 캉의 기초를 쌓는데, 높이는 1.8척이다. 그리고 바닥을 평평하게 고른 뒤에 벽돌 조각을 바둑돌처럼 놓아 받침대로 삼고 그 위에 벽돌을 깐다. 벽돌의 두께가 본래 가지런하기 때문에 벽돌을 쪼개어 받침대를 만들어도 저절로 기우뚱거림이 없고, 벽돌의 몸체가 본래 고르기 때문에 벽돌을 서로 나란히 붙여 깔아도 저절로 틈이 없다.

연기와 불길이 나가는 방고래의 높이는 펼친 손을 겨우 넣고 뺄 정도이다. 받침대 사이가 차례로 불목구멍이 되어, 불이 불목구멍을 만나면 반드시 빨려가듯 넘어간다. 불꽃이 재를 휘몰아서 연달아 몰

相對築甎爲臥炕, 廣可一丈餘, 地皆①鋪甎.

蓋多②用甎甓, 少用土木, 其三面柱梁埋在墻內, 不經風雨, 不畏延燒. 一閉正中一門, 則自成壁壘、城堡, 可絶穿窬之患, 亦良制也. 未知中國大江以南房室之制, 與我東何如, 而大抵南人房處, 北人炕處, 亦各從其俗也.《金華耕讀記》

炕制

先築炕基, 高尺有咫, 爲地平, 然後以碎甎碁置爲庋足, 而鋪甎其上. 甎厚本齊, 故破爲庋足, 而自無躄甓 ; 甎體本均, 故相比排鋪, 而自無罅隙.

煙溝③高下, 劣容伸手出納, 庋足者遞相爲火喉, 火遇喉, 則必踚若抽引然. 火焰驅灰駢闐而入, 衆喉遞

려들면, 모든 불목구멍들이 차례로 불과 연기를 삼키며 번갈아 다음 불목구멍으로 전해 주기 때문에 거꾸로 토해 낼 겨를도 없이 굴뚝에 도달한다.

굴뚝 입구에는 구덩이를 10척 남짓 깊이로 파 놓았는데, 우리말로 '개자리[犬座]'5이다. 재가 늘 불에 몰려 구덩이 속으로 가득 떨어지면 굴뚝과 캉 일대를 3년에 한 번 열어 그 재를 거둬 낸다.

부뚜막은 구덩이를 10척(1장)6 파고 아궁이를 위로 내어 땔감을 거꾸로 집어넣는다. 아궁이 옆으로는 큰 항아리만 하게 땅을 파고 위에는 돌뚜껑을 덮어 바닥을 평평하게 만든다. 그러면 그 속의 빈 곳에서 바람을 내는데, 이는 불머리를 불목구멍으로 몰아넣어 조그만 연기도 새지 않게 하기 위함이다.

또 굴뚝 제도는 땅을 큰 항아리만큼 파고 부도(浮圖)7처럼 벽돌을 쌓아 올리는데, 그 높이가 지붕 높이와 같게 한다. 연기가 항아리만 한 구멍 속으로 코로 숨을 들이쉬거나 입으로 빨듯이 떨어지니 방 안으로 연기가 새거나 바람이 들어올 우려가 없다. 《열하일기》8

吞迭傳, 無暇逆吐, 達于煙門.

煙門一溝深丈餘, 我東方言犬座也. 灰常爲火所驅, 落滿阬中, 則三歲一開煙炕一帶, 扱除其灰.

竈門坎地一丈, 仰開炊口, 爇薪倒插. 竈傍闢地如大甕, 上覆石蓋爲平地. 其中空洞生風, 所以驅納火頭於煙喉而點煙不漏也.

又煙門之制, 闢地如大甕, 甎築狀如浮圖, 高與屋齊. 煙落甕中如吸如吮, 無漏煙、透風之患.《熱河日記》

---

5 개자리[犬座]: 재를 빨아들이고, 연기를 정류하기 위하여 방구들 윗목에 깊이 파 놓은 고랑.

6 10척(1장): 원문의 '一丈'은 '一尺'의 오기로 보인다.

7 부도(浮圖): 승려의 사리(舍利)나 유골(遺骨)을 넣은 석조물.

8 《熱河日記》〈渡江錄〉"七月初五日".

① 皆: 저본에는 없음. 규장각본·버클리본에 근거하여 보충.

② 多: 저본에는 "多皆". 규장각본·버클리본에 근거하여 삭제.

③ 溝: 저본에는 "門".《熱河日記·渡江錄》에 근거하여 수정.

3) 온돌 제도

우리나라의 온돌 제도에는 6가지 결점이 있다. 진흙을 쌓아 고랫등[9]을 만들고 그 위에 돌을 얹어 온돌을 만든다. 그런데 돌의 크기나 두께가 본래 고르지 않기 때문에 작은 자갈을 쌓아 네 모퉁이를 괴어 돌의 기우뚱거림을 막을 수밖에 없다. 하지만 돌이 뜨거워지면서 진흙이 마르면 자갈이 무너지거나 빠져나갈까 늘 걱정하니, 이것이 첫 번째 결점이다.

돌 표면의 오목하게 파인 곳을 두꺼운 흙으로 메우고, 진흙으로 돌 표면을 흙손질하여 평평하게 하기 때문에 불을 때도 고루 따뜻하지 않으니, 이것이 두 번째 결점이다.

방고래가 높고 넓어 불꽃이 서로 이어지지를 못하니, 이것이 세 번째 결점이다.

벽이 성글고 얇기 때문에 평상시의 고충은 벽에 틈이 생기는 데에 있다. 틈이 생기면 바람이 스며들고 불길이 역류하여 새어 나온 연기가 방에 가득해지니, 이것이 네 번째 결점이다.

불목[10] 아래에 번갈아 불을 빨아들이는 불목구멍을 만들지 않아 불이 멀리까지 넘지를 못하고 땔나무 머리에서 구불구불하게 빙빙 도니, 이것이 다섯 번째 결점이다.

방 말리는 일에 땔나무 100단을 꼭 써야 해서 10일 안으로 바로 들어가 살기 어려우니, 이것이 여섯

堗制

東國堗制有六失：泥築爲
塍, 架石爲堗. 石之大小厚
薄本自不齊, 必疊小礫, 以
庋四角, 禁其躃鼇, 而石焦
土乾, 常患潰脫, 一失也.

石面凹缺處補以厚土, 塗
泥取平, 故炊不遍溫, 二失
也.

火溝高闊, 焰不相接, 三失
也.

墻壁疏薄, 常苦有隙, 風
透火逆, 漏煙滿室, 四失
也.

火項之下不爲遞喉, 火不遠
踰, 盤旋薪頭, 五失也.

其乾爆[4]之功必費薪百束,
一旬之內猝難入處, 六失

---

9 고랫등 : 구들장을 올려놓는, 방고래와 방고래 사이의 약간 두두룩한 곳.
10 불목 : 온돌방 아랫목의 가장 따뜻한 자리. 아궁이가 가까워서 불길이 많이 가는 곳이다.
[4] 爆 : 저본에는 "曝".《熱河日記·渡江錄》에 근거하여 수정.

번째 결점이다.

　게다가 굴뚝을 만드는 방법은 더욱 엉성하다. 대략 굴뚝에 틈이 있으면 한 줄기 바람만으로도 아궁이 하나의 불을 끌 수 있다. 그러므로 우리나라의 온돌은 늘 불이 역류하여 방이 두루 따뜻해지지 못할까 걱정되는데, 그 탓은 굴뚝에 있다. 간혹 싸릿대 바구니에 종이를 바르거나 나무판으로 통을 만들어 연기가 새지 않도록 틈이 난 굴뚝에 씌우기도 하지만, 애초 세운 굴뚝의 흙다짐에 틈이 있거나 바구니에 바른 종이가 떨어져 나가거나 나무통에 틈이 생기기라도 하면 굴뚝에서 새는 연기를 막지 못한다. 또 큰 바람이라도 한번 불면 이렇게 만든 보조 연통도 헛것이 된다. 《열하일기》[11]

　연암 박지원은 "우리나라 온돌 제도에는 6가지 결점이 있다."고 했는데, 그 주장이 옳다. 나는 그 주장을 확대하여 다음과 같이 6가지 해로움이 있다고 생각한다.

　온돌 제도가 이미 잘못되어 땔나무를 낭비하지 않을 수 없으니, 도회지 인근에서는 땔나무가 계수나무만큼 비싸[12] 열 식구 사는 집에서 한 해에 100금(金)을 써도 부족하다. 일반적으로 소상인이 얻은 이익이나 농장에서 거둔 소득 중에서 태반을 부뚜

也.

　且煙門造法尤爲鹵莽. 大約煙門有隙, 則一線之風能滅一竈之火. 故我東房堗常患吐火不能遍溫者, 責在煙門也. 或杻籠塗紙, 或木板爲桶, 而初豎處土築有隙, 或紙塗弊落, 或木桶有闊, 則不禁漏煙. 大風一射, 則煙桶[5]爲虛位矣. 《熱河日記》

　朴燕巖謂"吾東堗制有六失", 其說是矣. 余衍其說而謂有六害 :

　堗制旣失, 不得不費薪, 都邑之間薪貴如桂, 十口之家歲費百金而不足. 凡裨販之所贏、庄土之所收, 太半消融於竈灶之中, 其害一

---

11 《熱河日記》, 위와 같은 곳.
12 땔나무가……비싸:《전국책(戰國策)》〈초책(楚策)〉3에 다음과 같은 유사한 구절이 나온다. "초나라의 곡식은 옥보다 비싸고 땔나무는 계수나무보다 비싸다.(楚國之食貴於玉, 薪貴於桂.)"
⑤ 桶: 저본에는 "筒".《熱河日記·渡江錄》에 근거하여 수정.

막 안에서 다 써 버리니, 그 해로움이 첫째이다.

也.

땔나무가 귀하기 때문에 큰 도회지 교외의 산에서는 도끼가 날마다 사용되어 벤 나무에 난 싹조차도 남아 있지 않다. 둘레가 한 아름 되는 재목은 100리를 가도 한 번도 만날 길이 없어서, 부모를 잘 봉양하고 돌아가신 뒤에 장례를 후하게 치르는 일에 마음이 유쾌하지 않으니, 그 해로움이 둘째이다.

薪貴, 故郊於通都之山, 斧斤日尋, 枿櫱不遺. 合抱之材, 百里未一遇, 而養生送死無以恔於心, 其害二也.

땔나무가 귀하기 때문에 사방의 산이 벌거숭이가 되어 마른 그루터기나 죽은 뿌리까지 파내지 않은 것이 없다. 그 결과 장마라도 한번 만나면 모래와 진흙이 쓸려 내려 도랑에 흙 앙금이 쌓이고 곡식을 덮치니, 그 해로움이 셋째이다.

薪貴, 故四山童濯, 枯楂死根無不發掘, 一遇雨潦, 沙泥汰下, 溝渠澱淤, 禾稼淊沒, 其害三也.

땔나무가 귀하기 때문에 가난하고 검소한 집에서는 더러 며느리와 시어머니가 한방에 살아 "며느리와 시어머니가 다툰다."[13]는 장자(莊子)의 비난을 초래하기도 하고, 더러는 남자가 안채에 살아 "위문할 만하다."[14]는 《대대례기(大戴禮記)》의 경계를 범하기도 하니, 그 해로움이 넷째이다.

薪貴, 故寒儉之家, 或婦姑同室, 招莊叟勃蹊之譏, 或男子處內, 犯《戴記》可弔之戒, 其害四也.

여러 날 불 때지 않아 벌레나 쥐가 벽을 뚫어 놓

數日廢烘, 蟲鼠穴壁, 一

---

13 며느리와……다툰다:《장자(莊子)》〈외물(外物)〉에 나오는 "방에 빈 곳이 없으니, 며느리와 시어미가 다툰다.(室無空虛, 則婦姑勃蹊.)"는 문구에서 나왔다.

14 위문할 만하다:남자가 벼슬이 없은 지 오래되어 땔나무 구할 돈이 없어서 안채에 들어가 사니 위문할 만하다는 의미로 쓴 말이다.《예기집설(禮記集說)》권122의 "子云:'孝以事君, 弟以事長, 示民不貳也. 故君子有君, 不謀仕, …'"에 대한 주석으로 다음과 같은 내용에서 유래한다. "경원보씨가 '임금이 있으면 벼슬하기를 꾀하지 않지만 임금이 없으면 3개월이 지나서 위문할 수 있다.'고 했다.(慶源輔氏曰:"有君則不謀仕, 無君則三月可弔也.")" 또 《맹자》〈등문공〉 하에도 다음과 같이 이와 유사한 내용이 있다. "주소가 물었다. '옛날의 군자도 벼슬했습니까?' 맹자가 답했다. '벼슬했다. 〈전〉을 보면, '공자께서는 3개월 동안 섬기는 임금이 없자 당황해 하면서 국경을 나갈 때 반드시 예물을 챙기셨다'고 했는데, 공명의는 '옛사람은 3개월 동안 섬기는 임금이 없으면 위문한다.'고 했다.(周霄問曰, 古之君子仕乎?" 孟子曰, "仕. 傳曰, '孔子三月無君則皇皇如也. 出疆必載質.'" 公明儀曰:"古之人三月無君則弔.")"

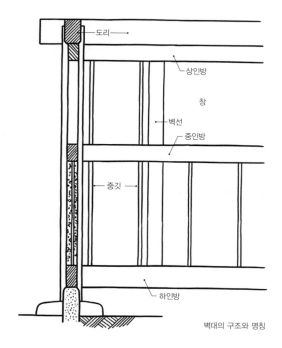

벽대의 구조와 명칭

앉는데, 어느 날 아침에 갑자기 불을 때면 그 구멍으로 그을음 섞인 연기가 불을 끌어들여 불길이 벽대(壁帶)15【안 '벽대'는 벽에 띠처럼 걸쳐 있는 가로나무이다. 《한서》의 주에 나온다.16】까지 뻗쳐 온 집이 다 타 버리니, 그 해로움이 다섯째이다.

온돌을 깔고 흙반죽을 바른 뒤에는 바닥에 종이를 3~4겹 바른다. 종이를 바른 뒤에는 기름 먹인 '전후지'(錢厚紙, 동전 두께의 두꺼운 종이)를 풀로 붙이는

朝猝烘, 煤煙引火, 延及壁帶,【案 壁帶卽帶壁之橫木, 見《漢書》註.】全屋燒燼, 其害五也.

鋪堗圬墁之後, 塗紙三四重. 紙塗之後, 糊付灌油錢厚紙, 俗所謂"油芚"是

---

15 벽대(壁帶): 기둥과 기둥 또는 벽선에 띠처럼 가로질러 벽체의 뼈대 또는 문틀이 되는 가로재의 총칭으로, 우리나라에서는 인방(引枋)이라 한다. 위치에 따라 상인방(上引枋), 중인방(中引枋), 하인방(下引枋)으로 분류하며, 줄여서 상방, 중방, 하방이라 한다.

16 "壁帶, 壁之橫木, 露出如帶者也."《前漢書》卷97 下〈外戚列傳〉67 下.

데, 민간에서 말하는 '유둔(油茁)'이 이것이다. 유둔을 마련하는 데에 드는 비용이 더욱 심하여 재력이 있지 않으면 쓸 수도 없다. 하지만 그렇게 해도 굴뚝 근처는 불꽃이 이르지 못하여 끝끝내 습기를 머금게 되니, 깔아 놓은 유둔이 얼룩덜룩 썩는다. 사방 10척 넓이를 바꾸려고 유둔 1장(張)을 말아 올리면 온돌 바닥에 발라 놓은 흙이 유둔을 말아 올리는 대로 일어나기 때문에 온돌 전부를 고쳐 깔지 않으면 공사를 할 수 없다. 그렇다고 3년을 고치지 않으면 재가 방고래를 메워 온돌이 쇠처럼 차가워진다. 몇 해에 한 번씩 유둔을 바꾸면 이전의 물건을 버리고 새것을 깔아 귀한 물건을 낭비하는 셈이니,[17] 그 해로움이 여섯째이다.

온돌 하나가 제도를 잃어 모든 이용후생의 도구가 병을 얻지 않는 것이 없으니, 서둘러 온돌 제도를 고쳐서 '캉' 제도를 따라야 할 것이다. 《금화경독기》

어떤 이는 말한다. "우리나라 사람은 온돌방에 사는 데 익숙해서 지금 하루아침에 제도를 바꿀 수 없다. 그러니 우리나라 방 제도를 그대로 따르면서 온돌 깔기만 캉 제도를 본받으면 살기에도 편하고 땔나무도 아낄 수 있다." 이 말이 참으로 맞다. 그러나 캉에서 땔나무를 아낄 수 있는 이유는 번갈아 불을 빨아들이는 불목구멍을 만드는 데에 제 기법

也. 油茁破費尤甚, 非有力, 不可致, 而煙門近處火焰不及, 終古帶濕, 所鋪油茁斑斑腐朽. 欲改易方丈之地而捲起一張油茁, 則堗上圬墁, 隨捲隨起, 除非全堗改鋪, 則不可爲矣. 三年不改, 則灰塡火溝, 堗冷如鐵. 數歲一易, 則棄舊鋪新, 暴殄天物, 其害六也.

堗一失制, 而一切利用厚生之具無不受病, 亟宜改從炕制也. 《金華耕讀記》

或云:"東人慣處房室, 今不可一朝改制. 仍我東房室之制, 而鋪堗依倣炕制, 則可便起居, 亦可省薪." 此言誠然矣. 但炕之省薪不寧遞喉得法, 亦以廣不過一丈, 而煙門距竈近, 火焰

---

17 귀한……셈이니:원문의 '暴殄天物'을 옮긴 것으로, 이 말은《상서(尙書)》〈무성(武成)〉에 나온다. "今商王受無道, 暴殄天物, 害虐烝民."

을 터득했을 뿐만 아니라, 캉의 너비가 10척에 불과하므로 굴뚝과 아궁이의 거리가 가까워서 불꽃이 쉽게 굴뚝에 이를 수 있기 때문이다.

易及故耳.

우리나라는 근세까지 젊고 건장한 사람은 모두 대청에서 살고, 오직 늙고 병든 이들만 따뜻한 방에서 살았다. 그러므로 수백 년 전의 옛 가옥은 5~6량(樑)[18]쯤 되는 큰 집의 잘 꾸민 온돌방이라도 1칸을 넘지 않았다. 그런데 근세에는 노소와 귀천을 안 가리고 방에 살지 않는 이가 없고, 그릇이나 세간들도 모두 방 안에 늘어놓으니 3~4칸 되는 방이 아니면 무릎조차 들일 수 없다.

吾東中古以上, 少壯之人皆處廳閣, 惟老病者處房. 故數百年前舊屋, 雖五六架夏屋粃房, 不過一間, 近世無論老少貴賤, 無不房處, 而器用什物亦皆陳設房內, 除非三四間房室, 莫可容膝.

그렇다 보니 부뚜막을 많이 설치해서 초저녁에 불을 지펴도 고랫등이 깊거나 방고래가 먼 곳은 불길이 미치지 못할 일이 오히려 걱정된다. 겨울에는 고질적으로 차고 여름 장마에는 습기를 끌어들이는데, 집 안의 젊은이들이나 어린 종들이 그 위에서 자니, 산기편추(疝氣偏墜)[19]나 허릿병, 반신불수의 증세가 걱정되지 않을 수 없다.

於是多設灶竈, 早夜烘火, 而猶患膝溝深遠處火焰不及. 冬月錮冷, 夏潦引濕, 子弟僮僕寢處其上, 無不患疝墜、腰疾、偏死之症.

사정이 이렇다면 비록 아궁이, 굴뚝, 번갈아 불을 빨아들이는 불목구멍, 벽돌 놓기 작업에서 한결같이 캉 제도를 따른다 해도 유익함이 없을 것이다. 진정 캉 제도를 본받아 쓰겠다면 먼저 온돌의 길이와 너비를 줄여야 한다. 방구석에서 방문까지의 거

如此則雖竈門、煙門、遞喉、架甋一依炕制, 亦無益矣. 苟欲倣用炕制, 宜先少縮房堗長廣, 從奧至房軒之界, 毋令過營造尺十一二

---

[18] 5~6량(樑) : 건물의 앞뒤 방향 규모는 도리의 개수로 표현하는데, 5량가 이상이면 규모를 갖춘 큰 집에 해당한다. 5량가는 처마도리, 중도리, 종도리를 모두 갖춘 최소 규모이다.

[19] 산기편추(疝氣偏墜) : 한쪽 고환이나 음낭이 커져 아래로 처지면서 아픈 증상.

리가 영조척(營造尺)[20] 11~12척을 넘지 못하게 해야 할 것이다. 《금화경독기》

바닥에 벽돌 깔기를 마쳤으면 흙손질도 하지 말고 종이 붙이기도 하지 말며, 바로 벽돌 위에 유둔을 깐다. 그러나 유둔 역시 전체를 다 풀칠하지 말고, 종이가 서로 겹치는 곳과 네 가장자리의 접히는 곳에만 된풀에 메주콩 가루를 개어 붙인다. 3년마다 한 번씩 재를 퍼낼 때는 유둔의 한쪽 가장자리만 들추고 개자리를 열어 재를 퍼낸 뒤 다시 앞의 방법대로 벽돌을 덮고 유둔을 붙인다. 《금화경독기》

4) 이중 온돌 까는 법

근세에 서울의 재력 있는 집에서는 이중 온돌[複堗]을 만들기도 한다. 그 방법은 다음과 같다. 먼저 땅을 평평하게 골라 앞이 높고 뒤는 낮게 한다. 【굴뚝 근처가 앞이고, 아궁이 주변이 뒤이다.】 고랫등을 쌓고 돌을 까는 공정은 보통의 방법대로 한다. 다만 불목이 보통 온돌에 비해 2배가 깊고, 아궁이까지의 거리가 3~4척 정도 된다. 온돌바닥이 비스듬하여 앞이 높고 뒤가 낮은 점이 보통 온돌과 다르다. 【고랫등과 고래의 깊이는 앞뒤가 한결같으나, 다만 밑바닥의 앞이 높고 뒤가 낮으므로 고랫등과 온돌의 모양이 이와 같은 것이다.】

온돌바닥에는 흙손질하지 않은 채, 다시 그 위에

尺乃可也. 同上

鋪甎旣畢, 勿圬墁, 勿塗紙, 直鋪油芚於甓上, 而油芚亦勿全身糊付, 只每張連幅處及四邊界摺折處, 用稠糊和黃豆屑黏付. 每三年一扱灰時, 揭起油芚一邊, 開溝扱灰, 復掩甓膠芚如前法. 同上

複窯法

近世京城有力之家或作複堗. 其法：先治地平, 令前高後低, 【煙門近處爲前, 竈門邊爲後.】築塍鋪石如常法. 但火項較常堗倍深, 距竈門可三四尺, 堗上斜夷, 前高後低, 與常堗異也. 【塍溝深前後如一, 特以址基前高後低, 故塍堗之形如之也.】

堗上勿圬墁, 再於其上用

---

20 영조척 : 목공과 건축에 사용하던 자. 《섬용지》 권4 〈도량형 도구〉 "자" 부분에 자세한 설명이 나온다.

118   섬용지 · 권제 1

큰 돌판으로 한 층을 까는데, 그 돌판은 결이 치밀하고 네모반듯하여 4개로 1칸을 꼭 맞게 깔 수 있는 규모이다. 앞쪽의 돌판은 아래의 온돌과 붙이고, 뒤로 오면서 차차 아래 온돌과의 간격을 띄워 들어 올렸다가 아궁이에 이르러 몇 치 정도를 띄워 들어 올리면 온돌 면 전체가 평평하고 반듯하여 기울지 않는다. 이렇게 만들기 위해 돌을 다듬어 작은 주춧돌을 만들었다가 돌판이 맞닿는 곳을 받친다.【앞쪽의 돌판은 아래 온돌에 바로 붙이기 때문에 주춧돌을 쓰지 않지만, 나머지 주춧돌의 길이는 위의 온돌이 아래의 온돌에서 떨어져 있는 깊이를 가늠해서 그에 맞게 덜거나 더한다.】[21] 흙손질과 종이 바르기는 보통의 방법대로 한다.

　불을 땔 때마다 햇불처럼 땔나무를 묶고 그 끝에 불을 붙여 불목 아래쪽에 던져 넣고 사르면 아래 온

大石板, 理密而方正, 四石恰鋪一間者, 更鋪一層. 前與下堗相貼, 次次離起, 至竈門, 離起數寸, 則堗面平正不傾也. 琢石爲小矮礎, 以庋石板合襟處,【前面直貼下堗, 無用庋礎, 餘礎長短, 視上堗之離下堗淺深而消息之.】圬墁·塗紙如常法.

每炊火時, 束薪如炬, 燃其頭, 投入火項下爇之, 則下

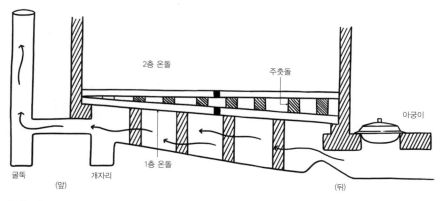

2층 온돌　　　주춧돌

아궁이

1층 온돌

굴뚝　　　개자리
（앞）　　　　　　　　　　　　　　　　　（뒤）

이중 온돌의 구조

21　이상에서 설명한 이중 온돌의 개략적인 구조는 위의 그림과 같다.

돌이 뜨거워지면서 훈기가 무성하게 올라와 위 온돌로 두루 퍼진다. 한쪽만 뜨겁거나 한쪽만 찬 곳이 없어 뜨거워도 피부를 데지 않고 차가워도 살을 찌르는 듯이 아리지는 않으니, 마치 온돌 위에 평상을 편 듯하여 땔나무는 적게 쓰면서도 효과는 배로 거둔다.《금화경독기》

埃烘熱, 熏氣鬱蒸, 透遍上埃. 無偏熱偏冷之處, 熱不灼膚, 冷不硈肌, 如溫埃鋪牀然, 費薪少而收功倍也.《金華耕讀記》

6. 흙손질

圬墁

1) 치받이(앙벽)[1]

지붕의 서까래 사이에는 산자가 드러난 곳이 올려다보이는데 여기에 진흙으로 흙손질한다. 흙이 다 마르면 다시 누렇고 고우면서 찰진 모래【민간에서 '새벽흙[沙壁土][2]이라 한다.】를 말린 말똥[3]에 개어 반죽을 만든 뒤 흙손질을 하는데, 민간에서는 이를 '앙벽(仰壁)'이라 한다.

치받이(앙벽)에 한 번 비가 스며들면 이끼와 곰팡이로 얼룩덜룩해졌다가 한 번 더 비가 새면 곳곳이 떨어져나간다. 혹 한 번이라도 그대로 두고 고치지 않으면 서까래가 썩고 기와가 뒤틀려서 고개를 들면 하늘의 해가 보인다. 재력 있는 집에서는 나무판으로 서까래를 덮으면 이 우려를 벗어날 수 있지만, 재력이 없으면 그저 삿자리로 서까래를 덮을 뿐이니, 기와 잇기를 한결같이 중국의 방법에 의지하는 것이 좋겠다. 《금화경독기》

仰壁

上宇椽間仰見橵子露處, 用泥土圬墁. 待乾淨, 復用黃細黏沙【俗呼"沙壁土".】和乾馬矢爲泥, 墁飾, 俗謂之"仰壁".

一番雨滲, 蘚醭斑斑, 再番雨漏, 處處剝落. 一或因循不改, 椽腐瓦翻, 仰見天日. 有力之家用木板覆椽, 則可免此患, 無力則但用蘆簟覆椽, 而蓋瓦一依中國法可也. 《金華耕讀記》

---

1 치받이(앙벽) : 서까래 위에 산자를 얹고 지붕을 이은 다음 밑에서 흙을 바르는 일이나 그 흙.
2 새벽흙[沙壁土] : 차지고 고운 누런빛의 흙에 고운 모래, 마른 말똥, 여물 등을 섞어 반죽한 것으로 벽체의 재벌 바름에 쓰인다. 《섬용지》 권2 〈집 짓는 재료〉 "흙 재료" '새벽흙'에 설명이 자세하다.
3 말똥 : 안대회는 '짚을 썩힌 것'이라고 했다. 그 근거로 유득공(柳得恭)의 《고운당필기(古芸堂筆記)》의 기사를 제시했다.(안대회, 《산수간에 집을 짓고》, 367쪽 주22)

2) 장벽⁴

집의 네 벽을 '장벽'이라 하는데, 우리나라의 장벽은 성글고 얇은 점이 몹시 걱정된다. 그 제도는 다음과 같다. 먼저 인박(引欂, 하인방)과 중박(中欂, 중인방)을 설치한다.【주추 윗부분에서 두 기둥 사이에 박(欂) 하나를 가로로 놓는 부재(部材)를 인박이라 하고, 기둥의 높이를 나누어 한가운데에 박 하나를 가로로 놓는 부재를 중박이라 한다.】【안 박(欂)은 벽대(壁帶)로, 음이 박(博)이다. 지금 사람들이 중박을 중방(中枋), 인박을 인방(引枋)으로 부르는데, 이는 음이 와전되어 그런 것이다.⁵】그런 다음 '가시새[棘塞]'⁶를 박는다.【들보⁷에서 중박까지와 중박에서 인박까지, 모두 가는 나무줄기를 0.7~0.8척 간격으로 수직 방향으로 세워 박는데, 민간에서는 이를 '가시새'라 한다.】

손가락 굵기의 물푸레나무 가지【싸리나무나 기타 잡목도 모두 괜찮다.】를 가시새에 의지해 가로세로로 얽어 마름모 모양을 만들고 이를 새끼줄로 단단히 묶는다.⁸ 그런 뒤에 누런 찰흙 반죽으로 그 속을 먼저 흙손질하고 다 마르기를 기다려 그 바깥과 합쳐 흙손질한다. 안팎의 반죽이 모두 마르면 새벽

墙壁

房屋四壁, 謂之"墙壁", 我東墙壁忒患疏簿. 其制: 先設引欂、中欂.【除礎之上, 橫設一欂於兩柱之間, 曰"引欂"; 分柱之高, 正中橫設一欂, 曰"中欂".】【案 欂, 壁帶, 音博. 今人呼爲中枋、引枋, 音轉而然.】次代棘塞.【從棟梁至中欂, 從中欂至引欂, 皆以細木條間七八寸豎杙, 俗呼"棘塞".】

用指大梣木枝,【杻木及他雜木皆可.】靠依棘塞, 縱橫編作麂眼, 而以稻藁索絆固. 然後用黃黏土泥, 先墁其內, 待乾淨, 合墁其外. 待內外乾透, 用沙壁土

---

4 장벽(墙壁): 본래 담과 벽을 아울러 말하는 담벼락이라는 뜻이나, 여기서는 방의 벽을 가리킨다고 서유구가 명시했기에 풀지 않고 용어로 남겨 둔다. 담장에 대해서는 뒤에서 자세히 소개한다.
5 중방과 인방에 대해서는 '벽대'에 관한 주를 참조 바람.
6 가시새[棘塞]: 사전에서는 벽 바탕을 붙이기 위하여 기둥이나 중깃에 작은 구멍을 내어서 건너지른 수평재를 말한다고 풀이했으나, 여기서는 가로 방향이 아니라 세로 방향으로 박는다고 했다.
7 들보: 원문의 '棟梁'을 옮긴 말이다. '棟梁'은 본래 '마룻대와 들보'라는 뜻이나, 여기서는 들보로 이해해야 한다.
8 이때 세로로 얽은 나무를 '설외'(또는 선외, 세로외)라고 하고, 가로로 얽은 나무를 '누울외'(또는 가로외, 누운외)라고 한다.

흙에 말린 말똥을 개어 그 위에다 얇게 흙손질한다. 이것이 우리나라 장벽의 제도이다.

마름모 모양의 크기가 하나라도 고르지 않으면 바른 흙이 울퉁불퉁 고르지 않고, 새끼줄이 썩어 물푸레나무 가지가 들뜨면 온 벽이 모두 헛된 공간만 차지하게 된다. 또 흙이 마르고 나무가 수축하면서 벽과 기둥이 서로 분리되면 벽의 사방 경계에 금이 가서 새어 들어오는 바람을 막지 못한다.

게다가 벽 말릴 때 허송세월하는 일이 가장 걱정된다. 수십 일 해가 쨍쨍하지 않거나 건조한 바람이 불지 않으면 벽이 쉽게 마르지 않기 때문이다. 혹시 몹시 서두르다 일을 허술하게 하여 안팎의 벽이 다 마르기를 기다리지 않고 급히 새벽흙을 흙손질하면, 도배지에 곰팡이가 슬면서 벽도 따라서 깎여 떨어져 나간다.

또 벽 두께가 몇 치를 넘지 않으니 바람이나 한기가 쉽게 들어온다. 솜옷이 꺾일 정도의 혹독한 추위 때마다[9] 방 안의 온기와 밖의 냉기가 서로 부딪히면 창과 벽 위에 서리나 얼음이 맺히게 되는데, 이것이 녹을 때 벽에 바른 종이도 녹아 풀어지면서 벽도 따라서 깎여 떨어져 나간다.

간혹 기와 조각과 부순 자갈을 진흙 반죽과 섞어 쌓아 올리기도 하는데, 이를 '화방벽(火防壁)'이라 한다. 흙벽에 비해 상당히 바람을 잘 막을 수 있으나

和乾馬矢, 薄墁其上. 此吾東墻壁之制也.

麀眼大小一或不齊, 則墁土磈礧不平;藁索腐朽, 樗條翻起, 則全壁都成虛位;土乾木縮, 墻柱相離, 則四界線隙, 不禁透風.

且其乾曝最患曠日. 除非數十日烈暘燥風, 未易乾淨. 或忙迫潦草, 不待內外壁透乾, 遽圬沙壁, 則褙紙蘇醭, 壁隨而剝落矣.

壁厚不過數寸, 風寒易透. 每當折綿之威, 內溫外冷相薄, 則牕壁之上霜氷凝冱, 及夫凍解, 塗紙融解, 壁隨而剝落矣.

或用破瓦、碎礫與泥土相間築起, 謂之"火防". 較土壁, 頗能防風, 然泥土之厚

---

9   솜옷이……때마다[每當折綿之威] : 혜홍(惠洪, 1071~?)의 시에 "차가운 서릿바람에 솜옷이 꺾이고 뺨이 다 어는데, 사람 없는 긴 회랑에는 잎사귀만 휘날리네.(霜威折綿寒入頰, 長廊無人風卷葉)"라는 구절이 있다.

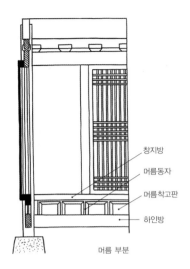

창지방

머름동자

머름착고판

하인방

머름 부분

진흙 반죽의 두께가 손가락 길이 남짓하여 벌레나 쥐가 구멍 뚫는 사태를 막지 못하기 때문에 온돌 근처에 이런 구멍이 하나라도 있으면 순간적으로 쉽게 불을 끌어들인다. 인가의 화재[10]는 대부분 이곳에서 일어나니 역시 좋은 방법이 아니다.

내 생각에 방의 제도는 쉽게 갑자기 바꿀 수는 없지만, 동·서·북 삼면은 대략 캉 제도를 본받아 벽돌로 장벽을 쌓고 둥근 창을 내야 한다. 남쪽 칸은 창 낼 곳이 많아 벽돌로 쌓을 수 없다. 그렇다면 창턱 아래는 지금의 풍속대로 나무 난간【민간에서는 '머름[末蔭]'[11]이라 한다.】을 설치하고, 창 좌우 및 윗벽은 모두 나무판으로 촘촘히 배열하여 벽을 만

可容手指, 已不禁蟲穴、鼠穿之患, 而一或近堗有穴, 輒易引火. 人家回祿之災, 多由此處起, 亦非良法也.

余謂房室之制, 雖未易猝變, 而東西北三面宜略倣炕制, 甋築爲墻, 設以圓牕. 其南楹多設牕牖處, 不可甋築, 則牕閾下, 依今俗設以木欄,【俗呼"末蔭".】牕牖左右及上壁竝以木板

---

10 화재 : 원문의 '회록지재(回祿之災)'를 옮긴 것으로, '회록(回祿)'은 불을 관장하는 신이다.

11 머름[末蔭] : 창 밑의 하인방과 창턱 사이에 머름동자를 세우고 널(머름착고판)로 막아 댄 부분. '遠音(머름)'이라고도 쓴다.

든다. 벽 가운데에는 가는 나무막대를 가지고서 가로·세로로 격자창을 만들고 지금의 장지문[12] 만드는 법처럼 두꺼운 창호지로 바르면, 방풍과 제습 효과가 흙벽보다 훨씬 좋다. 《금화경독기》

密排爲壁, 內用細木條, 縱橫作櫺, 厚紙糊塗如今粧子法, 則其避風去濕大勝於土壁也. 《金華耕讀記》

3) 벽돌 쌓는 법

중국은 방을 만들 때 오로지 벽돌에 의지한다. 벽돌은 길이 1척, 너비 0.5척, 두께 0.2척으로, 벽돌 둘을 나란히 놓으면 정사각형이 된다. 벽돌은 모두 한 틀로 찍어 만들며, 귀가 떨어지거나 모서리가 날아가거나 몸체가 뒤틀린 벽돌을 금한다. 벽돌 하나라도 이 금기를 범하면 집 전체에 들인 수고가 어긋나 버리기 때문이다. 이런 까닭에 벽돌을 일단 한 틀로 찍었어도 그 모양이 들쭉날쭉할 일이 걱정되니, 반드시 곱자(ㄱ자)로 맞춰 보아 기준에 맞지 않으면 자귀로 깎아 내고 숫돌로 갈아 균질해지도록 힘써서 모든 벽돌이 똑같은 모습이 되도록 해야 한다.

벽돌 쌓는 법은 하나는 가로, 하나는 세로로 놓아 그대로 감(坎, ☵)괘와 이(離, ☲)괘 모양이 되게 한다. 틈은 석회로 종이처럼 얇게 사이를 떼어 겨우 접착할 공간만 확보하니, 그 이음매가 마치 실 같다.

석회 개는 방법은 다음과 같다. 왕모래를 섞지 말아야 하고 찰흙 또한 금한다. 모래가 너무 크면 벽에 붙지 않고, 흙이 너무 찰지면 벽이 쉽게 갈라진다. 그러므로 반드시 검은 흙 중에서 곱고 매끄러운

甓甎法

中國爲室屋, 專靠於甎. 甎長一尺、廣五寸、厚二寸, 比兩甎則正方. 甎皆一匡搨成, 忌角缺, 忌楞刓, 忌體翻. 一甎犯忌, 則全屋之功左矣. 是故旣一匡印搨, 而猶患參差, 必以曲尺見矩, 斤削礪磨, 務令勻齊, 萬甎一影.

其築法, 一縱一橫, 自成坎離, 隔用石灰如紙, 僅取膠粘, 縫痕如線.

其和灰之法, 不雜麤沙, 亦忌黏土. 沙太麤則不粘, 土過黏則易坼. 故必取黑土之細膩者, 和灰同泥, 其色

---

12 장지문:아래 '장지문' 조목 참조.

것을 골라 석회를 섞고 반죽하면 갓 구운 기와처럼 그 색이 검은데, 이는 대개 너무 끈적이지도 않고 모래처럼 성글성글하지도 않은 성질을 취하고, 또 순수한 색감을 취한 것이다. 또한 여기에 어저귀 줄기섬유를 털처럼 잘게 썰어 넣는데, 이는 마치 우리나라에서 흙을 바를 때 말똥을 진흙 반죽에 개어 질거지게 해서 벽이 갈라지지 않게 하려는 의도와 같다. 또 동유(桐油)[13]를 섞는데, 이는 젖처럼 진하면서도 매끄러워서 흙이 잘 붙어 틈이 없게 하려는 의도이다. 벽돌을 석회로 붙이면 마치 아교로 나무를 붙이고 붕사(鵬砂)[14]로 쇠를 땜질하는 것과 같아 수많은 벽돌이 한데 모여 단단하게 하나의 벽이 된다. 《열하일기》[15]

黛鬎如新燔之瓦, 蓋取其性之不黏不沙, 而又取其色質純如也. 又雜以檾絲細剉如毛, 如我東圬土, 用馬矢同泥, 欲其靭而無龜. 又調以桐油, 濃滑如乳, 欲其膠而無罅也. 甎得灰縫, 如魚膘之合木、鵬砂之續金, 千甓凝合, 膠成一壁. 《熱河日記》

4) 벽돌 쌓는 시기

벽돌벽 쌓기는 추운 겨울에 할 수 없다. 물과 흙이 얼어서 벽돌과 반죽이 잘 결합할 수 없기 때문에 결코 단단하게 오래가기 어렵다. 여름 혹서기에도 할 수 없다. 쌓은 벽돌 위에서 흙 반죽이 결합하기도 전에 바로 말라 버리는 까닭에 벽돌과 분리되기 때문이다. 지금 사람들이 겨울에는 공사하지 못한다는 점은 알면서도 6월 혹서기에 공사하는 경우가 많은 이유는 날이 길어 일을 많이 하는 데 이롭다고

砌甎時候

砌墻不可在寒凍月, 因水土冷凍, 令甎泥不能和合, 必難堅久. 又不可在夏月酷熱時, 因甎砌上不至和溶, 泥隨卽乾離. 今人凍月知不動工, 而六月酷暑時多有動工者, 利於日長工多, 不知此故也. 《多能集》

---

13 동유(桐油) : 유동(油桐)의 씨에서 짜낸 기름. 점성이 높고 건조가 빠르며 도장막이 강하고 탄력이 있어 옛날부터 장판지 및 우산지의 도장유, 등유, 해충 퇴치, 설사제 등으로 많이 사용되었다. '유동'은 《임원경제지》 26 《만학지》 권4 〈나무류〉 "오동나무"에 나온다.

14 붕사(鵬砂) : 붕산나트륨의 결정체이며, 용접제·방부제 등으로 쓰인다. '硼砂'로 쓰기도 한다.

15 《熱河日記》〈渡江錄〉 "六月二十八日".

만 여기고 이를 모르기 때문이다. 《다능집》[16]

5) 벽돌쌓기에서는 빈 공간을 메워야 한다

벽돌벽을 쌓는 방법은 다음과 같다. 벽돌이 서로 걸치도록 쌓아 올려야 하니, 전적으로 중간의 빈 공간을 완전하게 메우는 일이 가장 중요하다. 민간에서는 "작은 벽에 벽돌 쌓듯 빈 공간을 메우라."고 한다. 이는 메우는 일만 두루 온전하게 할 수 있어도 바로 사람 배 속이 꽉 차면 매우 길고 오래갈 수 있는 이치와 같다. 만약 빈 공간이 있는데도 그저 진흙으로만 평평하게 하면 벽이 쉽게 기울고 무너질 것이다. 이는 바로 사람 배 속이 주리는 이치와 같으니, 배 속이 주리면 어찌 일을 맡아 오래 할 수 있겠는가. 장인들은 그저 일을 줄일 줄만 아니, 주인은 부지런히 일의 상황을 잘 살펴야 한다. 《다능집》

6) 장생옥(長生屋) 짓는 법

《서방요기(西方要紀)》에, "서양의 집 짓는 법은 중국과는 조금 다르다. 큰 도시에서는 벽돌로 벽을 만들고, 벽의 기초는 벽 높이를 고려하여 깊이를 맞춘다. 벽의 재료로는 순전히 벽돌·모래·회만 쓰고 나무 기둥이나 판재를 댄 벽은 적게 쓴다. 편안히 오래 살기를 도모하고 화재를 예방하기 위해서이다."[17]라고 했다.

砌甎須塡陷

砌甎墻法：甎須交搭疊上，全要中間塡陷，塡的滿足. 俗云"塡陷如小砌", 但塡得週全, 卽如人腹中充實, 則能長久. 若但虛空徒用泥平, 則易傾頹, 卽如人腹中飢餓, 安能辦事經久? 匠人止知省事, 要主勤看. 《多能集》

長生屋法

《西方要紀》云："西洋造室，與中國稍異. 大都以磚石爲墻, 墻基量墻之高而深稱之. 純用磚石、沙、灰, 少用木柱、板壁, 圖其安住久居而豫防火患也."

---

16 《傳家寶》卷1〈多能集〉"砌磚墻法", 256~257쪽.
17 《西方要紀》卷1〈宮室〉.

내 생각에 서실이나 곡간에는 참으로 이 제도를 본받아 쓸 만하겠지만, 사람이 사는 방은 창을 많이 내므로 목재를 쓰지 않을 수 없다. 그렇다면 《왕정농서》에 나오는 '장생옥 짓는 법'에 의거하여 법제(法製)한 회반죽을 모든 노출된 목재에 두껍게 바르면, 불을 막을 뿐만 아니라 목재가 바람으로 건조해지거나 비가 스며드는 일도 면할 수 있다. 그 안전함과 견고함, 내구성이 서양 벽돌집과 다름이 없다. 《금화경독기》

余謂藏書之室、儲穀之廩固可倣用此制，而人居房室多設牕牖，未可不用木材，則依《王禎農書》長生屋法，用法製泥灰，厚墍一切材木露處，不寧戒火，亦可免風燥雨侵．其安固久遠，與西洋磚石屋無異也．《金華耕讀記》

하늘이 '다섯 재료[五材]'[18]를 냈고 백성들이 이것들을 아울러 쓴다. 하지만 물과 불은 모두 재앙이 될 수 있고 그중에 불의 재앙이 더욱 모질다. 사람의 음식은 불이 아니면 만들지 못하고, 잠자는 곳도 불이 아니면 따뜻하지 않다. 일반적으로 불의 재앙은 조심하지 않는 데에서 생기니, 조그만 곳에서 시작하지만 연달아 모두 태우고 나서야 끝난다.

天生五材，民竝用之，而水火皆能爲災，火之爲災尤其暴者也．人之飮食，非火不成；人之寢處，非火不煖．凡火之孼失於不愼，始於毫髮，終于延綿．

또 불은 나무를 얻어 생기고, 물을 얻어 꺼지며, 흙에 이르러 없어진다. 그러므로 나무는 불의 어머니[19]이다. 사람이 사는 방이 모두 나무에 바탕을 두고 있으니 쉽게 근심이 생긴다. 물은 불의 수컷이어서 불을 이길 수 있음[20]을 사람들이 다 알지만, 흙

且火得木而生，得水而熄，至土而盡．故木者，火之母．人之居室，皆資于木，易以生患．水者，火之牡而足以勝火，人皆知之；土

---

18 다섯 재료[五材]: 금(金)·목(木)·수(水)·화(火)·토(土).
19 나무는……어머니: 오행(五行)의 상생 관계에서는 목(木)이 화(火)를 생겨나게 한다(木生火).
20 물은……있음: 수컷은 양(陽)의 의미가 있다. 따라서 물이 불을 이긴다는 말은 양으로 음을 누른다는 의미이다.

은 불의 자식[21]이나 불을 막을 수 있음을 사람들이 아직 모른다.

물은 이미 벌어진 뒤에 수습하고, 흙은 아직 벌어지기 전에 막는다. 이미 벌어진 뒤에 수습하면 효과를 내기 어렵지만, 벌어지기 전에 막으면 힘쓰기가 쉽다. 이것이 불나기 전의 곡돌사신(曲突徙薪, 굴뚝을 굽어지게 만들고 땔나무를 옮겨 불을 미리 막는다)의 계책이 불난 뒤의 초두난액(焦頭爛額, 머리를 그슬리고 이마를 데어가며 불을 끈다)의 공로보다 나은 까닭이다.[22]

내가 일찍이 옛사람들의 불을 끄는 방법을 본 적이 있다. 춘추시대 송나라에서 불이 났을 당시에 낙희(樂喜)[23]가 정사를 담당했는데, 백씨(伯氏)에게 마을을 다음과 같이 관리하게 했다. 불이 아직 옮겨붙지 않은 곳에서는 작은 집을 허물고, 큰 집에는 흙을 바르며, 흙을 옮길 삼태기와 들것을 진열해 놓고, 두레박줄과 두레박을 갖추고, 물동이를 준비하고, 물을 모아 놓고, 흙과 진흙을 쌓아 두고, 불길을 표시했다.[24] 그런데 이는 모두 이미 벌어진 뒤에 수습하는 일들이다.

일찍이 예전 복리(腹裏)[25]에 있는 여러 고을의 거

者, 火之子而足以禦火, 而人未之知也.

水者, 救之于已然之後 ; 土者, 禦于未然之前. 救于已然之後者, 難爲功 ; 禦於未然之前者, 易爲力. 此曲突徙薪之謀, 所以愈于焦頭爛額之功也.

吾嘗觀古人救火之術 : 宋災, 樂喜爲政, 使伯氏司里. 火所未至, 撤小屋, 塗大屋, 陳畚挶, 具綆缶, 備水器, 蓄水潦, 積土塗, 表火道. 皆救于已然之後者也.

嘗見往年腹裏諸郡所居,

---

21 흙은……자식 : 오행의 상생 관계에서는 토(土)는 화(火)에서 생겨난다(火生土).
22 이것이……까닭이다 : 불날 일에 대비해 굴뚝이 초가지붕에 닿지 않도록 휘게 만들고 아궁이 근처의 섶을 옮기라는 나그네의 충고는 무시하고, 막상 불이 난 뒤에 뛰어와 머리를 그슬리고 이마를 데어 가며 불을 끈 이웃들의 공로만을 아는 어리석음을 비판한 고사에서 온 말이다. 《한서(漢書)》 권68 〈곽광전(霍光傳)〉에 나온다.
23 낙희(樂喜) : ?~?. 춘추시대 송나라의 현신(賢臣)으로, 송 평공(平公) 때 사성(司城)을 지냈다. 위의 고사는 '사성'의 지위에 있을 때의 일이다.
24 춘추시대……표시했다 : 《春秋左傳》 卷30 〈襄公〉 傳9年(《十三經注疏整理本》18, 986~989쪽).
25 복리(腹裏) : 원(元) 초의 제도로 중서성(中書省)에서 다스리던 산동성 서쪽과 하북 지역을 이른다. 《元史》 上卷 58 〈志〉 20.

주지를 보았더니, 기와집은 벽돌로 산첨(杣簷)[26]을 둘러싸고, 초가는 진흙으로 위아래를 흙손질했다. 불이 번질 일을 미리 막고 나아가 불 끄기도 쉽게 하기 위해서이다. 또 별도로 창고를 설치하여 겉을 벽돌과 진흙으로 쌌다. 이를 '토고(土庫)'라 하는데, 이곳으로는 불이 들어갈 수 없다.

이로써 미루어 보면, 일반적으로 농가의 방, 부엌, 누에 방, 창고, 외양간은 모두 법제한 진흙 반죽을 써야 한다. 먼저 장대한 재목을 골라 집의 뼈대 얽기가 완성된 뒤, 서까래 위에 나무판을 깔고 나무판 위에는 진흙을 편다. 그런 다음 진흙 위에다 법제한 유회(油灰)[27] 반죽을 발라 꾸미고서 햇볕에 말리면 사기그릇[瓷石]처럼 단단하여 기와를 대신할 만하다. 일반적으로 집 안팎의 노출된 나무와 문·창·벽·담은 모두 법제한 석회 반죽으로 흙손질한다. 흙손질할 때는 두께가 고르고 단단하게 밀폐되도록 애써서 조금의 틈새도 없게 한다면 불에 타는 사태를 면할 수 있다. 이를 '법제장생옥(法製長生屋)'이라 한다.

이것은 일이 벌어지기 전에 막는 방법이라, 참으로 좋은 계책이니, 어찌 농가에만 마땅한 방법이겠는가? 지금의 높다란 집이나 크고 넓은 집, 위험스러울 만큼 높은 누각과 굉장히 큰 누각은 진귀한 보

瓦屋則用磚裏杣簷, 草屋則用泥坏上下. 既防延燒, 且易救護. 又有別置府藏, 外護磚泥, 謂之"土庫", 火不能入.

竊以此推之, 凡農家居屋、廚屋、蠶屋、倉屋、牛屋, 皆宜以法製泥土爲用. 先宜選壯大材木, 締構旣成, 椽上鋪板, 板上傅泥, 泥上用法製油灰泥塗飾, 待日曝乾, 堅如瓷石, 可以代瓦. 凡屋中內外材木露者與夫門、牕、壁、堵, 通用法製灰泥坏墁之, 務要勻厚固密, 勿有罅隙, 可免焚燉之患, 名曰"法製長生屋".
是乃禦於未然之前, 誠爲長策, 又豈特農家所宜哉? 今之高堂、大廈、危樓、傑閣, 所以居珍寶而奉身體

---

26 산첨(杣簷) : 미상. 경사 지붕의 양측 박공(박공지붕의 옆면 지붕 끝머리에 'ㅅ' 모양으로 붙여 놓은 두꺼운 널빤지)이 있는 면을 가리키는 듯하다.
27 유회(油灰) : 동유(桐油)·석회·솜 등을 섞어 만든 물질로, 구멍이나 틈을 메워 고르게 하는 용도에 주로 사용된다.

법제장생옥(《왕정농서》)

배를 보관하고 몸을 봉양하는 곳인 까닭에 참으로 그 가치를 매길 수 없다. 하지만 생각지도 못한 곳에서 하루아침에 근심이 생기고, 아주 작은 곳에서 흠이 난다면 눈 굴리고 발 구르는 사이에 잿더미와 기와 조각 더미가 되고, 천금같이 귀한 몸도 보존하지 못하는 경우까지 있으니, 참으로 슬프고 안쓰럽다.

평소 여유 있는 날에 진실로 이에 의거하여 장생옥을 만들 수 있다면, 큰불에도 건물이 무너지지 않을 뿐만 아니라 바람이나 비를 막아 썩지도 않을 것이다. 번화한 상가 같은 곳은 거주민이 많이 모여 있어 모든 곳을 이 방법대로 할 수야 없겠지만, 그 가운데 한 곳만이라도 할 수 있다면 그곳이 불길을 막기 때문에 그 주변이 다 타 버리지는 않을 것이다.

者, 誠爲不貲. 一朝患生于不測, 釁起于微眇, 轉眄搖足, 化爲煨燼之區、瓦礫之場, 千金之軀亦或不保, 良可哀憫.

平居暇日, 誠能依此製造, 不惟歷劫火而不壞, 亦可防風雨而不朽. 至若闤闠之市, 居民輳集, 雖不能盡依此法, 其間或有一焉, 亦可以間隔火道, 不至延燒. 安可惜一時之費, 而不爲永久

그러니 일시에 들어가는 비용을 아까워하여 어찌 오래도록 안전하고 완전할 계책을 쓰지 않는다는 말인가?《왕정농서》[28]

萬全之計哉?《王氏農書》

회반죽 법제하는 법:벽돌 부스러기 가루 낸 것, 흰 선니(善泥),[29] 동유(桐油) 말린 것,【동유 말린 것이 없으면 동유로 대신한다.】부탄(莩炭),[30] 석회, 찹쌀풀을 사용한다. 이 가운데 앞의 다섯 재료는 같은 분량으로 가루 내고 찹쌀풀로 적절히 섞어 갠다. 땅바닥에서 벽돌을 만들 때는 벽돌 틀에서 벽돌을 빼내 잘 고른 땅 위에 놓고 습기를 뺀 뒤, 진흙으로 흙손질하여 벽돌 한 개를 만든다. 반년이면 말라서 돌이나 벽돌처럼 단단해진다.

집에 흙손질할 때는 반죽에 지근(紙筋)[31]을 넣고 함께 반죽하여 쓰면 회벽이 갈라지지 않는다. 목재에 발라서 꾸밀 때는 지근을 넣은 석회를 쓴다. 목재의 반들반들한 곳 같으면, 미끄러워 접착이 잘 안되므로 작은 대나무 못들을 박고 삼 보풀로 반죽과 엉기게 하면 떨어져 나가지 않는다.《왕정농서》[32]

法製灰泥法 : 用磚屑爲末、白善泥、桐油枯.【如無桐油枯, 以油代之.】莩炭、石灰、糯米膠, 以前五件等分爲末, 將糯米膠調和得所. 地面爲磚, 則用磚模脫出, 趁濕于良平地面上, 用泥墁成一片. 半年, 乾硬如石磚然.
圬墁屋宇, 則加①紙筋, 和勻用之, 不致拆②裂. 塗飾材木上, 用帶筋石灰. 如材木光處, 則用小竹釘簪麻鬚惹泥, 不致脫落. 同上

---

28 《王禎農書》雜錄〈法製長生屋〉, 435~436쪽；《農政全書》卷42〈製造〉 "食物"（《農政全書校注》, 1222~1223쪽). 이상의 내용은《王禎農書》에 다음 그림과 함께 수록되어 있는데, 판본에 따라 이 그림이 없는 본도 있다.

29 흰 선니(善泥) : 선니는 원래 남색이 도는 흙으로, 물가나 논에 많다.《섬용지》권2〈집 짓는 재료〉 "기와와 벽돌" 참조. 흰 선니는 선니의 다른 종류인지, 색만 다르게 한 것인지 분명하지 않다.

30 부탄(莩炭) : 곡식의 껍질을 태워 만든 재로 추측되나 확실하지는 않다.

31 지근(紙筋) : 종이를 마름질하고 남은 종잇조각. 종이쪽[紙條]이라 한다. 자세한 내용은 권2의〈집 짓는 재료〉 "흙 재료" 참조.

32 《王禎農書》, 위와 같은 곳, 436쪽；《農政全書》卷42〈製造〉 "營室"（《農政全書校注》, 1223~1224쪽).

① 加 : 저본에는 "如". 버클리본·《王禎農書·法製長生屋》에 근거하여 수정.

② 拆 :《王禎農書·法製長生屋》에는 "折".

7) 영벽

양혜지(楊惠之)[33]는 오도자(吳道子)[34]와 함께 한 스승을 섬겼다. 그런데 오도자가 학문을 이루자 양혜지는 그와 더불어 나란히 이름나는 일을 수치스럽게 여기고 방향을 바꿔 조소(彫塑)를 시작했는데, 그 작품들이 모두 천하제일이 되었다. 그러므로 중원에는 양혜지의 소산수벽(塑山水壁)[35]이 많다.

곽희(郭熙)[36]가 이를 보고 또 새로운 발상을 내어, 마침내 미장공에게 흙손을 쓰지 않고 손으로만 벽에 흙반죽을 바르게 했다. 바른 흙이 울퉁불퉁해졌지만 이에 개의치 않고 반죽이 마르면 먹으로 그 자취를 따라 그려서 뾰족뾰족한 산봉우리, 깊숙한 숲을 어슴푸레하게 완성했다. 여기에 누각이나 사람이나 사물 같은 부류를 그려 넣으면 흡사 저절로 이루어진 듯했는데, 이를 영벽(影壁)이라 했다. 《왕씨화원》[37]

8) 벽돌 틈 사이로 풀이 나지 않게 하는 법

매년 관계(官桂)[38] 가루를 봄에 벽돌 틈을 따라 넣

影壁

楊惠之與道子同師, 道子學成, 惠之恥與齊名, 轉而爲塑, 皆爲天下第一. 故中原多惠之塑山水壁.

郭見之, 又出新意, 遂令圬③者不用泥掌, 止以手搶④泥於壁, 或凹或凸, 但所不問, 乾則以墨隨其形跡, 暈成峰巒、林壑. 加之樓閣、人物之屬, 宛然天成, 謂之"影壁".《王氏畵苑》

磚縫中草不生法

每年用官桂末, 於春月鋪

---

33 양혜지(楊惠之) : ?~?. 중국 당대(唐代)의 화가, 조소가(彫塑家). 오도자(吳道子)와 동시대의 예술가로, 소산수벽(塑山水壁)의 명인이었다.

34 오도자(吳道子) : 700?~760?. 훗날 오도현(吳道玄)이라 한다. 서화일치의 화체를 확립했으며, 회화사상 최고의 평가를 받았으나, 확실한 유품은 전하지 않는다.

35 소산수벽(塑山水壁) : 일종의 입체벽화로, 벽면에 산 모양을 반입체적으로 소조하고 그 사이에 전각·수목·인물 등을 배치해서 불전 등의 한 장면을 연출하는 기법이다.

36 곽희(郭熙) : 1020?~1090?. 중국 북송의 화가. 동양 산수화의 기본 형식인 삼원(三遠, 高遠·深遠·平遠) 법칙을 정립한 북종화의 대가이다.

37 《王氏畵苑》〈畵繼〉卷9〈雜說〉"論遠".

38 관계(官桂) : 품질이 가장 좋은 계피.

③ 圬 : 저본에는 "巧". 버클리본·《王禎農書·法製長生屋》·《王氏畵苑·畵繼·雜說論遠》에 근거하여 수정.

④ 搶 : 《王氏畵苑·畵繼·雜說論遠》에는 "槍".

어 두면 풀이 저절로 나지 않는다.【案 다른 방법으
로 계수나무 가루를 쓰기도 한다.】《천기잡록》[39]

入磚縫中, 草自不生.【案
一方, 用桂木屑.】《天基雜
錄》

---

[39] 《천기잡록》은 확인 못함. 대신《居家必知》〈磚縫不生草法〉에서 확인됨.

7. 창

1) 창 제도

중국의 창은 모두 남쪽 칸에 설치하는데 길이와 너비가 칸과 서로 같다. 창을 만들 때는 문살의 간격을 넓게 하여 종이를 바깥쪽에 바르는데, 이는 햇빛을 들이고 바람도 막기 위해서이다. 칸마다 모두 이중창을 설치하여, 밝게 하려면 바깥 창을 들어 매달고, 서늘한 기운을 들이려면 안팎의 창을 모두 들어 매다니, 또한 좋은 제도이다.

우리나라의 창은 모두 짧고 작은 데다 문살의 간격은 빽빽하고 살대의 깊이는 깊다. 게다가 종이를 안쪽에 붙이기 때문에 햇빛을 들이는 데에 상당히 방해가 된다. 따라서 요즘의 제도는 반드시 영창(映牕)을 설치하니, 바람을 막고 햇빛을 들이는 영창의 기능이 중국의 이중창과 다름이 없다.《금화경독기》

2) 영창

영창의 제도는 맨 바깥창의 길이를 가늠해서 이에 맞게 위아래에 창틀을 설치한다. 창틀의 길이는 칸의 높이와 너비가 끝나는 지점보다 0.1척쯤 길게 한다. 위아래 창틀에는 각각 두 줄로 홈을 내고서

牕制

中國牕牖皆設在南楹, 長廣與楹相齊. 疏櫺而塗紙在外, 所以取明, 亦以防風也. 每楹皆設複牕, 欲明則弔起外牕, 欲納涼則竝弔內外牕, 亦良制也.

我東牕牖皆短小, 而櫺密矢深. 且糊紙在內, 頗妨取明. 故近制必設映牕, 其防風取明, 與中國複牕無異也.《金華耕讀記》

映牕

映牕之制, 視外牕之長, 上下設楣. 楣長, 竟楹高廣, 可一寸許. 上下楣, 各空雙槽, 乃作板門兩扇、卍字牕

판문(板門)[1] 두 짝과 완자창(卍字窓)[2] 두 짝을 만든다. 판문과 완자창 모두 위아래로 혀를 만들고 이 부분을 창틀 홈에 끼워 넣어 창을 밀고 당기면서 여닫을 수 있도록 한다. 그리고 이때 판문은 밖에 끼워 두고 완자창은 안에 끼워 둔다. 방 안을 어둡게 하려면 판문과 완자창을 당겨서 닫고, 밝게 하려면 판문을 밀어서 열며, 밝기를 적당하게 하려면 맨 바깥 창을 닫고 판문을 열고, 바람을 통하게 하고 서늘한 기운을 들이려면 세 창을 모두 연다.

그 창문짝 좌우에 벽으로 드러나게 된 곳은 위아래 창틀에 의지해 가는 나무 살대로 가로세로 문살을 얽고, 요즘의 장지문 만드는 방법대로 전후지를 바른다. 그러면 판문과 완자창을 밀어 열 때 문과 창이 장지 안에 가려져 이들을 볼 수가 없다. 이 때문에 민간에서는 이를 '두껍닫이[蟾家]'[3]라 부르니, 두껍게 가려서 그 안에 문이 숨어 있을 수 있다는 뜻이다.[4]

완자창의 구석 문살에 손바닥만 한 유리 조각을 끼워 넣으면, 주인이 창 구석에 앉아 창을 열지 않고도 창밖의 일을 살필 수 있다. 연경에서 수입한 유리 중에 사람이나 사물, 화초를 새겨 넣은 유리가 좋다. 방 안에서 밖을 볼 때는 미물이라도 잘 보이지

兩扇. 竝上下作舌, 嵌入槅槽, 令可推開推閉. 而板門在外, 卍字牕在內. 欲暗則推閉板、牕, 欲明則推開板門;欲明暗得中, 則閉外牕而開板門;欲通風納涼, 則竝開三牕.

其牕扇左右露壁處, 靠上下槅, 用細木條縱橫作櫺, 而塗以錢厚紙如今粧子法. 當板門及卍字牕推開之時, 隱在粧子之內不可見. 故俗呼"蟾家"謂其內可隱伏也.

其卍字牕近奧之格, 嵌以琉璃掌大片, 主人坐奧, 不開牕, 而可察牕外事. 燕貿琉璃刻畫人物、花草者佳, 由室內視外, 無微不矚, 從

---

1 판문(板門):살대가 아닌 판재로 만든 문.
2 완자창(卍字窓):완자(卍字, 萬字) 문양을 사용하여 살대를 얽은 창. '만자창'이라 하지 않고 '완자창'이라 하는 이유는 만(卍)과 만(萬)의 음이 같으므로 만(萬)의 중국식 발음대로 쓰기 때문이다.
3 두껍닫이[蟾家]:미닫이를 열 때, 문짝이 옆벽에 들어가 보이지 않게 만든 설치물.
4 여기서 설명하는 영창은 삼중창이다. 맨 바깥창(쌍창이라 한다), 판문(혹창黑牕이라 한다), 완자창(이것이 영창이다)의 구조가 그것이다.

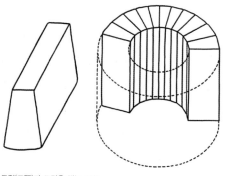

도전(刀甎)과 도전을 쌓는 모습

않는 것이 없지만, 밖에서 안을 보면 보이는 게 없기 때문이다.《금화경독기》

外視內, 則無所見.《金華耕讀記》

3) 원창

원창의 제도는 창의 지름을 헤아려 이에 맞게 위아래로 창틀을 설치한 뒤, 위아래의 두 창틀이 마주하는 면에 두 줄로 홈을 내고 바깥에는 판문을 설치하고 안에는 완자 영창을 설치한다. 이때 판문과 영창 모두 위아래로 혀를 만들고 위아래의 창틀 홈에 끼워 넣어, 밀어서 열고 당겨서 닫기에 편하게 한다.

창 바깥에는 벽돌담을 쌓다가 원창에 해당하는 곳에는 구운 도전(刀甎)[5] 【안 둥근 모양의 작은 다리나 규(圭) 자처럼 위쪽이 뾰족한 문은 한 쪽이 좁은 작은 벽돌을 따로 구워 서로 이들끼리 의지하게 하여 원형으로 축조하는데, 이 벽돌을 '도전'이라 하고, '국전(鞠甎)'이라고도 한다.】을 따로 회반죽으로

圓牕

圓牕之制, 計牕之徑, 設上下楯. 兩楯相對之面岂以雙槽, 外設板門, 內設卍字映牕. 竝上下作舌, 嵌入上下楯槽, 以便推開推閉.

外築甎墻, 其當牕處, 另燔刀甎,【案 圓鞠小橋梁及圭門, 另燔一偏狹小之甎, 相靠築成圓形, 曰"刀甎"亦名"鞠甎".】灰泥膠砌, 合成一圓. 其內邊亦治木令彎,

---

5 도전(刀甎) : 아치를 만들 때 쓰이는 아치벽돌을 말한다.

붙여 쌓아 원 하나를 만들어낸다. 창 안쪽에도 나무를 휘도록 다듬어 여러 휜 나무들이 합쳐져 원 하나가 되도록 한다. 여기에 다시 가는 나무막대로 원 바깥의 사방 주위에 가로세로로 문살을 만들되, 문살은 기둥 몸체와 평행하게 한다. 그런 뒤 전후지를 장지문 만드는 방법대로 문살에 붙이면 창문짝은 네모나지만 안에서 보든 밖에서 보든 모두 완전한 동그라미인 원창이 된다.[6]《금화경독기》

衆彎相合爲一圓. 復用細木條, 縱橫作櫺于彎外四周, 與柱身平齊. 仍塗錢厚紙如粧子法, 則牕扇雖方, 而內觀外觀, 皆成正圓牕也.《金華耕讀記》

4) 장지문

우리나라 가옥 제도에서는 방과 대청마루의 경계에 문살의 간격을 넓게 만든 쪽문을 4짝이나 6짝으로 설치하되, 칸의 너비를 가늠해서 그에 맞게 한다. 이 문짝에 안팎으로 모두 전후지를 바르는데, 민간에서는 이 문을 '장지문(또는 장지)'이라 부른다. 그러나 문살이 성근 곳에 종이를 바르기 때문에 도둑맞거나 문에 구멍이 뚫리는 빌미가 늘 이곳에 있다.

이를 막으려면 장지문의 두께를 나누어 반쪽 면에는 널빤지를 틈이 없도록 촘촘히 배열하고,[7] 다른 반쪽 면에는 얇은 문살을 만든 뒤, 못으로 문살과 널빤지를 붙여 서로 짝이 되게 문짝을 만들어야 한다. 그런 다음 안팎으로 종이를 바르면 문에 구멍이

粧子

東制房廳之界, 設疏櫺門閣, 或四扇或六扇, 視楹之廣, 內外俱塗錢厚紙, 俗呼"粧子". 然以其櫺疏紙塗, 故偸竊穿乞每在此處.

宜分粧於上頭, 而以鐵簪簪固,【俗呼"三排目".】以便弔起. 然後內外塗紙, 可絶《穿窬之》患. 收藏器物之樓門尤宜用此制.《金華

---

6 그런……된다 : 안에서나 밖에서나 원창으로 보이는 것은 창의 안팎으로 구조물을 각각 설치했기 때문이다. 즉 창 바깥쪽에는 벽돌벽을 쌓아서 원 모양의 빈 공간을 만들고, 창 안쪽에는 두껍닫이 같은 구조물에 원 모양의 빈 공간을 만드는 것이다. 그러면 원창의 단면 구조는 맨 바깥쪽부터 벽돌담, 창(판문·완자 영창), 두껍닫이의 순서가 된다.
7 촘촘히 배열하고 : 원문은 '密排'. 전통가옥의 마룻널처럼 나무판을 틈이 없도록 맞추어 밀어 놓는 공정을 말한다.

뚫리거나 도둑맞는 사태를 끊을 수 있다. 기물을 보
관하는 누마루[8]의 문이라면 더욱 이 제도를 써야 한
다. 《금화경독기》

5) 분합문

우리나라 가옥 제도에서는 대청 네 면에 긴 쪽문
짝을 설치한다. 문짝 윗부분에는 문살을 하고 아랫
부분에는 나무판을 하되, 길이는 방 창문과 비교하
여 배로 하니, 민간에서는 이 문을 '분합문(또는 분합)'
이라 부른다. 분합문은 칸마다 네 문짝을 두는데,
이 중 가운데 두 짝의 측면 위쪽과 아래쪽에 쇠지도
리[鐵樞][9]를 설치하여 여닫는다. 양변의 두 문짝은 윗
머리 부분에는 배목(排目)[10] 3개짜리 누운쇠지도리
[臥鐵樞][11]를 설치하고, 쇠비녀장으로 이 3개에 단단
히 꽂아【민간에서는 이를 '삼배목(三排目)'[12]이라 부른

《耕讀記》

分閤

東制廳軒四面, 設長扇閤
子. 上欞下板, 長視房室牕
牖倍之, 俗呼"分閤". 每一
楹四扇, 中二扇上下, 設鐵
樞開闔. 兩邊二扇設三排
臥鐵樞於上頭, 而以鐵簪
簪固, 【俗呼"三排目".】以
便弔起.

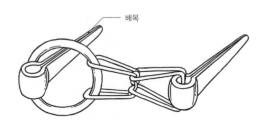

배목

삼배목

---

8 누마루 : 뒤의 '8. 마루' 참조.
9 쇠지도리[鐵樞] : 여닫이문을 열 때 축이 되어 회전이 가능하도록 하는 쇠로 만든 부재.
10 배목(排目) : 걸쇠를 달기 위해 문틀 등에 박는 못 모양의 철물.
11 누운쇠지도리[臥鐵樞] : 들어 올리는 문의 회전축이 여닫이문의 회전축과 직각을 이루도록 설치된 지도리.
12 삼배목(三排目) : 배목의 일종으로 한쪽은 두 갈래로 다른 한쪽은 한 갈래로 되어 배목구멍에 쇠비녀를 채
    워 넣는 철물.

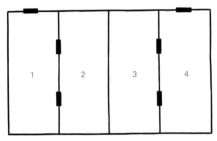

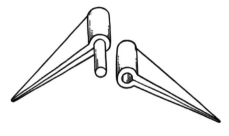

분합문에 설치하는 쇠지도리(검은 부분). 2와 3을 각각 1과 4에 수톨쩌귀(왼쪽)와 암톨쩌귀(오른쪽)
포갠 뒤 이들을 각각 위로 들어 올리면 벽이 개방된다.

다.】들어 올리기 편하게 한다.[13]

　　그러나 지도리와 쇠비녀장은 바깥으로 드러나 있어서 쇠비녀장이 한번 뽑히면 지도리만으로는 저절로 회전할 수 없어서, 분합문도 헛것이 된다. 이런 단점을 없애기 위해 네 문짝 모두 암·수로 끼우는 돌쩌귀[竪樞][14]를 사용하면 쇠비녀가 남몰래 뽑히는 사태를 면할 수 있을 것이다. 《금화경독기》

然樞與簪露在外面, 鐵簪一拔, 則樞不能自轉, 而分閤爲虛位矣. 四扇竝用雌雄豎樞, 則庶免偸拔之患. 《金華耕讀記》

6) 가장지

　　방의 창문 밖에 만일 반 칸[架]만 한 툇마루[15]나 돌퇴[16]의 기둥[楹]이 있으면 문살의 간격을 넓게 만든 쪽문을 설치하고 여기에 종이를 1겹 발라서 만드는데, 낮에는 열고 밤에는 닫아 바람과 추위를 막

假粧子

房室牕牖之外, 如有半架退軒·循軒之楹, 設疏欞閤子, 塗紙一重, 晝開夜閉, 以防風寒.【俗呼"假粧

13　이상에서 분합문에 설치하는 쇠지도리의 위치는 다음 그림과 같다.

14　돌쩌귀[竪樞] : 철판 쪽을 둥글게 감아 구멍을 내고 다른 하나는 둥근 막대를 감아 끝을 내밀게 하여 이를 구멍에 꽂아서 문이나 창문을 돌려 여는 철물을 말한다. 구멍을 낸 것을 암톨쩌귀, 촉이 나온 것을 수톨쩌귀라 하며 이 2개가 1벌로 구성된다. 대개 수톨쩌귀는 문짝에 박고 암톨쩌귀는 문틀에 박아 문을 위에서 끼워 넣게 한다.

15　툇마루 : 목조 건축물의 툇간(안둘렛간 밖에다 딴 기둥을 세워 만든 칸살)에 놓인 마루.

16　돌퇴 : 건물의 둘레에 쭉 붙여 지은 툇간.

는다.【민간에서는 이를 '가장지'라 부르는데, 지금
의 장지문처럼 문살의 간격을 넓게 만들었기 때문이
다.】가래나무로 문살을 만들되, 완자 모양이면 아
주 좋다. 《금화경독기》

子,"以其櫺疏如今粧子也.】
楸木爲矢, 作卍字形者佳.
《金華耕讀記》

8. 마루

軒樓

1) 마룻널

중국의 건물은 모두 벽돌을 깔아 상당히 오래 견딘다. 다만 벽돌이 습기를 빨아들이는 일이 걱정되기 때문에 앉거나 누울 때는 반드시 의자와 침대를 쓴다. 반면 우리나라 사람들은 의자와 침대를 쓰지 않고 바닥에 자리를 펴서 앉거나 눕기 때문에 건물에는 모두 널빤지를 깔고 땅에서 1~2척의 거리를 두어 땅의 습기를 멀리한다.

마룻널 제도는 두꺼운 널빤지를 쪼개 가로세로로 틀을 만들되, 틀과 틀 사이의 거리를 1척 남짓으로 하고 틀 양쪽은 모두 홈을 파낸다. 이를 민간에서는 '귀틀[耳機]'이라 부른다.

다시 널빤지를 1척 남짓한 길이로 자르고 위아래로 혀를 낸다. 혀의 치수는 귀틀에 판 양쪽 홈의 크기를 가늠해서 이에 맞게 촘촘히 끼워 넣을 수 있도록 너무 크거나 너무 작지 않게 한다. 이 널빤지들을 틀에 낸 홈에 차례로 끼워 넣는데, 민간에서는 이를 '우물마루[井板]'라 부른다. 이 우물마루는 너비나 크기가 좁거나 작아도 상관없다. 오직 빽빽하게 붙여 우물마루가 서로 닿는 선에 조그만 틈도 없게 하여 물을 부어도 새지 않게 하는 일이 중요하다.[1]

廳板

中國廳軒皆鋪甎甓, 頗能耐久, 而但患引濕, 故坐臥必用椅、榻. 東人不用椅、榻, 席地坐臥, 故廳軒皆鋪木板, 距地一二尺以遠地濕.

廳板之制, 剖全木, 縱橫作機, 相距一尺餘, 機兩邊皆空槽, 俗呼"耳機".

復裁木板, 長可一尺餘, 上下作舌. 舌之分寸視槽, 令可密嵌, 無剩無縮. 次次排嵌于機槽, 俗呼"井板". 其井板不厭狹小, 惟以密排, 不容線隙, 注水不漏爲貴.

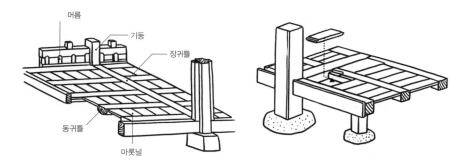

머름
기둥
장귀틀
동귀틀
마룻널

마룻널의 구조

대패[鉋]질이 깨끗하게 됐으면【포(鉋)는 나무를 평평하게 하는 연장이다. 《정자통(正字通)》에서는 "나무틀에 쇳날이 끼워 있고, 곁에는 작은 손잡이 2개가 달려 있어서 손으로 잡고 민다."[2]라 했다.】관솔기름[松明油][3]을 진하게 달인 뒤 이를 삼베 천에 묻혀서 마룻널에 문질러 색을 내면 반들반들하여 사람까지 비칠 수 있다.

일반적으로 마룻널 재목은 반드시 벤 지 오래되어 안팎이 완전히 마른 나무여야 한다.【옛집에서 버린 재목이면 더욱 좋다.】게다가 홈이나 혀를 만들 때는 더욱 그 치수가 조금도 어긋나지 않게 해야만 한다. 그런 뒤에야 비로소 마룻널 사이의 틈이 없게 된다. 그러지 않고 아직 완전히 마르지 않은 재목을 잘못 쓰면 나무가 마르면서 오그라들어 틈이 여기저

鉋治旣淨,【鉋，平木器.《正字通》:"木匡銜鐵刃，旁有兩小柄，手執推之."】濃煎松明油蘸布巾，揩刷出色，則光潤可鑑人.

凡廳板之材必須斫取年久，內外透乾者.【舊屋退材尤好.】且作槽作舌，尤須分寸不爽毫釐，然後始可無罅隙. 苟其不然，誤用未透乾之材，則旣乾而縮，罅隙狼藉. 或槽闊舌薄，聊且扸

1　이상에서 설명한 마룻널의 구조는 위의 그림과 같다.

2　나무틀에……민다: 《正字通》卷11〈戊集〉上 "金部"(《續修四庫全書》 235, 624쪽).

3　관솔기름[松明油]: 송진이 많이 엉겨 있는, 소나무의 가지나 옹이에서 채취한 기름. 송유(松油)라고도 한다. 더 자세한 설명은 이 책의 권4〈불 때거나 밝히는 도구〉"등과 초" '기름을 채취하는 것들' 참조.

기 어지럽게 흩어져 생긴다. 그리고 간혹 홈은 넓은데 혀는 짧아서, 그 상태로 못[朳]을 박아 고정시키면 못이 빠지고 혀가 따로 놀아 마룻널이 들뜨거나 움푹 꺼지게 된다. 이런 점들은 솜씨가 좋은 장인이 특별히 유의해야 하는 사항이다.《금화경독기》

固, 則朳脫舌游, 板翻井陷. 良工之特宜留意者也.《金華耕讀記》

2) 마루 밑에는 담 쌓기를 금한다

마룻널의 아래는 무엇보다 반드시 높고 넓어서 바람이 잘 통하고 밝아야 하고, 낮고 어두우며 깊고 으슥하여 벌레나 쥐, 뱀이나 살무사의 소굴이 되게 해서는 절대로 안 된다. 지금 사람들은 간혹 보기 좋도록 대청의 사방 경계를 기와 조각들로 기단 위에서부터 담을 쌓고 회반죽으로 미장하기도 하는데, 이는 참으로 좋은 계획이 아니다.《금화경독기》

廳底禁築墙

廳板之底最宜高寬通明, 切忌低暗幽隱, 爲蟲鼠蛇虺所窟穴. 今人或爲觀美, 循廳四界, 用瓦礫從階上築墙, 灰泥墁飾, 甚非計也.《金華耕讀記》

3) 누마루 제도

일반적으로 누마루를 세울 때 별도로 터를 잡아

樓制

凡起樓, 若另占基址, 不

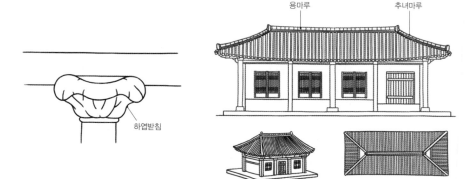

하엽받침

하엽동자

용마루   추녀마루

용마루

대청과 연결시키지 않으면, 사다리를 설치하여 누마루 바닥 아래쪽에다 기울여서 고정시켜 놓아야 한다. 사다리 좌우로는 하엽동자(荷葉童子)[4]가 있는 난간을 설치하여, 위로 누마루의 마루판을 뚫어 사다리를 올린다. 만약 누마루가 대청과 연결되면, 연결되는 곳에 나무로 계단을 만들어 오르내리기 편하게 한다.

대체로 누마루는 높이 솟는 것이 중요하므로, 주추 길이가 10척 남짓이면 기둥 역시 그 정도 길이로 한다. 가령 대청이나 방에 연결된다면 누마루의 용마루[甍][5]가 반드시 대청이나 방의 용마루보다 위로 더 높이 솟아 누마루의 처마가 대청이나 방의 처마 위에서 이를 덮게 해야 된다.

누마루 위 둘레의 기둥에는 나무 난간을 설치한다. 난간 위로는 문살의 간격을 넓게 만든 분합문을 설치하고, 종이를 바깥쪽에 발라 햇빛을 들이거나 방에서의 제도처럼 이중창을 설치하기도 한다.

누마루 아래 둘레의 주추에는 벽돌을 쌓아 담장을 만든다. 그런 다음 북쪽 담장을 뚫어 판문을 달기만 하면 그 자체로 창고가 되어 도끼·낫·산(鏟)[6]·괭이·삽 등의 연장이나 석탄 따위를 보관할 수 있다. 《금화경독기》

與廳軒相接, 則宜設木梯, 斜倚在樓下. 梯左右作荷葉欄干, 上穿樓廳板而登. 若連接廳軒, 則就連接處, 木造階級以便登降.

大抵樓以高聳爲貴, 礎長一丈餘, 柱亦如之. 假令連軒接室, 則樓甍必高出軒室之上, 令樓檐覆在軒室檐上可也.

樓上環柱, 作木欄, 欄上設疏櫺分閤, 糊紙外面以取明, 或設複牕如房室之制.

樓下環礎, 築甎爲墻. 穿北墻設板扉, 則作一庫廩, 可藏斧斨、鎌、鏟、钁、鍤等器及煤炭之屬.《金華耕讀記》

---

4 하엽동자(荷葉童子) : 난간의 계자다리나 동자기둥 위에 얹어 난간대를 받치는 역할을 하는 연꽃잎 모양의 짧은 기둥. '연잎동자[蓮葉童子]'라고도 한다. 본문에서는 이러한 장식을 설치한 난간 전체를 가리킨다.
5 용마루[甍] : 지붕 가운데 부분에 있는 가장 높은 수평 마루.
6 산(鏟) : 사전에서 확인할 수 없어 뜻을 알 수 없으나 농사 연장의 일종으로 보인다.

9. 부엌과 부뚜막

廚竈

1) 부엌

廚屋

부엌에서는 더욱 불을 조심해야 하므로 사방을
벽돌로 쌓아 벽을 만든다. 일반적으로 기둥이나 인
방[樗] 등의 일체의 목재는 모두 벽돌 속에 묻히도록
한다. 만일 바람이 통하고 햇빛이 들게 하려면 벽 위
의 중간 지점에 모두 영롱담[玲瓏墻]을 만든다. 【안
영롱담 만드는 방법에 관해서는 아래(14. 담장)를 보
라.】부뚜막에서 10~20척 거리를 두고 남북으로 문
을 뚫어 왕정의 '장생옥 짓는 법'에 따라 법제한 회
반죽을 문짝 안팎에 바른다. 만약 부엌이 다락 아래
에 있으면 위로 마룻널이 보이니, 여기에도 법제한
회반죽을 두껍게 바른다.

廚屋尤宜戒火, 四周甃甎
爲壁. 凡柱、樗等一切木
材, 皆埋在甎甓之內. 如欲
通風受明, 壁上半皆作玲
瓏墻. 【案 玲瓏墻法見下.】
距竈一二丈, 南北穿門而依
王禎長生屋法, 用法製灰
泥塗墍門扇內外. 如廚在
樓下, 仰見廳板, 亦以法製
灰泥厚塗之.

부뚜막에서 10~20척 거리를 두고 북쪽 벽을 따
라 살강[廚棧]¹ 2~3칸을 설치하되, 그 살강으로 쓴
목재가 드러난 곳에는 모두 법제한 회반죽을 칠한
다. 살강 아래에는 구덩이를 파고 와두(瓦竇 : 질그릇으
로 만든 배수관)를 놓는데, 【안 와두의 제도는 《본리지》
에 자세히 나온다.²】와두를 하나씩 비늘처럼 차례

距竈一二丈, 循北壁, 設廚
棧二三格, 其材木露處, 竝
用法製灰泥塗飾. 廚棧下
穴地, 安瓦竇, 【案 瓦竇之
制詳見《本利志》.】鱗次嵌
連, 直通庭垣之外. 垣外

1　살강[廚棧] : 부엌의 벽 중간에 가는 통나무 두 개를 건너질러서 달아맨 선반으로, 식기·부엌기구 등을 올
　　려놓아 두는 데 쓴다.
2　와두의……나온다 : 《본리지》 권12 〈그림으로 보는 관개시설〉 상 '와두' 참조.

로 끼우고 이어서 담장 밖까지 곧장 통하게 한다. 담장 밖의 와두가 끝나는 곳에는 둥근 못을 깊고 넓게 파고, 바닥과 주위에 벽돌을 2~3겹 쌓아 물이 새지 않게 한다. 못 위에는 처마를 낮게 덮고서 이엉지붕이나 회지붕을 얹는다. 모든 쌀뜨물, 설거지물, 생선 씻은 물, 닭이나 돼지 삶은 물 등을 일일이 와두에 부어 못에 이르게 한다. 이는 대개 밭두둑에 거름으로 주거나 뽕밭이나 모시밭에 물을 주기 위해서이다. 《금화경독기》

當瓦竇盡頭, 深闊鑿圓池, 甃甓二三重令不洩水. 上覆矮檐, 苫蓋或灰蓋. 凡米泔水、滌器水、魚腥水、燖鷄猪水一一注入瓦竇以達于池. 蓋將以淤田疇澆桑苧也.《金華耕讀記》

2) 부뚜막 제도

부뚜막을 만드는 법식에서 부뚜막의 길이 '7척 9촌'은 위로는 북두칠성을 상징하고 아래로는 구주(九州)[3]에 대응한다. 또 너비 4척은 사계절을 상징하고, 높이 3척은 천(天)·지(地)·인(人) 삼재(三才)를 상징하며, 솥을 놓는 구멍의 너비 1.2척은 12시(時)를 상징하고, 솥 2개를 두는 것은 해와 달을 상징하며, 굴뚝의 크기 0.8척은 팔풍(八風)[4]을 상징한다.

부뚜막을 만들 때는 새 벽돌을 준비하여 깨끗이 씻어 두고, 깨끗한 흙을 향물[香水][5]과 섞어서 반죽을 갠다. 이때 벽을 바를 때 사용하는 흙반죽과 섞

竈制

作竈法, 長七尺九寸, 上象北斗, 下應九州. 廣四尺象四時, 高三尺象三才, 口闊一尺二寸象十二時, 安兩釜象日月, 突大八寸象八風.

須備新甎淨洗, 以淨土和合香水, 合泥, 不可用壁泥相雜, 大忌之. 以猪肝和

---

3 구주(九州):《서경(書經)》〈우공(禹貢)〉 편에서 구획한 행정구역으로 기주(冀州), 연주(兗州), 청주(青州), 서주(徐州), 양주(揚州), 형주(荊州), 예주(豫州), 양주(梁州), 옹주(雍州)의 9주(九州)를 가리킨다. 이후에 중국을 지칭하는 일반적인 용어가 되었다.

4 팔풍(八風): 팔방(八方)에서 불어오는 바람으로 곧 동북의 염풍(炎風), 동방의 조풍(條風), 동남의 혜풍(惠風), 남방의 거풍(巨風), 서남의 양풍(涼風), 서방의 요풍(飂風), 서북의 여풍(麗風), 북방의 한풍(寒風)이다.

5 향물[香水]: 향나무를 물에 담가 두었다가 달여서 향내를 우려낸 물로, 불상(佛象)을 닦는 등의 성스러운 사물을 씻어 낼 때 이 물을 사용했다.

어서는 안 되니, 이를 절대로 금한다. 돼지 간을 개어 반죽을 만들면 아녀자들을 효성스럽고 유순하게 해준다. 《거가필용》[6]

일반적으로 부뚜막을 만들 때 쓰는 흙반죽은 먼저 땅바닥의 흙을 0.5척 걷어 내고 그 아래의 깨끗한 흙을 취한다. 정화수[7]와 향을 섞어 흙반죽을 개면 매우 길하다. 《거가필용》[8]

옛사람들이 부뚜막에 제사 지낸 뜻을 보면 부뚜막을 만들 때 주의했던 의미를 특별히 알리려 한 것을 알 수 있다. 그러나 우리나라 사람들에게는 부뚜막을 만드는 데에 무엇보다도 법식이 없다는 점이 걱정된다. 기와 조각과 흙반죽을 서로 섞어 쌓아 올린 다음 황토 반죽으로 흙손질을 하는데, 흙이 말라 갈라지고 터지면 바람이 새어 들어와 불길이 역류하며, 흙이 타서 기와 조각이 빠져나가면 솥은 기울고 부뚜막은 함몰된다. 게다가 부뚜막이 있는 곳의 앞에는 벽돌을 깔지 않아 티끌과 흙과 오물이 섞이니, 벌레와 쥐가 구멍을 뚫고 부뚜막으로 들어와 날마다 먹는 음식과 반찬에 벌레와 쥐가 먹은 흔적이 없는 경우가 없는데, 이는 참으로 좋은 계획이 아니다.

이제는 벽돌을 쌓아 부뚜막을 만들고, 위에다 구

泥, 令婦人孝順.《居家必用》

凡作竈泥, 先除地面土五寸, 卽取下面淨土. 以井華水竝香合泥大吉. 同上

觀古人祭竈之義, 則作竈特宜致意, 東人作竈, 最患無法. 用瓦礫泥土相間築起上, 用黃土泥圬墍, 土乾龜拆, 則風透火逆, 土焦礫脫, 則鍋傾灶陷. 且竈門之前, 不鋪磚甓, 塵土穢雜, 蟲竄鼠穴, 日用飮饌, 無非蟲鼠之殘, 甚非計也.

宜築甎爲灶, 上穿穴口以

6 《居家必用》丁集〈井竈〉(《居家必用事類全集》, 134쪽).
7 정화수:이른 새벽에 길은 우물물. 신급수(新汲水)라고도 한다.
8 《居家必用》, 위와 같은 곳.

멍을 내어 솥을 앉힐 수 있게 하며, 다시 법제한 회반죽을 부뚜막에 두껍게 바르고 기름을 문질러 반들반들 윤이 나고 깨끗하게 하여 틈이 생기지 않게 해야 한다. 부엌은 바닥을 평평하게 하여 사방 벽까지 벽돌을 깔고, 깨끗하게 다듬어서 벌레나 쥐가 구멍을 뚫지 못하도록 해야 한다.《금화경독기》

安鍋釜, 復以法製灰泥厚墁之, 刷油光潔, 勿令有罅隙. 廚屋地平, 限四壁鋪甋, 磨治潔淨, 勿令蟲竄鼠穴.《金華耕讀記》

3) 여러 솥 이어 거는 법

중국의 솥 거는 법은 벽돌을 쌓아 누운 부뚜막[臥灶][9]을 만들고 부뚜막 위에 3~5개의 솥을 이어 거는 것이다. 일반적으로 밥 짓고, 삶고, 달이고, 데치는 음식 재료를 각각 하나의 솥에 담고, 첫머리에 있는 솥 아래에서 불을 때면 여러 솥에서 고루 끓게 되니, 무엇보다도 땔나무를 아낄 수 있다고 한다. 내 생각에는 부뚜막 속에 번갈아 불을 빨아들이는 불목구멍을 가로 방향으로 내어 여기에서 불꽃을 빨아들이면서 마지막에 있는 솥바닥까지 이르게 하는 듯하다.《금화경독기》

連珠鍋法

中國支鍋法, 甋築作臥灶, 灶上連支三五鍋. 凡炊、烹、煎、瀹之需, 各貯一鍋, 而從頭鍋下炊火, 則衆鍋齊沸, 最能省薪云. 意灶裏橫作遞喉, 引吸火焰, 至終鍋之底也.《金華耕讀記》

4) 개미 막는 법

일반적으로 부뚜막을 만들 때 부뚜막 바닥에 반드시 광회(礦灰)[10] 7/10푼과 황진흙[黃泥] 3/10을 찧고 섞어 땅바닥에 평평하게 깔아야만 부뚜막 위에 영원히 벌레나 개미가 꼬이지 않을 것이다.《증보산림경제》[11]

辟蟻法

凡支灶之時, 其灶底, 須用七分礦灰、三分黃泥, 搗和平鋪地面, 則灶上永遠無蟲蟻.《增補山林經濟》

---

9 누운 부뚜막[臥灶] : 여러 개의 솥을 얹을 수 있도록 길게 늘여 설치한 부뚜막.
10 광회(礦灰) : 가장 상등급의 석회.
11 《增補山林經濟》卷1〈卜居〉"作竈"(《農書》3, 44쪽).

10. 마당

庭除

1) 세 가지 좋은 곳

일반적으로 마당을 만드는 데에는 세 가지 좋은
곳과 세 가지 기피할 곳이 있다. 높낮이가 평평하고
반듯하며 울퉁불퉁한 곳이 없어서 물 빠짐이 쉬운
곳이 첫 번째 좋은 곳이다. 마당이 좁지 않아 햇빛
을 받고 화분을 늘어놓을 수 있는 곳이 두 번째 좋
은 곳이다. 네 귀퉁이가 평평하고 곧아서 비뚤어지
거나 굽지 않은 곳이 세 번째 좋은 곳이다. 이와 반
대되는 곳이 세 가지 기피할 곳이다.《금화경독기》

三善

凡治庭除有三善、三忌：高
下平正，無凸凹仄窪，易於
洩水，一善也．墻院不逼，
可以受日光，列花盆，二善
也．四隅平直，無歪邪回
曲，三善也．反於此者爲三
忌.《金華耕讀記》

2) 객토하는 법

본래의 흙이 빛깔이 검고 기름지면서 푸석푸석하
고 성글면 잡초가 뒤섞여 어수선하고, 빛깔이 붉고
찰지면서 단단하고 건조하면 비가 내릴 때 미끄러우
며, 지대가 낮고 습하여 물이 생기면 장마철에 넘실
넘실 물이 찬다. 이때는 마당 전체를 5척 파내어 옛
흙을 먼 곳으로 치우고, 따로 기와 조각을 아래에 1
겹 깔고, 그 위에 다시 왕모래와 백토(白土)를 가져다
가 달굿대로 원래 높이까지 다지고서 그쳐야 한다.
《금화경독기》

換土法

原土或黑墳廲疏，草穢蕪
雜；或赤黏堅垎，遇雨粘
滑；或卑濕生水，當潦汪
洋．宜盡庭除闢地一半丈，
搬屛故土于遠處，另將瓦
礫，鋪下一重，更取廲沙、
白土，杵築至故限而止.
《金華耕讀記》

3) 진창[1] 막는 법

중국의 정원은 모두 벽돌을 깔기 때문에 비가 와도 진창이 생기지 않는다. 하지만 우리나라는 벽돌이 귀해서 마당에 두루 깔 수가 없으니, 문에서 기단 아래까지 사람들이 오가는 곳에만 조약돌을 깔되, 비늘처럼 차례로 촘촘히 배열하여 진창을 막아야 한다. 내가 듣기로는, 중국 민가에서는 문 안 마당의 경우 가난해서 벽돌을 깔 수 없으면 유리나 기와 조각, 물가의 작은 자갈 중에 둥글게 갈린 것들을 가져다가 모양과 색깔이 엇비슷한 것들을 골라 꽃·나무, 새·짐승의 모양을 섞어 만들고 이를 깔아서 진창을 막는다고 한다. 그들이 물건을 버리지 않는 점은 참으로 본받을만하다.《금화경독기》

禦淖法

中國庭院皆鋪甎, 故雨不泥淖. 我東甎貴, 未可遍鋪庭除, 宜於門徑階下, 人所往來處鋪水磨小石, 鱗次密排以禦泥淖. 聞中國民家門庭, 貧不能鋪甎, 則取琉璃、碎瓦、水邊小礫之磨圓者, 揀其形色相類者, 錯成花樹、鳥獸之形以禦泥淖云. 其無棄物, 誠可法也.《金華耕讀記》

4) 습기 막는 법

지대가 낮고 습한 곳에는 굴 껍데기를 많이 묻으면 물이 잘 빠져 습기를 제거할 수 있다.《화한삼재도회》[2]

辟濕法

卑濕之地①, 多埋蠣殼②, 則能行水去濕.《和漢三才圖會》

5) 차양 지붕(붕가)

생활하는 방이 땅에서 가까우면 불볕더위로 아래를 푹푹 삶는 듯하여 지표면의 열기가 위로 쪄 올라올 때마다 답답해서 속이 턱 막히곤 한다. 중국

棚架

居室距地近, 則每當爀炎下煮, 土氣上蒸, 往往令人悶塞. 中國庭院皆設高架,

---

1 진창 : 땅이 질어서 질퍽질퍽해진 곳.
2 《和漢三才圖會》卷47〈介貝類〉 "牡蠣"(《倭漢三才圖會》 5, 70쪽).
① 地 :《和漢三才圖會·介貝部·牡蠣》에는 "家".
② 蠣殼 :《和漢三才圖會·介貝部·牡蠣》에는 "於地下".

에서는 모든 정원에 차양 지붕을 설치하고 윗부분에는 삿자리를 얹어서 푹푹 찌는 햇빛을 피한다. 또 삿자리에 줄을 묶어 놓았다가 달빛을 받고 싶으면 아래에서 줄을 당겨 삿자리를 거두어 둔다.

우리나라 사람들은 재력이 넉넉하지 않아 이런 시설을 갖추기가 쉽지 않다. 대신 나무로 좁고 긴 틀을 만들고 여기에 가로세로로 살을 설치하여 입(卄) 자 모양을 만든다. 그런 다음 윗부분에는 얇은 널빤지나 유둔이나 자작나무껍질을 얹거나, 삿자리를 깔고서 이엉을 얹은 뒤에 쇠고리와 쇠못을 서까래 끝에 매단다. 이를 다시 끝이 갈라져 가장귀진 팔뚝만 한 두께의 나뭇가지에 받친다. 민간에서는 이를 '차양(遮陽)'이라 부른다. 그러나 얹은 부분이 너무 넓으면 서까래가 그 무게를 감당하지 못하고, 너무 좁으면 그늘이 얼마 되지 않으니, 이는 좋은 제도가 아니다.

이때는 아침 햇살이나 저녁 햇빛을 더 많이 받는 곳에다 포도나무나 초송(草松)[3]을 심고 차양 지붕을 만든 다음 넝쿨이 그 위로 타고 올라가게 하여 뜨거운 햇볕을 차단하게 해야 한다. 차양 지붕의 기둥은 사각이든 원이든 팔각이든 육각이든 뜻대로 하되, 대패로 깨끗하고 윤이 나게 다듬는다. 나무의 부패를 막기 위해 돌을 쪼아 이들을 차양 지붕의 작은 굄돌로 삼아 다리를 받치게 한다. 처마 끝 위로 나온 부분에는 신회(蜃灰)[4]를 하얗게 칠하면 비바람을

上覆蘆簟以避暘曝, 繫繩於簟, 欲受月色, 則自下引繩而撤之.

東人寡力, 未易辦此. 木造狹長機, 縱橫設矢, 爲卄字形, 上覆薄板或油芚或樺皮, 或覆蘆簟苫蓋, 用鐵環、鐵釘懸于檐椽之頭. 復用臂大木杈駕起, 俗呼"遮陽". 然已廣則椽不能任重, 已狹則蔭地無幾, 非良制也.

宜就偏受朝暘夕曦之地, 種葡萄或草松, 作架, 上蔓以遮歇暘. 其架柱或方或圓或八稜、六稜隨意, 鉋治淨潤, 琢石爲小礎庋足. 上高出檐頭, 堊以蜃灰, 可耐風雨.《金華耕讀記》

---

3 초송(草松):《예원지》권4 〈훼류〉 "초송"에 나온다.

견딜 수 있다. 《금화경독기》[4]

6) 화단(화계)

서재 남쪽과 북쪽 뜰의 담 아래에는 돌을 쌓고 단을 만들어서 화훼를 심거나 분경(盆景)[5]을 늘어놓아야 한다. 1단으로 만들지, 2단이나 3단으로 만들지는 땅의 높이에 따른다. 예전에 서울의 의정부(議政府)[6] 뜰에서 돌화단을 본 적이 있는데, 색이 옅은 누런 돌과 붉은 돌을 앞면만 평평하고 반듯하게 갈고, 나머지 면은 뾰족하거나 기울거나 모나거나 각이 진 대로 두었다. 누런 돌과 붉은 돌을 서로 섞어 그 돌들의 기울고 모난 형세를 따라 촘촘하게 쌓고 끼워서 진정 가요문(哥窯紋)[7]을 만들었으니, 참으로 청아한 경관으로 적합하여 본받을 만하다.

화단 위는 대나무 난간으로 보호하는데, 반죽(斑竹)[8]을 사용하면 아름답다. 간혹 나무로 난간을 만들어 여기에 신회를 하얗게 칠해도 비바람을 견딜 수 있다. 만일 색을 내고 싶으면 석간주(石間朱)[9]나 석

花階

書齋南北庭垣下, 宜砌石爲階, 以種花卉, 列盆景. 或一級或二級、三級, 隨地高下. 嘗見京城議政府庭有石階, 用淡黃石、微赭石, 惟前面磨治平正, 餘面任其尖斜稜角. 黃赭相間, 隨其斜稜之勢, 而密瓷嵌, 固作哥窯紋, 洵愜雅觀, 可倣也.

階上護以竹欄, 斑竹者佳. 或木造而堊以蜃灰, 亦耐風雨. 如欲設色, 用石間朱或石綠和灰, 以法製油【俗

4　신회(蜃灰) : 대합 껍데기를 원료로 만든 회반죽.

5　분경(盆景) : 단지에 돌이나 모래를 깔고, 나무나 화초를 심어 자연의 풍광을 관상할 수 있도록 꾸며 놓은 화분.

6　의정부(議政府) : 건물이 경복궁 전방에 있었는데, 바로 지금의 서울 광화문 앞 정부종합청사의 길 건너편이다.

7　가요문(哥窯紋) : '가요'는 형[哥哥]의 가마라는 뜻으로, 가요문은 얼음이 깨지거나 금이 간 듯이 자잘하게 갈라져 있는 무늬이다. 송나라의 처주(處州)에 살았던 장생일(章生一)·장생이(章生二) 형제가 각기 자기를 구웠는데, 형의 가마[哥窯]에서 구운 자기가 아우의 가마[弟窯]에서 구운 자기보다 약간 더 희고 깨진 무늬가 많아서 이를 '가요문'이라 했다.

8　반죽(斑竹) : 줄기에 얼룩무늬가 있는 대나무.

9　석간주(石間朱) : 산화철이 많이 함유되어 검붉은색을 띠는 안료. 《섬용지》 권3 〈색을 내는 도구〉 "물감" '석간주'에 나온다.

록(石綠)[10]을 석회와 섞어 법제한 기름【민간에서는 '동유(冬油)'라 부른다.】을 먹여 문지르면 나무에서 빛이 난다.《금화경독기》

呼"冬油".】塗刷, 光照林木. 《金華耕讀記》

---

10 석록(石綠) : 진한 초록색을 띠는 안료.《섬용지》권3〈색을 내는 도구〉"물감" '석록'에 나온다.

11. 곡간

1) 곡간 제도

일반적으로 해마다 소작료[田租]로 거두는 벼·조[粟]·콩이 각각 몇백 석 이상이라면, 벽 안이 높고 건조하며 부뚜막에서 상당히 먼 곳에다 둥근곡간[圓囷] 3~5개를 벽돌로 쌓아 그곳에 곡식을 저장해야 한다.【안 둥근곡간 제도는《본리지》에 자세히 보인다.1】그 가운데 기장·조[粱]·팥[荅]·들깨 등 해마다 거두는 양이 100석이 안 되어 각각의 둥근곡간에 저장할 수 없는 곡식은 둥구미[篅]2나 단지에 담아 곡간에 저장해 두어야 한다. 곡간은 안채 남쪽 뜰에 두거나 동쪽 또는 서쪽 뜰에 두되, 안과 밖을 사이를 두고 구분하여 미곡·식초·소금·포 및 일체의 그릇과 세간들을 나누어 보관한다.

곡간의 제도는 다음과 같다. 벽돌을 깔아 대를 만들고, 대 위에 벽돌을 쌓아 벽을 만든다. 벽 위에는 들보를 얹고 들보 위에 서까래를 까는데, 서까래

庫廩

庫制

凡歲收田租稻、粟、菽, 各數百石以上, 宜就垣內高燥隔遠煙爨處, 甃築圓囷三五所藏之.【案 囷制詳見《本利志》.】其黍、粱[1]、荅、荏等歲收不滿百石, 未可各各囷藏者, 宜盛篅罋[2], 儲置于庫廩. 庫廩或居內舍南庭, 或在東西庭, 以隔別內外, 分藏米穀、醯、鹽、脯腊及一切器用什物.

其制：鋪甃爲臺, 臺上築甃爲墻. 墻上架樑, 樑上鋪椽, 椽至墻而止, 令墻直埋

---

1 둥근곡간……보인다：《본리지》 권11 〈그림으로 보는 농사연장〉 하 "갈무리 시설 및 기구" '둥근곡간'에 나온다.
2 둥구미[篅]：곡식의 낟알을 담을 때 쓰는, 대나무나 짚으로 만든 둥글고 울이 높은 그릇.
[1] 粱：저본에는 "梁". 규장각본·버클리본에 근거하여 수정.
[2] 盛篅罋：저본에는 "篅盛罋". 문맥에 근거하여 수정.

는 벽까지 이르러 그치도록 하여 벽에 서까래 머리가 바로 묻히도록 한다. 서까래 위에는 널빤지를 깔고 널빤지 위에다 기와를 얹는다. 좌우 벽에는 구멍을 뚫고 볕이 드는 창을 만들어 햇빛을 들이고, 앞쪽 벽에는 작은 문을 내고 두 짝의 판문을 설치하여 여닫거나 잠글 수 있게 한다.《금화경독기》

椽頭. 椽上鋪板, 板上蓋瓦. 左右墻穴壁, 作照熁以取明, 前墻穿圭竇, 設兩扇板門以備開閉封鎖.《金華耕讀記》

2) 지하 곡간(음고)

지하 곡간은 창고 밑에 있기 때문에 겹곡간[複庫]이라고도 한다. 겹곡간을 만들려면 위층 창고가 될 평평한 바닥에는 벽돌을 깔지 말고, 담장 벽이 될 경계를 따라 땅을 11~12척 파고서 사방의 벽을 반듯하고 곧게 깎고 다듬은 다음 벽돌을 벽에 붙이면서 쌓는다. 벽돌 위에는 귀틀을 만든 뒤 마룻널을 설치하듯이 두꺼운 널빤지를 깔아 촘촘하게 배열하여 붙이면, 위 창고에서 보면 마룻널이 되고, 지하 곡간에서 보면 천장널이 된다. 위 창고 문지방 옆 가까이에는 마룻널을 뚫어 사방 4~5척 되는 구멍을 만들면 그 구멍으로 항아리도 드나들 수 있다. 나무로 긴 사다리를 만들고 구멍 입구에 기울여서 고정시켜 놓아 오르내리기에 편하게 한다.

蔭庫

蔭庫在庫之下, 亦名"複庫". 如欲作複庫, 上庫地平勿鋪甎, 循墻壁之限, 闢地一丈一二尺, 四壁削治平直, 貼壁築甎. 上鋪厚木板, 密排合縫, 則在上庫爲廳板, 在蔭庫爲天板也. 上庫門閫側近穿廳板, 作穴方四五尺, 可容甕瓷出入. 木作長梯, 斜倚穴口以便登降.

대개 지하 곡간은 땅속에 있으므로 곧 땅광[窖] 저장고이다. 그렇기에 겨울에는 따뜻하고 여름에는 서늘하여 술·장·나물·김치·과일·풀열매 같은 얼거나 곰팡이가 슬어서는 안 되는 일체의 식료품들을 저장할 수 있다.《금화경독기》

蓋蔭庫, 處在地中, 便一窖藏, 冬溫夏凉, 可藏酒、漿、菜、葅、菓、蓏一切禁凍忌黴之物.《金華耕讀記》

3) 토고(흙 곡간)

일반적으로 곡간은 사람이 거처하는 방에서 문을 열면 앉아서 볼 수 있는 곳에 두어야 하기 때문에 그 방과의 거리가 50~60척 떨어진 곳이어야 한다. 칸살의 개수는 뜻대로 한다.

토고 짓는 법은 다음과 같다. 먼저 기둥을 세워 들보를 올리고, 서까래를 얹을 때는 서까래 머리를 앞뒤 들보에서 겨우 몇 촌만 내도록 한다. 그다음에 문설주와 문지방을 설치하고 기와 조각을 흙반죽과 서로 섞어 둘러 가며 벽을 쌓는다. 이때 위로 서까래 머리에 이르러 그치도록 하되, 나무가 조금이라도 드러나지 않게 한다. 서까래 위에는 산자를 깔고 흙반죽을 0.5척 정도 바르면, 멀리서 볼 때 마치 흙언덕 같다. 그런 다음에 석회·황토·고운 모래를 느릅나무껍질 달인 즙과 섞고 흙반죽을 만들어 네 벽과 지붕 위까지 두껍게 바른다. 날이 맑을 때는 햇빛에 말리고 비가 올 때는 덮어 주면서 흙반죽이 완전히 말라 단단해지면, 별도로 서까래 나무를 지붕 위에 여러 겹 얹고 그 위에 삿자리를 깔고 이엉을 얹는다.

토고 안의 땅바닥에는 얇은 돌판을 촘촘하게 깔아 회반죽을 발라 가며 쌓으면 쥐가 구멍을 뚫을 수 없다. 문에는 2짝의 두꺼운 판문을 설치하고 밖에는 문고리 2개에 못질해 단단히 잠근다. 《증보산림경제》[3]

土庫

凡倉庫宜置人居堂室開戶坐見處, 相距五六丈之地. 間架多少隨意.

其法 : 先立柱上樑, 架椽而椽頭出前後樑纔數寸而止. 次設門桄、門闑, 用瓦礫與泥土相間, 周圍築墻, 上至椽頭而止, 勿露片木. 椽上鋪橃子, 塗泥五寸許, 則望之如一土阜. 然後用石灰、黃土、細沙和榆皮汁爲泥, 厚塗四面墻及屋上. 晴晒雨蓋, 待十分乾堅, 另用椽木疊架屋上, 覆簟苫蓋.

庫內地面, 密布薄石板以石灰泥塗築, 則鼠不能穿也. 門設兩扇厚板門, 外釘雙環封鎖. 《增補山林經濟》

---

3 《增補山林經濟》卷1〈卜居〉"倉庫"(《農書》3, 46~47쪽).

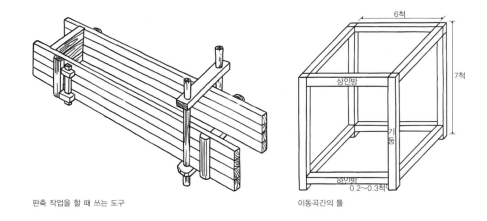

판축 작업을 할 때 쓰는 도구   이동곡간의 틀

(이동곡간의 틀 도면 라벨: 6척, 7척, 상인방, 기동, 하인방, 0.2~0.3척)

다른 방법:누렇고 흰 모래흙을 판축(板築)[4]하여 벽 네 면을 만드는데, 문을 설치할 곳만은 비워 두고 쌓지 않는다. 들보를 벽 위에 얹고 서까래를 들보 위에 깐다. 일반적으로 문을 설치하고 지붕을 얹는 공정은 한결같이 앞의 방법처럼 하면, 기둥을 하나도 쓰지 않고서도 그대로 온전한 집을 만들 수 있다.《금화경독기》

一法 : 用黃白沙土, 板築爲墙四周, 而只缺設門處勿築. 架樑墙上, 鋪椽梁上. 凡設門蓋屋一依前法, 則不用一柱而自成全宇.《金華耕讀記》

4) 이동곡간(반고)

이동곡간 제도는 기둥 4개에 인방이 8개로, 기둥의 길이는 7척이고 인방의 길이는 6척이다. 인방 4개는 위쪽에 있으며 가로로 기둥머리에 끼워 맞춰 들보를 대신하고, 나머지 인방 4개는 아래쪽에 있으

搬庫

搬庫之制, 四柱八榑, 柱長七尺, 榑長六尺. 四榑在上, 橫嵌柱頭以代樑;四榑在下, 離柱跟三二寸, 橫

---

4 판축(板築):건축물의 기단이나 흙담을 구축하는 방법의 하나로, 지면에 먼저 호박돌을 채우고, 그 위에 석회를 섞은 찰흙을 달굿대로 다져 두께 10~15cm 정도의 층을 만든 후 다시 그 위에 모래를 깔아 다지는 일을 가리킨다. 땅을 돋우거나 성벽을 쌓을 때 이러한 작업을 반복하여 필요한 높이를 맞추는데, 그 단면이 여러 판을 겹쳐 놓은 모양과 같다. 이미 중국 상대(商代)의 유적에서 보이는 역사 깊은 축조법이다. 담장을 판축으로 쌓을 때에는 그 앞뒤로 나무 널을 대어 모양을 정한 후 달굿대로 다지며 쌓아 올린다.

며 기둥 뿌리에서 0.2~0.3척 띄우고 가로로 끼워 마룻널을 받게 한다.[5]

嵌以受廳板.

앞면의 한가운데가 문이 되는데, 두 문설주 사이의 거리가 2.5척이다. 좌우와 뒤, 이렇게 삼면과 정면의 문설주 좌우에는 모두 널빤지를 촘촘히 배열하여 벽을 만드는데, 이 널빤지들 각각의 길이는 6.5~6.6척이다. 널빤지를 세로로 배열하여 위로 상인방을 받치고 아래로 하인방에 박을 때는 모두 홈과 혀를 단단히 끼운다.[6] 벽의 높이를 반으로 나누어 중간 지점에 가는 나무막대를 가로로 설치하여

前面正中爲門, 兩棖相距二尺五寸. 左右、後三面及門棖左右皆密排木板爲壁, 板長六尺五六寸. 上戴上欂, 下植下欂, 皆槽舌嵌固. 分壁之長, 用細木條橫設爲帶, 鐵釘釘固.

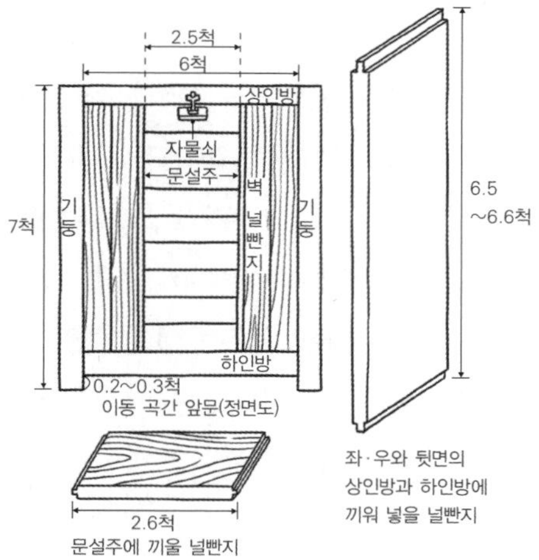

이동곡간 앞문, 문설주 및 좌우와 뒷면에 끼울 널빤지

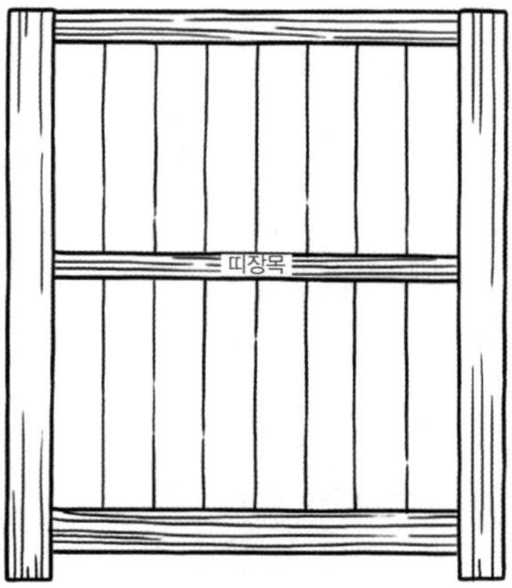

띠장목을 설치한 이동곡간 좌우와 후면

---

5 이상에서 설명한 이동곡간의 틀을 그림으로 표현하면 위의 그림과 같다.

6 널빤지를……끼운다: 상인방의 아랫면과 하인방의 윗면에는 가로로 홈을 파고, 널빤지의 위아래 끝부분에는 혀를 내어, 마치 마룻널을 만들 때 귀틀에 널빤지를 끼우는 방법과 같이 널빤지를 상·하인방 사이에 세로로 끼우는 공법을 설명한 대목이다. 이상의 내용과 아래에서 설명하는 이동곡간의 문을 그림으로 표현하면 다음과 같다.

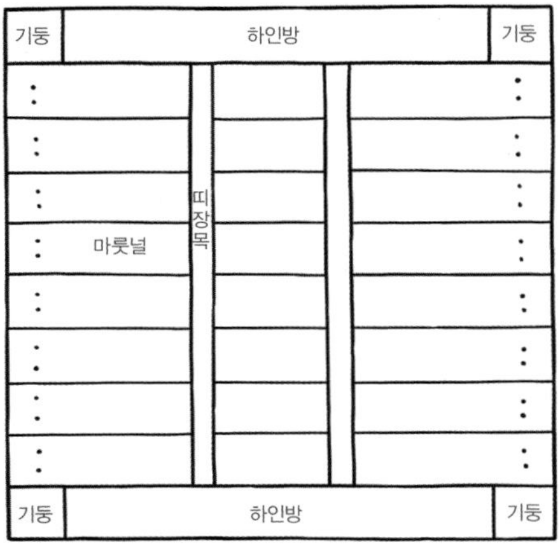

이동곡간 바닥(정면도)

띠장목[7]으로 삼은 뒤, 쇠못으로 이곳을 단단히 고정
한다.[8]

상인방의 윗부분에는 가로로 널빤지를 배열한
뒤, 널빤지 양 끝은 상인방을 베개 삼아 쇠못으로
단단히 고정하는데, 이것이 천장널이 된다. 하인방
의 윗부분에도 가로로 널빤지를 배열한 뒤, 널빤지
양 끝은 하인방을 베개 삼아 쇠못으로 단단히 고정
하는데, 이것이 마룻널이 된다. 마룻널의 바닥은 쇠
못으로 단단히 고정하여 널빤지가 삐뚤어지지 않게
하는데, 이를 위해 가는 나무막대를 눕혀서 두 곳[9]
에 설치하여 띠장목으로 삼는다.[10]

기둥은 두께가 가늘어도 상관없으므로 인방을

上槽之上, 橫排木板, 兩
頭枕槽, 鐵釘釘固, 是爲天
板. 下槽之上, 橫排木板,
兩頭枕槽, 鐵釘釘固, 是爲
廳板. 廳板之底, 鐵釘釘固
以禁板窳. 用細木條, 橫設
兩處爲帶.

柱不厭纖, 可以嵌構則已

7　띠장목:판벽을 만들 때 기둥과 기둥 사이를 건너지르면서, 세로로 끼워 넣은 널빤지를 고정시키는 부재.
8　띠장목을 설치한 모습은 위 그림과 같다.
9　두 곳:판벽에는 띠장목을 1개만 설치했지만, 마룻널은 저장되는 곡식의 하중을 견뎌야 하기 때문에 두 곳
　　에 설치하도록 했다.
10　이 단락의 내용을 반영한 바닥의 모습은 위의 그림과 같다.

끼워 넣을 수만 있으면 그만이다. 또 인방도 크기가 클 필요가 없으니, 널빤지를 끼워 넣을 수만 있으면 그만이다. 다만 하인방은 마룻널을 받치는 부재(部材)이니, 약간 두껍게 하여 저장할 곡식의 무게를 감당할 수 있게 해야 한다.

이동곡간의 문 꾸미는 법：두 짝문을 쓰지 않고 단지 두 문설주가 마주하는 쪽에 긴 홈을 파낸다. 다시 널빤지 8~9개를 모두 2.6척 길이로 자르고 양 끝에 혀를 만든 다음[11] 널빤지를 차례차례 문설주의 홈에 끼워 넣는다. 맨 위의 널빤지 1개와 상인방의 문 가까운 곳에 쇠지도리와 쇠고리를 박아 여닫거나 잠글 수 있게 한다.

매년 12월에 1년 치 양식을 찧으면 둥구미에 담지 않고 곡(斛)[12] 단위로만 곡식의 양을 헤아려 이를 곡간에 부어 채우는데, 곡간 하나에 깨끗하게 대낀 곡식 1,500말을 저장할 수 있다.

네 벽과 천장널 위에는 모두 법제한 회반죽을 발라서 화재에 대비한다. 따로 팔뚝만 한 두께의 나무막대 4개를 네 모서리에서 서로 단단히 맞물리게 하여 들보 4개를 대신하게 한다. 이때 나무의 길이는 곡간의 너비와 맞게 하되, 다만 앞뒤의 들보 2개는 조금 길게 하여 상인방 양 끝으로 각각 1척씩 나오게 한다. 좌우의 들보 한가운데에는 동자기둥[侏

矣；槤不求大，可以嵌板則已矣．惟下槤之戴廳板者，宜稍厚以任重也．

其裝門之法：不用兩扇門，但於兩根相對之面，㡇作長槽．復裁截木板八九，皆長二尺六寸，兩頭作舌，次次嵌入于根槽．釘鐵樞、鐵環于最上一板及上槤際門處，以開闔封鎖．

每歲臘月，舂盡一年糧米，則不用籑包，但斛量注盛于庫，一庫可藏精鑿一千五百斗也．

四墻及天板上，并以法製灰泥墁飾，以虞火燭．另用臂大木四條，四隅唧固以代四樑．方廣視庫，惟前後兩樑稍長，出槤兩頭各一尺．左右樑正中設侏儒柱，柱上架以一棟，棟長與前

---

11 다시……다음：위에서 문설주 사이의 거리가 2.5척이라 했으므로, 널빤지의 0.1척을 혀의 기능으로 써야 한다. 따라서 양 끝에 내는 혀의 길이는 각각 0.05척이어야 한다.

12 곡(斛)：과거에 통용된 용량의 단위로, 1곡은 중국에서 '10두(斗)'였으나 조선에서는 15두로 환산했다. 조선도 중국을 따라야 한다는 논의는 《섬용지》 권4 〈도량형 도구〉에 나온다.

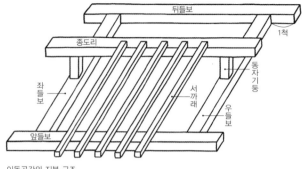

이동곡간의 지붕 구조

儒柱][13]을 설치하고, 동자기둥 위에는 종도리[棟]를 1개 얹는데, 이때 종도리의 길이는 앞뒤의 들보와 같도록 한다. 종도리 위에는 가는 서까래를 걸고,[14] 서까래 위에는 삿자리를 깐다. 그리고 삿자리 위에 이엉지붕을 들어 올려 얹으면 지붕을 비바람으로부터 보호할 수 있다.

대개 이동곡간은 가볍고 작아서 궤짝에다 보관하는 것과 다르지 않고 장소에 따라서 운반[搬運]할 수 있다. 그러므로 이를 '이동곡간[搬庫]'이라 한다. 때로는 다른 곳으로 옮겨 놓고 싶으면 먼저 지붕을 들어낸 다음, 여러 사람의 힘으로 곡간 전체를 들어 올려서 수십이나 수백 보(步) 떨어진 곳까지도 운반할 수 있다. 혹여나 화재를 만나더라도 지붕을 들어내 버리면 불이 이곳으로 번질 수 없을 것이다. 《금화경독기》

後樑齊. 棟上鋪細椽, 椽上鋪蘆簟. 簟上苫蓋擡覆, 屋上以庇風雨.

蓋其制輕小, 無異櫃藏, 可以隨地搬運, 故曰"搬庫". 或欲搬置他處, 則先擡去上宇, 次用衆力擡起全屋, 可運數十百步之地. 或遇火燭之災, 亦擡擧上宇, 火不能延燒矣. 《金華耕讀記》

---

13 동자기둥[侏儒柱]: 들보 위에 세우는 짧은 기둥. 주유(侏儒)는 난쟁이라는 뜻이다. 동자기둥을 동자주(童子柱) 또는 쪼구미라고도 한다.
14 이동곡간의 지붕에 서까래를 거는 과정까지를 보여 주는 그림은 위의 그림과 같다. 그림의 서까래는 예시 삼아 일부만 그렸다.

12. 외양간

廏閑

1) 외양간 제도

일반적으로 소나 말을 기르는 외양간을 만들 때는 그 칸살이 커야지 작아서는 안 된다. 1칸의 너비는 영조척(營造尺)으로 10척 정도가 좋고, 깊이(세로 길이)는 여기에 맞춘다. 큰 재목들은 보통의 방법대로 얽어서 만든다. 그 좌·우와 뒤 삼면에는 모두 남아도는 처마가 없게 하여, 기와 조각과 작은 자갈과 회반죽을 섞어 평평한 바닥에서부터 쌓아 올리다가 곧장 서까래 머리를 묻고서 그치도록 한다.【재력이 있는 사람은 벽돌로 쌓으면 더욱 좋다.】서까래 위에는 삿자리를 여러 겹 깔고 삿자리 위에는 기와를 얹는다.【간혹 기와 대신에 얇은 돌판을 얹기도 하는데, 이때는 그 용마루에서 돌판이 만나는 곳을 기와집의 기와 올리듯이 암수 기와로 얹는다.】

가령 4칸짜리 외양간이라면, 앞쪽 1칸은 소나 말을 묶어 두는 곳이다. 전면의 두 기둥 사이는 주춧돌부터 들보까지, 그 길이를 다섯으로 나눠 하나마다 인방을 하나씩 가로로 설치하되, 양쪽 머리는 모두 기둥에 끼워 넣어 단단하게 고정한다. 다시 팔뚝만 한 큰 나무를 네모나게 깎고 세로로 울짱을 설치하는데, 울짱은 모두 4개의 인방에 관통시키고,

廏制

凡作牛馬之廏, 其間架宜大, 不宜小. 一架之廣, 可營造尺十尺, 深稱之. 用壯大材木締構如常法, 其左右、後三面并無冗簷, 用碎瓦、小礫、灰泥相間, 從地平築起, 直埋椽頭而止.【有力者甎築尤好.】椽上鋪蘆簟數重, 簟上蓋瓦.【或用薄石板蓋覆, 而其屋脊、石板交襟處, 用鴛鴦瓦蓋如瓦屋法.】

假如四間屋子, 則頭一間爲絟繫牛馬之所. 前面兩柱之間, 從礎至欒五分其長, 每一分橫設一榑, 皆兩頭嵌柱以爲固. 復用臂膊大木削治四稜, 豎設爲柵, 柵皆穿貫四榑.【榑上先計

【인방에는 울짱을 관통시킬 곳을 미리 헤아려 짝이 될 구멍을 뚫는다. 구멍의 크기는 울짱을 가늠해 그에 맞게 하고 인방의 모난 쪽이 밖으로 향하도록 한다.[1]】울짱의 위쪽은 들보에 끼워 넣고 아래쪽은 땅에 박는다. 인방을 설치하는 것은 소나 말을 단단히 가두기 위함이고 울짱을 설치하는 것은 격자의 간격을 넓게 하기 위함인데, 단단히 가두는 일은 도둑을 막기 위함이고, 격자의 간격을 넓게 하는 일은 바람이 통하게 하기 위함이다. 게다가 넓은 격자를 통해 밖에서도 가축들이 여물을 먹는 정도를 살필 수도 있다.

뒷벽 아래로는 수챗구멍 하나를 비스듬히 내서 배설물을 배출시키도록 한다.【만약 이곳이 말을 매는 마구간이라면 뒷벽 중간 아래에는 먼저 판벽을 만들고 벽 바깥쪽 가까이에 흙과 돌을 쌓는데, 이를 민간에서는 '판장(板障)'이라 부른다. 대개 말이 뒷발길질을 하면 흙이 벗겨지고 돌이 빠지는 데다 말발굽을 상할까 염려해서이다.】

수챗구멍 아래에는 못을 깊고 넓게 파는데, 기와 조각과 회반죽으로 네 면을 쌓되, 윗부분은 넓게 만들고 아랫부분은 좁게 만들어 분뇨를 저장한다. 못 가운데에는 다시 작은 구덩이를 하나 파서 겹못을 만든다. 겹못의 둘레는 못 위쪽의 절반으로 하고 깊이는 배로 한다. 윗부분은 좁게 만들고 아랫

貫柵之處, 鑿友孔. 大小
視柵, 令稜處向外.】上嵌于
樑, 下植于地. 設構欲牢,
設柵欲疏, 牢欲防盜, 疏
欲通風. 且可自外察其餵飼
節度也.

後墻下垂穿一竇, 以除糞
洩溺.【若是繫馬之廐, 後
壁腰以下, 先作板壁, 壁外
襯築土石, 俗呼"板障". 蓋
慮踶踢則土剝石脫, 且傷
蹄也.】

竇下深闊鑿池, 用瓦礫, 灰
泥圍築四周, 上侈下弇以受
貯糞溺. 池底中央, 更鑿一
小坎爲複池. 複池之圍, 視
上池半之而深則倍之. 上
弇下侈, 底鋪方甎三重, 圍

---

1 인방에는……한다 : 이를 그림으로 표현하면 위의 그림과 같다.

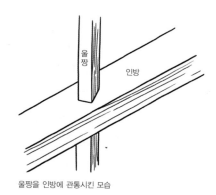

울짱을 인방에 관통시킨 모습

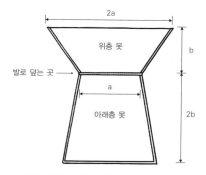

분뇨 저장 연못. 위층에는 똥을, 아래층에는 오줌과 똥물을 받는다.

부분은 넓게 만들어 바닥에는 네모난 방전(方甎)²을 3겹 깔고 둘레는 아치벽돌인 도전(刀甎)을 3겹 쌓아 모든 벽돌이 맞닿도록 회반죽으로 붙이되, 벽돌을 붙인 곳은 모두 안팎이 아(亞) 자 모양으로 어긋나게 한다. 다시 법제한 회반죽을 벽돌 주위에 두껍게 바르고, 그 위에 나무 시렁을 얹은 다음 발[簾]을 덮어 똥물을 걸러 받는다.³【벽돌이 없으면 그저 큰 못 바닥에 큰 독을 3~5개 묻어 똥물을 받아도 좋다.】

　가운데 1칸은 드나드는 문이다. 앞 기둥에는 큰 2짝 판문을 설치하고, 밖에는 자물쇠를 달아 밤에 잠글 수 있게 한다. 뒷벽 아랫쪽을 따라 좁고 긴 구덩이를 가로로 파고, 구덩이의 네 벽면과 바닥을 모두 벽돌로 쌓아 깨끗이 다듬는다. 나무판으로 덮개를 만드는데, 덮개의 한쪽 가에는 작고 네모난 구멍을 뚫어 여물을 저장하고, 작두[鍘]【'鍘'의 음은 찰

築刀甎三重, 皆灰泥膠粘, 而令每甓合襟之線, 內外交亞差池. 復用法製灰泥厚壞之, 其上架木, 覆簾以受糞瀝.【無甓則但於大池之底, 埋大甕三五以受瀝亦可.】

中一間爲出入之門, 就前楹設大扇兩板門, 外設扃鐍以備夜鎖. 循後壁下, 橫鑿狹長坎, 四周及底皆甎築磨淨. 用木板爲蓋, 一邊穿小方穴, 以貯剉藁置鍘【音汛, 切草器.】

2　방전(方甎) : 요즘의 보도블록처럼 생긴 정사각형 벽돌.
3　이상에서 설명한 분뇨 저장 연못의 구조를 간략히 살피면 위의 그림과 같다.

(釠)로, 풀을 자르는 연장이다.】를 둔다.

그 옆의 2칸이 여물간[廥]이다. 여물간은 여물을 저장하는 곳이다. 【《급취편(急就篇)》에서 "격루(墼壘, 벽돌담), 괴(廥), 구(廄), 고(庫, 무기고), 동상(東廂, 동쪽 건물)"이라 하고, "괴(廥)는 여물을 두는 곳이다."[4]라고 주석을 달았으니, 옛사람이 외양간을 만들 때 반드시 여물간을 두었음을 알 수 있다.】여물간의 앞 칸에는 담을 쌓되, 어깨높이쯤 되면 그 위에 세로로 창살을 댄 조창(照牕, 조명을 들이는 창)을 설치한다. 오른쪽 칸은 외양간과 서로 통하는 곳이니, 절반으로 나누어 반 칸에는 판벽을 설치하고 나머지 반 칸에는 2짝 판문을 설치한다. 그 안에 여물·콩·보리·밀 따위를 저장하는데, 콩·보리·밀의 겨(곡식의 껍질)와 싸라기[糠粃][5]는 모두 항아리에 담아 저장한다. 일반적으로 재목이 드러난 곳에는 모두 법제한 회반죽을 발라 준다.

대개 소든 말이든 관계없이 외양간 1칸에 2필씩 매어 둘 수 있다. 만약 광작을 하는 농가에서 소를 4마리 이상 치거나, 재력이 있는 집에서 나귀나 말을 4필 이상 매어 두어야 할 때는 외양간이나 여물간의 칸수를 이 기준에 따라 차례로 더해 간다.

말을 매어 두는 마구간이라면 큰 나무판에 원숭이 모양을 새기고, 거기에 색을 칠하여 오른쪽 벽 위에 걸어 둔다. 원숭이는 말이 두려움을 떨쳐 내게

其傍次二間爲廥. 廥者, 藏蒭藁之所也.【《急就篇》云"墼壘、廥、廄、庫、東廂", 注"廥, 蒭藁所居", 可知古人爲廄必有廥也.】前楹築墻, 及肩上, 設縱矢照牕. 右楹與廄相通處, 割半架設板壁, 半架設兩扇板門. 內儲蒭藁、菽、麥之屬, 其菽、麥糠粃皆用甕甖收貯. 凡材木露處, 皆以法製灰泥墁飾.

蓋不論牛馬, 一間廄可繫二匹. 若廣農之家置牛八角以上, 有力之家繫驢、馬四匹以上者, 廄、廥間數, 視此遞加.

如是繫馬之廄, 宜用大木板刻畫獼猴設色, 掛在右壁上. 獼猴令馬不畏辟惡

---

4 격루(墼壘)……곳이다:《急就篇》卷3.
5 싸라기[糠粃]:부스러진 쌀알. 절미(折米).

하고 사악한 기운을 막고 병을 사그라들게 한다고 한다.[6]《금화경독기》

2) 구유 제도

외양간의 울짱 안에 가로로 구유를 설치하는데, 구유의 길이는 칸이 끝나는 곳까지로 한다. 더러는 통나무를 쪼개 가운데에 홈을 만들고서 가장귀(차목)로 받치기도 하고, 더러는 돌을 쪼아 홈을 만들고서 돌을 쌓아 받치기도 한다. 간혹 벽돌을 쌓아 홈을 만들게 되면, 그럴 때는 네모난 방전(方甎)으로 평평한 바닥에서부터 좁고 긴 대를 쌓아 올린다. 이어서 대 위에는 방전을 반으로 쪼갠 벽돌을 회반죽으로 붙여 네 벽면을 쌓아 올린다. 벽의 깊이를 1척으로 하여 좁고 긴 궤짝 모양을 만든다. 만약 1칸에 소나 말 두 필을 묶어 놓을 때는 구유 가운데에 방전을 쌓아 칸을 나눠야 한다. 【나무구유라면 통나무를 쪼개 구유 2개를 만들고, 돌구유라면 2개의 구유를 이어 놓는다.】《금화경독기》

槽制

柵之內橫設槽, 槽長竟楹. 或刳木爲槽, 叉木庋足 ; 或琢石爲槽, 砌石庋足. 或甃甓爲槽, 則用方甎從地平築起狹長臺. 臺上用半甎灰泥膠粘, 築起四墻. 墻深一尺, 作一狹長櫃形. 若一間繫二匹者, 宜於槽腰築方甎以隔別之. 【木槽則一木刳作兩槽, 石槽則連置兩槽.】《金華耕讀記》

3) 소와 말은 외양간을 달리해야 한다

소와 말은 구유를 함께 쓸 수 없으니, 이는 여물을 먹이는 방법이 다르기 때문이다. 말구유는 그 높이가 말 턱의 아랫부분과 나란히 오도록 안배해 줘야 하지만, 소 여물통은 조금 낮아야 한다. 마구간

牛馬宜異廄

牛馬不可同槽, 爲其餵養異法也. 馬槽宜齊馬頷下安排, 牛槽宜稍低. 馬廏宜鋪厚木板, 【凡鋪板, 宜前

---

6 원숭이는……한다 : 이유는 자세하지 않다. 다만 마구간에 원숭이 그림을 그려 놓은 것은 《서유기》에서 손오공이 '필마온(弼馬溫)'으로 천상의 말을 돌보았다는 데서 유래한 중국의 습속을 받아들였기 때문이 아닌가 한다.

에는 두꺼운 나무판을 깔아야 하지만,【일반적으로 나무판을 깔 때는 앞은 조금 높이고 뒤는 조금 낮추어 오줌이 빠지게 한다.】소 외양간에는 나무판을 깔아 주어서는 안 되고 잡초나 썩은 짚만을 깔아 똥오줌을 거둔다. 말이 소 외양간에 오랫동안 묶여 있으면 굽이 물러져 편자의 압박을 감당하지 못하고, 반대로 소가 마구간에 오랫동안 묶여 있으면 굽이 거칠어져 통증이 생긴다.《증보산림경제》[7]

아무리 같은 종류라도 암수를 함께 묶어 놓아서는 안 되고, 아무리 같은 암컷이 2마리라도 그 중 1마리가 새끼를 낳으면 구유를 같이 쓸 수 없다. 그러므로 인가에서는 외양간을 둘씩 두어야 한다.《금화경독기》

微昂後微低以洩溺.】牛宮不宜舖板, 但舖亂草腐穰以收屎尿. 馬久繫牛宮, 則蹄潤不任鐵；牛久繫馬廐, 則蹄澁而痛.《增補山林經濟》

縱是同類, 牝牡不可同繫；縱是兩牝, 其一産雛, 則不可共櫪, 故人家宜置兩廐.《金華耕讀記》

---

7 《增補山林經濟》卷1〈卜居〉"牛馬廐"(《農書》3, 48~49쪽).

13. 변소와 도랑

溷廁、溝渠

1) 욕실

욕실은 방 가까운 곳에 설치하고, 이중으로 창을 만들고 벽을 두껍게 하여 틈새바람이 스며들지 않도록 해야 한다. 캉 제도를 본떠 불 때는 곳을 만드는 이유는 목욕할 때 불을 때면 쉽게 데워지도록 하기 위해서이다. 문을 반드시 아궁이에 가깝게 하는 이유는 목욕물을 나르는 데 편하게 하기 위해서이다. 욕실은 작아도 상관없다. 다만 횃대(옷걸이)·나무동이·구리대야 따위를 충분히 늘어놓을 수 있을 정도면 된다. 《금화경독기》

浴室

浴室宜依近房屋，複牕厚壁，勿令隙風透入．窯倣炕制，爲其臨沐炊火易溫也．牖必近竈，爲其便於搬運香湯也．室不厭小，但足陳設衣枷、木盆、銅盤之屬則可矣．《金華耕讀記》

2) 변소

변소는 지대가 높고 시원하게 트이면서 밝고 환해야지, 낮고 어두우면서 으슥하고 깊어서는 안 된다. 《증보산림경제》[1]

廁室

廁室宜高敞明朗，不宜低[1]暗幽深．《增補山林經濟》

인가에는 변소를 3개 두어야 한다. 하나는 안채에, 하나는 바깥채에, 하나는 담 밖 밭두둑 곁에 둔

人[2]家宜置三廁．一在內舍，一在外舍，一在垣外田

---

1 《增補山林經濟》卷1〈卜居〉 "廁室"(《農書》3, 50쪽).
[1] 低：《增補山林經濟·卜居·廁室》에는 "昏".
[2] 人：저본에는 없음. 규장각본·버클리본에 근거하여 보충.

다. 그 가운데 안채와 바깥채에 있는 변소는 나무 기둥을 세우고 판벽【판벽의 중간 위로는 세로로 살을 댄 조창을 만든다.】을 두른 다음 회 지붕【법제한 회반죽을 쓴다.】을 씌운다.

기둥 발치에서 위쪽으로 3척 이상 떨어진 곳에 마룻널을 설치하고 앞에는 나무사다리를 설치하여 이곳으로 오르내린다. 마룻널 한가운데에는 타원형 구멍을 뚫고, 구멍 아래에는 자루가 긴 넉가래를 놓는다. 넉가래판 네 가장자리를 둥글게 올리고 그 안에는 모래흙을 담아 똥오줌을 받는다. 매일 배설물을 밟아 벽돌 모양으로 만들어 담 밖 변소로 나른다.

예찬(倪瓚)[2]은 높은 누마루를 변소로 만들어 그 아래에 나무 울짱을 설치하고 그 안을 거위 털로 채웠다. 대소변이 떨어질 때면 거위 털이 일어나 이를 덮었고, 어린아이 한 명이 그 곁에서 기다리다가 이것을 바로 간단하게 치워 갔다. 이는 비록 예찬의 결벽증이지만 대체로 인가의 변소는 깨끗하고 말끔하게 청소하여 더러운 냄새가 나지 않게 해야 한다. 유희(劉熙)[3]가 《석명(釋名)》에서 "청(圊)은 지극히 더러운 곳이니 항상 잘 관리하여 깨끗하게 해야 한다. 그러므로 청이라 한다."고 한 말이 이것이다.[4]《금화경독기》

疇之側. 其在內外舍者, 木柱、板壁.【板壁腰上, 作縱矢照牕.】灰蓋.【用法製灰泥.】

距柱跟三尺以上, 設廳板, 前設木梯以登降. 廳板正中, 穿墮圓穴, 穴下置長柄木杴. 杴扇四邊弦起, 內貯沙土以受溷. 每日搬去踏墼, 輸于垣外之廁.

倪雲林以高樓爲溷廁, 下設木格, 中實鵝毛. 每便下則鵝毛起覆之, 一童子俟其傍, 輒易去此. 雖雲林潔癖, 而大抵人家溷廁宜掃除潔淨, 勿令有穢氣. 劉熙《釋名》云"圊, 至穢之處[3], 宜常修治使潔淸, 故曰圊"是也.《金華耕讀記》

---

2 예찬(倪瓚):1301~1374. 원대 문인화가. 운림(雲林)은 호. 간결한 구조와 묘사로 예스럽고 맑은 정취가 넘치는 산수화를 그렸으며 시도 잘 썼다. 시집에 《청비각집(淸閟閣集)》이 있다.

3 유희(劉熙):?~?. 중국 후한 시대의 훈고학자.

4 청(圊)은……이것이다:《釋名》 卷5〈釋宮室〉에서 해당 구절은 "圊, 至穢之處, 宜常修治使潔淸."까지이다. 서유구는 "故曰圊"까지를 《석명》의 내용으로 보았다.

③ 處:저본에는 "物".《釋名·釋宮室》에 근거하여 수정.

변소 중에 담 밖에 있는 변소는 건물이 모두 3칸이고 위에는 돌판을 얹는다. 3칸에서 1칸을 나누고 이 둘레에 벽을 쌓되 서까래 끝까지 바로 묻어 어린 종이나 머슴들의 똥오줌을 거둔다. 이 1칸의 앞 벽에는 작은 문 하나를 뚫어 2짝 판문을 설치하고 빗장을 질러 닫아 놓아서 닭이나 개가 드나들며 파헤쳐 먹지 못하게 한다. 남은 2칸 역시 둘레에 벽을 쌓되 어깨높이 정도까지 쌓고 앞에는 판문을 설치한다. 매일 사람과 가축의 똥을 거두고 이를 밟아 벽돌처럼 만들고서 햇볕에 말린 다음 이곳에 모아 해나 별, 비나 이슬 등을 피하게 한다. 【똥이 해나 별에 오랫동안 노출되면 거름이 되지 못한다.】봄이 되면 실어다가 밭에 거름으로 준다.《금화경독기》

其在垣外者, 屋凡三架, 上蓋石板. 割一架, 周圍築墻, 直埋椽頭, 以收僮僕、廝役之溷. 前墻穿一小門, 設板扇關掩, 勿令鷄犬出入爬舐. 餘二架亦周圍築墻, 及肩而止, 前設板門. 每收人畜糞, 踏墼晒乾, 卽收于此以避日星、雨露.【糞久見日星則不肥.】待春載出糞田. 同上

3) 소변 저장고

사람 사는 방 곁의 가까운 곳에 둥근 못 하나를 깊고 넓게 파는데, 깊이는 15척 정도로 한다. 바닥에는 방전을 3겹으로 깔고 둘레에는 도전을 3겹으로 쌓는데, 벽돌은 모두 갈고 다듬어서 깨끗이 한 뒤 이들을 회반죽으로 붙인다. 벽돌이 서로 겹쳐지는 곳마다 반드시 안팎이 서로 아(亞) 자 모양으로 어긋나게 하여 담긴 소변이 새지 않게 한다. 그런 다음 다시 법제한 회반죽으로 흙손질한다. 이렇게 했는데도 만약 갈라진 곳이 있으면 다시 석회와 역청(瀝靑)[5]을 들기름에 섞어 반죽한 뒤 갈라진 틈에 발라

溺庫

人居房室側近, 深闊鑿一圓池, 深可一丈有半. 底甃方甎三重, 周圍甃刀甎三重, 甎皆磨治令淨, 灰泥膠黏. 每甎交襟之痕, 必內外交亞差池, 令貯水不滲. 復以法製灰泥墁飾之. 如有皸坼處, 更以石灰、瀝靑和荏油爲泥, 塗平皸痕.

---

5 역청(瀝靑):흑갈색 또는 갈색 점액질의 탄화수소 화합물로, 현재의 아스팔트와 비슷한 재질이다.

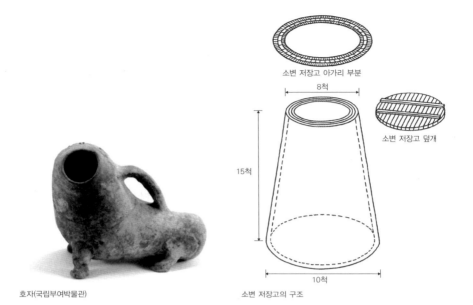

소변 저장고 아가리 부분

8척

소변 저장고 덮개

15척

호자(국립부여박물관)

10척

소변 저장고의 구조

평평하게 만든다.

　못의 모양은 아래쪽이 넓고 위쪽이 좁게 한다. 가령 아래쪽의 지름이 10척이면 위쪽의 지름은 8척으로 한다. 저장고 덮개는 못의 좁은 아가리 둘레와 맞춰, 널빤지를 촘촘히 배열한 뒤, 위와 아래에 나무막대로 띠장목을 대어 쇠못으로 이곳을 단단히 고정하고 들어 올려서 좁은 아가리에 덮는다. 덮개 위에는 작은 구멍을 하나 뚫고서 매일 요강이나 호자(虎子)[6]로 받아 낸 소변이나 콧물·가래 및 아침저녁으로 몸을 씻거나 머리 감았던 물 등을 모두 이 구멍에 대고 못 속으로 부어 넣는다. 만약 이를 길

池形, 下侈上弇. 假如下徑十尺, 則上徑八尺也. 其蓋視池之弇口圍徑, 密排木板, 上下帶以木條, 鐵釘釘固, 擡覆弇口. 蓋上穿一小穴, 每日溺器、虎子所收溺尿涕唾及朝夕盥沐之水, 竝從穴口注入池中. 如欲汲用, 擡去蓋板, 用長柄瓢酌取之.

6　호자(虎子):호랑이 모양으로 만들어진 타구(가래나 침을 받는 도구). 사전에는 남성용 이동식 변기로 정의되어 있으나, 서유구는 타구로 설명하고 있다. 자세한 내용은《섬용지》권3〈일상생활에 필요한 도구〉"기타 도구"'호자'를 참조 바람.

어 와 쓰고자 한다면 덮개판을 들어내고서 자루가 긴 표주박으로 퍼 올린다.[7]

소변 저장고의 이로운 점이 3가지가 있다. 오줌은 생으로 쓰기를 금하는데, 생오줌은 종종 싹을 죽이기 때문이다. 이제 오랫동안 저장하여 삭히면 밭두둑을 기름지게 할 수 있으니, 이것이 하나이다. 화재는 대부분 방과 부엌에서 일어나기 때문에 곁에 소변을 모으는 못을 두면 응급 상황에 불을 끌 수 있으니, 이것이 둘이다. 소변이나 몸을 씻거나 머리 감았던 물에 관계없이 물 몇 방울이라도 돌아갈 곳이 있기에, 굳이 남은 물을 바닥 여기저기에 흩어지도록 버리지 않아도 되어 마당이 축축해져서 지저분해지는 일을 막을 수 있으니, 이것이 셋이다.《금화경독기》

其利有三：溺忌生用, 往往殺苗. 今停久釀熟, 可以美田疇, 一也. 火燭之災多起房室、廚灶之間, 傍近有池, 可以臨急救火, 二也. 不論溺尿與盥沐之水, 涓滴有歸, 更不潑棄狼藉, 免致庭除沮汗, 三也.《金華耕讀記》

4) 잿간

잿간은 밭 주변과 변소 인근에 있어야 한다. 사방으로 벽을 쌓고 앞에는 작은 문 하나를 뚫어 외짝 판문을 설치하고 빗장을 질러 닫아 놓는다. 윗면에는 들보를 걸친 뒤 서까래를 깔고서 그 위에 삿자리를 덮고 이엉으로 지붕을 얹는다.【안 이엉 대신에 돌판을 얹거나 회반죽을 얹기도 한다. 그중 돌판을 이을 때는 굳이 삿자리를 덮을 필요가 없다.】매일 사람 오줌을 재에 뿌려 거름을 만들면서 아울러 뜨거운 재에서 불이 나는 일을 막는다. 그러므로 출입

灰屋

灰屋宜在田邊與溷屋隣近. 四面築墻, 前穿一小門, 板扉關掩. 上面架欅鋪椽, 簟覆苫蓋.【案 或用石板蓋, 或用灰泥蓋. 其用石板者, 不必簟覆.】每日用人溺潑灰以肥糞, 兼防熱灰生火. 是故穿門, 必避當風處.《增補山林經濟》

7　이상에서 설명한 소변 저장고를 그림으로 표현하면 위의 그림과 같다.

문을 낼 때는 반드시 바람 맞는 곳을 피해야 한다.
《증보산림경제》[8]

5) 도랑 제도

겉도랑을 '거(渠)'라 하고 속도랑을 '음(淫)'이라 한다.【양신(楊愼)[9]의 《단연총록(丹鉛總錄)》에서 "절강성 인가의 도랑은 대부분 질기와로 만들었는데, 질기와가 부엌 굴뚝의 모양과 같아서 이름을 '음(淫)'이라 한다. 이는 질기와가 소통되어 막히지 않는다는 뜻을 취한 것이다."[10]라고 했다.】담 밖에는 '거'를 만들고, 담 안에는 '음'의 제도를 써야 한다.

일반적으로 낭(廊)·무(廡)·고(庫)·상(廂)은 물길이 지나는 곳이므로 이곳 아래의 땅에 모두 홈을 파고 와두(瓦竇)를 눕혀서 묻되, 차례로 층이 지도록 서로 이어 담 밖의 겉도랑에 그대로 이르게 한다. 담 밖의 겉도랑은 큰 빗물이 담을 휘돌아 앞마당 아래에서 종횡으로 맞닿아 합쳐져 바로 밭의 도랑에 이르도록 하는 역할을 한다. 이 때문에 겉도랑의 깊이는 지세의 높이를 가늠해서 그에 맞게 덜거나 더하는데, 이때 물 빠짐이 쉽도록 해야 한다. 담 아래에 있는 도랑이 너비가 10척 이상이면 배수가 잘될 뿐만

溝制

陽溝曰"渠", 陰溝曰"淫".
【楊愼《丹鉛總錄》云："浙中人家水溝, 多用陶瓦爲之, 如竈突狀, 名曰'淫'. 取其疏通不滯之義."】垣外宜作渠, 垣內宜用淫制.

凡廊、廡、庫、廂[4], 水道所經處, 皆掘槽臥埋瓦竇, 酈級相連, 直達于垣外之渠. 其垣外陽溝, 潦繞墻垣, 縱橫合襟于前場之下, 直達于田溝. 其深淺視地勢高下而消息之, 要令易於疏洩. 其在垣下者, 廣一丈以上, 不寧洩水, 亦以禦偸也.

8 《增補山林經濟》卷1〈卜居〉"廁室"(《農書》3, 51쪽). 다음과 같은 아세아문화사본의 《增補山林經濟》와는 차이가 많다. "灰屋宜西方主多穀, 然必稍近厠邊可也. 灰屋三面築墻, 架椽塗泥, 蓋茅. 每日聚人溺潑灰上, 兼防熱灰生火. 是故灰屋必避當風處開門."
9 양신(楊愼) : 1488~1559. 명나라 중기의 학자. 호는 승암(升菴). 사천성(四川省) 사람으로, 경학과 시문에 탁월했으며 박학하기로 이름이 높았다. 저서로 《단연총록(丹鉛總錄)》, 《승암집(升菴集)》 등이 있다.
10 절강성……것이다 : 이 내용은 《藝林彙考》卷8〈棟宇篇〉"廡序類"에서 확인된다.
[4] 廊廡庫廂 : 권1의 첫 기사에는 "廊廡寮廂".

아니라 도둑도 막을 수 있다.

예전에 진기(陳紀)[11]의 집은 배수가 잘되지 않아 평생토록 집이 팔리지 않았다. 대개 사람 사는 집이 배수가 제대로 되지 않으면, 비가 많이 왔을 때 집이 물에 잠기게 된다. 이로 인해 담이나 벽이 습기를 빨아들이면 담장과 집이 무너지고, 방구들이 습기를 빨아들이면 사람이 반신불수를 앓게 된다. 부뚜막에서 물이 나면 밥 짓는 데 시간을 잘 맞추지 못하고, 소금기와 탁한 것이 우물에 들어가면 음식이 불결해지며, 마당에 넘실넘실 물이 차면 누에치기를 할 수 없다. 이처럼 여러 가지 근심과 피해를 일일이 다 들 수가 없으니, 집을 지을 때는 하수도에 특별히 유의해야 한다. 《금화경독기》

昔陳元方宅不洩水, 終身不售. 蓋人居屋宅, 洩水無法, 雨潦停淹. 墻壁引濕, 則墻頹屋圮 ; 房堗引濕, 則人病偏死 ; 灶竈生水, 則炊爨不時 ; 醎[5]濁入井, 則食飮不潔 ; 庭除汪洋, 則養蠶不成. 種種患害不可殫擧, 凡營造宮室, 特宜留意溝渠. 《金華耕讀記》

---

11 진기(陳紀) : 129∼199. 원방(元方)은 그의 자. 《세설신어(世說新語)》에 나오는 난형난제(難兄難弟) 고사의 주인공이다.

[5] 醎 : 저본에는 "醯". 규장각본·오사카본에 근거하여 수정.

14. 담장

墙垣

1) 담장 기초

墙址

일반적으로 담장을 쌓을 때는 먼저 기초에 유의해야 한다. 홈을 3척 깊이 이상으로 파낸 뒤, 여기에 왕모래를 넣고 물을 부어 달굿대로 다진다. 이 공정은 땅의 평평한 면에서 1척이 미처 되지 않는 지점에서 그치고, 이를 기반으로 거기에 돌을 쌓아 기초를 만든다. 그 돌은 크기나 두께를 가리지 않고 오직 위아래 면이 평평하고 반듯하여 겹겹이 쌓아도 기울지 않는 돌을 위주로 한다. 이런 돌을 겹겹이 쌓아 올리되, 땅 아래로는 1척 들어가고 땅 위로는 2척이 나오게 한 뒤 그 위에다 담을 쌓는다. 벽돌담, 돌담, 토담에 관계없이 모두 이 방법을 쓴다. 만약 기초를 깊게 다지지 않고 그저 땅 위에 돌을 괴어 기초를 만들었는데, 흙이 얼면서 기초도 움직여 올라갔다가 얼어 있던 흙이 녹을 때 내려앉아 줄어들면, 얼마 지나지 않아 담 전체가 무너질 수도 있다. 《금화경독기》

凡築墻宜先留意基址. 掘槽深三尺以上, 納麤沙灌水杵築. 未及地平一尺而止, 仍砌石爲址. 其石不拘大小厚薄, 惟以上下面平正疊累不躃爲主. 重重砌起, 入地一尺, 出地二尺, 然後築墻其上. 不論甎墻、石墻、土墻, 皆用此法. 苟或築基不深, 但於地平上庋石礫爲址者, 土凍動起, 凍解蹲縮, 則全墻頹圮在俄頃之間矣.《金華耕讀記》

2) 토담 쌓기

土築

먼저 자갈로 지대(址臺)[1]를 만들고서 그 위에 흙

先用石礫作址臺, 聚土其

---

1 지대(址臺):건축물을 쌓을 때 터를 잡고 돌을 쌓은 곳.

을 모으고 달굿대를 기울여 단단히 다지면서 모양이 용마루처럼 되게 한다. 다시 흙반죽을 거칠게 썬 짚과 섞어 그 위에다 놓고 이를 찧어 쌓는데, 높이가 0.3~0.4척이 되면 그쳐서 쉽게 마르게 한다. 반쯤 마르면 날카로운 삽날로 안팎의 면을 깎아서 평평하게 만든다. 단단하게 마르면 또 앞의 방법대로 반죽을 찧어 쌓는데, 흙반죽의 배합 정도가 알맞고 균일한 뒤에야 먼저 쌓은 층과 나중에 쌓은 층이 한 번에 배합한 듯 흔적이 남지 않는다.

벽을 15척 높이로 쌓은 뒤에 잡목으로 서까래를 만들고 기와를 인다. 담장 기초 안팎에는 잔디를 덮고 담 밖의 10척 남짓 떨어진 곳에는 탱자나 가시나무[棘]처럼 가시가 있는 나무를 심되, 나무가 빽빽이 우거지게만 하고 높이 자라도록 해서는 안 된다. 수챗구멍 안에는 나무 울짱을 설치해서 고양이나 개가 그곳으로 드나들지 못하게 한다.

일반적으로 담을 쌓는 흙으로는 누런 모래【민간에서는 '석비레'2라고 부른다.】를 상급으로 치고, 황토를 그다음으로 치며, 검은 흙을 하급으로 친다. 흙반죽을 만들 때 물기가 너무 많으면 반죽이 심하게 물러서 쌓기가 어려우니, 물기가 조금만 있어야 된다. 먼저 쌓은 반죽이 너무 마르면 덧쌓을 때 먼저 쌓은 반죽의 윗면에 물을 뿌려 새로 쌓은 흙과 먼저 쌓은 흙이 딱 맞닿아서 틈이 생기지 않게 한다. 달

上而斜杵堅築, 令形如屋脊. 復用泥土和麤剉藁草, 搗築其上, 高可三四寸卽止, 使易乾. 待半乾, 以利刃鎁削平內外面. 待乾堅, 又如前法搗築, 而泥土稀稠適中均一, 然後前後築爲一劑無痕矣.

壁高一丈有半後, 用雜木爲椽蓋瓦. 墻址內外覆以莎草, 墻外丈餘地, 種枳棘等有刺之木, 但令茂密, 勿令高長. 水竇中設木柵, 勿通貓犬出入.

凡築墻之土, 黃砂【俗呼"石飛乃"①.】爲上, 黃土爲次, 黑土爲下. 作泥時, 過濕則濃潰難築, 只令微濕可矣. 先築者過乾, 則加築之時, 噴水先築之上面, 令新舊合縫無隙. 杵用鐵杵爲上, 槲木杵次之, 猛築久搗爲

---

2 석비레 : 암석의 형체를 유지하고 있으나 푸석푸석해서 쉽게 부서지는 돌이 많이 섞인 흙.
① 俗……乃 : 《增補山林經濟·卜居·墻籬》에는 "석비레".

굿대는 쇠달굿대를 상급으로 치고 떡갈나무[櫟木] 달굿대를 그다음으로 치는데, 달굿대로 힘차게 다지고 오랫동안 찧는 공정이 핵심이다. 《증보산림경제》[3]

토담을 쌓을 때는 판축법(板築法)을 써야 하니, 지금 민간에서 두루 쓰이는 방법이다. 누렇고 하얀 모래흙이 내구성이 가장 좋고, 검고 연하며 더러운 흙이나 붉고 가는 찰흙은 모두 쓰면 안 된다. 붉은 찰흙은 특히 염분이 있어서 나쁜 비를 맞으면 벽이 녹아서 풀어졌다가, 해가 다시 쨍쨍해지면 갈라지므로 결국 내구성이 좋을 수 없다.

어떤 이들은 판축 공정이 끝나고 흙이 다 마르기 전에 바로 석회와 누렇고 고운 모래흙【민간에서는 '새벽흙[沙壁]'이라 부른다.】에 마른 말똥을 개어 반죽을 만든 뒤 이것을 안쪽과 바깥쪽 면에 얇게 바르기도 한다. 그러나 제대로 된 방법으로 반죽하지 않으면 역시 거북이 등딱지처럼 갈라져 터지거나 깎여서 떨어질 일이 걱정된다. 《금화경독기》

3) 돌담 쌓기

중국에서 담장을 두를 때는 대부분 벽돌로 쌓는다. 반면 우리나라는 벽돌이 귀해서 벽돌담을 갖추기가 쉽지 않으니, 돌을 가져다가 네모반듯하게 다듬은 뒤 흙반죽으로 돌의 간격을 두면서 쌓아 올린

妙.《增補山林經濟》

土墻宜用板築之法, 今俗所通行也. 黃白沙土最能耐久, 其黑輭穢土、赤細黏土皆不可用. 赤黏土尤爲鹽, 惡雨潑則融解, 暘曝則皸坼, 終不能耐久也.

或於板築旣畢, 趁土未乾, 卽用石灰、黃細沙土【俗呼"沙壁".】和乾馬矢爲泥, 薄墁內外面. 然和泥無法, 則亦患龜坼剝落也.《金華耕讀記》

石築

中國繚垣, 多用甎築. 我東甎貴, 未易辦此, 則取石礫, 琢治方正, 與泥土相隔築起. 及肩以上, 用破瓦

3 《增補山林經濟》卷1〈卜居〉"墻籬" '築土墻法'(《農書》3, 37~38쪽).

다. 담이 어깨높이 이상이 되면 기와 조각으로 쌓아 올린다. 이때 기와들 사이에 바르는 진흙은 기와 조각들과 나란하게 하지 않고 '요(凹)' 자 모양으로 조금 오목하게 만든다. 다시 석회와 백토를 개고 반죽을 만들어서 오목한 곳에 흙손질하면 하얀 무늬가 가로세로로 나와 사랑스럽다. 민간에서는 이를 '분장(粉墻, 담장 꾸미기)'이라 부르는데, 또한 내구성이 상당히 좋다. 《금화경독기》

築起. 其隔泥不與瓦礫齊面, 令稍凹縮. 復以石灰、白土和泥, 墁飾凹處, 則白紋縱橫可愛. 俗呼"粉墻", 亦頗耐久. 《金華耕讀記》

4) 가요담(가요문을 띤 담)

《열하일기》에서 "열하(熱河)[4]의 성곽은 잡다한 돌을 써서 얼음에 금 간 무늬로 갈라지게 쌓으니, 이것이 이른바 가요문(哥窰紋)이다. 민가의 담장을 쌓을 때도 모두 이 방법을 쓴다."[5]라고 했다. 돌이 풍부한 곳에 사는 이들은 이를 본받아 써야 할 것이다. 《금화경독기》

哥窰墻

《熱河日記》"熱河城郭, 用雜石氷紋甃築, 所謂哥窰紋. 民家墻垣盡爲[2]此法"云. 居在饒石之地者, 宜倣用之. 《金華耕讀記》

5) 영롱담[6]

중국 민가에서 담장을 두르며 쌓을 때 어깨높이 위로는 다시 기와를 잘라 둘씩 둘씩 짝지어 파도 무늬를 만든다. 넷이 합하여 이어진 고리 모양이 되기

玲瓏墻

中國民舍繚垣, 肩以上更以斷瓦, 兩兩相配爲波濤之紋. 四合而成連環之形,

---

4 열하(熱河):《대청일통지(大淸一統志)》에서는 열하가 승덕부(承德府, 현재 하북성 승덕시)에 있고, 청나라 황제의 피서산장이 있다고 했다.

5 《熱河日記》〈漠北行程錄〉"乙卯".

6 영롱담:벽돌·기와 등을 장식으로 구멍을 내어 쌓아 하중을 담당하지 않는 담장을 가리킨다. 담장일 경우 '영롱담[玲瓏墻]'이라 하며, 이처럼 쌓는 조적 기법을 '영롱 쌓기[玲瓏積]'라 한다.

[2] 爲:저본에는 "是".《熱河日記·漠北行程錄》에 근거하여 수정.

영룡담(수원 화성)

옛 노전(《청장관전서》)

성가퀴(《화성성역의궤》 여장도)

도 하고, 넷이 등져서 옛 노전[古魯錢]⁷ 모양이 되기도 한다. 이때 깊게 뚫린 굴과 같은 부분이 광채가 찬란하고[玲瓏] 안팎이 서로 비춘다. 《열하일기》⁸

四背而成古魯錢. 嵌空玲瓏, 外內交映.《熱河日記》

6) 담장 덮기

담장을 덮을 때는 돌판을 써야 한다. 판의 길이는 담의 두께를 가늠해서 그보다 1~2척을 더 길게 하고, 양 끝을 가지런하게 하여 담 위에 가로로 올려놓는다. 먼저 돌판을 1겹 깔고 그 위에 다시 1겹을 깔되, 붙인 흔적이 아(亞) 자 모양으로 서로 어긋나게 하여 빗물이 스며드는 일을 막는다. 다시

蓋墻

蓋墻宜用石板. 板長視墻厚, 剩一兩尺, 兩頭齊一, 橫架墻上. 先鋪一重, 再鋪一重, 令縫痕差池交遻以防雨水滲入. 復用石灰、細沙、黃土搗爲泥, 兩手搏埴

---

7 옛 노전[古魯錢] : 이덕무의 《청장관전서(靑莊館全書)》 권62 〈서해여언(西海旅言)〉 "윤회매십전(輪回梅十篆)" '오지화(五之花)'에서 "꽃잎 5개가 말려 있고 꽃술이 나와 있지 않은 매화를 옛 노전[古魯錢]이라 한다."라고 했다.

8 《熱河日記》〈馹汛隨筆〉 "秋七月十五日".

석회, 가는 모래, 황토를 찧어 반죽을 만든 뒤, 두 손으로 이 흙반죽을 빚어 덩어리를 만들고, 이것들이 돌판 덮개 위에 계속 잇닿아 있게 눌러 덮는다. 이를 다시 손으로 만지작거려 요즘의 성첩(城堞)[9]·성가퀴[女墻][10] 윗부분에다 회를 바르는 법처럼 평평하고 둥글게 만들면 내구성이 가장 좋아진다. 게다가 뜨거운 햇볕이 돌판을 달굴 때에는 뱀이나 살무사가 감히 그 위에 똬리를 틀지 못한다. 《금화경독기》

作塊, 連綿鎭覆于石蓋上. 復以手按授, 令平圓如今城堞、女墻上塗灰法[3], 最能耐久. 且於敲暘烘石時, 蛇虺不敢蟠緣其上也. 《金華耕讀記》

7) 판장

혹시 문에서 들어가는 길을 가리려 하거나 안채와 바깥채의 사이를 떼어 나누고자 하면, 판벽(板壁)을 만들어 담장을 대신한다. 그 제도는 다음과 같다. 두 기둥 사이에 인방 하나가 가운데를 차지하고 들보 하나가 윗부분을 차지한다. 들보 위에 가로로 파서 1척 남짓 간격으로 가는 홈을 여러 개 만들되, 그 홈의 깊이와 너비는 각각 0.13척이 되게 한다. 홈마다 서까래를 하나씩 끼우는데, 서까래는 모두 대패질로 다듬어 네모나게 만들되, 그 길이는 2척이 되게 한다. 서까래의 너비와 두께는 홈의 크기를 가늠해서 그에 맞게 하여, 서까래를 홈에 끼우면 서까래 윗면이 들보의 윗면과 수평이 되게 한다. 이어서

板障

或欲障遮門徑, 或欲隔別內外, 則作板壁以代墻. 其制：兩柱之間, 一枋居中, 一樑居上. 樑上相距尺餘, 橫刻作細槽, 槽之深廣一寸三分. 每一槽嵌一椽, 椽皆鉋治作四稜. 長二尺, 廣厚視槽, 旣嵌于槽, 則上與樑平. 椽上鋪板, 板上蓋瓦.【瓦宜別燔, 比覆屋瓦子稍小.】從地平至樑, 用石礫、破瓦築墻. 從樑至

---

9 성첩(城堞)：성벽 위에 성가퀴를 만들어 놓은 곳.

10 성가퀴[女墻]：성벽 위에서 적의 공격으로부터 숨을 수 있는 방패의 역할을 하면서도 활이나 총을 쏘기 위해 구멍이나 사이를 떼어서 쌓은 작은 성벽

③ 灰法：저본에는 "法灰". 버클리본에 근거하여 수정.

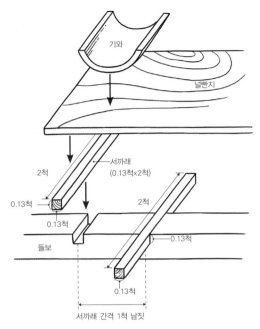

기와

널빤지

서까래
(0.13척x2척)

2척

0.13척

0.13척

2척

들보

0.13척

0.13척

0.13척

서까래 간격 1척 남짓

판장의 지붕 부분 설치도

서까래 위에 판을 깔며 판 위에는 기와를 얹는다.
【기와는 별도로 구워야 하는데, 지붕 얹는 기와보다
조금 작게 만든다.】[11] 땅의 평평한 면에서 인방까지
는 자갈과 기와 조각으로 담을 쌓고, 인방에서 들보
까지는 널빤지를 나란히 배열하여 벽을 만든다. 판
장의 길이는 혹 1칸 만에 그치기도 하고, 혹 4~5칸
이나 8~9칸까지 되기도 한다. 그 모양은 한 줄 직선
으로 만들거나 구불구불하게 만들기도 하는데, 판
장을 설치할 때는 그저 지세를 따를 뿐 길이나 모양

樑, 排板爲壁. 或一間而
止, 或至四五間、八九間,
或一行, 或曲折, 但隨地
勢, 無定制也. 椽旣短小,
庇風雨, 無幾, 往往壁板
翻瓿, 柱跟腐朽, 不如全用
甄築之耐久也.《金華耕讀
記》

---

11 이상에서 설명한 판장의 지붕 부분을 그림으로 간략하게 표현하면 위의 그림과 같다.

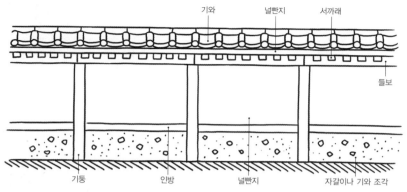

기와　　　　　널빤지　　　　서까래

들보

기둥　　　　　인방　　　　　널빤지　　　　자갈이나 기와 조각

판장의 구조

에 정해진 제도는 없다.[12] 하지만 서까래가 짧고 작아서 지붕으로 비바람을 막는다 해도 얼마 지나지 않아 종종 벽의 널빤지가 뒤틀리거나 비뚤어지며 기둥 발치가 썩는 단점이 있다. 그 때문에 이 제도는 벽 전체를 벽돌로만 쌓아서 내구성을 높이는 공법보다는 못하다.《금화경독기》

---

12 이상에서 설명한 판장의 전체 구조는 다음과 같이 표현할 수 있다.

15. 우물【부록 물 저장고】

井【附 水庫】

1) 깊은 우물 쌓는 법

책문(柵門)[1]에 들어간 뒤에 우물을 보니 우물을 모두 벽돌로 쌓았다. 또 통돌을 갈아 우물 덮개를 만들고서 덮개의 양옆을 뚫어 두레박만 겨우 들어갈 수 있게 했다. 이는 사람이 떨어져 빠지는 사고를 예방하고 이와 더불어 티끌이나 흙을 막기 위함이다. 또 물의 본성이 원래 음기(陰氣)이므로 양기(陽氣)를 막아 활수(活水, 흐르는 물)를 얻기 위함이다. 우물 덮개 위에는 녹로(轆轤)[2]를 설치해서 그 아래로 쌍두레박줄을 내린다. 버드나무를 잇대어서 두레박을 만드는데, 그 모양이 표주박과 비슷하지만 깊이는 더 깊다. 이렇게 만든 두레박은 한쪽은 올라오고 한쪽은 내려가기 때문에 종일 물을 길어도 힘들지 않다.

【안】돌 덮개는 잘 고정되기에 티끌이 들어가는 것을 막을 수 있지만 우물 속에 벌레나 뱀이 자리를 차지하거나 오물이 들어가도 다 세밀히 살필 수 없는 일이 걱정되니 좋은 제도가 아니다. 티끌이 들어가

甃深井法

入柵以後見井, 皆甎甃. 又磨全石爲覆蓋, 穿其兩傍, 劣容汲器. 所以防人墮溺, 且鄣塵土, 又水性本陰, 故使蔽陽養活水也. 井蓋上設轆轤, 下垂雙綆. 結柳爲桊, 其形如瓢而深. 一上一下, 終日汲, 不勞人力.

【案】石蓋固可障塵, 而但患井內或蟲蛇蟠據, 或穢物投入皆不可察見, 非良制也. 如欲障塵, 但於井上,

1　책문(柵門):조선과 청의 국경으로 현재 요령성(遼寧省) 봉성시(鳳城市) 지역. 사신의 왕래와 무역이 이루어졌다.
2　녹로(轆轤):두레박과 두레박을 묶어서 우물물을 퍼 올리는 기구.《본리지》권12〈그림으로 보는 관개 시설〉상 "녹로"에 나온다.

는 것을 막으려면 우물 주변 삼면에다 높이가 0.5인 (仞)[3]인 담을 둘러쌓은 뒤 그 위에 얇은 돌판을 덮고 앞면만 터서 물 긷는 데 편하게 하면 된다. 앞면에는 나무 난간을 만들어 사람이나 가축이 우물에 떨어져 빠지는 사고를 막아야 한다.】《열하일기》[4]

圍築三邊半仞墻, 上覆薄石板, 只開前面以便汲水爲可. 前面宜設木欄以防人畜墮溺.】《熱河日記》

2) 얕은 우물 쌓는 법

산 아래의 숨어 있는 샘[5] 가운데 돌구덩이 속에서 나오는 샘에는 우물 쌓는 벽돌을 쓰지 않는다. 다만 땅의 평평한 면에다 삼면에 벽돌을 쌓아 높이가 몇 척이 되면 멈추고 그 위에 돌판을 덮어 티끌이나 흙이 들어가는 것을 막는다. 만약 평지의 모래흙 속에서 나오는 샘이라면 샘의 근원까지 우물 벽돌을 쌓아야 한다. 일반적으로 우물을 쌓는 데는 깊이에 관계없이 벽돌이 돌보다 낫다. 그 이유는 회반죽으로 벽돌들을 붙이면 흡사 전체를 벽돌로 구워 만든 듯하여 돌로 쌓아서 생긴 틈새로 여기저기 어지럽게 바깥 물이 스며드는 현상이 일어나지 않기 때문이다.《금화경독기》

甃淺井法

山下蒙泉, 從石坎中出者, 無用甃甓, 但於地平三邊築甋, 高數尺而止, 上覆石板以障塵土. 如從平地沙土中出, 宜限泉源甃甓. 凡甃井, 不論淺深, 甓勝於石. 爲其灰泥膠黏, 渾似全甓燔成, 不似石甃之罅隙狼籍外水滲入也.《金華耕讀記》

3) 평지 우물 쌓는 법

우물이 평지에 있을 때는 벽돌을 반드시 높게 쌓아서 땅의 평평한 면보다 1~2척 높게 올라오게 해야

甃平地井法

井在平地者, 甃甋必高出地平一二尺. 形如筒兒埋地,

---

3 인(仞) : 높이나 깊이의 단위로, 1인에 대해서는 4척·7척·8척 등 여러 설이 있다.

4 《熱河日記》〈渡江錄〉 "二十七日"

5 산……샘 : 원문의 "山下蒙泉"은 《주역(周易)》 몽괘(蒙卦) 대상전(大象傳)에 보이는 다음과 같은 구절에서 나온 말이다. "산 아래서 샘이 나오는 괘가 몽(蒙)이니, 군자가 이를 본받아 과감히 행하고 덕을 기른다.(山下出泉, 蒙, 君子以果行育德.)"

한다. 그렇게 하면 모양이 마치 통을 땅에 묻고 그 윗머리만 내놓은 형상과 같으니, 이는 괸 물이 우물로 흘러드는 일을 막기 위함이다. 만약 평지에서 솟아나는 샘에서 물이 솟아올라 구덩이를 채우며 흘러내리면 우물 앞부터 도랑을 깊게 만들어야 한다. 이때 도랑은 땅의 높이에 따라 깊이를 더하거나 빼되, 물동이를 뒤집어 놓은 모습처럼 경사를 만들어 물이 쉽게 빠지게 해야 하니, 해마다 1번씩 도랑을 치워 준다. 만약 도랑에 모래나 진흙이 앙금이 져서 괸 물이 역류하여 넘치면 혼탁한 물이 우물에 들어가서 먹을 수 없게 될 것이다. 《금화경독기》

露出上頭樣, 以防潦水流入. 若仰泉潏湧盈科流下者, 宜從井前深作溝渠. 隨地高下, 加減深淺, 要令如建瓴易洩水, 歲一浚渠. 苟或沙泥埴淤, 潦水逆漲, 則渾濁入井, 不可食矣.《金華耕讀記》

4) 기타 우물 파는 법

우물 파는 법에는 다음의 5가지 단계가 있다.

첫째는 땅 고르기이다. 산기슭이 가장 좋은데, 그곳에는 숨어 있는 샘물이 나오고 음양이 알맞아 원림(園林)이나 가옥이 있을 곳이다. 햇빛을 향하는 곳이 다음으로 좋고, 넓은 들이 그다음으로 좋다. 산허리의 경우 양지를 차지하면 물이 너무 뜨겁고 음지를 차지하면 너무 차기 때문에 가장 나쁘다. 우물을 뚫으려는 사람은 샘물이 있는지 없는지를 살핀 뒤에 우물 자리를 피해야 할지 잡아야 할지를 짐작하여 헤아린다.

둘째는 깊이 측량이다. 우물과 강은 지맥(地脈)이 관통하니 이들의 물 깊이는 반드시 같다. 이제 우물을 얼마나 깊이 파야 하느냐고 묻는다면, 날이 가물거나 장마 들 때 강물이 이르는 곳을 헤아려 깊이를

鑿井雜法

鑿井之法有五:

第一, 擇地. 山麓爲上, 蒙泉所出, 陰陽適宜, 園林、室屋所在. 向陽之地次之, 曠野又次之. 山腰者居陽則太熱, 居陰則太寒, 爲下. 鑿井者察泉水之有無, 斟酌避就之.

第二, 量淺深. 井與江河, 地脈通貫, 其水淺深尺度必等. 今問鑿井應深幾何, 宜度天時旱潦, 河水所至,

얼마나 더할지를 측량하여 척도로 삼아야 한다. 이때 우물이 강물에서 떨어져 있는 거리는 상관없다.

셋째는 진기(震氣, 독가스)[6] 피하기이다. 땅속의 맥은 맥락이 서로 통하여 가스가 은밀히 다닌다. 이런 가스가 강제로 밀려 농도가 짙어졌다가 사람에게 들어가면 사람의 아홉 구멍이 모두 막혀 정신이 혼미하고 답답해져서 죽는다. 일반적으로 이런 가스는 산골 높은 지대에 많고 '못이 많은 지역[澤國]'[7]에는 드물다. 이는 지진(地震)으로 말미암은 현상이기 때문에 "진기"라고 했다. 일반적으로 우물을 뚫다 이런 상황을 만나 가스가 쉭 하고 사람을 치는 느낌이 들면 빨리 일어나 그 자리를 피한 뒤 가스가 다 빠져나가면 다시 내려가서 뚫는다. 가스가 다 빠졌는지 알아보려면 등불을 줄에 매달아서 내려 보면 된다. 불이 꺼지지 않으면 가스가 다 빠진 상태이다.

넷째는 샘의 수맥 살피기이다. 일반적으로 우물이나 샘을 팔 때는 물이 나오는 곳을 보고 그곳의 흙색을 분별한다. 흙이 만약 붉은 찰흙이면 거기서 나오는 물은 맛이 나쁘다.【붉은 찰흙은 찰흙의 일종으로, 벽돌이나 기와를 만드는 데 적합한 흙이 이것이다.】만약 흩어지는 모래흙이면 물맛이 약간 싱겁다. 만약 빛깔이 검고 기름진 흙이면 물맛이 좋다.【검고 기름진 흙은 색이 검고 약간 찰지다.】만약 모래 속에 잔돌이 섞여 있는 흙이면 그 물맛이

酌量加深幾何而爲之度. 去江河遠者不論.

第三, 避震氣. 地中之脈, 條理相通, 有氣伏行焉. 强而密理, 中人者, 九竅俱塞, 迷悶而死. 凡山鄕高亢之地多有之, 澤國鮮焉. 此地震之所由也, 故曰"震氣". 凡鑿井遇此, 覺有氣颯颯侵人, 急起避之. 俟洩盡, 更下鑿之. 欲候知①氣盡者, 縋燈火下視之, 火不滅, 是氣盡也.

第四, 察泉脈. 凡掘井及泉, 視水所從來而辨其土色. 若赤埴土, 其水味惡. 【赤埴, 黏土也, 中爲甓爲瓦者是.】若散沙土, 水味稍淡. 若黑墳土, 其水良. 【黑墳者, 色黑稍黏也.】若沙中帶細石子者, 其水最良.

---

6 진기(震氣) : 이산화탄소(CO_2)를 가리킨다고도 한다. 《農政全書校註》, 520쪽 주21.
7 못이 많은 지역[澤國] : 강이나 호수가 넓게 분포한 나라나 지역.
① 知 : 《泰西水法·水法附餘》에는 "和".

가장 좋다.

다섯째는 물 맑게 하기이다. 우물 바닥을 만들 때 나무를 쓰면 가장 나쁘고 벽돌이 그다음이고 돌이 그다음이며 납이 가장 좋다. 【안 《거가필용》에서 "납 10근 남짓을 우물 속에 넣어 두면 물이 맑으면서 달다."[8]라고 했다.】 바닥을 다 만들고 다시 여기에 잔돌을 1~2척 두께로 깔아 주면 물을 맑게 하면서 맛을 좋게 할 수 있다. 만약 우물이 크면 그 속에 금붕어나 붕어를 몇 마리 넣어 물맛을 좋게 할 수 있는데, 이는 물고기가 물벌레와 흙, 찌꺼기를 먹어 없애기 때문이다. 《태서수법》[9]

일반적으로 우물을 뚫을 때 강이나 바다에 가까운 곳에서는 반드시 강바람이 우물 쪽으로 불어오는 날을 택하여 뚫으면 바람이 강물을 불어 샘의 수맥으로 들어가게 하므로 물이 반드시 달아진다. 그러지 않고 바닷바람이 우물 쪽으로 불어오는 날 뚫으면 바람이 바닷물을 불어 샘 수맥으로 들어가게 하므로 물이 반드시 짜진다. 이 말은 예컨대 강이 우물의 서남쪽에 있고, 이날 서남풍이 불면 우물을 뚫으라는 뜻이다. 《거가필용》[10]

우물 주변에 나무를 심어 나무가 우물을 덮게 해서는 안 되니, 밤을 보내는 참새가 샘을 더럽히는 일

第五, 澄水. 作井底, 用木爲下, 磚次之, 石次之, 鉛爲上. 【案 《居家必用》云 : "以鉛十餘斤實之井中, 水淸而甘."】旣作底, 更加細石子厚一二尺, 能令水淸而味美. 若井大者, 于中置金魚或鯽魚數頭, 能令水味美, 魚食水蟲及土垢故. 《泰西水法》

凡開井近江近海處, 須擇江風順日開, 則吹江水入泉脈, 必甘. 若海風順日, 則吹海水入泉脈, 必鹹. 謂如江在井之西南方, 是日有西南風, 則鑿之. 《居家必用》

井上不可種樹覆, 嫌宿雀穢泉. 井口設架石及欄檻

---

8 《居家必用》丁集 〈井竈〉(《居家必用事類全集》, 133쪽).
9 《泰西水法》卷4 〈水法附餘〉.
10 《居家必用》丁集 〈井竈〉(《居家必用事類全集》, 133~134쪽).

을 싫어하기 때문이다.[11] 우물 입구에는 돌이나 난간 등을 설치하여 아이들이 우물로 떨어지는 사고를 막는다. 《증보산림경제》[12]

以防兒墜. 《增補山林經濟》

5) 나무를 가설하여 샘물을 끌어오는 법

나무를 쪼개 허공에 걸쳐 산의 샘물을 멀리서 끌어와 부엌 주변까지 물을 대는 일 또한 수고를 많이 줄인다. 【안 임홍(林洪)[13]의 《산가청사(山家淸事)》에 대나무를 갈라 샘물을 끌어오는 법이 있는데, 이 방법은 《이운지》에 자세히 나오니[14] 이와 더불어 참고할 만하다.[15]】《증보산림경제》[16]

架木引泉法

刳木架空, 遠引山泉, 注至廚下②亦甚省力. 【案 林洪《山家淸事》有刳竹引泉法, 詳見《怡雲志》, 可與此參考.】《增補山林經濟》

6) 단정(丹井)[17] 뚫는 법

단정(丹井)은 깊고 좁게 뚫는다. 흰색과 자색의 석영·종유석·옥돌 가루·주사·자석 같은 종류를 그 속에 넣어 두면 몸을 보양해 주고 오래 살게 하는 효과가 있다. 《산림경제보》[18]

鑿丹井法

鑿丹井一眼, 深而狹小. 取白紫石英、鍾乳、玉屑、朱砂、磁石之類, 置其中, 有補養長生之功. 《山林經濟補》

---

11 버클리본에는 이 기사에 다음과 같은 두주가 있다. "'밤을 보내는 참새' 운운한 곳에는 반드시 출처가 있을 것이니, 서적을 살펴보아야 한다.(宿雀云云必有出處, 當考書.)" 《증보산림경제》에 실린 내용에 참고한 출처가 있을 것으로 저자가 추측하고 있는 부분이다.

12 《增補山林經濟》卷1〈卜居〉"天井"(《農書》3, 41쪽).

13 임홍(林洪) : ?~?. 송대의 문인. 복건 출신으로《궁사백수(宮詞百首)》등의 작품을 남겼다.

14 《이운지》권1〈임원의 정원〉"샘물 끌어들이는 법".

15 《본리지》권12〈그림으로 보는 관개도보〉상 "연통" 및 "가조"도 함께 참고할 만하다.

16 《增補山林經濟》, 위와 같은 곳.

17 단정(丹井) : 단사(丹砂, 수은으로 구성된 황화 광물) 성분이 우러나오게 하는 우물.

18 출전 확인 안 됨.

② 下 : 《增補山林經濟·卜居·天井》에는 "外".

7) 우물의 부글거림을 없애는 법

우물에서 동쪽으로 360보(步) 거리 안에서 푸른 돌 하나를 구하여 술에 달인 다음 우물 속에 놓아 두면 부글거림이 즉시 그친다. 《거가필용》[19]

禳井沸法

取東向三百六十步內, 覓一靑石, 以酒煮, 放井中, 立止. 《居家必用》

8) 수고(물 저장고)

거주지가 바닷가에 있어서 우물에 장독(瘴毒)[20]이나 소금기가 있거나, 고산지대나 넓은 평야지대여서 샘의 근원이 매우 멀리 떨어져 있으면 빗물과 눈 녹은 물을 모음으로써 멀리서 물을 길어 오는 노고를 대신해야 한다. 우르시스(熊三拔)[21]의 《태서수법》에 수고 만드는 법이 있는데, 모두 본받을 만하다. 다만 공사비가 상당히 많이 드는데 우리나라 사람들은 재력이 적으니 작게 만들어야지 크게 만들어서는 안 된다. 《금화경독기》

水庫

或居在海濱, 井泉瘴鹹, 或高山、曠野, 泉源遼絕, 宜畜雨雪之水以代遠汲之勞. 熊三拔《泰西水法》有水庫法, 儘可法也. 但工費頗大, 東人寡力, 宜小, 不宜大也. 《金華耕讀記》

수고(水庫)는 물못이다. 창고라고 한 이유는 아래로는 바닥을 단단히 하여 물이 새지 않게 하고 위로는 뚜껑을 덮어 물이 손실되지 않게 하기 때문이다. 사행(四行)[22] 가운데 흙의 성질이 가장 건조하여 불보

水庫者, 水池也. 曰庫者, 固之其下, 使無受潿也 ; 羃之其上, 使無受損也. 四行之性, 土爲至乾, 甚于火

---

19 《居家必用》丁集〈井竈〉(《居家必用事類全集》, 134쪽).
20 장독(瘴毒) : 전염병을 일으키는 사기(邪氣). 습열사(濕熱邪) 때문에 생긴다.
21 우르시스(熊三拔, Ursis, Sabbathino de) : 1575~1620. 이탈리아의 예수회 선교사. 나폴리 출생. 1606년 중국에 파송되어 북경에 머물며 선교를 했고, 수학·천문학·역학·수리학(水理學)에 능통하여 천문과학 지식 보급에 공헌했다. 저서로 《태서수법(泰西水法)》, 《간평의(簡平儀)》, 《표도설(表度說)》 등이 있다. 《태서수법》은 《본리지》 권13에서 수차인 용미차·옥형차·항승차를 소개하면서 인용하기도 했다.
22 사행(四行) : 본래는 유가의 인의예지(仁義禮智)를 뜻하나, 수고 만드는 법은 우르시스가 작성했으므로 서양 4원소설의 4원소를 사행이라고 했을 것으로 생각된다. 청대(淸代) 유지(劉智, ?~?)가 1704년에 저술한 《천방성리(天方性理)》에 이슬람교의 물, 불, 공기, 흙의 4원소를 사행으로 표기한 내용과도 일치한다.

다도 심하다. 땅속에 있는 물은 바람이 불어도 줄고 해가 비춰도 준다. 여름에 날이 몹시 가물면 쇠나 돌도 녹아 흐를 듯하고 흙이나 산도 탈 듯한데 물만 남아 있겠는가? 그러므로 바닥을 단단하게 하고 뚜껑을 덮는 것이다.

수고를 만드는 일에는 9가지가 있다. 1, 준비. 준비는 재료를 갖추는 일이다. 2, 반죽[齊]. 반죽은 재료를 고루 섞는 일이다. 3, 파기. 파기는 물을 담을 수 있게 하는 일이다. 4, 쌓기. 쌓기는 우물의 형태[23]를 만드는 일이다. 5, 바르기. 바르기는 물이 새지 않게 단단하게 가두는 일이다. 6, 덮기. 덮기는 위를 덮는 일이다. 7, 물 붓기. 물 붓기는 물을 저장하는 일이다. 8, 물 긷기. 물 긷기는 수고에다 사용할 물을 받아 오는 일이다. 9, 보수. 보수는 수고의 틈을 임시로 막는 일이다.

【주】 덮개는 물의 증발을 막고 또 불결함을 막는다. 옛사람들이 사용한 우물에는 본래 덮개가 있었으니, 《주역》에서 "우물물을 긷고 뚜껑을 덮지 않는다."[24]라고 했다. 제(齊)는 제(劑, 배합)와 같다.】

1, 준비. 수고를 만드는 재료에는 6가지가 있는데, 이것으로 쌓기·덮기·바르기에 대비한다. 6가지

矣. 水居地中, 風過損焉, 日過損焉. 夏之日大旱, 金石流, 土山焦, 而水獨存乎? 故固之, 故冪之.

水庫之事有九 : 一曰具, 具者, 庀其物也. 二曰齊, 齊所以爲之和也. 三曰鑿, 鑿所以爲之容也. 四曰築, 築所以爲之地也. 五曰塗, 塗所以爲之固守也. 六曰蓋, 蓋所以爲之冪覆也. 七曰注, 注所以爲之積也. 八曰挹, 挹所以受其用也. 九曰脩, 脩所以爲之彌縫其闕也. 【注 冪防耗損, 亦防不潔. 古人井故有冪, 《易》曰"井收勿冪". 齊與劑同.】

一曰具. 水庫之物有六, 以備築也、蓋也、塗也. 築與

---

23 우물의 형태 : 원문의 '地'는 실제 우물, 즉 바닥과 벽을 의미한다.

24 우물물을……않는다[井收勿冪] : 원문은 《주역(周易)》 정(井)괘 상육(上六)의 괘사. 원문에는 멱(冪)이 아니라 막(幕)으로 되어 있다. 원문은 "상육. 우물을 긷고 덮지 않으면 믿음이 있어 크게 길하다.[上六. 井收勿冪, 有孚, 元吉.]"이다. 정이(程頤)의 《역전(易傳)》에서는 "수(收)는 물을 긷는 일이고, 막(幕)은 가리개를 씌우는 일이다.[收, 汲取也 ; 幕 蔽覆也.]"라고 했다. 《주역정의(周易正義)》에도 유사한 내용이 있어 본문의 내용과는 배치된다. 해당 구절은 《태서수법》에서 단장취의한 것으로 생각된다.

중에 쌓기와 덮기 재료에는 3가지가 있는데, 마름돌·벽돌·돌알이다. 또 바르기 재료에는 3가지가 있는데, 석회·모래·기왓개미(기와의 가루)이다. 바르기 재료 3가지를 합쳐 삼화회(三和灰)라 하고, 모래나 기왓개미 가운데 하나가 빠지면 이를 이화회(二和灰)라 한다.

석회를 달구어 만드는 석회석은 푸르거나 흰색이며 결이 촘촘하고 윤기가 나야 한다. 그렇지 않으면 석회가 성글어서 잘 붙지[昵] 않는다. 땔나무나 석탄으로 석회석을 달구되, 2.5일 동안 불길이 그치지 않도록 달구어야 한다. 석회석을 잘 달구었는지 시험하는 방법은 다음과 같다. 먼저 석회석을 하나 가져다 저울로 잰 다음 다른 돌들과 섞어 달군다. 다 달구어 꺼낸 뒤 다시 석회석을 저울로 재어서 무게가 처음보다 1/3이 줄었으면, 이 석회석은 재질이 좋고 불도 고루 받은 것이다.

모래에는 3가지가 있다. 곧 호수에서 채취한 모래, 땅에서 채취한 모래, 바다에서 채취한 모래이다. 이 중에서 바다에서 채취한 모래가 가장 좋고, 땅에서 채취한 모래가 그다음이며, 호수에서 채취한 모래가 또 그다음이다. 모래에는 3가지 색이 있다. 이 중에 붉은색이 가장 좋고, 검은색이 그다음이며, 흰색이 또 그다음이다. 순수한 모래를 분별하는 방법에는 3가지가 있다. 비볐을 때 소리가 선명하면 순수한 모래이고, 모래를 자세히 살펴보았을 때 알갱이 각각에 모서리의 뾰족한 곳이 있으면 순수한 모래이며, 베나 비단 위에 모래를 흩어 놓았다

蓋之物有三：曰方石，曰瓴甋，曰石卵，塗之物有三：曰石灰，曰砂，曰瓦屑．塗之物三合，謂之三和之灰，或砂或瓦去一焉，謂之二和之灰．

煉灰之石，或靑或白，欲密理而色潤，否者疏而不昵．煉之以薪或石炭焉，火不絕二日有半而後足．試之法：先取一石權之，雜衆石而煉之，旣成而出之權之，損其初三分之一，此石質美而火齊得也．

砂有三種：或取之湖，或取之地，或取之海．海爲上，地次之，湖又次之．砂有三色：赤爲上，黑次之，白又次之．辨砂之法有三：揉之其聲楚楚焉，純砂也；諦視之各有廉隅圭角，純砂也；散之布帛之上，抖擻之悉去之，不留塵坌者，純砂也．否則有土雜焉，以爲齊則不固．

가 떨어냈을 때 모래가 모두 떨어지고 티끌이 남지 않으면 순수한 모래이다. 이와 같지 않으면 모래에 흙이나 잡물이 섞여 있는 것이니, 이 모래로 반죽을 만들면 반죽이 견고하지 않다.

기왓개미는 가마 아궁이[陶]에서 나올 때 망가진 기와나 벽돌[瓴甋]을 쇠나 돌공이로 절구에 빻아 체로 쳐낸[篩] 가루이다. 새것이 없으면 옛것을 물로 씻고 햇볕에 말려 완전히 마른 다음 빻고 체로 쳐낸다. 이렇게 체로 쳐낸 기왓개미는 3등급으로 나뉜다. 입자의 곱기가 석회와 같으면 고운 기왓개미이고, 입자가 약간 커서 모래와 같으면 중간 기왓개미이고, 거듭 체로 쳐낸 나머지 그 크기가 콩알만 하면 찌꺼기[査]이다.

【주】마름돌이나 벽돌은 미리 준비된 것으로 벽과 덮개를 만드는데, 두 재료 모두 정해진 기준이 없다. 벽을 만들 때는 반듯하고 네모난 돌을 사용하되, 너비·길이·두께에 정해진 기준은 없다. 벽이 두꺼우면 수고가 단단하고, 단단하면 오래간다. 덮개를 만들 때는 둥글게 만들기도 한다. 둥근돌은 합치면 그 둥근 모양이 반원형이 된다. 둥글게 만드는 방법은 3가지가 있는데 아래에 자세히 나온다.

돌알은 거위알처럼 생긴 돌로, 미리 준비한 돌로 바닥을 만든다. 돌알이 없으면 작은 돌로 대신한다. 큰 돌알은 1근을 넘지 않아야 하고, 작은 돌알은 여

瓦之屑, 以出陶之毁瓦、瓴甋, 鐵石之杵臼舂之而篩之. 無新焉而用其[3]舊者, 水濯之, 日暴之, 極乾而後舂之而篩之. 篩之爲三等 : 細與石灰同體爲細屑, 稍大焉, 與砂同體爲中屑, 再篩之餘其大者如菽爲査.

【注[4]方石、瓴甋者, 以豫爲墻爲蓋, 二物皆無定度也. 爲墻之石, 取正方焉, 廣狹、短長、厚薄無定度. 墻厚則堅, 堅則久. 爲蓋者, 或穹之. 穹之石, 合之其圓半規. 穹之法有三, 詳見下方也.
石卵者, 鵝卵之石也, 以豫爲底也. 無之以小石代之. 大者無過一斤, 小者任

---

[3] 其 : 저본에는 "者". 규장각본·버클리본·《泰西水法·水庫記》에 근거하여 수정.
[4] 注 :《泰西水法·水庫記》에는 "注曰". 이하 동일.

기에 적당히 섞는다. 일반적으로 돌알이나 작은 돌알은 단단하면서 윤이 나며 결이 촘촘해야 한다. 그렇지 않으면 바닥이 단단하지 않게 된다.

'직(昵)'은 붙는다는 뜻이다. 2.5일은 석회석을 60시간은 달구어야 충분하다는 뜻이다.

'도(陶)'는 가마 아궁이이다. '영적(瓴甋)'은 벽돌이다. 일반적으로 기왓개미의 재료로 기와 흙이 벽돌 흙보다 나으니 벽돌을 쓴다면 신중하게 선택해야 한다.

'사(簁)'는 민간에서 사(篩)로 쓰는데, 체로 쳐내는 일이다. '사(查)'는 찌꺼기이다. 찌꺼기는 체를 쓸 필요도 없이 지나치게 큰 덩이만 골라 버리면 된다.

'삼화회'는 지금 장인들이 대부분 쓰고 있는데, 그 재료 중 하나가 흙이다. 흙을 쓰면 반죽이 견고해지지 않지만 기왓개미를 쓰기 때문에 더 낫다. 바로 다음에 나오는 방법으로 반죽을 만들면 더욱 낫다.

서양에는 흙 같지만 흙이 아니고 돌 같지만 돌도 아닌 재료가 땅속에서 난다. 캐내면 크게는 탄알만 하고 작게는 콩알만 한데 색은 누렇고 검다. 온통 구멍이 뚫려 있어서 모양이 좀이 쏜 구멍 같다. 분명히 돌이지만 본래의 성질이 아주 가볍고 비비면 가루가 된다. 이 재료를 빻아 모래를 대신하거나 기왓개미를 대신하면 횟물이 이 재료의 빈 공간에 들

雜焉. 凡石卵或小石, 欲堅⑤潤而密理, 否者不固.

昵, 黏也. 二日有半, 三十時足也.

陶, 窯竈也. 瓴甋, 磚也. 凡瓦之土勝磚之土, 用磚⑥則謹擇之.

簁, 俗作篩, 羅也. 查, 滓也. 查無用簁, 擇其過大者去之.

三和之灰, 今匠者多用之, 其一則土也. 用土不堅, 以瓦屑故勝之. 以後法爲之劑, 又勝之.

西國別有一物, 似土非土, 似石非石, 生于地中. 掘取之, 大者如彈⑦丸, 小者如菽, 色黃黑, 孔竅周通, 狀如蛀窠. 儼然石也, 而體質甚輕, 揉之成粉. 春以代砂, 或代瓦屑, 灰汁在其空

---

⑤ 堅 : 저본에는 "見". 버클리본·《泰西水法·水庫記》에 근거하여 수정.
⑥ 磚 : 저본에는 "甎".
⑦ 彈 : 저본에는 "殫". 버클리본에 근거하여 수정.

어가서 굽이굽이 스며들기 때문에 굳어진 다음에는 강철보다 단단하다.

최근 몇십 년 전에 옛 물길을 발굴한 적이 있었다. 발굴터의 흙을 파낸 뒤에 가래나 괭이가 들어가지 않아 온갖 계교를 다 써도 어쩔 수가 없었다. 얼마 뒤 그 아래쪽에 구멍을 내고서야 무너져 내렸다. 물길의 벽돌에 바른 회를 보니 바로 이 재료를 썼는데 두께가 겨우 0.05척 정도일 뿐이었다. 이 물길은 유래가 매우 오래되어 지나온 햇수를 계산해 보면 한 무제 연간(BC 141~BC 87)에 해당되었다. 그 뒤로는 일반적으로 회반죽에 썼기 때문에 이 재료를 매우 귀하게 여겼다. 또는 집의 틀을 만들 때 회에 개어 바르기도 하는데 틀을 높고 크게 짓거나 깊숙하게 짓거나 마음대로 할 수 있다. 틀이 다 만들어진 다음에는 단련한 구리나 무쇠보다 훨씬 낫다. 그러나 매장된 곳도 적지 않으니 진(秦)[25]·진(晉)[26]·농(隴)[27]·촉(蜀)[28]처럼 높고 볕이 잘 드는 모든 지역을 살펴보면 반드시 많이 있다.

그 모양은 큰 덩어리가 부석(浮石)[29]처럼 생겼지만 알갱이는 이보다 더 자잘하고 색은 붉고 누런색이며 재질이 무른 점이 다르다. 본초서를 확인해 보

中, 委宛相入, 堅凝之後, 逾于鋼鐵.

近數十年前, 有發故水道者, 啓土之後, 鍬钁不入, 百計無所施. 旣而穴其下方, 乃壞墮焉. 視其墍塗之灰, 用是物也, 厚半寸許耳. 此道由來甚久, 以歷年計之, 在漢武之世矣. 後此凡用和灰, 甚貴是物焉. 或作室模, 和灰塗之, 崇閎窈窕, 惟意所爲. 旣成之後, 絶勝冶銅鑄鐵矣. 然所在不乏, 計秦·晉·隴·蜀諸高陽之地, 必多有之.

形大段如浮石而顆細, 色赤黃, 質脆爲異耳. 以本草質之, 殆土殷蘗[8]之類也.

25　진(秦):현재 섬서성(陝西省) 지역.
26　진(晉):현재 산서성(山西省) 지역.
27　농(隴):현재 감숙성(甘肅省) 지역.
28　촉(蜀):현재 사천성(四川省) 지역.
29　부석(浮石):비중이 작아 물에 뜨는 돌로, 화산 분출물로 나오는 지름 4mm 이상의 암석 덩어리.
⑧　蘗:저본에는 "擊". 일반적인 용례에 근거하여 수정.

면 이 재료는 아마도 토은얼(土殷蘗)[30]의 한 종류 같다. 그 돌이 나는 데는 건조한 곳으로, 흙이 유황 기운을 띠는 곳이나 유황이 생산되는 곳이나 온천·부싯돌·화정(火井)[31]에 가까운 곳이나 땅속에서 때때로 도깨비불이 나오는 곳에 있다.

이 돌을 구하는 방법은 다음과 같다. 풀이 무성하지 않고 여리고 부드럽고 짧고 메말랐으며, 또 얕은 풀 속에 갑자기 됫박 정도의 크기나 방석 정도의 크기로 풀이 전혀 자라지 못하는 곳이 조금이라도 있으면, 그 땅을 몇 척만 파도 이 돌을 당연히 얻을 수 있다. 서양에서는 이를 '포촐라나(巴初剌那, pozzolana)'[32]라고 한다. 이것을 구하면 흙이나 돌로 하는 공사에 매우 이롭다. 혹시 기왓개미와 모래가 모두 없으면 청석(靑石)이나 백석(白石) 가루로 이들을 대신하는데, 이 가루 입자 크기의 등급은 기왓개미와 같다.】

2, 반죽. 일반적으로 반죽은 말[斗]들이나 곡(斛)들이 용기를 이용해 재료를 계량해서 이를 물로 갠다. 재료의 배합 비율은 전체를 3등분하여 그중 석

其生在乾燥之處, 土作硫黃氣者, 或産硫[9]黃者, 或近溫泉者、火石者、火井者、或地中時出燐火者, 卽有之.

求之法 : 視其處草不蕃盛, 茸茸短瘠, 又淺草之中, 忽有少分如斗許、如席許大, 不生寸草者, 依此掘地數尺, 當可得也. 西國名爲 "巴初剌那[10]". 求得之, 大利于土石之工. 或并無瓦屑及砂, 以靑、白石末代之, 其細大之等, 與瓦屑同.】

二曰齊. 凡齊, 以斗斛槩其物, 水和之. 三分其凡, 而灰居一, 砂居二, 湅之如

---

30 토은얼(土殷蘗) : 땅의 기름진 액체이다. 토굴에서 나오며 모양이 큰 말뚝 같다고 하여 이러한 이름이 붙었다. "此則土脂液也, 生于土穴, 狀如殷蘗, 故名."《本草綱目》卷11〈石部〉"土殷蘗".

31 화정(火井) : 연료로 쓰는 천연가스가 솟아나는 구덩이.

32 포촐라나[巴初剌那, pozzolana] : 플라이애시·화산재·현무암이나 응회암의 풍화토 등 가용성 실리카분이 풍부한 콘크리트용 미분(微粉) 혼화재(混和材)로, 로마 시대부터 건축재료로 사용했다. 주산지였던 이탈리아 포추올리라는 지명에서 유래된 이름이다. 현대에는 모르타르나 콘크리트의 가공성(加工性) 개선 등의 목적으로 사용한다.

[9] 硫 : 저본에는 "疏". 버클리본·《泰西水法·水庫記》에 근거하여 수정.

[10] 那 : 저본에는 "邦". 버클리본·《泰西水法·水庫記》에 근거하여 수정.

회가 1을 차지하고, 모래가 2를 차지하게 한 뒤 이를 반죽할 때는 죽처럼 만드는데, 이 반죽을 '추제(甃齊, 벽돌쌓기 반죽)'라 한다. 그 추제를 3등분하고 물을 그중 1만큼 더하여 개는데, 이 반죽을 '축제(築齊, 벽 쌓기 반죽)'라 한다.

도제(塗齊, 미장 반죽)에는 3가지가 있다. 반죽할 때는 3가지 모두 죽처럼 만든다. 먼저 전체를 4등분하여 기왓개미 찌꺼기가 2를 차지하고, 모래가 1을 차지하고, 석회가 1을 차지하면, 이 반죽을 초제(初齊)라 한다. 전체를 3등분하여 중간 기왓개미가 2를 차지하고, 석회가 1을 차지하면, 이 반죽을 중제(中齊)라 한다. 전체를 5등분하여 고운 기왓개미가 3을 차지하고, 석회가 2를 차지하면, 이 반죽을 말제(末劑)라 한다.

일반적으로 반죽을 만들 때는 반죽을 숙성시키고 또 숙성시켜야 하기 때문에 반죽을 서둘러 써도 안 되고 반죽할 때 힘을 아껴도 안 된다. 하루에 2번 반죽하여 5일이 되어야 신제(新齊, 새 반죽)가 된다. 신제를 저장할 때는 항상 물로 촉촉하게 한다. 낮고 습한 곳에 땅광을 만들어 반죽을 저장하고서 그곳을 흙으로 밀봉하면 반죽이 오래 지나면서 더 좋아진다.

【주】 일반적으로 석회의 양을 잴 때는 반드시 가마에서 나온 석회를 쓰고, 기왓개미를 잴 때는 반드시 절구에서 나온 가루를 쓰며, 모래의 양을 잴 때는 반드시 햇볕에 말린 모래를 써야 한다. 즉 모두 건조시킨 상태에서 양을 재야 한다는 말이다.

糜, 謂之"甃齊". 三分其甃齊, 加水一焉而調之, 謂之"築齊".

塗之齊有三 : 涷之皆如糜. 四分其凡而瓦查居二, 砂居一, 灰居一, 謂之初齊. 三分其凡, 而中屑居二, 灰居一, 謂之中齊. 五分其凡, 而細屑居三, 灰居二, 謂之末齊.

凡涷齊, 熟之又熟, 無亟于用, 無惜于力. 日再涷, 五日而成爲新齊. 新齊積之, 恒以水潤之. 下濕之處, 窖藏而土封之, 久而益良.

【注】 凡量灰, 必出窯之灰, 凡量瓦屑, 必出臼之屑, 凡量砂, 必日暴之砂, 皆言乾也.

'죽처럼 만든다.'는 말은 지금 장인들이 쓰는 벽 쌓기, 벽 바르기를 할 때 반죽을 떠서 벽돌 위나 벽에 평평하게 바를 때 쓰는 반죽으로 만든다는 뜻이다. 반죽이 너무 마르면 벽돌이나 벽에 붙지 않고, 너무 질면 벽돌이나 벽에 안착하지 못하고 흘러내리게 된다.

물을 더하여 축제(築劑)를 만들면 묽은 죽과 같으니, 물을 대 준 반죽이다. 일반적으로 집을 짓거나 성벽을 축조하거나 묘역을 조성할 때는 모두 이상의 여러 반죽을 짐작하여 헤아려서 사용한다. 반죽을 개는 물은 샘물·강물·빗물을 써야지 잡스런 소금기가 섞인 물을 써서는 안 되고, 새로 받은 눈 녹은 물도 써서는 안 된다.

'범(凡)'은 전체의 수이다.】

3, 파기. 못에는 2가지가 있다. 그것은 집못[家池]과 들못[野池]이다. 여기서 가(家)는 가정에 공급한다[共]는 뜻이고 야(野)는 들판에 공급한다는 뜻이다. 가정에 공급한다는 말은 음료와 요리, 설거지와 빨래용이라는 뜻이고, 들판에 공급한다는 말은 가축을 기르고 논밭에 물을 대는 데 쓴다는 뜻이다. 집못을 만들 때는 여러 낙숫물을 고려하여 이를 일일이 취합하고 거두어들여 모은다. 들못을 만들 때는 언덕과 높은 언덕에 있는 농지의 물길 굽이를 고려하여 물을 취합하여 모은다. 집못을 만들 때는 반드시 2개 이상을 두어 물을 번갈아 저장하고 번갈아 사용해야 한다. 이에 반해 들못을 만들 때는 1개

如糜者, 今匠人所用髤墻、塗墻挑而栗之之劑也. 太燥則不附, 太濕則不居.

加水爲築劑, 則如稀糜沃而灌之之劑也. 凡治宮室, 築城垣, 造壙域, 皆以諸劑斟酌用之. 和之水, 以泉水、江水、雨水、雜鹵與鹹勿用也, 雪水之新者勿用也.

凡, 總數也.】

三曰鑿. 池有二;曰家池, 曰野池. 家以共家, 野以共野. 共家者, 飮饌焉, 澡滌焉;共野者, 畜牧焉, 漑灌焉. 爲家池, 計衆霤而曲聚之, 承而鍾之;爲野池, 計岡阜、原田水道之委, 而聚之而鍾之. 爲家池, 必二以上, 代積焉, 代用焉;爲野池, 專可也, 隨積而用之. 皆計歲用之數而爲之容積. 二年以上者, 遞倍之, 或倍

만 있어도[專] 되지만 저수량[容積]에 따라 물을 써야 하기에 1년 동안 쓸 물의 양을 모두 계산하여 최대 저수량으로 삼는다. 즉 2년 이상 저장할 못은 그만큼 차례로 곱해 주는데[遞倍], 수고의 최대 저수량을 곱해 주기도 하고[倍其容] 수고가 있는 곳[處]을 곱해 주기도 한다.

其⑪容, 或倍其處.

집못을 만들 때는 못 바닥을 평평하게 하고 바닥 중앙에 구덩이를 만든다. 구덩이 깊이는 2척으로 하여 물때[垢]를 그곳에 고이게 한다. 못 바닥의 지름을 3등분하여 그중 가운데 1을 구덩이 지름으로 삼는다. 못의 담이 네모나면 걸맞고 둥글면 단단하다. 큰 못은 둥글게 만들고 작은 못은 네모나게 만든다. 큰 못은 둥글고 작은 못은 네모나면 못의 깊이를 걱정하지 않아도 된다. 못 담 둘레에는 벽을 세우기도 하고, 못의 아랫부분은 넓게 만들면서[侈] 윗부분은 좁게 만들기도[弇] 한다. 넓게 만들거나 좁게 만드는 치수에는 정해진 기준이 없어서 심지어는 모래 부대의 주둥이 크기로 만들어도 된다. 만약 윗부분을 넓게 만들고 아랫부분을 좁게 만들면 최대저수량이 적어지고, 가운데 부분을 넓게 만들고 위아래 부분을 좁게 만들면 담을 만들기 어려우니 이런 방법을 취할 필요는 없다.

爲家池, 平其底, 中底而爲之坎. 坎深二尺, 以淳其垢. 三分其底之徑, 以其一爲坎之徑. 墻方則稱, 圜則固. 大者圜之, 小者方之. 大者圜而小者方⑫, 則不畏深也. 墻之周, 或壁立, 或下侈而上弇之. 侈弇之數無定度, 雖爲之土囊之口可也. 若上侈而下弇, 則寡容也, 中侈而上下弇, 則難爲墻也, 無所取之.

혹은 겹못[複池]을 만들기도 하는데, 겹못은 담으로 못의 경계를 짓고 담 중간에 물구멍을 만들어 두

或爲之複池, 限之以墻, 中墻而爲之竇以通之. 小者

---

⑪ 其 : 저본에는 "之".《泰西水法·水庫記》에 근거하여 수정.
⑫ 小者方 : 저본에는 "方者小".《泰西水法·水庫記》에 근거하여 수정.

못이 서로 통하게 한다. 작은 겹못에는 구멍에 나무 말뚝을 박아 막고, 큰 겹못에는 물문[牐]을 설치하여 서로 물을 이동시키면 맑은 물을 퍼내고 탁한 물을 제거하면서 물을 번갈아 저장하고 번갈아 쓸 수 있다. 산기슭이나 높은 언덕에 있는 농지처럼 비탈진 곳에는 물시계의 물그릇 모양의 못[壺漏]을 만들어 위의 못과 아래의 못이 서로 이어지게 함으로써 물을 이동시키도록 한다.

들못을 만들 때는 얕은 못을 이롭게 여기니, 여러 가축에게 떼 지어 물을 마시게 하고 또 논밭에 물을 댈 수 있기 때문이다. 못의 담은 네모나게 쌓되, 그중 한쪽을 비스듬하게 만들어 그곳을 길로 삼는다. 못을 깊게 만들고 싶으면 바닥을 비스듬히 만들어 점차 깊게 파되 바닥에 구덩이는 만들지 않는다. 들못을 만들 때는 메마르고 거친 땅을 고르되, 농사짓기에 알맞지 않으면서도 물이 잘 모이는 곳이면 된다. 이것이 쓸모없는 땅을 쓸모 있는 땅으로 변화시키는 방법이다.

[주] 공(共)은 공(供, 공급하다)과 같다. 유(霤)는 처마의 기왓골이다.

용(容)은 수고의 높이와 너비에 따라 물을 받아들이는 양의 많고 적음을 통틀어 말한 수치이다. 못의 가로·세로·높이의 길이를 재서 최대 저수량[容]의 많고 적음을 계산하는 것이다. 반(盤)으로 곳간이나 땅광의 용적(容積)을 헤아리는 계산법은 《구장산술(九章算術)》의 〈속미(粟米)〉 편에 있다.[33]

'전(專)'은 홀로 있다는 뜻이다.

埶之、大者牐之, 互輸寫之, 可抒清而去濁也, 代積而代用也. 若山麓、原田陂陁之地, 則爲壺漏之池, 高下相承, 互輸寫之.

爲野池利淺, 以群飮六畜, 以漑田. 方其墻, 迤其一面以爲涂. 欲爲深者, 迤其底, 漸深之無坎. 爲野池, 擇磽确之地, 不宜稼而水輳焉者可也. 是化無用爲有用也.

【注】 共, 與供同. 霤, 簷溝也.
容者, 通高下、廣狹所容受多寡之數也. 度池尺寸, 計容多寡, 用盤量倉窖術, 在《九章算》之《粟米》篇.

專, 獨也.

'차례로 곱해 준다[遞倍].'는 말은 2년이면 2배, 3년이면 3배를 곱해 준다는 뜻이다. '최대저수량을 곱해 준다[倍容].'는 말은 부피를 곱해 준다는 뜻이고,[33] '있는 곳을 곱해 준다[倍處].'는 말은 못의 수를 곱해 준다는 뜻이다. 부피를 곱해 주는 법도 입방(立方, 육면체),[34] 입원(立圓, 구)[35]의 계산법으로 헤아려 만드는데, 이 사례들은 《구장산술》의 〈소광〉 편에 있다.

遞倍者, 二年則二倍, 三年則三倍也. 倍容者, 倍其大; 倍處者, 倍其多也. 倍大法亦用立方、立圓術酌量作之, 在《九章算》之《少廣》篇.

'네모나면 걸맞다.'는 말은 방의 네모난 모양과 걸

方則稱者, 或稱其室, 或

---

33 반(盤)으로……있다 : 각 변의 길이로 용적을 계산하는 내용은 〈속미〉가 아니라 《九章算術》 卷5 〈商功〉에 나온다. 그 내용은 다음과 같다. "여물통, 굽은 연못, 사각 쟁반 모양의 연못, 무덤 구덩이의 용적을 구하는 문제는 모두 같은 풀이법을 쓴다. 풀이법 : 위 길이를 2배 곱하여 아래 길이와 더한다. 아래 길이를 2배로 곱하여 위 길이와 더한다. 위의 두 값을 각각 너비로 곱한 값을 높이 또는 깊이로 곱한 다음 6으로 나눈다. 굽은 연못은 위 가운데 둘레와 바깥 둘레를 더하여 반으로 나눈 값을 위 길이로 삼고, 아래 가운데 둘레와 바깥 둘레를 더하여 반으로 나눈 값을 아래 길이로 삼는다.(芻童、曲池、盤池、冥谷皆同術. 術曰 : 倍上袤, 下袤從之; 亦倍下袤, 一袤從之. 各以其廣乘之, 并以高若深乘之, 皆六而一. 其曲池者, 并上中、外周而半之, 以爲上袤; 亦并下中、外周而半之, 以爲下袤.)" 차종천 역, 《산경십서》 상, 교우사, 2006, 226~227쪽 참조.

34 입방(立方) : 《九章算術》 卷4 〈少廣〉에 나오는데, 그 내용은 다음과 같다. "지금 부피가 1,937,541$\frac{17}{27}$척3인 정육면체가 있다. 한 변은 얼마인가? 답 : 124$\frac{2}{3}$척. 개입방술(開立方術) : 부피를 나뉨수로 놓고 산가지 1개를 빌려 걷되 걸음마다 2자리씩 건너뛴다. 몫을 따져서 그것을 차산에 2번 곱하여 나누는 수로 삼고 나뉘는 수에서 뺀다. 빼고 나서 3으로 곱하고 나누는 수로 삼는다. 이를 다시 나누되 1자리 물려서 아래에 놓는다. 몫을 3으로 곱한 수를 가운데 항에 놓고 다시 차산을 아래 항에 놓는다. 이를 걸러서 가운데 항은 1자리 건너뛰고 아래 항은 2자리 건너뛴다. 다시 나뉘는 수를 놓고 몫을 따져서 가운데 항은 1번 곱하고 아래 항은 2번 곱한 뒤, 모두 덧붙여서 더한 것으로 나누는 수를 삼고 정해진 나누는 수로 뺀다. 빼고 나서 아래 항을 2배 곱하여 가운데 항과 더하여 법으로 정한다. 다시 빼고 앞서와 마찬가지로 1자리 물려서 밑에 놓는다. 세제곱근을 구하려다 맞아떨어지지 않는 것은 또한 남는 것으로 한다. 만약 부피에 분수가 있으면 통분을 위하여 분자 속에 넣고 정해진 나뉨수로 삼은 뒤, 곧 그것의 세제곱근을 구한다. 마쳤으면 분모의 세제곱근도 구하여 서로 나눈다. 만약 분모의 세제곱근을 구하려다 남으면 다시 분모로 정해진 나뉘는 수를 곱해서 세제곱근을 구하고, 마쳤으면 분모로 나눈다.(今有積一百九十三萬七千五百四十一尺三十七分尺之一十七. 問爲立方幾何? 答曰 : 一百二十四尺太半尺. 開立方術曰 : 置積爲實, 借一算步之, 超二位. 議所得, 以再乘所借一算爲法, 而以除. 除已, 三之爲定法. 復除, 折而下, 以三乘所得数置中行. 復借一算置下行. 步之, 中超一, 下超二位. 復置議, 以一乘中, 再乘下, 皆副以加定法, 以定法除. 除已, 倍下, 并中従定法. 復除, 折下如前. 開之不盡者, 亦為不可開. 若積有分者, 通分内子爲定實. 定實乃開之, 訖開其母以報除. 若母不可開者, 又以母再乘定實, 乃開之. 訖令如母而一.)" 차종천 역, 위와 같은 책, 204~205쪽 참조.

35 입원(立圓) : 《九章算術》 卷4 〈少廣〉, 그 내용은 다음과 같다. "지금 부피가 164,486,643,700척3인 구가 있다. 구의 지름은 얼마인가? 답 : 14,300척. 풀이 : 부피의 척수를 16배로 곱하고 9로 나눈 값의 세제곱근을 구하면 곧 구의 지름이 된다.(今有積一萬六千四百四十八億六千六百四十三萬七千五百尺. 問爲立圓徑幾何? 答曰 : 一萬四千三百尺. 術曰 : 置積尺數, 以十六乘之, 九而一, 所得開立方除之, 卽圓徑.)" 차종천 역, 위와 같은 곳, 207쪽 참조.

맞거나 마당의 네모난 모양과 걸맞아서 집못과 집 또는 마당의 네모난 모양이 서로 걸맞다는 뜻이다. 담을 네모나게 만들면서 규모를 크게 하면 못이 혹시 무너질까 두렵기 때문에 우물 둘레처럼 둥글게 만들어야 서로 지탱하면서 단단해지는 것이다. 못의 윗부분이 좁아도 무너지지 않는 현상 또한 이런 이치이다. '치(侈)'는 넓게 만든다는 뜻이고, '엄(弇)'은 좁게 만든다는 뜻이다.

아래 '수고 1도(圖)'의 갑(甲)·을(乙)·병(丙)·정(丁)이

稱其庭, 兩方相稱也. 方墻而大, 懼或墮焉, 圓如井周, 相恃爲固, 上弇不墮, 亦此理也. 侈, 廣;弇, 斂也.

如下[13]一圖之甲乙丙丁, 方

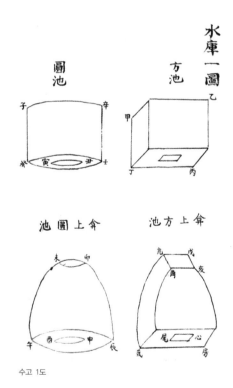

水庫一圖

圓池　　　　　方池

池圓上弇　　　池方上弇

수고 1도

---

[13] 下:《泰西水法·水庫記》에는 "本篇". 이하 동일.

방지(方池, 네모난 못)이고, 신(辛)·임(壬)·계(癸)·자(子)가 원지(圓池, 둥근 못)이다. 이 2가지 형태 외에 직사각형도 있지만 이는 방지에 속하고, 육각·팔각 이상의 다각형도 있지만 이는 원지에 속한다. 다만 이런 모양을 만드는 법에 대해서는 자세히 논할 겨를이 없다. 방지의 무기(戊己)와 원지의 축인(丑寅)은 바닥의 구덩이이고, 방지의 을경(乙庚)과 원지의 신임(辛壬)은 벽을 세운 담이다. 위가 좁은 원지[弇上圓池]의 묘진오미(卯辰午未)와 위가 좁은 방지[弇上方池]의 술방저항(戌房氐亢)은 위를 좁게 만든 못이고, 위가 좁은 원지의 묘미(卯未)와 위가 좁은 방지의 술각(戌角)은 모래부대의 주둥이 크기이다.

'겹못'은 못 두 개가 나란히 있는 못이다. 겹못을 나누는 담에 설치하는 물구멍은 갯수·크기·높이를 못의 규모에 따라 임의로 만든다.

'얼(槷)'은 나무말뚝이라는 뜻이다. 일반적으로 물문과 쐐기로 옆의 못으로 물을 빼내기도 하는데, 나무말뚝에 난목(煗木)[36] 껍질을 붙여서 구멍을 막아둔다.

'물시계의 물그릇 모양의 못[壺漏之池]'은 위의 못부터 아래의 못까지 배열할 때 그 자리를 물시계[刻漏]의 물그릇[漏壺]처럼 차례로 두고 못과 못 사이에 구멍을 뚫어 물을 이동시키는 구조가 물시계의 물을 서로 이어 받는 구조와 같은 못이다.

池也；辛壬癸子, 圓池也. 二形之外, 或有爲長方者, 方之屬也. 有六角、八角以上諸角形者, 圓之屬也. 惟所爲之, 未暇詳也. 戊己、丑寅, 底坎也. 乙庚、辛壬, 壁立之墻也. 卯辰午未、戌房氐亢, 上弇之池也. 卯未、戌角, 土囊之口也.

複池, 兩池竝也. 墻之竇[14], 多寡、大小、高下, 任意作之.

槷, 木杙也. 凡牏與槷, 或旁渫者, 附之以煗木之皮而塞之.

壺漏之池者, 從上而下, 位置如刻漏之壺, 其開竇輪寫, 亦若漏水相承也.

---

36 난목(煗木) : 껍질이 두꺼운 화(樺, 벗나무)를 가리키는 것 같다. 《畿輔通志》卷56 〈木屬〉 '樺'.

[14] 竇 : 저본에는 "實". 《泰西水法·水庫記》에 근거하여 수정.

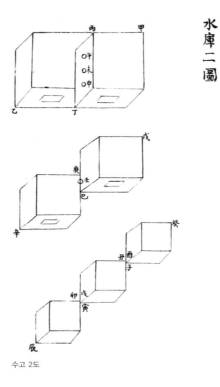

水庫二圖

수고 2도

예를 들어 아래 '수고 2도'의 갑을(甲乙)은 겹못이고, 병정(丙丁)은 경계를 짓는 담이고, 오(午)·미(未)·신(申)은 물구멍이다. 무(戊)·기(己)·경(庚)·신(辛)은 물시계 물그릇 모양의 겹못이고 임(壬)은 이 겹못의 물구멍이다. 계자(癸子)·축인(丑寅)·묘진(卯辰)은 물시계 물그릇 모양의 세겹못이고, 유(酉)와 술(戊)은 모두 이 세겹못의 물구멍이다. 세겹못 이상은 지형에 따라 임의로 만든다. 겹못이 연결된 곳, 예를 들어 경(庚)에서 기(己), 축(丑)에서 자(子)는 그 깊이와 높이

如下二圖之甲乙, 複池也；丙丁, 限墻也；午、未[15]、申, 竇也. 戊己、庚辛, 壺漏之複池也；壬, 其竇也. 癸子、丑寅、卯辰, 壺漏之三複池也；酉與戊, 皆其竇也. 三以上任意作之. 其連接之處, 如庚至己, 丑至子, 淺深高下, 亦任意作

---

⑮ 未：저본에는 "壬".《泰西水法·水庫記》에 근거하여 수정.

또한 지형에 따라 임의로 만든다.

'비스듬하게 만들어 그곳을 길로 삼는다.'는 말은 사람이나 가축들이 모두 비탈의 꼬불꼬불한 길을 따라 내려가서 항상 물가에 이를 수 있게 한다는 뜻이다. 일반적으로 언덕 아래나 산기슭은 땅에 물이 스며들면서 기름지기 때문에 농사짓기에 알맞지 않지만, 그 형세가 물동이를 뒤집어 놓은 듯하여 물이 그곳으로 모여든다. 그 결과 가축이 언덕을 내려와 물을 먹기 편하기도 하고, 그 물을 끌어 그 아래에 있는 농지에 대도 아래로 흘러내려 쉽게 농지에 도달한다.】

之.

迤之以爲塗, 令人畜皆邐迤而下, 恒及水際也. 凡岡阜之下, 山陵之麓, 其地瀝脂, 故不宜稼, 其勢建瓴, 水則輳之. 牲降于阿, 取飮旣便, 挈以灌田, 趨下易達也.】

4, 쌓기. 쌓기에는 2가지가 있다. 그것은 아래로 바닥을 쌓는 일과 옆으로 담을 쌓는 일이다. 바닥을 쌓을 때는 못을 다 만들고서 바닥을 평평하게 하는데, 그러려면 나무달굿대나 돌달구로 달구질한다. 나무달구나 돌달구로 달구질할 때는 바닥이 단단해질 정도로 해야 한다.

四曰築. 築有二：下築底, 旁築墻. 築底者, 旣作池, 平其底, 則以木杵杵之, 或以石碡碡之. 杵之碡之, 欲其堅也.

못 둘레에 의지하여 담을 만들 때는 네모난 돌이나 벽돌을 쓴다. 추제(甃齊)용 회반죽으로 쌓되, 쌓을 때는 반드시 돌과 돌 사이 또는 벽돌과 벽돌 사이의 틈을 메워야 한다[乘其界]. 담은 못의 크기와 깊이를 헤아려 두께를 정하지만 담이 두꺼워도 상관없다.

依池之周而爲之墻, 或方石焉或瓴甋焉, 甃之以甃齊之灰, 甃必乘其界. 墻量池之小大、淺深而爲之厚, 不厭厚.

겹못의 경우는 공동 못을 만든 뒤에 그 가운데에 못의 경계를 짓는 담을 쌓되, 쌓으면서 물이 다닐 물구멍을 만든다. 물시계 물그릇 모양의 겹못은 따로 각각 못을 만든 뒤에 물이 다닐 물구멍을 뚫는

若複池, 則爲共池而中甃其限墻, 仍甃爲行水之竇. 壺漏之複池, 則各爲池, 而穿行水之竇也. 墻畢, 以

다. 담을 다 만들면 거위알만 한 돌알이나 작은 돌알을 바닥에 깐다. 바닥의 두께는 0.5척 이상으로 하되 더 두꺼워도 상관없다. 돌알을 다 깐 다음에는 다시 나무달굿대나 돌달구로 달구질하는데, 바닥이 단단해져도 상관없으니 힘을 아끼지 말고 바닥을 평평하게 해야 한다. 단단해지고 평평해지면 축제(築齊)용 회반죽을 붓고 또 붓는다. 회반죽이 가득 차서 돌알 사이의 빈틈을 채운 뒤 평평하게 돌을 덮으면 회반죽 붓기를 멈추고 다시 달구질을 한다. 이때 틈이 있으면 회반죽을 다시 붓고 가득 채워서 빈틈을 채운 뒤 바닥이 평평해지면 그친다. 가운데 바닥에 만든 구덩이 또한 달구질하고 담도 만들고 바닥에 돌알을 깔고 회반죽 붓기를 앞의 방법대로 하여 만든다. 일반적으로 바닥과 담이 만나는 곳에 돌달구나 나무달굿대가 미치지 않으면 이곳은 구석달굿대[邊杵]로 다진다. 바닥에 돌알을 까는 공정과 회반죽을 붓는 공정은 반드시 신중하게 살펴 효과를 배가시켜야 할 것이다.

물시계 물그릇 모양의 겹못에 만든 구멍은 못에 담긴 물이 맞부딪히는 곳이니, 반드시 신중하게 살펴 효과를 배가시켜야 할 것이다. 일반적으로 담은 모두 네모나고 긴 돌로 가장자리[緣]를 만든다. 만약 이 과정에서 땅속에서 큰 바위가 나오면 바위를 깎아서 못을 만드는데, 이 바위로 바닥과 담과 가장자리를 만들고 바로 그 위에 회반죽을 바른다. 만약 큰 바위 주변에 빈틈이 있으면 회반죽을 보충하고서 역시 달구질하고, 담을 만들고, 가장자리를 만들

鵝卵之石或小石墊之, 其底厚五寸以上, 不厭厚. 既墊之, 復杵之或磴之, 不厭堅, 無惜其力, 亦欲其平也. 既堅既平, 以築齊之灰灌之, 又灌之滿焉, 實焉, 平焉, 浮于石而止, 復杵之或磴之. 有隙焉, 復灌之, 滿實平而止. 中底之坎, 亦杵之, 亦墻之, 亦墊之而灌之如法作之. 凡底與墻之交, 磴、杵或不及焉, 則以邊杵築之. 其墊與灌, 必謹察之而加功焉.

壺漏之竇, 居水之衝, 必謹察之而加功焉. 凡墻, 皆以方長之石爲之緣, 若遇大石焉而鑿之池, 以石爲之底與墻與緣, 徑塗之. 有闕焉, 而爲之縫, 亦杵之, 而墻之, 而緣之, 而墊之, 而灌之如法作之. 野池, 或土或石皆如之.

고, 바닥에 돌알을 깔고, 회반죽 붓기를 앞의 방법
대로 하여 만든다. 들못도 못이 흙으로 이루어졌든
바위로 이루어졌든 상관없이 모두 이와 같은 방법으
로 만든다.

【주】 '틈 메우기[乘界]'를 민간에서는 기봉(騎縫, 이음
매)이라 한다. '가장자리[緣]'는 못의 바닥과 담들이
합쳐지는 입[37]이다. '봉(縫)'은 보충한다는 뜻이다.

아래 '수고 3도'의 갑(甲)·을(乙)·병(丙)이 나무달굿
대이고, 정(丁)은 구석달굿대이며, 무(戊)는 돌달구이
다. 기신(己辛)과 기경(己庚)은 쌓은 담이고, 경신(庚辛)
은 돌알을 깐 곳이다. 앞의 '수고 2도'의 갑을(甲乙)은

【注】 乘界, 俗言騎縫也.
緣, 池面壓口也. 縫, 補
也.

下三圖之甲乙丙, 木杵
也 ; 丁, 邊杵也 ; 戊, 石
碪也. 己辛、己庚, 甃墻
也 ; 庚辛, 石墊也. 下二圖

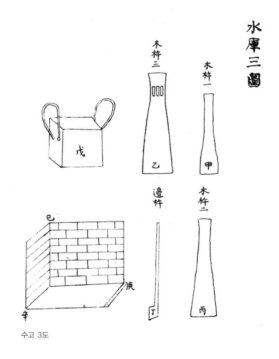

수고 3도

---

37 합쳐지는 입 : 원문의 '壓口'를 옮긴 말이다. 하지만 '緣'을 왜 이런 식으로 표현했는지 이해하기 어렵다.

바로 '공동 못[共池]'이다.

생각해 보면 강가나 바닷가, 평원이나 들은 흙이 성글어 잘 무너지니 반드시 담을 쌓아야 한다. 하지만 진(秦)이나 진(晉)과 같은 산간 지역은 그 흙이 매우 붉고 단단하여 토굴을 파고 살아도[38] 벽이 저절로 세워져 있어서 무너지지 않을 것이다. 만약 이런 곳에 땅을 파서 연못을 만들면 담을 쌓지 않고 바로 회반죽을 바르더라도 괜찮지 않겠는가? 나와 뜻을 같이 하는 사람이라면 이런 못을 시험해 보았으면 한다.】

5, 바르기. 쌓기 공정이 끝난 뒤 못 바닥이 8할 정도 마르면 청소한다. 지나치게 말랐으면 물을 뿌린 뒤 바른다. 바를 때는 먼저 초제(初齊)를 쓰는데, 두께는 0.05척이다. 못이 크면 여기에 1/2을 더하여 0.075척으로 한다. 못 바닥 및 둘레는 연이어 발라 준다. 연이어 발라 주면 둘레와 바닥이 만나는 곳에 틈이 생기지 않는다. 바르기가 끝난 뒤에는 바른 곳을 목격(木擊)으로 두드려 주어서 평평하고 빈틈이 채워지도록 해야 한다. 다음 날 또 목격으로 두드려서 틈이 생기면 쇠 평미레로 평미레질을 해 준다. 초제가 말랐으면 물로 적셔 주면서 평미레질하여 틈이 없어지면 그친다. 3일째 이후에도 모두 이와 같게 한다.

之甲乙, 卽共池也.

以意度之, 江海之濱、平原、易野, 土疏善壞, 必以甓墻. 處于山者, 如秦如晉, 厥土騂剛, 陶復陶穴, 壁立不墮. 若斯之處, 掘地爲池, 雖無甓墻而徑塗之, 不亦可乎? 同志者, 請嘗試之.】

五日塗. 築畢, 候池之底旣乾其十之八, 掃除之. 過乾, 則水沃之而後塗之. 塗之, 先以初齊, 厚五分, 池大者, 加二分之一. 池之底及周, 連塗之. 連塗之, 則周與底之交無罅也. 塗畢, 以木擊擊之, 欲其平以實也. 次日又擊之, 有罅焉, 以鐵栗栗之. 乾則以水沃而栗之, 無罅而止. 三日以後皆如之.

---

38 토굴을……살아도[陶復陶穴]: 주(周)나라 문왕(文王)의 할아버지인 고공단보(古公亶父)가 가마와 토굴에서 살았다는 고사에 나오는 말이다. 이 구절에 대해 여러 설이 있어서 의미를 확립하기는 어려우나 본문의 맥락을 고려하여 옮겼다. 《시경》〈대아(大雅)〉 "면(緜)"에 나온다.

초제가 6할 정도 마르면 중제(中齊)를 바른다. 중제의 두께는 초제의 1/2로 줄여서 바른 다음 역시 반죽을 두드려 주고 평미레질을 해 준다. 다음 날 이후에도 모두 이와 같게 한다. 중제가 6할 정도 마르면 말제(末齊)를 바른다. 말제의 두께는 중제의 1/2로 줄여서 바른 다음 역시 반죽을 두드려 주고 평미레질을 해 준다. 다음 날 이후에도 모두 이와 같게 한다. 말제가 5할 정도 마르면 쇠 평미레로 문질러서 틈이 생기면 물로 적셔 주면서 문지른다.

못의 둘레와 바닥, 가운데 구덩이의 둘레와 바닥, 겹못의 물구멍도 모두 이와 같게 한다. 일반적으로 둘레와 바닥이 만나는 곳과 물구멍 같은 곳은 반드시 신중하게 살펴 효과를 배가시켜야 할 것이다. 일반적으로 벽돌담에 회반죽을 바를 때 혹시 벽돌담이 건조해서 반죽이 잘 붙지 않으면 담에 석회물을 고르게 뿌려 흰색이 나게 하고서 석회물이 마른 뒤에 반죽을 바르면 반죽이 잘 붙는다. 일반적으로 바르기 공정은 돌못과 흙못, 들못과 집못을 만들 때 모두 이와 같은 방법으로 한다. 일반적으로 두드려 주기 공정에서는 반죽을 돌처럼 단단하게 해야 하고, 문지르기 공정에서는 반죽을 기름처럼 치밀하고 거울처럼 빛이 나게 해야 한다. 바른 반죽이 단단하고 치밀하여 빛이 난다면 다시 천년만년이 지나도 물이 새지 않을 것이다.

【주】 아래 '수고 4도'의 갑(甲)은 목격(木擊)이고, 을(乙)은 쇠 평미레이다. 일반적으로 삼화회는 쓸 수 없는 곳이 없다. 두껍게 바르고 싶으면 4번 바르거나,

俟其乾十分之六, 而塗之中齊. 中齊之厚, 減其初二分之一, 亦擊之槷之, 次日以後皆如之. 候其乾十分之六, 而塗之末齊. 末齊之厚, 減其次二分之一, 亦擊之槷之, 次日以後皆如之. 候其乾十分之五, 以鐵槷摩之, 有罅焉, 以水沃而摩之. 周與底, 中坎之周與底, 複池之水竇皆同之. 凡周與底之交, 若竇, 必謹察之而加功焉. 凡塗瓴瓻之墻, 或燥而不昵, 以石灰之水遍灑之作堊色, 乾而後塗之則昵. 凡塗, 石池與土池、野池與家池皆同法. 凡擊, 欲其堅如石也；摩, 欲其密如脂也, 欲其瑩如鏡也. 堅密以瑩, 更千萬年不渫也.

【注】 下四圖之甲, 木擊也；乙, 鐵槷也. 凡三和之灰, 無所不可用. 欲厚

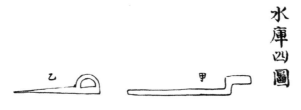

水庫四圖

수고 4도 윗부분

5번 바르거나, 여기에 임의로 더하기도 한다. 예를 들어 4번 바를 때는 초제 1번, 중제 2번, 말제 1번을 바르고, 5번 바를 때는 초제 1번, 중제 3번, 말제 1번을 바른다. 말제로는 집의 담을 꾸미기도 하는데, 담에 빛이 나게 하려 할 때는 계란 흰자나 동유(桐油)를 법식대로 반죽에 개어 바른 다음 반죽을 두드려 주고 문질러 준다. 담에 색을 넣으려 할 때는 내려는 색의 물감을 기왓개미 대신 섞는다. 물감은 석재 물감이 가장 좋고 풀 물감이나 나무 물감은 가장 좋지 않다.】

6, 덮기. 집못의 덮기 공정에는 2가지가 있다. 이는 평평하게 덮기와 둥글게 덮기이다.

　평평하게 덮는 덮개는 2가지가 있다. 돌판과 나무판이다. 이들 모두 평평하게 덮고서 판에 구멍을 내어 물을 푸거나 넣는다.

　둥글게 덮는 덮개는 3가지가 있다. 권궁(券穹)과 두궁(斗穹)과 개궁(蓋穹)이다. 방지(方池)는 모두 권궁으로 덮지만 이 중 정방지(正方池, 정사각형의 못)는 두궁으로 덮기도 하며, 원지(圓池)에 속하는 종류는 모두 개궁으로 덮는다. 권궁은 엎어 놓은 엄쪽(두 쪽으

則四塗之，五塗之，任意加之。四塗者，初一、中二、末一；五塗者，初一、中三、末一。末塗以飾宮室之墻。欲令光潤者，以鷄子淸或桐油和之如法，擊摩之。欲設色，以所用色代瓦屑而和之。石色爲上，草木爲下。】

六曰蓋。家池之蓋有二：曰平之，曰穹之。

平有二：曰石版，曰木版，皆平而冪之，爲之孔以出入水。

穹有三：曰券穹，曰斗穹，曰蓋穹。方池皆券穹，正方者或爲斗穹，圜池之屬皆蓋穹。券穹者，形覆券也，又如截竹柎[16]其半而

로 나눈 어음 중 한쪽)과 같은 모양이고, 또 대나무를 자르고 그 절반을 쪼개서 엎어 놓은 모양과 같고, 양쪽의 마주 보는 빈 공간에는 담을 세운다. 두궁은 엎어 놓은 말박과 같은 모양으로, 모서리를 네모나게 하면서 네 담이 꼭지를 향하게 하되 모두 둥근 모양으로 만든다. 개궁은 우산과 같은 모양으로, 가운데가 높고 옆 둘레는 모두 아래로 드리워져 있다.

일반적으로 둥글게 덮을 때 공간은 모두 반원이고 모두 가장자리에서 위로 1척 띄워서 쌓는다. 덮개를 쌓을 때는 모두 나무를 걸쳐 올려서 덮개의 틀을 만들고서 그 모형에 의지하여 만든다. 덮개를 돌로 쌓으면 돌을 다듬어서 둥글게 하고, 벽돌로 쌓으면 둥근 틀을 따라 덮개를 만든다. 나무로 만든 틀이 없으면 돌이나 벽돌에 추제를 더하거나 덜어 바르면서 위로 갈수록 점점 좁게 만든다. 둥근 덮개의 아래에는 물구멍을 만들어 물이 드나들게 한다. 들에 있는 못에는 둥근 덮개를 덮거나 아니면 이엉을 덮어 주거나 아예 덮지 않기도 한다.

【주】평평한 덮개에는 물이 드나드는 구멍이 2개가 있다. 하나는 덮개 가운데를 차지하면서 바닥 구덩이의 위쪽에 위치하는 구멍으로, 이 구멍을 통해 구덩이에 고인 찌꺼기를 퍼낸다. 다른 하나는 못의 가장자리 근처에 있는 구멍으로, 이 구멍을 통해 물을 부어 넣거나 길어 퍼낸다. 구멍의 크기는 모두 정해

覆之, 兩和爲之立墻. 斗穹者, 形覆斗也, 方其隅而四墻之趨其頂也, 皆以圓. 蓋穹者, 其形蓋也, 中高而旁周皆下垂.

凡穹之, 空皆半規, 皆去緣尺而甃之. 甃之法皆架木以爲模, 緣而成之, 甃以石, 則治之以趨規. 若瓴甋, 亦以趨規之模造之. 無之, 則以甃齊加損而弅⑰之. 穹之下, 爲之竇以出入水. 在野者或穹之, 不則苫之或露之.

【注】平蓋出入之孔有二. 一居中, 當底坎之上, 以抯其淳汙也, 一近池之緣, 注水入之, 挈水出之. 大小皆無定度也.

---

⑯ 柝:《泰西水法·水庫記》에는 "析".
⑰ 弅:《泰西水法·水庫記》에는 "合".

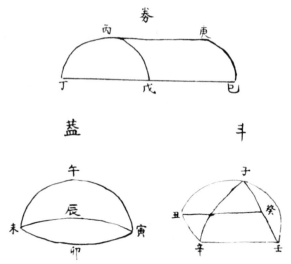

수고 4도 아랫부분(원서에는 아래 왼쪽 그림 아랫부분 양 측면에 '未'와 '寅'이 기재되어 있지 않다.)

진 기준이 없다.

아래 '수고 4도'의 병정무기경(丙丁戊己庚)은 권궁인데, 정무(丁戊)와 무기(戊己)는 방지의 양쪽 가장자리이고, 정병무(丁丙戊)는 마주 보는 벽이며, 병경(丙庚)은 권궁의 등줄기이다.

신임계자축(辛壬癸子丑)은 두궁인데, 신임계축(辛壬癸丑)은 방지의 가장자리이고, 자(子)는 둥근 덮개의 꼭지이다. 먼저 가장자리인 축신(丑辛)에 의지하여 직선으로 담을 만들되 너비를 점점 좁히고 위로 올리면서 꼭지인 자(子)로 간다. 여기서 축자(丑子)와 신자(辛子)는 모두 둥근 선이다. 나머지 삼면도 이와 같게

下四圖之丙丁戊己庚, 券穹也, 丁戊[18]、戊己, 方池兩緣也; 丁丙戊, 和墻也; 丙庚, 穹背也.

辛壬癸子丑, 斗穹也, 辛壬癸丑, 方池緣也; 子, 穹頂也. 依丑辛直線爲墻, 漸狹而上以趨子. 其丑子、辛子皆圓線, 餘三同之, 而結於子也[19].

---

[18] 戊: 저본에는 "戌".《泰西水法·水庫記》에 근거하여 수정.
[19] 於子也: 저본에는 "□子□".《泰西水法·水庫記》에 근거하여 보충.

만들어 자(子)에서 끝맺게 한다.

인묘진오미(寅卯辰午未)는 개궁인데, 인묘미진(寅卯未辰)은 원지의 가장자리이고, 오(午)는 둥근 덮개의 꼭지이다. 옆 둘레에서 위로 갈 때는 모두 둥근 선이다. 그 전체의 공간은 구의 절반과 똑같다.

'공간이 모두 반원이다.'는 말은 권궁의 정병무(丁丙戊), 두궁의 축자임(丑子壬), 개궁의 미오인(未午寅)이 모두 반원형이라는 뜻이다. 이와 같이 만들면 덮개가 단단하다.

'가장자리에서 위로 1척 띄운다.'는 말은 못 입구가 물길이 되니 못을 가로질러 들보를 놓으려 한다는 뜻이다.[39] 둥글게 올라가는 형세를 지금의 장인들은 '귤방형(橘房形)'이라 한다.】

寅卯辰午未, 蓋穹也, 寅卯未辰, 圓池緣也；午20, 穹頂也. 旁周趨上, 皆爲圓線, 其全空正如立21圓之半也. 空皆半規者, 謂丁丙戊、丑子壬、未午寅, 皆半圜形也. 如是則固.

去緣尺者, 池口爲道, 將跨池以居梁也. 趨規之勢, 今工人謂之"橘房形"也.】

7, 물 대기. 일반적으로 집못은 대나무나 나무를 기왓골의 낙숫물을 받는 홈통으로 써서 이를 순서대로 이어서 못에 도달하게 한다. 물이 집못에 들어가게 하려 할 때는 집못까지 가는 길목에 노지(露池, 덮개 없는 못)를 만들어 이곳에 모여드는 물을 받고 잠시 저장하고서 물속의 찌꺼기를 가라앉게 하여 앙금이 진[澱] 뒤에 집못으로 보낸다. 이때 노지의 가장자리에 물구멍을 내서 물이 집못으로 들어가게 한다. 노지의 바닥 쪽에도 물구멍을 내어 다른 곳으로

七曰注. 凡家池, 以竹木爲承霤, 展轉達之, 其將入于池也, 爲之露池. 迎輻輳之水, 蹔積焉以淳其滓, 旣澱而後輪之, 露池之緣爲竇焉以入于池. 露池之底爲竇焉而他渫之, 皆以牐或以槷而節宣之.

---

39 가장자리에서……뜻이다：둥근 덮개와 못 사이에 1척 높이 정도의 구멍을 만들어 물을 푸거나 넣는 통로로 삼으려 하는 의도로 보이나, 이에 대한 구체적인 설명이 없어서 명확히 이해하기는 힘들다.
20 也午：저본에는 공란. 《泰西水法·水庫記》에 근거하여 보충.
21 正如立：저본에는 공란. 《泰西水法·水庫記》에 근거하여 보충.

빠져나가게 하는데, 이때 물구멍에는 모두 물문이나 쐐기를 달아 배수를 조절한다.

일반적으로 비가 처음에 떨어질 때는 반드시 빗속에 찌꺼기가 있고, 해가 긴 여름에 내리는 비에는 반드시 몹시 심한 열기가 있으니, 이때는 노지의 아래 물구멍을 열어 물이 다른 곳으로 빠져나가게 한다. 찌꺼기나 열기가 어느 정도 빠져나가고 들어올 만한 물이 들어온다고 판단되면 아래 물구멍을 막고 위 물구멍을 열어 물을 집못으로 보낸다. 만약 노지에 물이 들어온 양이 지면과 나란해질 정도로 가득 차서 아래 물구멍을 쓸 수 없게 되면 찌꺼기를 앙금이 지게 하여 수시로 빼내 준다. 새 못을 만들면 못이 완전히 말랐는지 살펴 물을 대 주되, 새로 대 준 물은 먹지 않고 1개월이 지나 다시 물을 대 준 다음에 먹는다. 못을 2개 만들었으면 해마다 지난해에 받아 둔 물을 먹고, 못을 3개 만들었으면 해마다 받아 둔 지 3년이 된 물을 먹는다. 이렇게 항상 묵은 물을 얻어 두어야 하니, 이는 물은 묵힌 것이 좋기 때문이다.

만약 겹못을 만들면 앞의 못에 물을 주입하고 맑게 가라앉힌 뒤 가운데 담에 설치한 물구멍을 열어 곁에 있는 빈 못으로 물을 보내고서 앞 못에 다시 물을 대 준다. 이와 같이 물을 다시 저장하면 항상 맑은 물을 얻을 수 있다. 일반적으로 못이 가득 차서 못 입구를 닫으면 금붕어 몇 마리를 기르는데, 이는 금붕어가 물속의 벌레를 잡아먹기 때문이다. 또는 붕어를 기르기도 하는데, 이는 붕어가 물때를 먹어 치우기 때문이다. 들못에는 산 언덕의 물을 대

凡雨之初零也, 必有滓也, 長夏之雨也, 必有酷熱之氣也, 則啓其下竇而他渫焉. 度可入也者塞之, 啓其上竇而輸之. 若水之來與地平, 不能爲下竇者, 則瀦其滓, 以時出之. 爲新池, 候乾極而注之. 新注之水, 不食也, 旣浹月, 更注之而後食之. 爲二池者, 歲食經年之水. 爲三池者, 歲食三年之水. 是恒得陳水焉, 水陳者良.

若爲複池者, 旣注之, 澄而後啓中墻之竇而輸之空池, 復注之. 如是更積之, 是恒得澄水焉. 凡池旣盈而閉之, 則畜之金魚數頭, 是食水蟲; 或鯽魚, 是食水垢. 野池注之山原之水, 遂以畜諸魚可也. 魚之性, 有與牛羊相長者也.

므로 여러 가지 물고기를 길러도 된다. 물고기는 소
나 양과 더불어 서로 잘 자라도록 돕는 성질이 있기
때문이다.

【㊟】 '앙금'은 아래에서 엉킨 찌꺼기이다. '노지'는
덮개를 덮지 않은 못이다. 예를 들어 아래 '수고 5도'
의 갑을병(甲乙丙)이 노지이고, 정(丁)은 위 물구멍이
며, 무(戊)는 아래 물구멍이다. '새로 대 준 물은 먹
지 않는다.'고 말한 이유는 못에 바른 석회 기운이
물에 들어가서 물맛이 나쁘기 때문이다. '물고기가
소나 양과 더불어 서로 잘 자라도록 한다.'고 말한
이유는 초어(草魚)⁴⁰가 양이나 돼지의 오물을 먹어 살
찌고 연어가 초어의 오물을 먹어 살찌는 이치와 같
기 때문이다.

【注 澱, 下凝也. 露池, 不
冪也. 如下五圖之甲乙丙,
露池也 ; 丁, 上竇也 ; 戊,
下竇也 ; 新注不食, 灰氣入
焉, 味惡也. 魚與牛羊相長
者, 如鯶食羊豕之惡而肥,
鰱食鯶之惡而肥也.】

8, 물 긷기. 집못의 물이 깊으면 물을 끌어 올릴
때는 용미차(龍尾車)를 쓰고 물이 더 깊으면 옥형차
(玉衡車)나 항승차(恒升車)⁴¹를 쓴다. 수차의 발을 세
울 수 없으면 큰 돌을 추로 삼아 이 돌에 큰 나무를
꿰어 질러 이를 못 바닥에 설치하고, 수차의 물통
을 지지할 수 없으면 못을 가로질러 들보를 걸쳐 놓
고 들보에 기대어 물통을 설치한다. 수차를 작동시
켜 물이 나오면 홈통을 만들어 물이 목적지에 이르
게 한다. 두레박을 올리려고 두레박줄을 설치할 때

八日挹. 家池之水深, 其挈
之則以龍尾之車, 更深者,
爲之玉衡之車、恒升之車.
無立其足, 則以大石爲墜,
關巨木而置之, 無夾其箭,
則跨池爲梁而置之. 旣出,
而爲槽以達之, 若挈瓶施
綆焉, 亦從其梁.

---

40 초어(草魚) : 원문은 '鯶'이다. 우리나라에서는 나지 않는다. 《전어지》 권4 〈물고기 이름 고찰〉 "물고기에 관
   한 기타 논설" '중국산으로 우리나라에 나지 않는 물고기'의 환어[鯇] 조에 소개되어 있다.
41 용미차(龍尾車)를……항승차(恒升車) : 용미차(龍尾車)·옥형차(玉衡車)·항승차(恒升車)에 대한 설명은
   《본리지》 권12 〈그림으로 보는 관개시설〉 하에 나온다.

에도 그 들보에서 시작하게 한다.

　못의 가운데 바닥 구덩이에 앙금이 지면 흡통(噏筒, 물질을 빨아올리는 긴 통)을 만들어 그 앙금을 제거한다. 흡통은 대나무를 잘라 마디를 뚫거나, 구리나 주석을 말아 통으로 만들어서 통의 양 끝을 막고 흡통 가운데 바닥에 구멍을 내되, 이 구멍의 지름이 바닥의 1/3에 해당하게 한다. 흡통 위쪽 끝의 옆에도 구멍을 내는데, 크기가 0.03척을 넘지 않도록 해서 한 손가락으로 구멍을 막을 수 있게 한다. 흡통의 위 구멍을 손가락으로 막은 채로 흡통을 못에 넣고서 흡통이 바닥으로 이르렀을 때 위 구멍을 막은 손가락을 뗀다. 그러면 아래 구멍을 통해 흡통으로 물질이 들어오는데, 이는 모두 앙금이다. 앙금이 흡통에 다 차면 흡통의 위 구멍을 다시 손가락으로 막으면서 꺼낸 다음 흡통을 기울여 앙금을 버린다. 이와 같이 여러 번 물속에 넣었다가 빼내기를 반복하면서 앙금이 다 없어지면 그친다. 일반적으로 흡통을 쓸 때도 들보에 받쳐서 시작하게 한다. 들못에서 논이나 밭에 물을 댈 때도 용미·목형·항승 3가지 수차로 물을 끌어 올리며, 수차를 놓는 방법 또한 집못의 사례와 같게 한다. 못이 커서 못을 가로질러 들보를 걸쳐 놓을 수 없으면 귀퉁이에 걸쳐 놓는다.

　【주】 '발'은 용미차에서는 아래쪽 지도리를, 옥형차에서는 쌍통(雙筒)을, 항승차에서는 통 바닥[筒底]을 뜻한다.

　'통(筒)'은 옥형차에서는 중통(中筒)을, 항승차에서

中底之坎旣澱焉，爲噏筒
以去其澱．噏筒者，截竹而
通其節，或卷銅錫焉，兩端
塞之，中底而爲之孔，孔之
徑，當底三分之一．上端之
旁爲之孔，無過三分，一指
可搙也．搙其上孔而入之
水，至于底而啓之，則自下
孔入者皆澱也．旣盈，搙而
出之而傾之．如是數入焉，
澱盡而止．凡施筒，亦從
其梁．野池之灌畦若田也，
亦以三車挈之，置車亦如
之．池大者無跨其梁，則跨
之隅．

【注】足，謂龍尾之下樞也，
玉衡之雙筒，恒升之筒底
也．

筒者，玉衡之中筒，恒升之

는 통의 상단을 뜻한다. '두레박줄'은 우물물을 길 때 쓰는 새끼줄이다.

아래 '수고 5도'의 기경신(己庚辛)은 돌에 큰 나무를 꿰어 지른 것이고, 임계(壬癸)는 못을 가로질러 걸쳐 놓은 들보이다. 자축(子丑)은 흡통이고, 인(寅)은 흡통 바닥의 구멍이며, 묘(卯)는 흡통 위쪽 끝의 옆 구멍이다. 신(申)은 들보가 못 귀퉁이를 가로질러 걸쳐 있는 모양이다.[42]】

箭上端也. 繘, 汲井繩也.

下五圖之己庚辛, 石關巨木也 ; 壬癸, 梁也. 子丑, 噏箭也 ; 寅, 噏箭之底孔也 ; 卯, 旁孔也. 未申, 梁跨其隅也.】

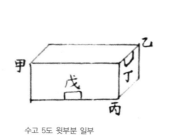

수고 5도 윗부분 일부

水庫五圖

9, 보수. 못에 아무 새로운 이유도 없이 물이 새어 못을 보수할 때면 곱고 윤이 나는 돌을 빻고 체로 쳐서 석회와 같은 크기로 만들고 또한 석회와 함께 같은 양으로 만들어 팔팔 끓여 달인 물에 던져 넣어 돌가루와 석회를 섞은 뒤 햇볕에 말린다. 이를 다시 빻고 체로 친 다음 달인 물에 던져 넣는다. 이

九日脩. 池無新故, 或渫焉, 脩之則用細潤之石舂之篩之, 與灰同體, 亦與同量. 煮水百沸而投之和之, 日乾之. 復舂之篩之, 煮水投之. 如是四焉, 舂而篩

---

42 '수고 5도'의 계유해(癸酉亥) 그림에 대한 해설이 없다. 계(癸)로 표기된 곳에 들보로 보이는 나무 같은 모양으로 볼 때 들보 임계(壬癸)를 부연하기 위한 그림으로 보이나,《태서수법》이나《농정전서》에도 관련 해설이 없어서 정확히 알 수는 없다.

와 같이 4번 빻고 체로 친 다음 이를 우유로 반죽하여 못에 생긴 틈에 발라 준다. 혹은 생옻을 석회와 섞어서 발라 주기도 한다.

【주 '같은 크기로 만든다.'는 말은 곱기를 같게 한다는 뜻이고, '같은 양으로 만든다.'는 말은 분량을 같게 한다는 뜻이다.】《태서수법》[43]

섬용지 권제1 끝

之, 牛乳汁和之, 以塗其隙, 或以生漆和而塗之.

【註 同體, 等細也 ; 同量, 等分也.】《泰西水法》

贍用志卷第一

---

43 《泰西水法》卷3〈水庫記〉;《農政全書》卷20〈水利〉"泰西水法"下《農政全書校注》, 503~515쪽).

섬용지 권제 2

贍用志卷第二

I. 건물 짓는 재료
II. 나무하거나 물 긷는 도구
III. 불로 요리하는 도구

쇠로 만들고 모양이 벙거지(전립)를 뒤집어 놓은 듯하기 때문에 이런 이름이 붙었다. 풍로로 숯에 불을 붙이고 벙거짓골을 그 위에 얹어 움푹 들어간 가운데에서는 채소를 끓이고 벙거지의 챙처럼 생긴 사방 언저리에서는 고기를 지진다. 그 제도는 일본에서 왔는데, 지금은 나라 안에 퍼져 있다. 그러나 끝내 일본에서 만든 솥만큼 좋지 못하다. 《금화경독기》

- Ⅰ -

건물 짓는 재료

營造之具

1. 목재

木料

1) 목재의 등급

집 짓는 재목은 소나무를 상급으로 친다. 그 밖에 다른 나무는 비록 좋은 재목이 있다 해도 초막이나 외양간, 창고 등을 지을 때 섞어 쓰는 데 지나지 않을 뿐이다. 《증보산림경제》[1]

잡목 가운데 밤나무만이 초가 기둥을 만들면 땅속에 박힌 지 오래되어도 썩지 않고, 문빗장을 만들면 도둑이 감히 들어오지 못한다. 사시나무[2]는 성질이 단단해 부러질지언정 휘지 않으므로 목재로 쓰기에 가장 알맞다. 오동나무는 널판을 만들어 차양을 치면 비나 이슬에 잘 견딘다. 그 나머지 상수리나무·떡갈나무·가죽나무·옻나무 등 곧게 자라는 성질을 띤 나무로는 그저 초막이나 창고, 변소, 방앗간을 만들 수 있을 뿐이다. 《증보산림경제》[3]

品第

屋材以松木爲上. 外他雖有好材, 不過爲草廠、廄、庫等, 雜用而已. 《增補山林經濟》

雜木中惟栗木, 作草屋柱, 則入地年久不朽;作門拴, 則盜不敢入. 白楊性剛, 寧折不曲, 最中用. 桐木作板造遮陽, 則耐雨露. 其餘橡、槲、樗、漆等, 性直之木, 只可作草廠、庫、厠、碓磨之室. 同上

---

1 《增補山林經濟》卷1〈擇材〉(《農書》3, 23~24쪽).
2 사시나무 : 버드나뭇과에 속하는 낙엽 활엽 교목으로, 자세한 설명은 《만학지》권4〈나무류〉"사시나무"에 나온다.
3 《增補山林經濟》, 위와 같은 곳(《農書》3, 24쪽).

《노송(魯頌)》에서 "조래산(徂來山)[4] 소나무와 신보산(新甫山)[5] 측백나무, 자르고 헤아리며, 작은 자와 큰 자로 재도다. 네모진 소나무 서까래 크니 노침(路寢, 왕이 정무를 보는 건물)도 매우 크구나."[6]라고 했다. 소나무와 측백나무가 집짓기에 알맞은 재료로 사용된 점은 예부터 그러했다. 같은 소나무나 측백나무라도 산지에 따라 다시 등급을 나누었다. 그러므로 소나무는 반드시 조래산 소나무라 하고, 측백나무는 반드시 신보산 소나무라 한 것이다. 참으로 이 두 산에서 나는 재목이 다른 지방에서 나는 재목과 달랐기 때문이다.

우리나라는 관동과 관북의 깊은 골짜기에서 나는 목재가 가장 좋다. 무늬와 결이 곱고 치밀하면서도 옹이가 없다. 가장자리는 희고 속은 누런데, 흰 부분을 제거하고 누런 부분을 취하면 반들반들 윤이 나면서 비바람을 잘 견딜 수 있으니, 민간에서는 이를 '황장목(黃腸木)'[7]이라 부른다. 지금 서울의 큰 저택은 대부분 관동에서 소나무를 베어다가 강에 띄워 하류로 내려보낸 목재로 지은 건물이다. 관북은 거리가 멀어서 그 목재를 서울까지 가져올 수 없다.

남쪽 바닷가의 여러 고을에서 나는 목재를 '해송(海松)'이라 하는데, 역시 집 짓는 데 쓰기에 알맞다.

《魯頌》曰："徂徕之松，新甫之柏，是斷是度，是尋是尺。松桷有舄，路寢孔碩。" 松柏之宜宮室之材，自古伊然矣。等是松柏，而又以產地爲差等，故松必稱徂徕，柏必稱新甫，誠以二山之產異於他地也。

我東以關東、北深峽產者爲最，文理細密而無膩眼。邊白裏黃，去白取黃，光潤耐風雨，俗呼"黃腸木"。今京城內傑構甲第，多自關東伐松浮江流下。關北則地遠，莫能致也。

南方濱海州郡產者，謂之"海松"，亦中用。但若生蟻，

---

4 조래산(徂來山) : 중국 산동성(山東省) 태안(太安)에 위치한 산.
5 신보산(新甫山) : 중국 산동성(山東省) 신태(新泰)에 위치한 산으로, 연화산(蓮花山)이라고도 한다.
6 《毛詩正義》卷20〈魯頌〉"閟宮"《十三經注疏整理本》6, 1676쪽).
7 황장목(黃腸木) : 품질이 가장 뛰어나 임금의 관(棺)을 만들 때 사용된 소나무. 궁궐 및 관아의 목조건축물을 신축, 보수, 복원하는 자재로도 많이 사용되었다.

다만 개미가 생기면 관동이나 관북에서 나는 목재의 뛰어난 품질에는 미치지 못한다.

측백나무에는 여러 종류가 있다. 잎이 옆으로 나는 나무를 '측백(側柏)'이라 하고, 측백나무 잎에 소나무 줄기 모양을 하고 잎이 뾰족하고 단단한 나무를 '원백(圓柏)'이라 하고,【일명 회(檜)나무이고, 괄(栝)나무인데, 바로 지금의 노송(老松)이다.】솔잎에 측백나무 줄기 모양을 한 나무는 전나무[樅]이며, 소나무와 회나무의 중간쯤 되는 나무가 회백(檜柏)나무이다.[8] 측백나무는 파리하면서 단단하고, 원백나무는 울퉁불퉁하고 꾸불꾸불하여 모두 집 짓는 재목으로는 알맞지 않다. 앞의 시에서 시인이 말한 측백나무는 아마도 전나무와 회백나무 사이인 나무일 것이다.

우리나라의 민간에서 말하는 백(柏)은 바로 잣나무[五鬣松, 잎이 다섯인 소나무][9]이다. 중국 사람들은 이 나무가 요해(遼海, 요동) 지역에서 나기 때문에 '해송자(海松子)'라 한다. 그 목재 역시 집 짓는 용도에 알맞다. 다만 나무껍질이 매끄럽고 부드러워 창살을 만들 때는 대패를 잘 받아 주고, 나무에 윤기가 나며 깨끗하여 사랑스럽지만 결국 소나무의 내구성에는 미치지 못한다.《금화경독기》

진저(陳翥)[10]의 《동보(桐譜)》에서 오동나무 목재의

不及東、北之美也.

柏有數種 : 其葉側生者, 曰"側柏" ; 柏葉松身而葉尖硬者, 曰"圓柏" ;【一名檜, 一名栝, 卽今老松.】松葉柏身者, 樅也 ; 松檜相半者, 檜柏也. 側柏瘦硬, 圓柏磈礧蟠屈, 皆不中宮室之材. 詩人所謂柏疑在樅與檜柏之間也.

若東俗所謂柏, 卽五鬣松也. 華人以其産於遼海之間, 謂之"海松子", 其材亦中宮室之用. 但肌膩而輭, 用作牕櫺, 善受鉋, 光淨可愛, 終不及松之耐久也. 《金華耕讀記》

陳翥《桐譜》盛言桐材之

---

8 측백나무에는……회백(檜柏)나무이다:《本草綱目》卷34〈木部〉"栢", 1913쪽.
9 잣나무[五鬣松] : 한 촉에 다섯 잎이 나오는 소나무로, 도가에서는 그 잎을 말리고 가루 내어 생식을 했다 한다. 오립송(五粒松) 또는 오수송(五鬚松)이라고도 한다.
10 진저(陳翥) : 982~1061. 북송(北宋)대의 농학자. 오동나무 재배에 관한 서적인《동보(桐譜)》를 저술했으며, 천문·지리·수학 등에 관한 저술을 남겼다.

우수함을 갖가지로 말하면서, "아무 때나 베어도 벌레가 쏠지 않고, 물기가 스며도 썩지 않으며, 바람을 맞고 햇볕에 쬐어도 갈라지지 않고, 나무에 빗물이 튀거나 진흙이 묻어도 비쩍 마르거나 이끼가 끼지 않는다. 그 덕분에 큰 건물을 지을 때 마룻대나 대들보, 도리, 기둥을 만들 수 있으니, 그 단단함이 비할 데가 없다."[11]라고 했다.

지금 산촌에서는 집의 도리를 연결한 기둥을 만들고 이를 땅에 박곤 하는데, 모든 나무가 얼마 안 가 썩어 집 양쪽이 쉽게 내려앉아도 오동나무만은 굳건하게 꿈쩍도 하지 않는다. 여기에서 오동나무 목재가 오래가는 효과를 확인할 수 있다. 《묵자(墨子)》에 나오는 "오동나무 관의 두께는 0.3척으로 한다."[12]는 말을 기준으로 살펴보면, 이 말은 검소함을 높이 사는 것일 뿐만 아니라 관이 땅속에 들어가도 썩지 않는 점까지도 고려한 것이니, 그렇다면 진저의 말은 믿을 만하다. 우리나라는 남쪽에서만 오동나무가 나고 북쪽은 오동나무를 드물게 심어 그 목재값이 비싸다. 이 때문에 그저 살림에 쓰이는 집기들이나 만들 뿐, 마룻대나 들보로 쓰일 목재는 넉넉하게 구입하기가 쉽지 않다. 오동나무를 톱질하여 얇은 판을 만든 다음 분합문 아래의 격자와 난간의 나무 격자【민간에서는 '머름[末蔭]'이라 부른다.】를 만들고, 인두로 이를 눌러 지져 침향색(황갈색)을 띠

美, 以爲"采伐不時而不蛀蟲[1], 漬濕所加而不腐敗, 風吹日曝而不坼裂, 雨濺泥淤而不枯蘚. 施之大廈, 可以爲棟梁、桁柱, 其固莫比."

山家有以爲桁柱地伏者, 諸木屢朽, 其屋兩易, 而桐獨堅然不動, 斯可見久效之驗矣. 以《墨子》"桐棺三寸"觀之, 不但尙儉, 亦取其入地不朽, 則陳說信矣. 我東惟南方産桐, 北地罕種, 其材價踊, 但可爲器用什物而已, 棟梁之材未易多購也. 鉅爲薄板, 用作分閤下格及欄檻木格,【俗呼爲"末蔭."】熨烙作沈香色則甚佳. 同上

11 아무 때나……없다:《說郛》卷105〈桐譜〉"器用第七".
12 《墨子》卷6〈節葬〉下.
[1] 蛀蟲:저본에는 "蟲蛀".《說郛·桐譜·器用第七》에 근거하여 수정.

게 하면 매우 아름답다. 《금화경독기》

영창과 툇마루, 가장지문은 가래나무로 만든다.
만든 뒤에 나무를 기름으로 문질러 색을 내면 누렇
게 윤이 나서 사랑스럽다. 《금화경독기》

느릅나무[黃楡木]¹³로도 분합문 아래 격자와 난간
격자를 만들 수 있다. 만든 뒤에 나무를 기름으로 문
질러 색을 내면 결무늬가 사랑스럽다. 《금화경독기》

상수리나무와 떡갈나무를 낮고 습한 곳에 깊이
묻어 놓고, 여러 해를 묵혀 꺼낸 다음 쪼개고 다듬
어 마루판의 틀을 만들면 빛깔이 침향색과 같고, 또
한 오래 견딜 수 있다. 《금화경독기》

2) 벌목하는 법

일반적으로 4월이나 7월에 벌목을 하면 목재에
벌레가 생기지 않으며 단단하고 질기다. 느릅나무
꼬투리가 떨어지거나 오디가 떨어질 때도 좋은 때이
다. 일반적으로 열매가 열리는 나무는 그 열매가 익
으려 할 때가 모두 벌목하기 좋은 때이다. 【주 벌목
할 시기가 아닌 나무는 벌레가 생기는 데다 재질도
무르다.】 일반적으로 벌목할 시기가 아닌데 벌목한
나무는 1개월 동안 물에 담그거나 불에 말리면 벌레

映牕及退軒、假粧子, 用楸
木造. 油刷出色, 則黃潤可
愛. 同上

黃楡木亦可作分閤下格及
欄檻格子. 油刷出色, 則文
理可愛. 同上

橡、櫟木深埋卑濕地, 年久
出之, 劈鍊作廳板機, 則色
如沈香, 亦能耐久. 同上

伐材法

凡伐木四月、七月, 則不
蠹而堅靭. 楡莢下, 桑葚
落, 亦其時也. 凡木有子
實者, 候其子實將熟, 皆
其時也. 【注 非時者, 蠹生
且脆也.】凡非時之木, 水
漚一月, 或火煏取乾, 蠹則
不生.【注 水浸②之木, 皆

---

13 느릅나무[黃楡木]: 《물명고(物名考)》에서는 황유(黃楡)를 '느티'라 했으나(《朝鮮後期漢字語彙檢索辭典》,
   679쪽) 느릅나무로 보아야 한다. 이하 동일.
② 浸: 저본에는 "侵". 버클리본·《齊民要術·伐木》에 근거하여 수정.

는 생기지 않는다. 【주 물에 담갔던 나무도 모두 부드러우면서 질기다.】《제민요술》[14]

亦[3]柔肕.】《齊民要術》

소나무를 벨 때는 맑은 날이 알맞다. 나무를 벤 뒤 껍질을 벗겨서 물에 오래 넣어 두면 흰개미가 생기지 않는다. 또 "오경(五更, 오전 3~5시) 초에 껍질을 벗기면 목재에 흰개미가 없다."고도 한다.《증보산림경제[15]》[16]

伐松木宜晴天, 去皮入水浸久, 則[4]不生白蟻. 又云 : "五更初, 削去皮, 則無白蟻."《增補山林經濟》[5]

집 짓는 데 쓰는 목재는 미리 쌓아 두어야 한다. 바람이 통하고 햇볕이 드는 빈집에 목재를 두고 1~2개월 동안 목재를 완전히 말려 습기를 제거한다. 그 뒤에 목재에 톱질하여 집을 지으면, 수안(髓眼)[17]이 긴밀해져서 목재가 변형되지 않는다. 【안 새로 벤 나무는 1~2년 동안 햇볕에 쪼이고 바람에 말리는 과정을 거치지 않으면, 목재의 습기를 쉽게 제거하지 못한다.】《다능집》[18]

起房木料須豫堆. 當風日空房之處, 待一兩月後, 乾透除去潮濕氣, 鋸造房屋, 則髓眼緊, 不得走動. 【案新斫之木, 除須一二年日曬風燥, 未易除去潮濕.】《多能集》

---

14 《齊民要術》卷5〈伐木〉第55(《齊民要術校釋》, 379쪽).

15 증보산림경제 : 원문에 "同上"으로 적혀 있으므로 인용서를 본래는 《제민요술》이라 써야 하나, 이는 초고인 버클리본 원고에서부터 수정 사항이 반영되지 않았기 때문에 발생한 착오이다. 버클리본에는, 이 표제어의 첫 기사, 즉 바로 위의 《제민요술》을 인용한 기사에 애초에는 《증보산림경제》에 실린 기사가 실려 있었다가 이후 지금의 《제민요술》의 기사로 수정되었다. 이 때문에 앞의 기사를 인용한 출처인 《증보산림경제》와 같다는 의미로 "同上"이라 써 놓은 원고를 뒤에 수정하지 않아서 착오가 생긴 것이다.

16 《增補山林經濟》卷1〈擇材〉(《農書》3, 23쪽).

17 수안(髓眼) : 나이테를 지칭한 것으로 보이나 정확한 뜻은 모르겠다.

18 《傳家寶》卷8〈多能集〉"起造木料法", 256쪽.

[3] 皆亦 : 《齊民要術·伐木》에는 "更益".

[4] 則 : 《增補山林經濟·擇材》에는 "後".

[5] 增補山林經濟 : 저본·규장각본·버클리본에는 "同上".

3) 목재 모아 두는 법

공사를 시작하기 전에 먼저 칸마다 너비와 높이를 산정한다. 옛집에서 물린 목재가 나오면 그때마다 조금씩 사 두어야 좋다. 도리로 쓸 목재는 길이만 헤아리면 되지만, 다섯 기둥은 장부 구멍[筍眼]에 맞는지 맞춰 보아야 한다. 서까래로 쓸 목재는 크기와 길이에 관계없이 많으면 많을수록 좋다.《고금비원》[19]

공사를 시작하려 할 때는 먼저 필요한 목재의 양을 고려해야 한다. 만약 100냥 정도가 필요할 듯하면 130~150냥 정도를 사야 한다. 대개 나무의 크기도 고르지 않고 내가 사용할 치수도 같지 않아, 형제목(兄弟木)[20]을 써야 할 때도 있고 공손목(公孫木)[21]을 써야 할 때도 있기 때문이다. 남은 목재는 내가 쓸 용도에 따라 알맞게 조정하면 큰 목재는 작은 용도로 쓰이지 않을 것이고, 남은 목재는 장식용이나 쐐기로 사용할 수 있을 것이다.《고금비원》[22]

4) 주의사항

집을 지을 때 주인이 목수를 잘 대접하지 않으면, 목수가 교묘한 방법으로 주인이 화를 당하게 한다. 위가 뾰족하고 아래가 두툼한 나무를 큰 쪽을 깎고 작게 만들어 거꾸로 박아 놓는데, 이와 같이

聚材法

未起造時, 先將每間闊狹高低算定. 遇有舊屋木, 便可零買. 桁條但量長短, 五柱須看筍眼. 若椽子, 不論大小、長短, 多多益善.《古今秘苑》

將起造時, 先做計要用木料. 若干估得一百兩, 須買一百三十兩. 蓋木之大小不齊, 我之用度不等, 有時宜用兄弟木, 有時宜用公孫木. 餘則伸縮由我, 庶不致大材小用, 用存卽可入裝摺用. 同上

禁忌

造屋, 主人不恤匠者, 則匠者以法魘主人, 木上銳下壯, 乃削大就小, 倒植之, 如是者凶. 以皁角木作門

---

19 《古今秘苑》〈二集〉卷3 "起造須知" '取材第二', 1쪽.
20 형제목(兄弟木) : 크기가 같거나 엇비슷한 목재.
21 공손목(公孫木) : 크기의 차이가 많이 나는 목재.
22 《古今秘苑》, 위와 같은 곳.

하면 흉하다. 또 쥐엄나무로 문빗장을 만들기도 하는데, 이와 같이 해도 흉하다. 【안】《증보산림경제》에서 "집을 지을 때 거꾸로 된 나무를 잘못 쓰면 사람을 미치게 한다. 이를 해결하려면 도끼머리로 나무를 치면서 '거꾸로 박힌 나무가 좋아! 거꾸로 박힌 나무가 좋아! 이 집에 사는 사람을 대대로 두고두고 따뜻하고 배부르게 해 줄 테니까!'라고 축원해야 한다. 그러면 길해진다."[23]라 했다. 그런데 이 말이 어느 책에서 나오는지는 모르겠다.】《공씨담원》[24]

뽕나무는 집 짓는 목재로는 알맞지 않고, 저절로 죽은 나무는 마룻대나 들보를 만들기에 알맞지 않다.《거가필용》[25]

집 짓는 목재로는 휘거나 굽은 것, 벌레나 좀이 쏜 것을 금한다. 또 저절로 죽은 나무와 마른 뽕나무도 금한다. 또 벼락 맞고 살아남은 나무와 단풍나무, 대추나무를 금한다. 또 사당이나 사찰, 관공서에서 물린 재목과 배나 배의 노로 썼다가 물린 나무도 금한다. 또 신수(神樹, 신령이 깃들었다고 믿는 나무)나 서낭당 나무 및 새나 짐승이 서식했던 나무를 엄금한다.《증보산림경제》[26]

關, 如是者凶.【案】《增補山林經濟》云 : "造屋時, 誤用倒木, 令人顚狂. 解法, 以斧頭擊而祝, 曰'倒好! 倒好! 住此宅者, 世世溫飽', 則吉." 未知出自何書.】《孔氏談苑》

桑樹不宜作屋, 自死樹不宜作棟梁.《居家必用》

屋材忌彎曲者、蟲蛀者. 又忌自死樹及枯桑. 又忌震餘木及楓、棗木. 又忌祠宇、寺刹、公廨退材及舟楫退材. 又大忌神樹、社木及禽獸[6]棲據之木.《增補山林經濟》

23 《增補山林經濟》卷1〈卜居〉"陽居雜法補遺"(《農書》3, 64쪽).
24 《談苑》卷1 ; 《格致鏡原》卷19〈宮室類〉"屋".
25 《居家必用》丁集〈宅舍〉"屋宅舍"(《居家必用事類全集》, 131쪽).
26 《增補山林經濟》卷1〈擇材〉(《農書》3, 24쪽).
[6] 獸 : 《增補山林經濟·擇材》에는 "鳥".

접붙인 나무를 마룻대나 기둥으로 삼는 일을 금한다. 《증보산림경제》[27]

忌接木爲棟柱. 同上

집을 지을 때 오리나무[梧里木] 쓰는 일을 금한다. 《금화경독기》

造屋忌用梧里木. 《金華耕讀記》

---

27 《增補山林經濟》, 위와 같은 곳.

2. 석재

石料

1) 석재의 등급

남포(藍浦)[1]에서 나는 석재가 가장 좋다. 색이 오옥(烏玉)과 같이 까만 돌을 '오석(烏石)'이라 하고, 색이 쑥잎 같은 돌을 '애석(艾石)'이라 하며, 하얗고 결이 고운 돌을 '세석(細石)'이라 한다. 강화도에서도 애석이 나지만 남포산의 좋은 품질에는 미치지 못한다. 결이 거칠면서도 무른 돌을 민간에서는 '숙석(熟石)'이라 부른다. 세석과 숙석은 어디에나 있다. 오석과 애석은 값이 비싸 서울에서 신분이 귀한 사람들의 무덤에 세워질 상설(象設)[2]이나 비석[碑碣][3]의 재료로만 쓰이니, 관공서나 일반 건축에 쓰이는 일체의 석재는 모두 세석이나 숙석이다. 장단(長湍)[4]의 천애동(天涯洞), 양주(楊州)[5]의 천애동(穿崖洞), 화성(華城)의 화산(花山)[6]에서 모두 세석이 나는데 무척 아름답다. 이외에도 돌이 나는 장소가 바둑돌이 놓인 듯 팔도 곳

品第

藍浦産者最佳. 色如烏玉者, 曰"烏石"; 色如艾葉者, 曰"艾石"; 白而細理者, 曰"細石". 江華亦産艾石, 然不及藍浦之佳也. 其理麤而脆者, 俗呼"熟石", 細石、熟石在處有之. 烏石、艾石則價重, 但爲京貴墓隴象設、碑碣之材, 一切公私宮室之用皆細石、熟石也. 長湍之天涯洞、楊州之穿崖洞、華城之花山, 俱産細石, 極佳. 外此産石處, 碁布羅列, 凡卜築者當

---

1 남포(藍浦) : 충청남도 보령시 남포면 지역에 있었던 현(縣)의 명칭.
2 상설(象設) : 무덤 주위에 사람이나 짐승의 형상으로 만든 석물.
3 비석[碑碣] : 비(碑)는 비석 머리 위에 지붕 모양의 돌을 얹고 묘 주인의 사적(事蹟)을 기념하기 위하여 글을 새긴 비석이고, 갈(碣)은 지붕 모양의 돌을 얹지 않고 머리를 둥그스름하게 만든 작은 비석이다.
4 장단(長湍) : 지금의 경기도 파주시 군내면 일대.
5 양주(楊州) : 지금의 경기도 양주시 일대.
6 화산(花山) : 경기도 화성시 송산동에 있는 산. 해발은 108m이다.

곳에 깔렸으니, 일반적으로 집을 지으려는 사람들은 사는 곳 근방의 돌 나는 장소에 가서 석재를 구별하여 골라야 할 것이다. 《금화경독기》

就旁近産石處, 區別擇取. 《金華耕讀記》

구들에 까는 돌은 양주 수락산(水落山)[7]에서 나는 돌이 가장 좋다. 천연 돌층이 마치 나무판을 겹쳐 쌓은 모양과 같아 한쪽만 정으로 뜨면 돌판 전체가 일어난다. 두께가 고르고 크기도 마음대로 조절할 수 있으니, 다른 데서 나온 돌 가운데 여기에 미칠 수 있는 돌은 없다. 서울 안에 깔린 구들장은 모두 이 돌이다. 큰 돌은 1칸에 돌 4개만 깔아도 충분하다. 《금화경독기》

鋪堗石, 楊州 水落山産者最佳, 天生層級如累積木板樣, 一處釘起, 全張浮起. 厚薄均齊, 大小隨意, 他産莫能及. 京城內鋪堗皆此石也. 大者, 一間恰鋪四石. 同上

2) 석재 다듬기

治材

기둥 아래의 받침돌은 두꺼워야 하는데, 특히 네 귀를 떠받치는 기둥의 받침은 더욱 두껍고 커야 한다. 《고금비원》[8]

柱下石宜厚, 而四擎柱尤宜厚而大. 《古今秘苑》

기둥의 받침은 북 모양[鼓式]을 써야 하고,【안 둥근기둥이면 북 모양을 써야 하지만, 네모기둥이면 네모난 주추를 써야 한다.】벽 안쪽에 있는 보이지 않는 주춧돌에는 사탕수수 마디 모양[甘蔗段式]을 써

擎柱子宜用鼓式, 【案 圓柱宜用鼓式, 方柱宜用方礎.】 墻壁內者宜用甘蔗段式. 不論面石、塘石、四方者價

---

7   수락산(水落山):서울특별시 노원구, 경기도 의정부시, 남양주시 별내면에 걸쳐 있는 산. 조선 시대에는 양주목(楊州牧)에 속해 있었다. 해발 638m이다.
8   《古今秘苑》〈二集〉卷3 "起造須知" '磚瓦第四', 3쪽.

야 한다. 면석(面石)[9]이든 당석(塘石)[10]이든 관계없이 네모난 돌이 비싸고, 양 끝이 얇은 돌은 싸다. 《고금비원》[11]

집 앞쪽의 기단에 오르기 위한 섬돌은 넓어야 한다. 넓으면 기단에 오르는 사람이 발을 옮길 때 넉넉하여 여유가 있지만, 좁으면 그저 발의 반 정도만 밟을 수 있으니, 오르내리기 어렵다. 《고금비원》[12]

주춧돌[13]을 다듬을 때는 무엇보다도 돌 밑바닥을 평평하고 반듯하게 하여 기울지 않게 해야 한다. 또한 여러 주추들이 높이가 다 똑같아서 털끝만큼도 어긋나지 않아야 한다. 기단석을 다듬을 때는 돌의 크기나 두께에 관계없이 오직 위아래 면이 평평하고 반듯하여 기단석을 겹쳐 쌓아도 기울지 않게 하는 일이 중요하다. 그렇지 않고 조금이라도 기울거나 떨어져 나간 부분이 있거나 움푹 파였거나 볼록 튀어나와서 이를 해결하려고 자갈을 괴어 겉으로만 고르게 하면, 오랜 시간이 지난 뒤에 자갈이 빠지고 돌이 기우는 사태를 막지 못하여 모든 공정이 다 망가지는 결과가 될 것이다. 《금화경독기》

貴, 兩頭薄者賤. 同上

前階梯石宜闊. 闊則登階者移步, 寬然有餘 ; 狹則止容半脚, 難於上下也. 同上

治礎石, 最宜石底平正不躄, 又須衆礎高下齊一, 不爽毫釐. 治階石, 不論大小、厚薄, 惟以上下面平正, 累砌不躄爲貴. 不然而一或斜缺凹凸, 用石礫撑庋, 只齊外面, 則久後不禁礫脫石傾, 而全工盡棄矣. 《金華耕讀記》

9 　면석(面石) : 건축물 기단의 주축부로 네 면을 이루는 벽체 부분.
10 　당석(塘石) : 어떤 용도로 쓰이는 돌인지 모르겠다.
11 　《古今秘苑》, 위와 같은 곳.
12 　《古今秘苑》, 위와 같은 곳.
13 　주춧돌 : 건축물의 기둥을 받쳐 주는 돌.

아(亞) 자 모양, 즉 감괘(☵)나 이괘(☲)의 모양으로 쌓은 기단

기단의 높이가 2~3척을 넘으면 기단을 만들기 위해 쌓아 올릴 돌 역시 2~3겹이어야 한다. 기단의 돌을 쌓을 때는 위아래 돌이 서로 '아(亞)' 자 모양으로 엇갈리게 하여 돌끼리 닿는 곳이 감괘(☵)나 이괘(☲)의 모양처럼 되어야 하니, 돌끼리 닿아서 생긴 선이 일직선으로 내려가게 해서는 안 된다.[14]《금화경독기》

階高二三尺以上, 砌石亦當二三重. 其砌之也, 令上下石交亞, 合襟處如坎離文, 勿令合襟線路直下. 同上

기단석은 긴 것을 귀하게 여긴다. 길이가 12~13척이 되는 돌을 상급으로 치고, 7~8척이 되는 돌을 중간으로 치며, 4~5척이 되는 돌을 하급으로 친다. 《금화경독기》

階石貴長. 長十二三尺爲上, 七八尺爲中, 四五尺爲下. 同上.

혹 벽돌을 쌓아 기단을 만들면서, 기단의 위아래와 네 귀퉁이에 돌을 쌓아 가장자리를 만들 때에 사용하는 돌은 길이가 길면 되지 너비가 넓을 필요는

或甃甎爲階, 而上下四隅砌石爲緣者, 其石只求長不求廣. 琢治令淨若磨礱則尤

---

14 기단의……안 된다 : 여기서 설명하는 기단의 모양은 위의 그림과 같다.

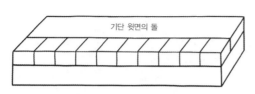

기단 윗면의 돌

기단 윗면의 돌을 파고 벽돌을 쌓은 모습

건물 들어서는 곳

기단 윗면의 돌

위의 그림을 사방으로 확대한 모습

없다. 돌을 맷돌처럼 정갈하게 다듬으면 더욱 좋다.
《금화경독기》

好. 同上

기단 위로 벽돌을 깔 때는 기단의 네 가장자리에
있는 돌의 윗면에 한 줄로 층이 지게 파 놓은 공간에
벽돌을 놓을 수 있도록 하는데, 이때 공간의 깊이는
벽돌의 두께를 가늠해서 그에 맞게 판다.[15] 요즘 사
람들 중에는 벽돌을 깔지 않으면서도 층이 지게 파
는 사람이 있기는 하지만 이에 대해서는 말할 가치
도 없다.《금화경독기》

階上鋪甎者, 四沿石上面,
宜作一路齷級, 令受甎,
其深視甎之厚. 今人有不鋪
甎而作齷級者, 無謂也. 同
上

---

15 기단……판다 : 이와 관련하여 아래 그림과 같은 모습을 염두에 두고 옮겼으나, 확신은 없다.

3. 흙반죽 재료

土料

1) 석회

석회는 청색을 상급으로 치고, 황백색을 그다음으로 친다. 석회는 반드시 흙속 2~3척 깊이에 묻혀 있는데, 흙을 걷어 내고 석회를 캐내어 불에 굽는다. 이때 흙 표층에서 바람을 쐰 석회는 쓰지 않는다. 석회를 굽는 땔감으로는 매탄(煤炭, 석탄)과 신탄(薪炭)[1]을 사용하는데, 그 비율은 매탄이 9/10, 신탄이 1/10이다. 석회를 구울 때는 먼저 매탄을 진흙에 개어 떡 모양의 덩어리로 만들고, 매탄 덩어리 한 층마다 석회석을 한 층씩 포갠 다음 그 밑에 땔나무를 깔고 불을 붙여 굽는다. 가장 좋은 석회를 '광회(礦灰)'라 하고, 가장 나쁜 석회를 '요재회(窯滓灰)'라 한다. 화력을 충분히 가한 뒤에는 석회가 불에 타서 성질이 물러지므로, 석회를 공기 중에 놓아두면 오랜 뒤에 석회가 저절로 타올라 가루가 된다. 석회를 급히 써야 할 때는 석회에 물을 뿌려 놓기만 해도 석회가 저절로 풀어진다.

일반적으로 석회로 담장의 돌을 쌓으려면 석회를 체에 걸러 돌덩어리를 가려낸 다음 물에 개어 돌들

石灰

石灰以靑色爲上，黃白次之．石必掩土內二三尺，掘取受燔．土面見風者不用．燔灰火料，煤炭居十九，薪炭居十一．先取煤炭泥和做成餅，每煤餅一層，疊石一層，鋪薪其底，灼火燔之．最佳者曰"礦灰"，最惡者曰"窯滓灰"．火力到後，燒酥石性，置于風中，久自炊化成粉．急用者以水沃之，亦自解散．

凡灰用以砌墻石，則篩去石塊，水調粘合．髹墁，則

1　신탄 : 나무 숯을 말하는 것으로 보임.

을 붙인다. 석회로 벽돌들을 붙이려면 유회(油灰)[2]를 쓴다. 담벼락을 하얗게 분장(粉墻)[3]하려면 석회를 물에 맑게 가라앉힌 뒤 여기에 종이쪽을 넣어 바른다. 석회로 저수지의 바닥과 주위를 바르려면 석회 1/7에 강모래와 황토를 각각 3/7씩 넣고 찹쌀풀, 양도등(羊桃藤)[4]즙을 고루 섞어 가볍게 쌓으면 반죽이 단단하게 굳어서 발라 놓은 석회 반죽이 영원히 떨어져 나가지 않는다. 《천공개물》[5]

用油灰. 用以堊墻壁, 則澄過入紙筋. 用以墁貯水池, 則灰一分入河沙、黃土三①分, 用稬米膠②、羊桃藤汁和勻, 輕築, 堅固, 永不隳壞. 《天工開物》

석회 개는 법은 다음과 같다. 덩이진 석회에 물이 스며들게 하고, 몽둥이나 갈고리 같은 도구로 쉬지 않고 수천 번 휘저어 석회 용액이 자연스럽게 진하고 끈적끈적해지게 한다. 그런 다음에 맑게 가라앉혀 물을 따라 내고 바닥에 가라앉은 거친 석회 덩이를 제거한다. 석회에 물이 스며든 채로 10~15일이 지난 뒤에 가져다 쓴다. 석회 용액을 오래 둘수록 더 좋지만, 너무 오래 놓아두었다가 말라 버리도록 해서는 안 된다. 만약 석회를 휘젓는 공정을 거치지 않으면 석회가 모래알처럼 흩어져서 쓰기 어렵다. 또 오랫동안 물에 담가 두지 않으면 작은 알갱

泡石灰法：將成塊石灰, 用水入內, 隨用棍鉤之類, 不住手攪和幾千遍, 自然稠粘, 然後傾水, 去其底脚粗塊, 用水浸③着, 俟十日半月後取用. 越久越好, 但不可乾了. 若不攪和, 則沙散難用. 不浸多時, 則有小石子, 一時泡不開, 粉墻【案 華人指堊壁爲"粉墻".】則成泡釘, 砌墻又不堅久.

2 유회(油灰): 탄산칼슘 분말·돌가루·산화아연 등의 성분을 보일유·유성니스·래커와 같은 전색제로 개어서 만든 접합제로, 중국 복건성이나 광동성 등지에서 나는 석회를 재료로 만들었다고 한다.

3 분장(粉墻): 뒤의 분장법(粉墻法)을 참조.

4 양도등(羊桃藤): 커다란 넝쿨식물로 줄기와 잎, 열매에 모두 털이 많다. 양도(羊桃)는 키위처럼 생긴 열매로, 아주 높은 떨기 속에서 맺는다. 자홍색(紫紅色)의 작은 꽃이 피고 꽃잎이 매우 많다.

5 《天工開物》 卷11 〈燔石〉 "石灰", 283~285쪽.

① 三: 《天工開物·燔石·石灰》에는 "二".

② 膠: 《天工開物·燔石·石灰》에는 "粳".

③ 浸: 저본에는 "侵". 버클리본·《傳家寶·多能集·粉墻法》에 근거하여 수정.

이가 남아 있어서 한 번에 거품이 일지 않으니, 이런 석회로 분장(粉墙)【안 중국 사람들은 벽을 하얗게 바르는 일을 가리켜 '분장(粉墙)'이라 한다.】을 하면 거품이 일어 우둘투둘해진 부분[泡釘]6이 생기고, 게다가 쌓은 담장이 단단하지도 오래가지도 못한다. 《다능집》7

《多能集》

분장법 : 물에 담가 둔 석회에서 바닥에 남은 거친 석회 덩이를 없앤다. 이와 별개로 서점에서 책을 재단하고 남은 면지(綿紙)8나 종이쪽[紙條] 약간을 완전히 풀어지도록 물에 풀어 놓았다가 석회물과 섞어서 여기에 넣어 둔다. 분장할 때가 되면 여기에 찹쌀로 쑨 된풀을 찧어 넣고 분장할 겉면을 귀얄9로 쓴 다음 발라 주면, 분장이 저절로 벗겨지지 않는다. 종이쪽은 '지근(紙筋)'이라 하는데, 색깔 있는 종이쪽을 써서는 안 된다. 《다능집》10

粉墙法 : 將浸下石灰, 去其粗脚. 另用書店內裁下綿紙、倣紙條若干, 泡之極爛, 和入灰內. 及粉時用糯米煮稠粥搗內, 粉上外面, 用箒掃過, 自不剝落. 紙條名曰"紙筋", 不可用有顏色者. 同上

2) 여회(굴껍데기 회)

바닷가 돌산 곁 바닷물이 있는 곳에는 짠물의 파도에 쌓이고 눌려 굴껍데기가 생겨나는데, 민중(閩中)11에서는 이를 '호방(蠔房)'이라 한다. 세월이 오래

蠣灰

海濱石山傍水處, 鹹浪積壓, 生出蠣房, 閩中曰"蠔房". 經年久者, 長成數丈,

6　거품이……부분[泡釘] : 석회를 바르고 아직 굳지 않았을 때 표면 위로 떠오르는 거품 모양의 침전물. 현대 건축에서는 이 현상을 블리딩(bleeding)이라 한다.

7　《傳家寶》 卷8 〈多能集〉 "泡石灰法", 257쪽.

8　면지(綿紙) : 식물성섬유지라고 하는데, 문맥으로 보아 책을 싸는 종이를 말하는 것 같다.

9　귀얄 : 주로 풀이나 옻을 칠하는 데 쓰는 작은 모양의 솔.

10　《傳家寶》 卷8 〈多能集〉 "粉墙法", 257쪽.

11　민중(閩中) : 지금의 중국 복건성(福建省)과 절강성(浙江省) 동남 지역에 속한다.

된 이런 굴 더미는 길이가 몇 장(丈)이나 되고 너비도 몇 묘(畝)[12]나 되어 석가산(石假山)[13]의 형상처럼 험하다. 일반적으로 여회를 굽는 사람들은 망치와 끌을 가지고 물에 발을 적셔 가며 굴껍데기를 캐 와, 【약방에서 파는 굴[모려]이 바로 이것을 부순 덩어리이다.】층층이 매탄을 얹어 불에 구워 만드는데, 그 공정은 석회를 만드는 방법과 같다. 또 여회로 벽돌들을 붙여 쌓아 담장을 만들어도 석회를 쓸 때와 효과가 같다. 더러는 현회(蜆灰, 가막조개 재)를 여회라 하는데, 이는 잘못이다. 《천공개물》[14]

闊則數畝, 崎嶇如石假山形. 凡燔蠣灰者, 執椎與鑿, 濡足取來,【藥鋪所貨牡蠣, 卽此碎塊.】疊煤架火燔成, 與石灰同. 粘砌成墻, 亦與石灰同功. 或以蜆灰爲蠣灰者誤也.《天工開物》

3) 백토

곳곳에 있으며, 가루가 희고 찰기가 있는 백토가 좋다. 요즘 사람들은 백토를 석회와 섞어 흙반죽을 만들고, 이를 담장의 기와 조각 사이에 발라 꾸미는데 하얀 무늬가 사랑스럽다. 호서의 보령(保寧)[15]에서 나는 백토가 특히 기이하니, 그곳 토박이들은 백토로 방의 내벽을 하얗게 바르는데, 옥처럼 매끈하고 거울처럼 밝아서 도배지를 바르지 않아도 벽의 사방이 환하다. 《금화경독기》

白土

處處有之, 粉白而有黏氣者佳. 今人取以和石灰爲泥, 墁飾墙垣瓦礫之間, 白紋可愛. 湖西保寧産者忒異, 土人用以墍房室內壁, 其膩如玉, 其明如鑑, 不藉紙塗, 而四壁明晃.《金華耕讀記》

4) 새벽흙(사벽토)

우리나라의 집 짓는 제도 : 일반적으로 온돌을 깔

沙壁土

東國宮室之制 : 凡鋪堗裝

---

12 묘(畝) : 너비를 기준으로 1묘(畝)는 1보(步, 5척 또는 6척)와 같다.
13 석가산(石假山) : 정원을 꾸미기 위해 바윗돌을 층층이 쌓아 인공적으로 조성한 바위산.
14 《天工開物》卷11〈燔石〉"蠣灰", 286쪽.
15 보령(保寧) : 현재의 충청남도 보령시 일대의 지역.

거나 벽을 꾸밀 때에 모두 붉은 찰흙을 사용한다. 그러나 붉은 찰흙은 성질이 거칠고 억세어서 점토가 마르면 바로 갈라진다. 이 때문에 작업이 끝난 뒤에는 누렇고 고운 모래흙 가운데 찰기가 약간 있는 흙을 말똥과 섞고 이를 찧어 반죽을 만든 다음 구들장이나 벽 위에 얇게 발라 주름처럼 갈라진 길을 덮고 틈을 메워 평평하지 않은 부분을 평평하게 해 준다. 민간에서는 이 흙을 '새벽[沙壁]'이라 한다.

미장이는 늘 이 공정에 정성을 다하는데, 반죽이 너무 묽으면 흘러내리고 너무 되면 벽에 붙지 않는다. 왕모래가 있으면 자국이 남으므로, 반죽을 말구유에 담고 사람을 바꿔 가며 충분히 밟아서 된죽처럼 만든 다음 왕모래를 가려낸다. 그런 다음에 이 반죽을 벽에 발라서 붙이는데, 붙일 때는 두 손으로 호(鍟)를 잡고【'鍟'는 음이 호(胡)로,[16] 흙반죽을 바르는 삽이다. 이는 미장이질을 하는 도구인데, 지금 민간에서는 '흙손[土手]'이라 부른다. 흙손은 쇠로 만들고 나무 손잡이가 있으며, 흙반죽을 바르는 곳은 좁고 길면서 바닥이 숫돌처럼 평평하다. 흙손의 목 부분은 을(乙) 자 모양으로 만든다.[17]】힘껏 문지르되, 이 공정은 오래 할수록 더욱 좋다.

흙손질한 곳은 대패질한 나무처럼 평평하게 해야 하고, 마치 풀로 종이를 붙인 듯이 흙과 나무 사이를 봉합해야만 제대로 했다고 할 수 있다. 일반적으

壁, 皆用赤黏土. 土性獷烈, 乾輒皺坼, 更取黃細沙土之略帶黏氣者, 和馬失搗泥, 薄墁其上, 以掩皺路塡皸隙, 平其不平, 俗謂之"沙壁".

墁者致意每在於此, 泥太稀則流潰, 太稠則不昵於壁. 有麤沙則瘢痕, 貯泥于馬槽, 更人熟踏, 令如稠粥, 揀去麤沙. 然後墁貼于壁, 雙手執鍟,【鍟, 音胡, 泥鏝也. 塗工之具, 今俗呼爲"土手". 鐵造而木柄, 其墁鏝處狹長而面平如砥. 其頸作乙字形.】用力磨揩, 愈久愈好.

要令其平如木受鉋, 其縫合土木之際如糊塗紙, 乃爲工也. 凡沙壁之土, 在處

---

16 鍟는……호(胡)로 : 鍟는 일반적으로 '오'로 읽는다.
17 鍟는……만든다 : 이 부분에서 설명하는 흙손의 모양은 위의 사진과 같다.

흙손(서울시립대박물관)

로 새벽흙은 어디에나 있지만, 한양에서 나는 흙이 가장 좋다. 그러나 중국의 제도를 모방하여 온돌은 반드시 벽돌로 깔고, 벽도 반드시 벽돌로 쌓으며, 서까래에는 반드시 삿자리를 깐다면 새벽흙을 쓸 일도 없다.《금화경독기》

有之, 漢陽産者爲最. 然苟倣華制, 堗必鋪甎, 壁必築甎, 椽必鋪簟, 則又無事乎沙壁之土矣.《金華耕讀記》

4. 기와와 벽돌

瓦、甎

1) 기와 굽는 법

일반적으로 진흙을 이겨 기와를 만들 때는 땅을 2척 남짓 파낸 뒤 모래가 섞이지 않은 찰흙을 골라 만든다. 사방 100리 안에는 반드시 기와로 쓰기에 알맞은 색으로 된 흙이 나오니, 여기서 나온 흙을 사람이 거처할 집을 짓는 용도로 공급한다.

일반적으로 민가의 기와 모양은 모두 4개가 합쳐진 원통이 나뉜 조각이다. 먼저 원통으로 기와 모형틀을 만들되, 바깥 모형틀에는 네 줄기의 경계선을 구획해 놓는다. 고루 밟고 충분히 치댄 진흙 반죽을 높고 긴 사각형 모양으로 쌓은 뒤에 철사로 시위를 건 활【이때 철사 위쪽은 0.03척 비워 두고, 철사 시위의 길이는 1척을 한도로 삼는다.】로 평평하지 않은 반죽에 대고 조각을 1개씩 베어 내면 종잇장을 들어 올리듯이 반죽을 떼어 내 들 수 있다. 이 반죽을 원통 위에 둘러싼 뒤 반죽이 자연스럽게 조금 마르기를 기다려 모형틀에서 반죽을 빼내면 기와는 자연스럽게 4개의 조각으로 분리된다.[1]

燔瓦法

凡埏泥造瓦, 掘地二尺餘, 擇取無沙粘土而爲之. 百里[1]之內, 必産合用土色, 供人居室之用.

凡民居瓦形皆四合分片. 先以圓桶爲模骨, 外畫四條界. 調踐熟泥, 疊成高長方條, 然後用鐵線弦弓,【線上空三分, 以尺限定.】向泥不平戛一片, 似揭紙而起. 周包圓桶之上, 待其稍乾, 脫模而出, 自然裂爲四片.

---

1 먼저……분리된다 : 이 구절과 관련된 《천공개물》의 그림은 위의 그림과 같다.
[1] 擇……里 : 저본에는 "□□□□□□□黑". 《天工開物·陶埏·瓦》에 근거하여 보충 및 수정.

기와 만드는 모습(《천공개물》). 가운데 장인이 철사활로 충분히 치댄 진흙을 베고 있다. 이렇게 벤 진흙판을 오른쪽 장인이 기와 모형틀에 붙이고 있다. 모형틀의 꼭지 부분에는 네 줄기의 경계선이 있음을 암시하는 선이 보인다. 왼쪽 장인은 날기와를 분리하고 있다.

일반적으로 기와의 크기는 예부터 정해진 규격이 없다. 큰 기와는 가로세로 0.8~0.9척 정도이고, 작은 기와는 그보다 3/10 정도 줄인다. 지붕면이 만나는 고랑에는 반드시 기와 중에 가장 큰 기와를 써야 한다. 이 기와를 '고랑기와[溝瓦]'라 하는데, 이 기와는 장맛비를 받아 낼 수 있어서 지붕에 물이 넘치거나 새지 않는다.

일반적으로 날기와가 다 만들어지고 마른 다음에는 날기와를 가마 속에 쌓아 넣고 땔감을 태워 불

凡瓦大小古[2]無定式, 大者縱橫八九寸, 小者縮十之三. 室宇合溝中, 則[3]必需其最大, 名曰"溝瓦", 能承受淫雨, 不溢漏也.

凡坯旣成, 乾燥之後, 則堆積窰中, 燃薪擧火, 或一

---

[2] 古 : 저본에는 "若".《天工開物·陶埏·瓦》에 근거하여 수정.
[3] 中則 : 저본에는 "則中".《天工開物·陶埏·瓦》에 근거하여 수정.

암막새(국립광주박물관)

을 지핀다. 불은 하루 밤낮을 지피거나 이틀 밤낮을
지피기도 한다. 이때 가마 속에 쌓아 넣은 기와의
양을 가늠해서 불 지피는 시간을 그에 맞게 한다.
가마에 물을 대어 전수(轉銹)[2]하는 공정은 뒤에 나오
는 벽돌 제조 때와 그 방법이 같다.

처마 끝에 드리우는 기와에는 암막새[3]가 있고,
용마루 양옆으로 내려 까는 기와에는 운와(雲瓦)가
있고, 용마루에 얹는 기와에는 포동(抱同)이 있으며,
용마루 양 끝을 눌러 장식한 기와에는 새나 짐승 같
은 여러 형상이 있다. 《천공개물》[4]

중국 기와의 몸통은 완전히 동그란 대나무를 넷
으로 쪼갠 모양과 같고, 기와 하나의 크기는 두 손
바닥을 나란히 한 크기와 비슷하다. 민가에서는 수

晝夜, 或二晝夜, 視陶中
多小, 爲熄火久暫. 澆水轉
銹, 與造甎同法.

其垂于簷端者有滴水, 下
于脊沿者有雲瓦, 瓦掩覆
脊者有抱同, 鎭脊兩頭者
有鳥獸諸形象. 《天工開
物》

中國之瓦體, 如正圓之竹
而四破之, 其一瓦之大恰
比兩掌. 民家不用筩瓦, 但

---

2 전수(轉銹) : 기와나 토기를 일부러 불에 그슬려서 검은 광채를 내는 공정.
3 암막새 : 암키와가 쭉 이어져서 만들어진 기왓고랑의 끝에 드림새(막새의 끝부분)를 붙여 만든 기와.
4 《天工開物》卷7〈陶埏〉"瓦", 181쪽.

키와[䇳瓦]를 쓰지 않고 암키와만을 쓴다. 기와 하나는 하늘을 향해 젖혀 놓고, 다른 하나는 엎어 놓아 서로 맞물려서 암수가 되게 한다. 이를 다시 회반죽으로 메꿔 주는데, 물고기 비늘 모양으로 층층이 단단하게 붙이면 몸통을 참새나 쥐가 뚫는 일이 저절로 없어질 것이다. 우리나라의 기와 몸통은 너무 큰 탓에 너무 휜다. 너무 휘기 때문에 저절로 그 안에 빈틈이 많아 뱀이나 참새의 소굴이 된다.《열하일기》[5]

用女瓦, 一仰一覆, 相爲雌雄, 復以灰泥, 膠粘鱗級, 自無雀鼠之穿. 我東瓦體過大, 故過彎. 過彎, 故自多空處, 爲蛇雀之屈.《熱河日記》

2) 벽돌 굽는 법

일반적으로 진흙을 이겨 벽돌을 만들 때는 땅을 파서 흙색을 확인하고 분별하는데, 흙색은 남색·백색·홍색·황색【민(閩)[6]과 광(廣)[7] 지역에서는 홍색 진흙이 많이 나온다. 남색 진흙은 '선니(善泥)'라 하는데, 강소성(江蘇省)과 절강성(浙江省) 지역에서는 선니가 대부분을 차지한다.】【안 우리나라에서 기와를 구을 때 쓰는 붉은 찰흙은 바로 홍색 진흙의 종류로, 곳곳에 있다. 진흙 중에 남색 찰흙은 대부분 물가나 기름진 논 안에 있다.】으로, 찰져서 흩어지지 않고 곱게 가루를 내도 모래처럼 흩어지지 않는 흙을 모두 상급으로 친다. 찰흙이 있는 곳에 물을 길어다 부어서 흙을 적신 다음 소 몇 마리를 몰고 가

燒甎法

凡埏泥造甎, 掘地驗[4]辨土色, 或藍或白或紅或黃,【閩、廣多紅泥. 藍者名"善泥", 江、浙居多.】【案 我東燔瓦所用赤黏土, 卽紅泥之類, 在處有之. 其藍色而黏泥者, 多在水濱、或肥稻田內.】皆以粘而不散, 粉而不沙者爲上. 汲水滋土, 人逐數牛錯趾, 踏成稠泥, 然後塡滿木匡之中, 鐵線弓戛平其面而成坯形.

5 《熱河日記》〈渡江錄〉"二十八日"(《熱河日記》, 527쪽). 이 부분은《섬용지》권1〈건물 짓는 제도〉"지붕 엎기"에서 이미 소개한 적이 있다.

6 민(閩) : 본래는 월족(越族)에서 갈려 나온 소수민족의 하나를 지칭하던 이름이었으나, 이들이 지금의 복건성(福建省)에 거주했던 것에서 의미가 확장되어 복건성을 지칭한다.

7 광(廣) : 중국 광동성(廣東省)과 광서성(廣西省) 지역.

[4] 驗 : 저본에는 "駘".《天工開物·陶埏·瓦》에 근거하여 수정.

벽돌 만드는 모습(《천공개물》). 왼쪽의 장인이 나무틀 속에 들어 있는 진흙을 자르고, 오른쪽의 장인이 이렇게 만든 날 벽돌을 나르고 있다.

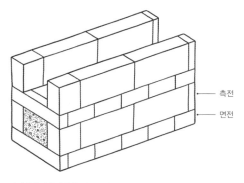

면전과 측전을 혼용한 벽돌쌓기 공법

서 이리저리 발로 밟게 하여 된 진흙을 만든다. 그 런 뒤에 진흙을 벽돌 모양을 만드는 나무틀 속에 채 워 넣고 철사로 시위를 건 활로 진흙의 표면을 평평 하게 잘라 내어 날벽돌 모양을 만든다.[8]

일반적으로 군(郡)이나 읍(邑)의 성과 성가퀴, 그 리고 민가의 담장을 쌓을 때 쓰는 공법에는 면전(眠 甎)[9]과 측전(側甎)[10] 2가지가 있다. 면전은 직사각형 벽돌을 눕혀서 나란히 배열하는 공법으로, 성곽이 나 민간의 부유한 집의 담을 쌓을 때, 공사비용을

凡郡邑城雉、民居垣墻所用 者, 有眠甎、側甎兩色. 眠 甎方長條, 砌城郭與民人 富饒家, 不惜工費, 直疊而 上. 民居算計者, 則一眠之

---

8 찰흙이……만든다 : 이 설명에 해당하는 《천공개물》의 그림은 위의 그림과 같다.

9 면전(眠甎) : 누워서 잠을 자는 모양으로 배열한 벽돌이라는 의미로, 벽돌을 누인 채로 벽돌의 긴 변이 맞붙 도록 나란하게 배열하는 공법이다.

10 측전(側甎) : 측면이 보이도록 배열한 벽돌이라는 의미로, 벽돌을 긴 변이 바닥에 닿도록 면전(眠甎) 위의 양 끝에다 나란하게 세워서 배열하는 공법이다. 이렇게 면전 위의 양 끝에 배열하면 272쪽의 그림처럼 가 운데에 빈 공간이 생기는데, 이 공간에 흙과 자갈을 채울 수 있어서 벽돌을 아낄 수 있다.

아끼지 않고 그대로 쌓아 올린다. 민가의 공사비용
을 고려해야 하는 사람이라면 면전 한 층 위에 측전
을 양 끝에 배열하여 한 줄로 빈 공간을 만들어 놓
고, 그 공간에 흙과 자갈을 메워 채운다. 이는 대개
담을 쌓는 공사비용을 줄이려는 뜻이다.

일반적으로 담장 벽돌 외에 땅에 까는 벽돌을
'방만전(方墁甎)'이라 하고, 서까래 위에서 기와를 받
치는 벽돌을 '황판전(楻板甎)'이라 하며, 둥글게 휜 작
은 다리나 홀 모양의 규문(圭門), 구덩무덤의 실내 공
간에 쓰이는 벽돌을 '도전(刀甎)'이라 하고, 또 '국전
(鞠甎)'이라 한다.[11] 일반적으로 도전은 한쪽 면을 깎
아서 좁게 만들고 이들끼리 의지하여 긴밀하게 서로
밀치면서 위로 쌓아 둥글게 만들면 수레와 말이 밟
아 눌러도 함몰되지 않는다. 방만전을 만들 때는 진
흙을 정사각 틀 속에 넣고, 평평한 나무판으로 윗면
을 덮은 다음 두 사람이 그 위에 발을 딛고 서서 발
을 굴러 단단하게 다지고서 구워야 쓸모가 있다. 그
런 다음 석공이 구운 벽돌의 가장자리 네 면을 갈고
깎아서 다듬은 뒤에 땅에 깐다. 도전은 담장 벽돌보
다 1푼 정도 비싸고, 황판전은 10개를 합쳐야 담장
벽돌 1개 값에 해당되며, 방만전은 1개가 담장 벽돌
10개 값과 맞먹는다.

上, 施側磚一路, 塡土礫其
中以實之, 蓋省齒之義也.

凡墻甎而外, 甃地者名曰
"方墁甎"; 槕[5]桷上用以承
瓦者, 曰"楻[6]板甎"; 圓鞠
小橋梁與圭門與窀穸墓穴
者, 曰"刀甎", 又曰"鞠甎".
凡刀甎削狹一偏面, 相靠
擠緊, 上砌成圓, 車馬踐
壓[7], 不能損陷. 造方墁
甎, 泥入方匡中, 平板蓋
面, 兩人足立其上, 研轉而
堅固之, 燒成效用. 石工[8]
磨斲四沿, 然後甃地. 刀甎
之直視墻甎稍溢一分, 楻[9]
板甎則積十以當墻甎之一,
方墁甎則一以敵墻甎之十
也.

11 둥글게……한다 : 이에 대해서는 《섬용지》 권1 〈건물 짓는 제도〉 "창" '원창'을 참조 바람.
[5] 槕 : 저본에는 "穟". 《天工開物·陶埏·瓦》에 근거하여 수정.
[6] 楻 : 저본에는 "程". 《天工開物·陶埏·瓦》에 근거하여 수정.
[7] 踐壓 : 저본에는 "壓踐". 《天工開物·陶埏·瓦》에 근거하여 수정.
[8] 工 : 저본에는 "上". 《天工開物·陶埏·瓦》에 근거하여 수정.
[9] 楻 : 저본에는 "程". 버클리본·《天工開物·陶埏·瓦》에 근거하여 수정.

일반적으로 벽돌은 날벽돌을 만든 뒤에 가마 속에 쟁여 넣는데, 쟁여 넣은 벽돌의 무게가 100균(鈞)[12]이면 하루 밤낮 동안 불을 때고, 200균이면 불 때는 시간을 배로 늘려야 충분하다. 일반적으로 벽돌을 굽는 가마에는 땔나무를 때는 가마가 있고, 매탄(煤炭)을 때는 가마가 있다. 땔나무를 때는 가마는 불길이 청흑색이 되고, 매탄을 때는 가마는 불길이 백색이 된다.

일반적으로 땔나무를 때는 가마는 가마 꼭대기 옆에 구멍 3개를 뚫어 연기를 내보낸다. 불이 충분하여 땔나무를 그만 넣어도 될 때는 진흙으로 그 구멍을 꽉 막은 뒤에 물을 부어 전수시킨다. 일반적으로 화력이 정상보다 1/10 부족하면 녹슨 색을 띠면서 광택이 없다. 3/10 부족하면 '눈화전(嫩火甎)'[13]이라 하여, 굽기 전의 본래 빛깔이 섞여 나타난다. 눈화전은 뒷날 서리나 눈을 맞으면 바로 모양이 흩어져 도로 진흙으로 되돌아간다. 화력이 정상보다 1/10 세면 벽돌 표면에 갈라져 터진 무늬가 생긴다. 3/10 세면 벽돌의 모양이 오그라들면서 터져 갈라지고, 굽어서 펴지지 않으며, 벽돌을 때려 보면 쇠를 부수는 듯하여 담장용으로 쓰기에는 적당하지 않다. 재치 있게 잘 활용하는 사람이 이런 벽돌을 흙 속에 묻어 담장 받침으로 삼는다면 여기에도 벽돌의

凡甎成坯之後, 裝入窯中, 所裝百鈞[10]則火力一晝夜, 二百鈞則倍時而足. 凡燒甎有柴薪窯, 有煤炭窯. 用薪者出火成靑黑色, 用煤者出火成白色.

凡柴薪窯, 巓上偏側鑿三孔以出煙, 火足止薪之候, 泥固塞其孔, 然後使水轉銹. 凡火候少一兩, 則銹色不光. 少三兩, 則名嫩火甎, 本色雜見, 他日經霜冒雪, 則立成解散, 仍還土質. 火候多一兩, 則甎面有裂紋. 多三兩, 則甎形縮小坼裂, 屈曲不伸, 擊之如碎鐵然, 不適于用. 巧用者以之埋藏土內爲墻脚, 則亦有甎之用也. 見燒火候, 從窯門透視內壁, 土受火精, 形神搖[11]蕩, 若金銀鎔化

---

12 균(鈞) : 무게 단위로, 1균은 30근이다.
13 눈화전(嫩火甎) : 약한 불에 구운 벽돌.
[10] 鈞 : 저본에는 "匀". 일반적인 용례에 근거하여 수정.
[11] 搖 : 저본에는 "瀋". 《天工開物·陶埏·瓦》에 근거하여 수정.

벽돌 및 기와를 전수하는 모습(《천공개물》)　　매탄으로 벽돌을 굽는 가마(《천공개물》). 매탄과 벽돌이 켜켜이 쌓인 가마 속 모습을 보여 준다. 장인들이 매탄 떡을 만들고 있다.

쓰임이 있다. 지피고 있는 불의 화력을 보려면 가마 입구에서 안쪽의 벽을 들여다보는데, 흙이 불의 정수를 받아 마치 금과 은이 녹아서 극에 다다른 듯이 벽돌이 요동치면 도공들이 이를 보고 벽돌의 구워진 상태를 분별한다.

之極然, 陶匠辨之.

일반적으로 벽돌을 전수하는 방법은 가마 꼭대기에 평평한 밭 모양을 만들고 사방의 둘레를 조금 둥글게 올려 그 위에 물을 대는 것이다.[14]

凡轉銹之法, 窯巓作一平田樣, 四圍稍弦起, 灌水其上.

일반적으로 기와 100균을 구우려면 물 40석을 쓰는데, 물 기운이 가마벽의 아래까지 스며 들어가 불길의 흐름과 서로 감응해서 이루어진다. 이리하여

凡瓦百鈞, 用水四十石. 水神透入土膜之下, 與火意相感而成. 水火旣濟, 其質千

14　전수하는 법을 소개한 《천공개물》의 그림은 위의 그림과 같다.

수화기제(水火既濟)[15]괘처럼 일이 잘 이루어지면 벽돌의 재질이 오래오래 간다.

매탄가마는 땔나무 가마에 비해 깊이를 배로 하고, 그 위는 둥근 공 모양으로 공간을 점차 줄여 가되, 꼭대기는 막지 않는다. 매탄 가마의 속에는 매탄으로 직경과 너비가 1.5척인 떡을 만들고 이 매탄떡 1층을 쌓을 때마다 벽돌 1층을 쌓아서 매탄 층의 사이를 떼어 놓은 뒤 갈대와 땔나무를 밑바닥에 깔아 이곳에 불을 붙인다.[16] 《천공개물》[17]

秋矣.

若煤炭窰視柴窰深欲倍之, 其上圓鞠漸小, 幷不封頂. 其內以煤造成尺五徑闊餠, 每煤一層, 隔甎一層, 葦薪墊地發火. 《天工開物》

3) 가마 제도

중국의 가마 제도는 우리나라의 가마 제도와 아주 다르다. 먼저 우리 가마의 잘못된 점을 말한 다음에야 가마 제도를 알 수 있겠다. 우리나라 가마는 그냥 누운 아궁이이지 가마가 아니다. 애초부터 가마를 만드는 벽돌이 없었기 때문에 나무로 지지대를 만들어 흙반죽을 쌓은 뒤, 큰 소나무를 때서 그 가마를 구워 단단하게 만든다. 우선 이렇게 가마를 구워 단단하게 만드는 비용이 많이 들어간다.

게다가 가마가 길기만 하고 높지 않아서 불이 위로 타오르지 못하고, 불이 위로 타오르지 못하니 불기운에 힘이 없다. 불기운에 힘이 없으니 반드시 소

窰制

中國窰制, 與我東之窰制判異. 先言我窰之誤, 然後窰制可得. 我窰, 直一臥竈, 非窰也. 初無造窰之甎, 故支木而泥築, 薪以大松, 燒堅其窰, 其燒堅之費, 先已多矣.

窰長而不高, 故火不炎上; 火不炎上, 故火氣無力; 火氣無力, 故必蒸松取

---

15 수화기제(水火既濟):《주역》의 63번째 기제괘(既濟☲)를 말한다. 기제괘는 괘상(卦象)의 위에는 물(☵)이 있고 아래에 불(☲)이 있어서, 가마에서 물과 불이 서로 감응하는 모습이 이 기제의 괘상과 일치하기 때문에 이와 같이 표현했다.

16 여기에서 설명한 내용을 표현한 그림은 다음과 같다.

17 《天工開物》卷7〈陶埏〉 "瓦", 184~187쪽.

나무를 때서 불을 맹렬하게 해야 하고, 소나무를 때서 불을 맹렬하게 하니 화력이 고르지 않다. 화력이 고르지 않으니 불에서 가까운 기와는 항상 뒤틀리거나 찌그러질 우려가 있고, 불에서 먼 기와는 또 제대로 구워지지 못해 한스럽다. 사기를 굽든 항아리를 굽든 관계없이 모든 질그릇 만드는 집은 가마가 모두 이와 같다.

우리 가마에서 소나무를 때는 방법 또한 마찬가지이다. 송진의 맹렬한 화력은 다른 땔감보다 뛰어나다. 그러나 소나무는 한번 잘려 나가면 다시 싹을 틔워 줄기를 내는 나무가 아니어서 한번 도공을 만나면 사방의 산이 벌거숭이가 된다. 이리하여 100년을 기른 나무들이 하루아침에 다 사라지고서야 도공들은 다시 새가 날듯이 흩어져 소나무를 좇아 떠나버린다. 가마 굽는 방법이 한번 잘못된 탓에 나라 안의 좋은 재목이 날이 갈수록 다 사라지고, 도공들도 날로 곤궁해진 것이다.

이에 비해 중국의 가마는 벽돌로 쌓아 석회로 봉하니 애초부터 가마를 구워 단단하게 만드는 비용이 들지 않는다. 만드는 이의 뜻대로 높고 크게 만드는데, 가마 모양이 종을 엎어 놓은 듯하다. 가마 꼭대기를 파내고 전수할 수 있는 못을 만들어 물을 몇 곡[斛]이나 담고, 가마 옆에는 연기 구멍을 4~5개

猛；爇松取猛，故火候不齊；火候不齊，故瓦之近火者，常患苦窳，遠火者，又恨不熟．無論燔甓燒甕，凡爲陶之家，窰皆如此．

其爇松之法又同⑫．松膏⑬烈勝他薪也．松一蘗則非再蘗之樹，而一遇陶戶，四山童濯，百年養之，一朝盡之，乃復鳥散，逐松而去．此緣窰一失法，而國中之良材，日盡，陶戶亦日困矣．

中國之窰，甎築灰封，初無燒堅之費．任意高大，形如覆鍾．窊⑭頂爲池，容水數斛，旁穿煙門四五，火能炎上也．置甎其中，相支⑮爲火道，大約其妙在積．甕

---

⑫ 同：저본에는 用．《熱河日記·渡江錄·初二日》에 근거하여 수정．
⑬ 膏：저본에는 肱．《熱河日記·渡江錄·初二日》에 근거하여 수정．
⑭ 窊：저본에는 "窊"．《熱河日記·渡江錄·初二日》에 근거하여 수정．
⑮ 支：저본에는 "攴"．버클리본·《熱河日記·渡江錄·初二日》에 근거하여 수정．

뚫어 불이 타오를 수 있다. 구울 벽돌을 그 속에 넣는데, 벽돌끼리 서로 지탱하여 불이 지나는 길을 만든다. 대략 중국 가마 제도의 빼어난 점은 벽돌을 쌓는 데 있다. 벽돌을 평평하게 뉘어 놓지 않고 모두 모로 세운 다음 10여 줄이 되게 하여 온돌의 고랫등처럼 만든다. 그 위에 다시 벽돌을 가로 방향으로 비껴 얹어서 줄지어 죽 늘어세운다. 이런 식으로 차례차례 쌓아 가마 꼭대기까지 올리면 이렇게 하여 생긴 구멍은 저절로 마름모 모양처럼 트이게 된다. 불기운이 위에 이를 때에는 이런 구멍들이 서로 불목구멍이 되어 숨을 들이켜듯이 화염을 빨아들이면서 모든 불목구멍이 번갈아 불길을 삼키므로, 불기운이 항상 맹렬하다. 그 덕분에 비록 수숫대나 기장대처럼 화력이 약한 땔감으로도 벽돌을 고루 구워 익힐 수 있다. 그러므로 벽돌이 오그라들고 뒤집어지거나 갈라져 터질 우려가 저절로 없어진다.

지금 우리나라의 도공들은 가마 제도를 앞서서 연구하지 않으면서 큰 소나무 숲이 아니면 가마를 설치할 수 없다고만 한다. 옹기 굽기는 막을 수 있는 일이 아니고 소나무 또한 한정된 물건이라면, 먼저 가마 제도를 고쳐 양쪽을 다 이롭게 하는 일만 한 것이 없겠다. 《열하일기》[18]

不平置, 皆隅立爲十餘行若垛塍. 再於其上, 斜駕排立, 次次架積, 以抵窯頂, 孔穴自然疏通如麂眼. 火氣上達, 相爲咽喉, 引焰如吸, 萬喉遞呑, 火氣常猛, 雖蜀稭、黍柄, 能均燔齊熟, 自無攣翻龜坼之患.

今我東陶戶不先究窯制, 而自非大松林不得設窯. 陶非可禁之事, 而松是有限之物, 則莫如先改窯制, 以兩利之. 《熱河日記》

---

18 《熱河日記》〈渡江錄〉"初二日", 532쪽.

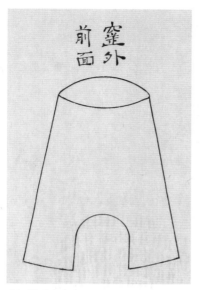

가마 바깥 정면

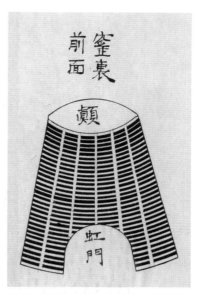

가마 안쪽 정면. 아궁이와 전수할 꼭대기 부분을 표기해 놓았다.

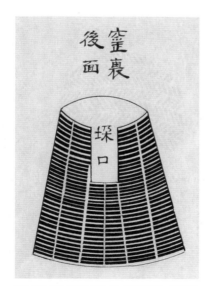

가마 안쪽 뒷면. 그림에 적혀 있는 타구(垜口)는 성가퀴(성 위에 낮게 쌓은 담)라는 뜻으로, 전수를 위해 물을 받을 곳을 표시한 것으로 보인다.

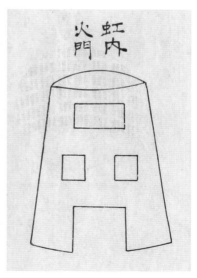

가마 속에서 볼 수 있는 연기 구멍들

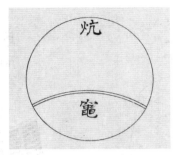

가마 속 땔감 지피는 곳[竈]과 구들[炕]의 영역

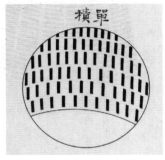

방구들 영역에 벽돌을 한 줄로 쌓아 올린 모양

방구들 영역에 벽돌을 두 줄로 쌓아 올린 모양

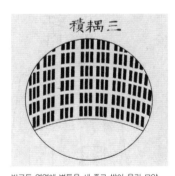

방구들 영역에 벽돌을 세 줄로 쌓아 올린 모양

방구들 영역에 벽돌을 사선으로 쌓아 올린 모양

〈중국의 벽돌 가마〉[19]

19 중국의 벽돌 가마 : 이규경은 《섬용지》에 실린 중국의 벽돌 가마 그림을 보고 다음과 같이 기록했다. "전
(甎)은 곧 벽(甓)이다. 궁실과 성첩(城堞), 대지(臺址)를 건설할 때 중국에서는 전적으로 벽돌에 의지한다.

어떤 이는 "수숫대 300줌이 가마 1개의 땔감이 되니, 이것으로 벽돌 8,000장을 얻을 수 있다."고 한다. 수숫대는 줄기 하나가 엄지손가락만 하니, 1줌이라고 해봐야 기껏 4~5개밖에 안 된다. 그렇다면 수숫대로 땔감을 삼으면 불과 1,000개 남짓으로 10,000개 가까운 벽돌을 얻을 수 있는 것이다. 【안 여러 해 전에 수원 화성의 옹성(甕城)20을 쌓을 때 《천공개물》에 나오는 벽돌 굽는 법을 본받아 크고 작은 가마 두 개를 설치했다. 큰 가마에서는 큰 벽돌 3,000장을 굽고 작은 가마에서는 1,600장을 구웠는데, 작은 가마에서조차 땔감 200수레[馱]를 땐 다음에야 비로소 화력이 충분해졌다. 따라서 여기에서 "수숫대 300줌이 가마 1개의 땔감이 되니, 이것으로 벽돌 8,000장을 얻을 수 있다."는 말은 잘못이다.】《열하일기》21

或言 : "蜀稭三百握爲一窰之薪, 得甎八千." 蜀稭一莖拇指大, 則一握⑯僅四五柄耳. 然則蜀稭爲薪, 不過千餘柄, 可得近萬之甎. 【案 昔年築華城甕城時, 倣《天工開物》燔甎法, 設大小二窰. 大窰燔大甓三千張, 小窰燔一千六百張, 而小窰爇薪二百馱, 然後火候始足. 此云"蜀稭三百握爲一窰之薪, 得甎八千"者, 妄也.】同上

우리나라에서도 벽돌을 굽고는 있으나 중국에는 크게 못 미치고 있다. 그전에 연암 박지원과 정유 박제가 두 분이 벽돌 굽기에 대해 역설했는데, 그 내용은 《열하일기》와 《북학의》에 보인다. 그 설들은 채택하여 쓸 만하나 그에 마음을 두는 사람이 없다. 나 또한 여기에 뜻을 두어 벽돌이 공사(公私)의 일에 크게 쓰여야 한다고 여겼다. 일찍이 《천공개물》에는 가마를 만들고 벽돌을 구워 내는 법을 깊이 체득한 내용이 들어 있는데, 두 분이 기록한 내용과 대략 같다. 오비학사(五費學士) 서유구 공도 그것을 한 번도 시험해 보지 못한 일을 한스럽게 여기고서 벽돌 굽는 가마에 대한 그림과 설명을 그분이 찬술한 《임원십육지》 가운데 실어 놓았다.(甎, 卽甓也. 爲宮室·城堞·臺址. 中國則專靠於此. 我東亦燔造, 大不如中原. 近世朴燕巖·朴貞蕤兩公力言其可燔, 見于《熱河日記》·《北學議》. 其說可采用, 而無人留心. 不佞亦有志於此, 以爲公私之大用者也. 嘗於《天工開物》, 深得其築窯燒出之法. 蓋與二公所記略同. 五費學士徐公亦恨不得一試, 載其燔窯圖說於所撰《林園十六志》中.)《오주연문장전산고(五洲衍文長箋散稿)》 권19〈번벽변증설(燔甓辨證說)〉.

20 옹성(甕城) : 성문의 중요한 요지의 밖이나 안쪽을 둘러막은 시설물. 적이 직접 성문에 접근하는 것을 차단할 목적으로 설치한다.

21 《熱河日記》, 위와 같은 곳.

⑯ 握 : 저본에는 "搤". 규장각본·버클리본·《熱河日記·渡江錄·初二日》에 근거하여 수정.

4) 기와와 벽돌 고르는 법

벽돌 색은 푸르러야 하고, 기와 색은 희어야 하니, 누런색은 쓰기에 알맞지 않다. 【案 지금의 고르는 법으로는 기와도 푸르러야 한다. 붉은 기와와 흰 기와는 모두 쓰기에 알맞지 않다.】고랑기와는 몸통 전체가 둥글고 반듯하며 울리는 소리에 문제가 없는 것을 골라야 하고, 암막새 역시 소리에 문제가 없는 것을 골라야 한다.《고금비원》22

민간에서는 "벽돌은 새것, 기와는 옛것이 좋다."고 한다. 일반적으로 벽돌은 반드시 완전히 푸른 것을 골라야 하는데, 손으로 두드렸을 때 쇠못으로 솥을 두드리는 것처럼 높은 소리가 나는 벽돌을 상급으로 친다. 기와는 오래된 것을 사야 더욱 품질이 빼어난데, 이는 오랫동안 바람, 비, 서리, 햇볕을 겪으면서 내성이 생겨 파손되는 일이 확실히 드물기 때문이다.《다능집》23

5) 갓 구운 벽돌의 건조한 성질 제거법

새로 구운 벽돌은 반드시 땅광 속에다 10~15일 동안 묻어 두어 벽돌의 건조한 성질을 제거해야만 비로소 담장을 쌓을 수 있다. 그러지 않으면 쌓아 올린 벽돌에 바른 회반죽이 바르는 대로 말라 버려

選瓦、甋法

磚色要靑, 瓦色要白, 黃色不中用.【案 今選法, 瓦亦要靑. 其赤者、白者, 皆不中用.】溝⑰瓦須揀通身圓正及聲響無病者, 滴水亦須擇其聲響無病者⑱.《古今秘苑》

俗云"新甋舊瓦". 凡甋必揀全靑, 敲之音高釘鏹者爲上. 瓦買舊瓦更妙, 因久經風雨霜日, 破損者必少.《多能集》

去新甋燥性法

新甋須埋地窖中過上十日半月, 去其燥性, 方可砌墻. 不然則砌上灰泥隨乾, 不得混溶堅固.《多能集》

---

22 《古今秘苑》〈二集〉卷3 "起造須知" '磚瓦第四', 2쪽.
23 《傳家寶》卷8 〈多能集〉 "選磚瓦法", 256쪽.
⑰ 溝:《古今秘苑·起造須知·磚瓦第四》에는 "斜溝".
⑱ 亦須……病者:《古今秘苑·起造須知·磚瓦第四》에는 "花邊亦然如前".

단단하게 합쳐질 수 없다. 《다능집》[24]

6) 계를 맺어 기와 굽는 법

물건은 원대한 계획[25]이 중요하다. 공자께서 은나라 수레를 타신 것도 그 수레의 튼튼함을 취한 것이다.[26] 백성들이 급하게 여기는 일은 입을거리와 먹을거리가 가장 먼저이며,[27] 집이 그다음이다. 집을 지을 때 비가 새지 않게 하면 수백 년을 지탱할 수 있는데도 지금 그렇게 할 수 없는 이유는 시골에서는 기와를 구울 여력이 없어서 그저 볏짚으로나 지붕을 얹을 수 있기 때문이다.

유형원(柳馨遠)[28]은 외곽 고을마다 토목공사를 하기 편리한 곳에 기와 굽는 와국(瓦局)을 두어 그곳에서 기와를 굽게 하고 백성들이 구입할 수 있게 하려 했다. 또 "혹은 거주민들이 계를 맺고 재물을 거두어 모아 기와를 만들면 10여 년이 지나지 않아 한 마을이 모두 기와집이 될 것이다."[29]라고 했다. 그 계획이 원대하니, 이를 서둘러 시행해야 한다.

게다가 땅에서 쓰이는 데는 말만 한 짐승이 없

結社燔瓦法

物貴慮遠. 聖人乘殷之輅, 取其堅固也. 生民所急, 衣食爲最, 屋宇次之. 爲屋不使雨漏, 可支數百年, 而今不能然者, 鄕俗無力燔瓦, 只得用稻藁蓋屋故耳.

柳磻溪欲令外邑各就土木便近處, 置局燔瓦, 許民貿易. 且曰 : "或居民結約, 鳩財造瓦, 則不出十數年, 一村盡成瓦屋." 其慮遠大矣, 宜亟行之.

且地用莫如馬, 農桑非牛不

---

24 《傳家寶》卷8〈多能集〉 "去新磚燥性法", 256쪽.

25 원대한 계획 : 《논어》〈위령공(衛靈公)〉에 나오는 말이다. "子曰 : 人無遠慮 必有近憂."

26 공자께서……것이다 : 은나라의 수레는 튼튼하면서 장식이 별로 없고 질박한 점이 특징이다. 《논어》〈위령공(衛靈公)〉에서 안연이 나라를 다스리는 법에 대해 묻자, 공자는 "하나라의 역법을 시행하고, 은나라의 수레를 타며, 주나라의 면류관을 쓴다.(顏淵問爲邦, 子曰 : "行夏之時, 乘殷之輅, 服周之冕.")"라고 했다.

27 백성들이……먼저이며 : 《성호사설》에서는 먹을거리가 가장 먼저이고 입을 거리가 그다음이라고 하여, 음식과 의복에도 차등을 두었다.

28 유형원(柳馨遠) : 1622~1673. 조선 후기의 학자. 반계(磻溪)는 그의 호이다. 농민들을 위한 제도 개혁의 필요성을 역설하며 《반계수록(磻溪隨錄)》을 저술하였다.

29 혹은……것이다 : 《磻溪隨錄》卷1〈郡縣制〉 "歷代制".

고, 농사짓고 누에치는 데는 소가 아니면 일이 안 된다. 말이나 소를 기르는 데는 풀과 짚이 중요한데, 가난한 집에서는 더러 풀과 짚이 부족하여 말이나 소를 기를 수도 없다. 참으로 시골집이 모두 지붕에 기와를 얹어 짚이나 풀을 이엉지붕에 낭비하지 않게 하면 또한 생계를 크게 돕게 될 것이다. 《성호사설》[30]

7) 벽돌의 이로움

지금 천하는 땅 위로 50~60척, 땅 밑으로 50~60척이 모두 벽돌이다. 높은 곳으로는 누대·성곽·담장이고, 깊은 곳으로는 다리·분묘·도랑·온돌·저수지 등의 시설물이다. 모든 나라를 보호하고 백성들이 수재와 화재, 도적, 부식과 습기, 기울고 무너지는 사태에 시달리지 않게 하는 물건은 모두 벽돌이다. 벽돌의 효과가 이와 같은데도 우리나라 몇천 리 안에서만은 벽돌을 버려두고 강구하지 않으니 실책이 크다. 더러는 "벽돌이 흙의 성질에서 말미암기 때문에 우리나라는 기와를 쓰지만 벽돌은 쓰지 않는다."[31]라고 하는데, 이는 결코 그렇지 않다. 진흙으로 둥글게 만들면 기와이고, 네모나게 만들면 벽돌인 것이다. 《북학의》[32]

成. 養馬牛, 草藁爲重, 貧家或因乏此而不得養. 誠令村家皆覆瓦, 藁草不費於苫蓋, 則又補益之大者也. 《星湖僿說》

論甓利

今天下出地五六丈, 入地五六丈皆甓也, 高則爲樓臺、城郭、垣墻, 深則爲橋梁、墳墓、溝渠、坑埈[19]、堤堰之屬. 衣被萬國, 使民無水火、盜賊、朽濕、傾圮之患者, 皆甓也. 其功如此, 而東方數千里之內, 獨廢而不講, 失策大矣. 或曰 "甓由於土性[20], 故我國瓦而不甓", 是大不然. 圜則瓦, 方則甓. 《北學議》

---

30 《星湖僿說》〈人事門〉 "瓦屋", 332쪽.
31 벽돌이……않는다 : 음양오행설에 따르면 우리나라는 동북 간방(艮方)에 위치하여 백토(白土)에 해당하므로, 흙의 성질을 지닌 사물과는 어울리지 않는다는 의미로 한 말로 보인다.
32 《北學議》〈內編〉 "甓"(《農書》 6, 28쪽).
[19] 坑埈 : 《北學議·內編·甓》에는 없음.
[20] 性 : 《北學議·內編·甓》에는 없음.

5. 도배 재료

塗料

1) 벽 도배

壁塗

벽에 흙반죽을 바르고서 다 마르면 곧 휴지(休紙) 【민간에서는 글을 쓰고 남은 오래된 종이를 '휴지' 라 부른다. 휴(休)의 뜻은 기(棄, 버린다)와 같다.】를 풀 로 벽에 바르는데, 이를 '초배(草褙, 애벌도배)'라 한다. 그 위에 다시 흰 종이를 발라 먹 자국을 덮는 공정 을 '중배(中褙, 중간도배)'라 하고, 중배한 종이 위에 다 시 두꺼운 종이를 바르는 공정을 '정배(正褙, 정식도배)' 라 한다. 일반적으로 정배하는 종이는 호남의 전주 (全州)에서 나는 간장지(簡壯紙), 【두꺼우면서도 다듬이 로 다듬어 반들반들하고 마름질하여 편지지로 쓰기 때문에 민간에서 '편지지로 쓰는 질긴 종이'라는 뜻으 로 간장지라 부른다.】 남평(南平)[1] · 남원(南原) 등의 읍 에서 나는 선지(扇紙) 【깨끗하고 희면서도 다듬이로 다 듬어 반들반들하고, 풀을 발라 접부채(접첩선)[2]를 만들 기 때문에 민간에서 부채종이라는 뜻으로 '선자지(扇 子紙)'라 부른다. 중국 사람들이 칭하는 '조선백추지(朝

堲壁旣乾, 卽用休紙【俗呼 書餘舊紙爲"休紙". 休, 猶 棄也.】糊塗曰"草褙", 更塗 白紙以掩墨迹曰"中褙", 中 褙之上更塗厚紙曰"正褙". 凡正褙之紙, 湖南 全州産 簡壯紙、【厚而硾光, 用裁 手簡, 故俗呼"簡壯紙".】南 平、南原等邑産扇紙【潔白 而硾光, 用糊摺疊扇, 故 俗呼"扇子紙". 華人所稱朝 鮮白硾紙, 蓋指簡紙、扇紙 等也.】爲上. 關西之寧邊産 白鷺紙、關東之平康産雪花 紙, 皆爲佳品. 然東紙終患 毛起, 燕貿毛土紙, 値賤而

1 남평(南平) : 지금의 전라남도 나주시 남평읍 일대.
2 접부채(접첩선) : 접었다 폈다 할 수 있는 부채. 더 자세한 내용은 《섬용지》 권3 〈복식 도구〉 "기타 장신구" '접부채(접첩선)'를 참조 바람.

鮮白硾紙)'는 대개 간장지와 선지 등을 가리킨다.]를 상급으로 친다. 관서의 영변(寧邊)³에서 나는 백로지(白鷺紙)⁴와 관동의 평강(平康)⁵에서 나는 설화지(雪花紙)⁶도 모두 좋은 품질이다. 그러나 우리나라 종이는 끝내 보풀이 일어날 일이 걱정된다. 연경에서 들여오는 모토지(毛土紙)⁷는 값이 싸고 보풀이 없으므로 벽에 풀칠해 바르기에는 가장 좋다. 형편이 넉넉한 사람들은 분지(粉紙)⁸를 쓰면 더욱 좋다.《금화경독기》

無毛, 最宜糊壁. 侈者用粉紙則尤佳.《金華耕讀記》

일반적으로 새로 지은 집은 초배를 한 뒤에 1년이나 반년 정도를 그대로 두어야지 정배를 서둘러서는 안 된다. 대개 새로 벽을 바른 초기에는 기둥과 벽 사이가 밀착되어 틈이 없지만, 오랜 시간이 지난 뒤에는 흙과 나무가 마르면서 수축되어 접합 부분에 틈이 생기고 갈라져 도배지가 주름지거나 일어난다. 칼로 주름진 부분을 째고 다시 종이를 꼬아서 갈라지거나 금이 간 틈을 메운 뒤에야 비로소 중배와 정배를 할 수 있다. 그렇지 않고 건물을 지은 초기에 곧바로 정배를 하면 마침내 기둥과 벽의 접합 부분

凡新豎房屋, 草褙後任置一年、半年, 勿遽正褙. 蓋新墁之初, 柱壁之際密襯無罅, 及夫經久, 土木乾縮, 交際罅拆[1]而塗紙皺起矣. 刀劃皺處, 更用紙撚填補罅拆[2]之隙, 然後始可中褙、正褙. 不然而建屋之初, 卽作正褙, 則畢竟柱壁交際, 禁不得絞皺之

3　영변(寧邊) : 지금의 평안북도 영변군 영변읍 일대.
4　백로지(白鷺紙) : 백로의 흰빛처럼 하얀색을 띤 종이.
5　평강(平康) : 지금의 강원도 평강군 일대.
6　설화지(雪花紙) : 겨울철에 눈을 이용하여 표백하여 만든 종이. 서화용이나 인쇄용으로 사용되었으며, 궁중에서 사신에게 주는 예물로 쓰였다.
7　모토지(毛土紙) : 중국에서 넝마(낡고 해어진 옷이나 이불 따위)를 원료로 하여 손으로 비벼서 만든 종이.
8　분지(粉紙) : 풀을 먹이고 다듬어서 빛이 희고 재질이 단단한 두루마리 종이.《이운지》권4〈서재의 고상한 벗들〉하 '종이' '분지 만드는 법'에 나온다.
[1]　拆 : 저본에는 "坼". 버클리본에 근거하여 수정.
[2]　拆 : 저본에는 "坼". 버클리본에 근거하여 수정.

에 뒤틀려 주름지는 무늬를 막으려 해도 그럴 수 없다.《금화경독기》

紋矣. 同上

간혹 벽에 흙반죽을 바르고서 다 말랐을 때 휴지를 바르지 않기도 한다. 즉 석회를 1개월 반 동안 물에 담가 두었다가 바닥에 가라앉은 찌꺼기는 버리고, 위로 떠오른 찰지고 고운 석회만 두고서 물을 쏟아버린다. 여기에 느릅나무즙과 종이쪽을 고루 섞어 벽을 하얗게 바른다. 석회가 다 마른 다음 거품이 일어 우툴두툴해진 부분을 흙손으로 갈아 평평하게 만들어 놓는다. 7~8개월이 지난 뒤 기둥과 벽 사이에 틈이 생기면 앞에서 설명한 방법대로 다시 석회로 하얗게 바른다. 석회가 다 마른 다음 종이를 2~3겹으로 바르면 휴지를 쓰지 않아도 되는 데다가 벽이 하얗고 깨끗하여 사랑스럽다.《금화경독기》

或於墍壁旣乾, 勿塗休紙, 卽將石灰浸水一半月, 去其底粗脚, 但取浮起黏細者, 傾去水. 用楡木汁, 紙筋和勻塗墍, 俟乾, 用鈎磨平泡釘, 過七八箇月後, 如有柱壁間罅隙, 依前更以石灰塗墍. 俟乾, 塗紙二三重, 則旣不費休紙, 且白淨可愛. 同上

2) 창 도배

중국의 연경과 열하에 있는 궁전의 창문에는 모두 우리나라에서 조공한 종이로 창호지를 발랐는데, 그 종이가 질기고 오래가기 때문이다. 그러나 연경에 조공한 백면지(白綿紙)[9]는 우리나라 종이 가운데 좋은 품질이 아니니, 전주의 간장지로 창을 발라야 한다.《금화경독기》

牕塗

中國燕京, 熱河宮殿牕牖, 皆用我國貢職塗之, 爲其堅韌耐久也. 然燕貢白綿紙非東紙之佳品, 當用全州簡壯紙糊牕.《金華耕讀記》

---

9 백면지(白綿紙) : 갈대나무를 원료로 만든 흰 종이로, 하얗고 촉감이 부드러워 궁중에서 사신에게 주는 예물로 많이 사용되었다.

3) 공부방 창문에 기름 먹이는 법

피지(皮紙)[10]로 창문 바르는 작업이 끝나면 동유와 맹물[白水]을 같은 양으로 고루 섞고 귀얄로 솔질하여 기름을 먹이면 비가 새어 들지 않고 햇볕이 밝게 든다. 기름을 먹이는 귀얄의 재료로는 닭 털을 사용한다. 《속사방》[11]

책을 읽을 때는 반드시 창문이 환하고 책상이 깨끗해야 하는데, 기름종이로 창을 바르면 창이 밝다. 기름종이 만드는 비결을 다음과 같이 말했다. "동유 5, 삼씨기름 6은 달여 쓰지 않고, 아주까리 20개는 껍질 벗겨 간다네. 광분(光粉)[12]과 황단(黃丹)[13] 각 0.5술씩 넣어, 복숭아나무 가지로 휘저어 창호지에 먹이면 마치 신선의 방과 같지." 【안 동유가 없으면 황랍(黃蠟)[14]으로 대신한다.】 또 다른 비결에서는 이렇게 말했다. "동유 3, 삼씨기름 4는 달일 필요 없고, 아주까리 15개는 껍질 벗겨 간다네. 여기에 정분(定粉, 광분)[15] 1푼 섞어 먹이면, 햇볕 한번 쬐일 때마다 윤나고 곱지." 《거가필용》[16]

油書牕法

以皮紙糊牕訖, 用桐油、白水等分打勻刷之, 雨不透日明. 刷用鷄羽. 《俗事方》

讀書須用明牕、淨几③, 須油紙糊牕則明. 其造油紙訣云 : "五桐六麻不用煎, 二十蓖麻去殼研, 光粉黃丹各半匙, 桃枝攪用似神仙." 【案 如無桐油, 以黃蠟代之.】 又云 : "桐三麻四不須煎, 十五蓖麻去殼研, 定粉一分和合了, 太陽一見便光鮮." 《居家必用》

---

10 피지(皮紙) : 우리나라에서 닥나무 껍질의 찌끼를 원료로 하여 만든 품질이 좋지 않은 종이로, 벽지에 사용되었다. 그러나 여기서는 채광에 유리한 안피지(雁皮紙)를 가리킨 것으로 보인다. 안피지는 산닥나무 껍질로 만든 종이로 매우 얇고 질기며 투명하다.

11 출전 확인 안 됨.

12 광분(光粉) : 납을 가공하여 만든 염기성 탄산 연분(鉛粉)으로, 연분(鉛粉), 호분(胡粉), 정분(定粉), 와분(瓦粉)이라고도 한다. 광분(호분)을 포함하여 아래에 나오는 여러 물감들에 대해서는 《섬용지》 권3 〈색을 내는 도구〉를 참조 바람.

13 황단(黃丹) : 납을 달구어 만든 황색의 산화연으로, 연단(鉛丹) 또는 연화(鉛華)라고도 한다.

14 황랍(黃蠟) : 꿀벌이 벌집을 만들기 위하여 분비하는 물질.

15 정분(定粉) : 광분(光粉)의 이칭.

16 《居家必用》戊集 〈文方適用〉 "書窓"(《居家必用事類全集》, 202쪽).

③ 几 : 저본에는 "凡". 규장각본·버클리본·《居家必用·文方適用·書窓》에 근거하여 수정.

우리나라에는 동유가 없으니, 삼씨기름만 달이고 여기에 황랍과 백반(白礬)을 넣어 녹인 다음 찌꺼기를 거른다. 솜방망이를 이렇게 만든 기름에 담가 창호지에 기름을 먹이면 역시 저절로 밝으며 윤나고 곱다.《금화경독기》

我東無桐油, 但用麻油煎沸, 入黃蠟、白礬, 熔化濾滓. 用綿椎蘸油, 刷牕紙, 亦自明瑩光鮮.《金華耕讀記》

또는 우뭇가사리[石花菜][17]를 끓여 아교를 만들기도 한다. 아교가 아직 굳지 않았을 때 귀얄에 묻혀서 창호지에 먹여도 밝게 할 수 있으니, 기름을 먹이는 공정과 조금도 다름이 없다.《금화경독기》

或煮石花菜爲膠. 迫其未凝, 用糊筆蘸刷牕紙, 亦可取明, 與刷油無異. 同上

4) 천장널 도배

天板塗

일반적으로 천장널 1칸에는 우물 모양 4개('田' 자 모양)나 9개('口' 자가 가로로 3줄, 세로로 3줄인 모양)를 만드는데, 그 우물 모양은 모두 가는 나뭇가지를 가로세로로 엮어 문살처럼 만든 것이다. 여기에 먼저 전후지를 바른 다음 색종이를 바르는데, 색은 청색이나 녹색이나 감청색[鴉靑][18] 가운데 뜻대로 사용한다.

凡天板一間作四井或九井, 其井皆用細木條, 縱橫作櫺. 先塗錢厚紙, 次塗色紙, 或靑或綠或鴉靑隨意.

일본에서 들여온 갖가지 색깔의 능화지[菱花牋][19]도 매우 좋다. 더러는 정분(丁粉)[20]을 동청(銅靑)[21]이나 쪽물 등과 함께 섞어 색을 낸 다음 여기에 법제들기

倭貿各色菱花牋亦佳. 或用丁粉和銅靑、靛花等設色, 仍以法製荏油刷光. 或

---

17 우뭇가사리[石花菜] : 해동초(海東草)라고도 한다.《관휴지》권2〈채소류〉"바닷가와 바다의 푸성귀" '우뭇가사리'에 나온다.
18 감청색[鴉靑] : 갈까마귀[鴉靑]의 색이란 뜻으로, 검푸른빛.
19 능화지[菱花牋] : 여러 색깔과 마름모무늬가 새겨진 종이.
20 정분(丁粉) : 조개껍데기에서 얻은 흰색 안료.
21 동청(銅靑) : 구리의 녹으로 만든 푸른색 안료.

름을 먹여서 윤을 내거나, 시칠(柹漆)22을 송연(松煙)23과 섞어 칠하거나, 황지(黃紙, 누런 종이)를 바르고 황칠(黃漆)24로 칠하거나, 완자무늬 대자리로 싸고 황칠로 칠하거나, 호분(胡粉, 분)·자황(雌黃)25·송연먹[松煙墨]26 등으로 금색·은색·구리색 세 종류의 동전 모양[三錢]과 같은 표범 가죽 무늬를 색칠하여 그리는데, 여러 가지 무늬가 기묘함을 다투어서, 그 종류를 이루 다 열거할 수 없을 정도이다. 천장널 중에서 우물 모양 문살을 끼우는 틀에는 청지(靑紙, 푸른 종이)나 기름종이를 바른다.《금화경독기》

柹漆和松煙漆之, 或用黃紙塗而黃漆漆之, 或用卍字紋竹簟裹而黃漆漆之, 或用胡粉、雌黃、松煙墨等彩畫三錢豹皮紋種種鬪奇, 不可殫擧. 其嵌井之機, 用靑紙或油紙塗.《金華耕讀記》

5) 온돌바닥 도배

온돌을 깔고 그 위에 흙을 바른 뒤 흙이 다 마르면 먼저 휴지를 4~5겹 바른다. 그런 다음 여기에 다시 흰 종이를 2~3겹 바른 뒤 비로소 기름장판[油板]27을 풀칠하여 바닥에 붙인다. 영남과 호남의 닥나무가 나는 지방에서는 모두 기름장판을 잘 만들 수 있는데, 방 한 칸을 4장으로 깔 수 있는 기름장판을 상급으로 치고, 6장을 깔아야 하는 기름장판을 하급으로 친다. 더러는 따로 아주 큰 발을 만들어 이 발로 종이를 뜨기도 하는데, 1장으로 1칸 전

埃上塗

鋪埃圬墁旣乾, 先塗休紙四五重, 次塗白紙二三重, 始糊油板. 嶺、湖南産楮地方, 皆能造油板, 一間可鋪四張者爲上, 鋪六張者爲下. 或另造絕大簾子浮紙, 一張恰鋪一間者, 其價十倍, 非豪貴不能致也.

---

22 시칠(柹漆) : 덜 익어 푸른빛이 도는 감을 물과 섞고 찧어서 만든 칠의 일종.

23 송연(松煙) : 송진을 태워 만든 그을음.

24 황칠(黃漆) : 붉나무[膚木]의 진액.

25 자황(雌黃) : 상록교목의 하나로, 여기서 나오는 진액을 가리키기도 한다. 동남아시아 지역에서 주로 난다.

26 송연먹[松煙墨] : 송진을 태워 만든 송연을 원료로 만든 먹.

27 기름장판[油板] : 앞의 권1에 나오는 유둔(油芚)이다.

체를 꼭 맞게 깔 수 있으면 그 값이 10배나 되어 권문세가가 아니면 마련할 수 없다.

일반적으로 기름장판을 깔 때는 밀가루로 매우 되게 풀을 쑨 다음 다시 메주콩을 찧고 가루를 내어 이를 풀에 섞어서 발라야 비로소 장판이 바닥에 착 달라붙는다. 그러지 않고 풀이 묽어 접착력이 약하면, 종이가 바로 떨어져 일어나 바닥에 붙지 않는다. 기름장판 붙이기가 다 끝나면 방에 들어가 사는 일을 서두르지 말고, 다시 들기름을 끓이고 베로 만든 수건에 이 기름을 적신 뒤 기름장판 위를 문질러 기름을 먹인다. 그러고서는 온돌에 불을 때어 뜨겁게 달구었다가 도배지가 완전히 말라 깨끗해지면 들어가 산다. 《금화경독기》

凡鋪油板, 用小麥麪打糊令極稠, 復搗黃豆爲屑和糊, 始可膠黏. 不然而糊稀無力, 則紙輒離起不黏也. 糊板旣畢, 勿遽入處, 更用荏油煎沸, 布巾蘸油, 擦刷油板之上. 烘堗令熱, 待乾淨入處. 《金華耕讀記》

환혼지(還魂紙)[28] 기름장판 만드는 법:단단하고 두꺼우면서 다듬질되어 윤이 나는 자르고 남은 종이【유삼(油衫)[29] 및 담뱃갑을 마름질하여 자르고 남은 종이쪽이 가장 좋다.】를 깨끗한 항아리 안에 넣고 며칠 동안 물에 담갔다가 손으로 비벼서 찢고 엉겨 있는 종이를 풀어서 물기를 제거한다. 여기에 느릅나무즙, 저호초(楮糊草)【민간에서는 '닥풀'[30]이라 부른다.】즙을 고루 섞어 반죽을 만든다. 온돌을 깔고 그 위에 흙을 바른 뒤 흙이 다 마르면 먼저 휴지를 1~2겹 붙이고,

還魂紙油板法:用堅厚砑光裁剪餘紙,【裁油衫及煙草匣, 剪餘紙條最佳.】入淨甕內, 水淹數日, 手揉令扯, 解絞去水. 以楡木汁、楮糊草【俗名"닥풀".】汁, 和勻爲劑. 鋪堗圬墁旣乾, 先糊休紙一兩重, 卽將還魂紙劑, 用鈘薄薄鋪墁于堗

---

28 환혼지(還魂紙):헌 종이를 모아서 녹이고 다시 떠서 만든 재생지.
29 유삼(油衫):눈비를 막기 위하여 옷 위에 껴입는 옷으로, 옷 위에 기름을 발라 만든다.
30 닥풀:원문의 "닥필"이 《광재물보》에는 "닥풀"이라고 되어 있다. 닥풀은 아욱과의 한해살이풀로, 점성이 있어서 종이 제조의 필수 재료이다. 황촉규(黃蜀葵)라고도 한다.

바로 환혼지 반죽을 흙손으로 온돌바닥에 얇게 얇게 펴서 발라 주는데, 새벽흙을 바르는 방법대로 한다. 이때 두께를 고르게 해서 절대로 울퉁불퉁하여 평평하지 않거나 금이 생기지 않도록 해야 한다.

환혼지를 펴서 발라 주는 공정이 끝나면 온돌에 불을 때서 반죽을 말린다. 반죽이 다 마르면 책을 마름질하는, 칼날이 넓은 칼의 칼날을 눕혀서 뭉치고 평평하지 않은 곳을 갈거나 깎아 낸다. 그런 다음 귀얄에 들기름을 적셔 반반한 바닥을 쉬지 않고 두루 문질러 준다. 다시 온돌에 불을 때면 5~6일이 지나 바로 가장 좋은 1장짜리 기름장판이 만들어진다. 방의 네 벽면의 아래벽과 온돌이 접합되는 곳에는 따로 단단하고 두꺼운 기름종이로 긴 띠【띠의 너비는 0.1척 남짓이다.】를 만들어 이를 틈이나 자국이 난 부분에 풀칠하여 덮어 준다.《금화경독기》

소나무 껍질 기름장판 만드는 법:소나무 껍질을 찧고 체로 쳐서 가루를 만든다. 여기에 느릅나무즙을 섞고 찧어서 반죽을 만든다. 흙손으로 온돌바닥에 반죽을 바르는 방법은 위의 방법대로 한다. 온돌에 아주 뜨겁게 불을 때고 반죽이 마르면 윤이 나고 매끄러워지도록 대패로 깎아 낸다. 이어서 포대에 두부를 담고, 바닥에는 들기름을 부어 바닥을 두루 문질러 준다. 수십 일이 지나면 곧 1장짜리 기름장판이 된다. 어떤 이는, 소나무껍질가루 7/10에 석회 3/10을 섞으면 반죽이 단단하고 질기다고 말한다.

上, 如墁沙壁土法, 要令厚薄勻齊, 切忌凹突不平及有線隙.

鋪墁旣畢, 烘堗令乾, 俟乾, 用裁書廣刃刀臥刃, 磨削疹瘀不平處. 以糊筆蘸荏油, 擦揩周遍不住. 烘④堗則過五六日, 便作上好全張油板矣. 其四壁下壁堗交際處, 另用堅厚油紙作長條,【條廣寸餘.】糊掩罅痕. 同上

松皮油板法:松皮搗篩爲屑, 用楡木汁和搗爲劑. 鈜墁堗上如上法. 烘堗令極熱, 俟乾, 以鉋削平光滑. 布袋貯豆腐, 灌以荏油, 周徧摩擦, 過數十日, 卽成全張油板. 或言七分松皮屑和三分石灰, 則堅靭. 同上

《금화경독기》

목화씨 기름장판 만드는 법: 온돌에 흙을 깔고 흙이 다 마르면 목화씨를 맷돌에 간 다음 이를 된 풀에 고루 섞어서 온돌바닥에 펴고 촘촘하고 또 촘촘하게 바르면서 홈을 메꿔 준다. 온돌에 불을 때서 반죽을 말리고, 반죽이 완전히 마르면 반죽을 대패로 깎는다. 그런 다음 바닥에 들기름을 부어 기름을 먹이거나 온돌에 불을 때 주는 공정은 위의 방법대로 한다. 《금화경독기》

棉子油板法: 鋪墐旣乾, 用碾[5]過木棉子, 稠糊和勻, 密密排嵌于墐上. 烘墐令乾, 俟透乾, 鉋治削平. 灌油烘乾如上法. 同上

황벽(黃蘗)[31] 기름장판 만드는 법: 황벽껍질을 빻아 체로 쳐서 가루를 만든다. 여기에 석회와 지근, 또는 어저귀 줄기섬유【안 소나무껍질로 기름장판을 만들 때도 지근을 넣어야 한다.】와 느릅나무즙을 넣고 이를 고루 섞어 반죽을 만든다. 흙손으로 반죽을 바르고 바닥에 기름을 붓는 공정은 위의 방법대로 한다. 또는 은행잎 가운데 가을이 깊어져 누렇게 떨어지는 잎으로도 볕에 말리고 가루 내어 위의 방법대로 만들 수 있다. 황벽과 은행잎은 모두 벼룩이나 지네를 막을 수 있다고 한다. 《금화경독기》

黃蘗油板法: 黃蘗皮搗篩爲屑, 入石灰、紙筋或茼麻絲、【案 松皮油板亦宜入紙筋.】榆木汁, 和勻爲劑. 鋂墐灌油如上法. 銀杏葉秋深黃落者, 亦可曝乾爲屑如上法. 黃蘗及銀杏葉皆能辟蚤蝎云. 同上

아교 기름장판 만드는 법: 온돌에 흙을 깔고 흙

阿膠油板法: 鋪墐旣乾, 塗

---

31 황벽(黃蘗): 운향과의 낙엽 활엽교목으로, 황벽나무·황백(黃柏)이라고도 한다. 《인제지》에서도 약재로 자주 나온다.
④ 烘: 저본에는 "炷". 규장각본·버클리본에 근거하여 수정.
⑤ 碾: 저본에는 "碾". 규장각본·버클리본에 근거하여 수정.

이 다 마르면 바닥에 종이를 1~2겹 바른다.【이때 종이는 흰 종이를 쓰되, 먹 자국이 남은 종이는 사용을 금한다.】이어서 소가죽을 삶아 아교를 만들고, 이를 귀얄에 묻혀 종이 위에 바른다. 온돌에 불을 때서 말리고 다 마르면 다시 아교를 바르는데, 이와 같은 공정을 6~7차례 반복하다가, 아교의 두께가 몇 푼이 되면 그친다. 대패로 다듬고 기름을 붓는 공정은 위의 방법대로 한다.《금화경독기》

紙一兩重,【紙用白紙, 忌用有墨跡者.】仍煎牛皮爲膠, 用糊筆塗上. 烘煖令乾, 俟乾更塗, 如是六七次, 膠厚數分則止. 鉋治灌油如上法. 同上

6) 풀

우리나라 사람들이 벽에 도배지를 바를 때는 대체로 밀가루로 풀을 쑨다. 하지만 본초서를 살펴보면 닥풀 줄기즙이나 꾸지나무[構木]³²즙은 모두 종이를 붙이는 데에 접착력이 있다. 또《화한삼재도회》에서는 "고사리 줄기 한가운데에서 나온 흰 가루가 가장 종이를 잘 붙인다. 종이를 만드는 장인들이 이것으로 풀을 쑤어 상자나 대그릇 등의 그릇을 붙인다."³³고 했다. 또 "풀가사리[海蘿] 말린 것은 삶아서 풀을 쑨 다음 종이를 붙이거나, 석회와 섞어 흰 도배 재료를 만든다."고 했다. 이상의 재료들은 모두 밀가루와 섞어서 풀을 쑬 수 있겠다.《금화경독기》

糊

東人塗壁, 大抵用小麥麪爲糊. 考之本草, 黃蜀葵莖汁, 構木汁, 皆粘紙有力. 又《和漢三才圖會》, "蕨莖中心白粉, 最善黏紙, 紙工家取作糊, 以黏箱籠等器." 又 "海蘿乾者, 煮之爲糊, 用以黏紙, 或和石灰爲堊塗." 此等, 皆可與麥麪和合作糊也.《金華耕讀記》

율무는 장기(瘴氣)를 이기고 습기를 제거하기 때문에 중국의 바닷배는 반드시 율무풀로 창을 바르

薏苡勝瘴去濕, 故中國海洋船 必用薏苡糊塗牕, 則

---

32 꾸지나무[構木] : 뽕나뭇과의 낙엽 활엽교목으로 껍질은 종이의 원료로 쓰인다.
33 《和漢三才圖會》卷102〈柔滑菜〉"蕨菜"(《倭漢三才圖會》12, 186쪽).

는데, 이렇게 하면 창이 오래 견디어 파손되지 않는다.[34] 일반적으로 바닷가의 장기와 습기가 있는 곳에 사는 사람은 율무로 풀을 쑤어 벽과 창을 발라야 할 것이다.《금화경독기》

耐久不損. 凡居近海邊瘴濕之處者宜用薏苡爲糊, 塗壁糊牕. 同上

---

34 율무는……않는다 : 이와 유사한 설명이 《지봉유설》의 다음과 같은 내용에 보인다. "海上船窓, 以薏苡末糊紙, 則雖遇風濤, 能耐久. 今戰船皆用此法, 其勝瘴去濕可知."《芝峯類說》卷19〈食物部〉"藥".

- II -

나무하거나 물 긷는 도구

樵汲之具

1. 나무하는 도구

樵器

1) 도끼[斧斨]

타원형 구멍을 낸 도끼를 '부(斧)'라 하고 사각형 구멍을 낸 도끼를 '장(斨)'이라 하는데, 모두 땔감을 패는 도구이다.[1] 《시경》에서 "땔감 패려면 어찌해야 하는가, 도끼[斧] 아니면 안 되지."[2]라 하고, 또 "저 도끼[斧斨] 가져다 멀리 뻗어난 가지 쳐 내지."[3]라 한 말이 이것이다. 도끼 자루를 '가(柯)'라 한다. 《시경》에서 "도끼 자루 베네. 도끼 자루 베네. 도끼 자루 베는 법칙이 멀리 있지 않지."[4]라고 한 말이 이것이다. 도끼 자루는 반드시 구멍을 관통해야 하는데, 관통할 때는 자루가 구멍에 꽉 끼어야 한다. 꽉 끼지 않으면 도끼 자루를 쥔 사람이 힘을 너무 세차게 쓸 때 종종 도끼날이 빠짐으로써 잘못하여 솟구쳐 날아가 옆에 있는 사람을 다치게 하는 경우가 있다. 그러니 도끼 구멍을 관통한 도끼 자루 머리에 작은

斧斨

隋銎曰"斧", 方銎曰"斨", 皆所以析薪. 《詩》曰"析薪如之何, 非斧不克" 又曰"取彼斧斨, 以伐遠揚"是也. 其柄曰"柯"《詩》曰"伐柯伐柯, 其則不遠"是也. 柯必貫銎, 其貫欲苦. 不苦則執柯者用力過猛, 往往有斧刃脫出跳躍, 誤傷旁人者, 宜於柄貫銎之頭, 釘小楔, 以防其跳脫. 楔用鐵釘尤好. 《金華耕讀記》

---

1 타원형……도구이다 : 이 구절에서 설명하는 도끼의 모양은 위의 사진과 같다. 자루를 꽂는 구멍이 타원형이다.
2 《毛詩正義》卷5 〈齊風〉 "南山"(《十三經注疏整理本》 4, 404쪽).
3 《毛詩正義》卷8 〈豳風〉 "七月"(《十三經注疏整理本》 5, 581쪽).
4 《毛詩正義》卷8 〈豳風〉 "伐柯"(《十三經注疏整理本》 5, 621쪽). 이 부분은 《中庸》 13章에서 인용하기도 했다.

도끼(국립민속박물관)

삼(釤, 국립민속박물관)

겸(鎌, 국립민속박물관)

말뚝을 박아 솟구쳐 나가지 못하게 해야 한다. 쐐기로 쇠못을 쓰면 더욱 좋다.《금화경독기》

2) 벌낫[釤]

큰 낫을 '삼(釤, 벌낫)'이라 하고, 작은 낫을 '겸(鎌, 낫)'이라 하는데, 모두 풀이나 나무를 베는 데 쓰는 갈고리 같은 도구이다.[5] 낫은 곡식과 땔감을 베는 데에 모두 쓰이지만, 【案 낫의 제도는 〈그림으로 보는 농사 연장〉에 자세하다.[6]】벌낫은 나무꾼들만 사용하니, 이것이 이 낫들의 차이점이다. 벌낫 제도는 날 길이가 3척이고, 자루 길이가 10척 이상이다. 산 언덕이나 물굽이에서 풀이나 갈대가 무성하게 자라 높이가 사람을 덮을 정도인 곳에서는 나무꾼이 두 손으로 낫자루를 잡고 무릎을 굽혀서 벌낫을 휘두르는데, 낫날을 바닥에 붙여서 풀을 베어 넘기면 하루에 몇 수레의 땔감을 벨 수 있다. 만약 높은 절

釤

大曰"釤", 小曰"鎌", 皆刈鉤也. 鎌, 刈穀刈薪之所同, 【案 制詳《農器圖譜》】釤則惟樵者用之, 此其所異也. 釤之制, 刃長三尺, 柄長一丈以上. 山原水隈, 草葦茂長, 高可隱身處, 樵者兩手執柄, 膝跪揮釤, 附地刈倒, 一日可刈數車薪. 若高崖斷谷, 樹木薈蔚, 短隴矮皐, 石礫錯落, 則但可用小鎌, 隨處刈取而已, 無所事

5　큰 낫을⋯⋯도구이다 : 낫의 종류는 그 용도에 따라 다양하여 크기만으로는 어떤 것을 가리키는지 명확하게 알 수는 없다. 삼(釤)은 벌낫(벌판의 무성한 갈대 따위를 휘둘러서 베는 도구이다. 모양은 보통 낫을 닮았으나 날이 크고 자루가 길어서 두 손으로 쥐어야 한다)이고, 겸(鎌)은 일반적인 보통 크기의 낫을 말한다.

6　낫의⋯⋯자세하다 :《본리지》권11 〈그림으로 보는 농사 연장〉 하 "거두기 연장" '낫'에 나온다.

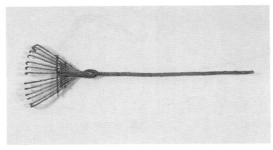

갈퀴(국립민속박물관)

섶망태기(국립민속박물관)

벽의 단절된 계곡에 나무가 울창한 곳이나 낮은 언덕의 자갈이 뒤섞여 있는 곳이면 그저 작은 낫으로 여기저기서 나무를 베어 모을 뿐이니, 이때는 벌낫을 쓸 일이 없다. 따라서 산에서 나무하는 사람은 이 두 가지 낫을 함께 비치해 두어야 한다.《금화경독기》

3) 갈퀴

갈퀴는 싸릿대를 휘어서 갈고리를 만든 다음 10개 남짓한 이 갈고리를 일정한 간격으로 늘어놓고, 그 밑동을 나무 자루 끝에 단단히 감고 묶어 낙엽이나 잘린 짚을 거두어 뭉뚱그리는 도구이다.[7] 매년 가을이 깊어져 나뭇잎이 떨어질 때 남자 어린이 혼자 갈퀴 하나와 섶망태기[藁網] 하나를 지니고 숲에 들어가면 하루에 가마솥으로 밥을 2번 지을 만큼의 땔감을 얻을 수 있다. 또 볏짚만을 추려 낼 수도 있

乎鉯矣. 山樵者宜竝置二器.《金華耕讀記》

荊耙

荊耙, 揉荊條爲鉤, 十餘鉤排列, 而其本縈固于木柄之頭, 用以收括落葉、斷藁. 每秋深木落, 一童子持一荊耙一藁網, 入山林, 可得一日二㸑之爨, 亦可疏剔禾稭, 農樵家所不可無者也.《金華耕讀記》

---

7 갈퀴는……도구이다 : 이 구절에서 설명하는 갈퀴의 모양은 위의 사진과 같다.

으니, 농사를 지으면서 나무하는 집에는 없어서는
안 되는 도구이다. 《금화경독기》

4) 섶망태기(시망)

벗짚으로 새끼를 꼬아 이를 엮어 성근 망으로 된
큰 망태기를 만들고서 여기에 낙엽이나 마른풀뿌리
를 거둔다.[8] 역시 나무하고 꼴 베는 집에 없어서는
안 되는 도구이니, 그 제도가 엉성하다고 하여 소홀
히 여겨서는 안 된다. 다만 벗짚은 장마를 겪으면 바
로 썩어서 끊어지니, 이때는 벗집 대신 어저귀를 꼬
아서 만들어야 한다. 《금화경독기》

柴網

用稻藁絞索, 結作疏網大
橐, 以收貯落葉、枯荄, 亦
樵蘇家不可無者, 未可以其
制儉率而忽之也. 但稻藁
經潦輒腐斷, 宜用檾麻索
爲之. 《金華耕讀記》

8　벗집으로⋯⋯거둔다 : 이 구절에서 설명하는 섶망태기의 모양은 위의 사진과 같다.

2. 물 긷는 도구

汲器

1) 유권(버들두레박)

중국의 우물은 반드시 위에 녹로(轆轤)를 설치해서 그 아래로 쌍두레박줄을 늘어뜨린다. 버드나무를 잇대어서 두레박을 만드는데, 그 모양이 표주박과 비슷하지만 깊이는 이보다 더 깊다.[1] 이렇게 만든 두레박은 한쪽이 올라가면 한쪽이 내려가기 때문에 종일 물을 길어도 힘이 들지 않는다. 《열하일기》[2]

柳棬

中國之井, 必[1]上設轆轤, 下垂雙綆, 結柳爲棬, 其形如瓢而深. 一上一下, 終日汲, 不勞人力. 《熱河日記》

2) 표주박

표주박은 박으로 만든다. 박에는 맛이 단 박과 쓴 박 두 종류가 있다. 맛이 쓴 박으로는 표주박을 만들고, 맛이 단 박은 음식으로 대접하거나 바가지를 만들어도 모두 괜찮다. 박이 익으면 박을 쪼갠 다음 이를 삶아 데치고 박속을 꺼내서 깨끗하게 말리면 물을 뜨거나 음식을 담을 수 있다.[3]

우리나라 사람들은 우물에 도르래를 설치하지 않아 물 긷는 사람이 모두 물 긷는 도구들을 가지고

瓢

瓢, 瓠也, 有甘、苦二種. 苦以作瓢, 甘則供饌作瓢皆可也. 待熟剖之, 烹瀹去瓤, 乾淨則可酌水盛饌.

東人井不設轆轤, 汲者皆自持汲器. 用藁索爲綆, 十字

---

1 버드나무를……깊다 : 이 구절에서 설명하는 유권(버들두레박)의 모양은 위의 사진과 같다.
2 《熱河日記》〈渡江錄〉 "二十七日". 앞의 권1의 "우물" '깊은 우물 쌓는 법'에서 소개한 내용이다.
3 박이……있다 : 이 구절에서 설명하는 표주박의 모양은 위의 사진과 같다.
[1] 必 : 《熱河日記·渡江錄·二十七日》에는 "蓋".

두레박(국립민속박물관)

표주박(국립민속박물관)

다닌다. 새끼줄을 표주박줄로 삼아 십(十) 자 모양으로 표주박에 잇는데, 표주박줄의 길이는 우물의 깊이를 가늠해서 그에 맞게 만들기 때문에 10~20척이나 되는 경우도 종종 있다.

絡瓢, 而綆長視井之深, 往往有一二丈者.

　표주박과 줄을 물동이 안에다 둥그렇게 포개어 감아 두고 갔다가 물을 다 긷고 돌아올 때도 물동이 속에 그대로 표주박과 줄을 띄워 둔다. 항아리에 물을 부을 때는 표주박과 줄을 살강 아래에다 던져 두기 때문에 티끌이나 오물이 마구 달라붙는다. 물을 2번을 긷든 3번을 긷든 모두 이 표주박과 이 줄을 사용하면, 주인이 날마다 깨끗하지 않은 물을 마시게 될 뿐만 아니라 우물도 날마다 티끌이나 오물을 들이게 되어, 물 본래의 성질을 잃어버린다. 그러므로 서둘러 도르래를 써야 한다. 그러나 물 긷는 그릇은 두레박을 쓰든 표주박을 쓰든 가릴 필요가 없다.

蟠貯水盆而往, 其旣汲而返也, 仍浮在水盆中. 其注水于缸也, 投之廚棧之下, 塵穢亂黏. 再汲三汲, 皆此瓢此綆, 則不但主人日飮不潔之水, 井亦日受塵穢, 而失其故性矣. 宜亟用轆轤, 而汲器則用桻用瓢無擇也.

　간혹 박이 제대로 영글지 않은 해에는 나무 표주박을 대신 쓴다. 요즘 산골백성 중에는 나무를 쪼개

或有瓠瓜不成之年, 代用木瓢, 今峽民有刳木爲瓢負

편담

물지게(서울시립대박물관)

고 파내어 나무 표주박을 만들어 이를 들이 넓은 지역으로 지고 나가 파는 사람들이 있는데, 나무 표주박은 표주박에 비해 오래 견딘다.《금화경독기》

出野地而售者, 較爲耐久.《金華耕讀記》

3) 나무통

중국의 물통은 모두 쇠테를 두르고 가는 못으로 단단히 고정하기 때문에 오랜 세월이 지나면 썩어서 끊어져 버리는 대나무로 테를 두른 물통보다 훨씬 더 뛰어나다. 게다가 물통의 몸체가 말라 수축되면 대나무 테는 저절로 헐거워져 벗겨지니, 이것이 쇠테가 이득이 되는 까닭이다. 물을 길을 때는 모두 어깨에 메고 가기 때문에 이를 '편담(扁擔, 삐엔딴, 멜대)'4이라 한다. 그 방법은 나무막대 하나를 팔뚝만 한 두께로 깎고, 그 길이는 10척으로 한다. 이 나무막대 양 끝에 땅에서 1척 남짓 떨어지도록 물통을

木桶

中國水桶皆鐵箍[2], 以細釘緊約, 絶勝於縮竹爲經歲久則朽斷. 且桶身乾縮, 則竹箍自然寬脫, 所以鐵箍爲得也. 汲水皆肩擔而行, 謂之"扁擔." 其法削一條木如臂膊大, 其長一丈, 兩頭懸桶, 去地尺餘, 水窸窣不溢. 我東則惟平壤有此法. 然不肩擔而背負之

---

4 편담(扁擔, 삐엔딴, 멜대) : 편담의 모습은 위의 그림과 같다.
[2] 箍 : 저본에는 "籱".《熱河日記·渡江錄·二十七日》에 근거하여 수정.

매달면 물이 찰랑거리면서도 넘치지 않는다. 우리나라는 평양에서만 이 방법을 쓴다. 그러나 평양에서 쓰는 물통은 어깨에 메지 않고 등에 지기 때문에 비좁은 길이나 좁은 골목에서는 통행에 몹시 방해가 된다.[5] 그러니 우리나라에서도 물통을 어깨에 메는 방법을 써야 할 것이다. 《열하일기》[6]

구름무늬나 물결무늬가 있는 늙은 삼나무 판으로 물통을 만들면 내수성이 좋고 술을 담아놓으면 술맛이 좋으면서, 오래되어도 썩지 않는다. 《화한삼재도회》[7]

4) 나귀로 물 긷는 법

나무로 안장을 만들고 가운데에 손가락 굵기만 한 둥근 쇠말뚝을 박는다. 다시 팔뚝만 한 두께로 나무 막대 1개를 깎는데, 막대의 길이는 안장의 너비를 가늠해서 2~3척이 남게 하고, 막대의 양 끝에는 물통을 매단다. 물통을 매단 나무 막대 한가운데에는 작은 구멍 1개를 뚫고, 안장 위에 박아 놓은 쇠말뚝에 구멍을 꿴다.[8] 일반적으로 우물이 약간 멀 때 이 방법을 쓰면 인력을 크게 줄인다. 처음에

故, 甚妨於窄路隘巷, 當以肩擔爲得也. 《熱河日記》

老杉板有雲水之橒③, 爲水桶, 能耐水, 盛酒味美而久不敗. 《和漢三才圖會》

驢汲法

木造鞍橋, 中豎指大鐵圓橛. 復削一條木如臂膊大, 長視鞍橋之廣, 剩二三尺, 兩頭懸桶. 正中穿一小穴, 貫在鞍橋上鐵橛. 凡井泉稍遠者用此法, 甚省人力. 始則一童子鞭去鞭來, 行之旣慣, 驢自來往, 但於井

---

5 평양에서……된다 : 이 구절에서 설명하는 물통(물지게)의 모습은 위의 사진과 같다.

6 《熱河日記》〈渡江錄〉 "二十七日".

7 《和漢三才圖會》 卷82 〈香木類〉 "杉", 108쪽(《和漢三才圖會》 10, 108쪽).

8 나무로……꿴다 : 이 구절에서 설명하는 나귀 안장은 다음 사진과 같은 길마(소나 말의 등에 짐을 싣기 위해 얹는 안장의 일종)로 추정된다.

③ 橒 : 저본에는 "橶". 버클리본·규장각본·《和漢三才圖會·木部·香木類》에 근거하여 수정.

길마 1(국립민속박물관)

길마 2(국립민속박물관)

우물가 풍경

는 한 아이가 채찍질하면서 나귀를 몰고 갔다가 다시 채찍질하면서 몰고 온다. 이후 우물에 다니는 일이 익숙해지면 나귀가 스스로 오가게 된다. 이때에는 단지 우물가에 사람을 두어 길어 올린 물을 물통에 붓고, 부엌 살강 아래에 사람을 두어 물통을 가져다가 항아리에 붓기만 하면 된다. 이때 쓰는 물통은 사람이 메는 물통을 가늠해서 이에 비해 조금 깊어도 괜찮다.《금화경독기》

邊有人, 汲水注桶, 廚棧下有人, 取桶傾缸而已. 桶視人擔之桶, 稍深無妨.《金華耕讀記》

5) 물동이[9]

진흙을 이겨 동이를 만든 뒤 이를 가마에 넣고 구워 만드는 공정은 다른 질그릇과 같다. 물 2~3두(斗)를 담으며, 양쪽에 귀를 만들어 손으로 잡을 수 있게 한다. 일반적으로 부녀자들이 우물에서 물을 길을 때는 모두 이 도구를 사용하는데, 이는 팔도가 모두 같다.[10] 얼음길이나 진흙길에서 한번 넘어지면 바로 아무리 돌아다보아도 무익한 물건이 되고 말지만 날마다 쓰는 살림살이 중에 이 도구가 가장 요긴하다. 그러므로 곳곳의 도공들이 밤낮으로 흙을 개어 만들기에 이문을 상당히 남긴다. 《금화경독기》

陶缶

埏泥爲盆, 入窯燔造, 與他陶器同. 容水二三斗, 兩邊作耳, 令可手執. 凡婦女汲井, 皆用此器, 八域之所同也. 氷程、泥徑足一跌, 則輒爲顧視無益之物, 而日用井臼最需此器. 故處處陶戶日夜埏埴, 頗獲奇羨. 《金華耕讀記》

6) 나무물동이

산골백성 중에는 더러 나무를 쪼개고 파내어 동

木缶

峽民或剟木爲缶, 而售諸野

김홍도의 〈우물가〉(국립중앙박물관)

물동이를 진 아낙

---

9 물동이 : 물을 긷거나 담아 둘 때 쓰는 동이.
10 물동이를 보편적으로 사용했음은 위의 사진이나 그림을 통해서도 볼 수 있다.

나무물동이

이를 만들고서 이를 들이 넓은 지역에다 팔기도 하는데, 이 나무물동이는 몹시 오래 견딜 수 있다.[11] 다만 햇볕에 마르면 터져 갈라지는 일이 걱정되니, 물동이의 위아래로 쇠테를 두르고 단단히 못질해야 한다.《금화경독기》

7) 유관(키버들물동이)

키버들을 엮어서 물동이를 만들고 그 속에 종이를 바른다.【안팎을 모두 발라도 된다.】따로 석회를 목합에 담고, 뜨거운 돼지피를 석회에 뿌린 뒤 합과 그 뚜껑【합과 뚜껑은 모두 나무로 만든 것을 쓰고, 놋합이나 사기합은 모두 쓰지 않는다.】을 덮어 두어서 그 성질이 변하게 한다. 석회가 묽은 죽처럼 되면 이를 돼지털로 만든 귀얄에 묻혀 종이를 바른 동이 안에다 바른다. 이렇게 하여 햇볕에 말리면 물을 담아도 한 방울도 새지 않는다.《금화경독기》

地者, 頗能耐久. 但患日曝則坼裂, 宜用鐵箍上下釘固.《金華耕讀記》

柳罐

編杞柳爲罐, 紙塗其內.【竝塗內外亦可.】另貯石灰于木盒, 以熱猪血潑灰, 蓋住盒蓋【盒與蓋竝用木造者, 鍮盒、甆盒竝不用.】以罨之. 待如稀糊, 用猪毛箒蘸塗盆內. 乾曝則盛水不滲涓滴.《金華耕讀記》

---

11 산골백성……있다 : 나무물동이의 모습은 위의 사진과 같다.

8) 장군

장군의 제도는 물통과 같지만, 물통보다 좁고 길다. 민간에서는 '장본(長本)'[12]이라 부른다. 그 형태는 배가 볼록하고 양끝은 점차 줄어들며, 주둥이는 배에 볼록하게 솟아 있는데,[12] 여기에 작은 구멍을 뚫어 물을 받는다. 일반적으로 멀리 있는 유명한 샘에서 물을 길어 올 때 이 그릇을 지게 위에 올려놓고 짊어진다. 또한 옹기장군이나 사기장군도 있다.[13] 《금화경독기》

長桶

制如水桶而狹長. 俗呼"長本". 其形腹飽而兩頭殺, 口在於腹凸起, 穿小穴以受水. 凡汲遠地名泉, 用此器置支架上負之. 亦有陶造、甕造者.《金華耕讀記》

9) 쇠항아리

부엌 살강 주변에 두어 물을 저장하는 그릇이다. 쇠를 주조하여 만든다. 가운데는 넓게 하고 위아래는 좁게 하여 형태가 가마솥과 비슷하지만 그보다 크다. 큰 쇠항아리에는 물 수십 동이를 담을 수 있다. 돌을 다듬어 받침을 만들고, 나무를 갈이틀[14]로

鐵缸

廚棧邊貯水之器也. 鑄鐵爲之, 中侈而上下弇, 形如釜而大. 大者容水數十盆. 琢石庋足, 鏇木爲蓋.【或用籍蓬爲蓋者, 不能耐久.】

장군(국립민속박물관)

옹기장군(국립민속박물관)

사기장군(국립민속박물관)

---

12 장본(長本):《增補山林經濟》(《農書》4, 403쪽)와 《各司謄錄》에서는 '장분(長盆)'이라 했다.

13 이상에서 설명한 장군의 모습은 대체로 위의 사진과 같다.

14 갈이틀:굴대를 돌려서 물건을 자르거나 깎는 틀.《섬용지》권4 〈공업 총정리〉 "목재 다루기" '갈이틀'에서 자세히 소개한다.

둥글게 깎아 덮개를 만든다.【더러는 조릿대로 엮어 만든 뜸[15]을 뚜껑으로 삼기도 하지만 오래 견디지 못한다.】돈이 없는 집에서는 간혹 큰 독에 물을 담아 두기도 하는데, 날씨가 추워지면 땅에 묻거나 볏짚으로 꼭 둘러싼다.[16] 항아리가 터져 갈라질 일이 늘 걱정되어 1년에 한 번씩 바꾸니, 수십 년 동안 들어가는 교체 비용을 모으면 쇠항아리 하나를 장만할 수 있다.《금화경독기》

無力之家, 或用大甕貯水, 遇凍輒埋地, 或用稻藁裹着. 每患坼裂, 一年一易, 積數十年之費, 可備一鐵缸也.《金華耕讀記》

10) 돌항아리

결이 치밀한 돌을 쪼아 항아리를 만든다. 네모나거나 둥글거나, 육각형이나 팔각형이나 뜻대로 갈아 다듬는다. 돌항아리는 깨끗하여 오래 물을 담아 두어도 상하지 않는다. 다만 제작비가 쇠항아리보다 적게 들지 않으며, 운반하기는 더욱 어렵다.《금화경독기》

石缸

琢密石爲缸. 或方或圓, 或六角、八角, 隨意磨治. 潔淨可以久貯水不敗, 但工費不下鐵缸, 搬運尤未易.《金華耕讀記》

11) 부엌에는 물항아리 둘은 놓아야 한다

부엌에는 물항아리 2개를 놓는데, 하나는 쓰고 나머지 하나는 그대로 두어 화재를 막는다. 다만 한 항아리의 물을 다 쓰면 곧바로 이 항아리의 밑바닥에 있는 더러운 물을 모두 없앤 다음에 다시 새 물을 가져다 넣어야 비로소 음식에 쓸 수 있다. 일반적으로 항아리에는 쌀알이나 밥알 모두 튀어 들어가

論廚中宜置二缸

廚中安水缸二口, 用一存一, 以防火患. 但須用完一缸, 即將此缸底渾濁水脚盡行刮去, 再挑入新水, 方可供食. 凡米粒、飯粿皆不可撒入, 有毒害人. 又須箬

---

15 뜸 : 짚·띠·부들·조릿대 따위로 거적처럼 엮어 만들어 비, 바람, 볕을 막는 물건.
16 돈이……둘러싼다 : 이렇게 물을 담아 두는 큰 독을 '물두멍'이라 한다.

서는 안 되니, 물에 독이 있으면 사람을 해치기 때문이다. 또 조릿대로 엮어 만든 뚜껑으로 덮어 놓는 것이 좋으니 거미 오줌이나 벌레의 침에 있는 독을 면할 수 있기 때문이다. 뚜껑은 여름에 더욱 요긴한 물건이다. 《지세사》[17]

물항아리는 집 안의 그늘진 곳에 두어야 좋다. 만약 지붕 없는 빈 곳에 있으면 햇볕을 쬐어 독이 생길까 두려우니, 그 물을 먹으면 대부분 옹저(癰疽)[18]가 생긴다. 그러므로 반드시 따로 뜸으로 덮어서 햇볕을 가려야 한다. 《인사통》[19]

蓋蓋好, 以免蛛尿蟲涎之毒, 在夏月尤爲要緊. 《知世事》

水缸須在屋內陰處纔好. 若在露天空處, 怕日曬有毒, 食之多生癰疽. 須另篷遮曬. 《人事通》

---

17 《傳家寶》〈知世事〉, 145쪽 ; 《傳家寶》〈人事通〉 "水缸", 306쪽. 〈知世事〉에는 일부 내용이 들어 있고, 오히려 〈人事通〉에 대부분의 내용이 들어 있다.

18 옹저(癰疽) : 크고 작은 헌데를 통틀어 이르는 말. 자세한 내용은 《인제지》 권16 〈옹저총방(癰疽總方)〉을 참조 바람.

19 《傳家寶》〈人事通〉, 위와 같은 곳.

- Ⅲ -

불로 요리하는 도구

炊爨之具

1. 불 때고 뜸 들이고 삶고 데치는 여러 도구　炊餾烹瀹諸器

1) 가마솥[釜]

옛 제도에 다리 달린 솥은 기(錡), 다리 없는 솥은 부(釜)라고 하였는데, 지금의 솥은 다리가 없으니 부(釜)의 제도이다. 옛 제도에 아가리가 큰 솥을 부(釜)라 했고 아가리가 작은 솥을 복(鍑)이라 했다. 지금의 부(釜)는 가운데를 넓게 만들고 위아래를 좁게 만드니, 또한 복(鍑)의 제도에 가깝겠다.[1]《고사고(古史考)》[2]에서 "황제(黃帝)가 처음으로 부(釜)를 만들었다"[3]라 했으니, 대개 부(釜)는 밥 짓는 도구 가운데 가장

釜

古制有足曰錡, 無足曰釜, 而今無足, 則釜制也. 古制大口爲釜, 小口爲鍑, 今釜中侈而上下弇, 則又近鍑制矣.《古史考》"黃帝始作釜", 蓋炊器之最古者也. 埏泥爲型, 鎔鐵模脫, 海西人善爲之. 處處逐薪炭而設

부[釜]

1　옛 제도에……가깝겠다 : 아가리가 크고 작다는 말은 무엇을 기준으로 했는지 알 수 없으나, 두 번째 문장을 토대로 추정한 부(釜)의 모양은 위의 사진과 같다.

2　《고사고(古史考)》: 중국 삼국시대 초주(焦周, 201~270)가 지은 역사서. 25권으로 구성되어 있으며 청대의 판본이 전해진다.

3　《御定康熙字典》卷31〈戌集〉上 "金部" '釜'《節本康熙字典》, 457쪽).

오래된 것이다. 부(釜)를 만들 때는 진흙을 빚어 거푸집을 만들고 쇠를 녹여 거푸집에 부은 다음 틀을 벗겨 내는데, 해서(海西) 사람들이 이를 잘 만든다. 곳곳에 땔감과 숯이 많은 곳을 찾아 가마를 설치하고 부(釜)와 과(鍋),【민간에서 작은 솥을 '과(鍋)'라 부른다.】보습, 볏 따위를 주조하는 사람들 중에는 대체로 해서의 객호(客戶)[4]들이 많은데, 민간에서는 이를 '수철점(水鐵店)'[5]이라 한다. 서울의 동강과 서강[6] 쪽에서 생산되는 솥은 음식물이 쉽게 익어 땔감이 적게 들고, 지방에서 생산되는 솥은 재질이 두꺼워 땔감이 상당히 많이 들지만 그 대신에 오랫동안 쓸 수 있다.《금화경독기》

窯, 鑄釜、鍋、【俗呼小釜爲"鍋"】鑱、鑭之屬者, 大抵多海西客戶, 俗謂"水鐵店". 京都東、西江産者, 易熟省薪 ; 鄕外産者, 質厚頗費薪, 亦能持久.《金華耕讀記》

쇠를 녹여 솥뚜껑을 만들 때에는 크게 만들어야지 작게 만들어서는 안 된다. 또한 평탄하게 해서 기울거나 들리지 않게 만들어서 김이 새지 않게 해야 밥을 지을 때 설익지 않는다. 만약 나무 뚜껑을 쓰려면 반드시 법제한 기름으로 그 윗면에 기름칠을 해 주어야 한다.《금화경독기》

鎔鐵爲蓋, 要大不要小, 又要平穩不欹蹻, 令不漏氣, 乃可炊飯不致半生半熟也. 若用木蓋, 須用法製油油其上面. 同上

2) 가마솥 시험하는 법

試釜法

일반적으로 새로 주조한 솥을 시험하는 법은 가벼운 나무막대로 두드려 보는 것이다. 울리는 소리

凡新鑄釜試法, 以輕杖敲之, 響聲如木者佳. 聲有

가 나무 소리처럼 나면 좋다. 소리에 나무와 다른 울림이 있다면 쇠가 덜 정련되었기 때문이니, 이런 솥은 나중에 쉽게 망가진다. 《천공개물》[7]

差響, 則鉄質未熟之故, 他日易爲損壞.《天工開物》

3) 가마솥을 길들여 검게 변하지 않게 하는 법

평소 잘 알고 있어 믿을 만한 곳에서 맨 처음 주물한 솥을 사야 쇠가 정련되어 검게 변하지 않고 가볍고 얇아 쉽게 가열된다. 검게 변하고 잘 가열되지 않는 솥은 모두 주물할 때 철재(鐵滓, 슬래그, 쇠찌꺼기)가 들어가 성질이 둔탁해진 결과이다. 【농정전서 주물할 때에 녹인 쇠를 깨끗이 하고 또 깨끗이 해야 좋은 그릇을 만들 수 있다.[8]】[9]

治釜不渝法

常於諳[1]信處, 買取最初鑄者, 鐵精不渝, 輕利易然. 其渝黑難然者, 皆是鐵滓鈍濁所致. 【農政全書 清之又清之, 可作佳器也.】

길들여 검게 변하지 않게 하는 방법 : 새끼로 쑥을 단단히 묶고 양 끝을 쳐내 가지런히 한다. 가마솥에 물을 붓고서 말린 소똥으로 솥을 가열하고, 물이 따뜻해지면 쑥다발로 3번을 깨끗이 닦고 물을 퍼내 버린다. 물이 마르면 다시 가열하여 솥을 뜨겁게 한 뒤, 껍질이 붙어 있는 손바닥만 한 살찐 돼지비계 3~4덩이를 사 와서 비계로 솥의 곳곳을 두루 문지르면 치익 하는[10] 소리가 난다. 다시 솥에 물을

治令不渝法 : 以繩急束蒿, 斬[2]兩頭令齊. 著水釜中, 以乾牛屎[3]然釜, 湯煖, 以蒿三遍淨洗, 抒却水. 乾然使熱, 買肥猪肉脂合皮大如手者三四段, 以脂處處徧揩拭釜, 察作聲. 復著水痛疏洗, 睹汁黑如墨, 抒

---

7   《天工開物》卷8〈治鑄〉"釜", 220쪽.

8   《農政全書》卷42〈製造〉"食物"(《農政全書校注》, 1209쪽).

9   《齊民要術》卷9〈醯酪〉第85(《齊民要術校釋》, 644쪽).

10 치익 하는: 원문의 '察'을 옮긴 것이다. 察은 察察로 써야 하며, 이는 嘶嘶와 같은 뜻으로, 비계를 뜨거운 솥에 문지를 때 나는 소리이다. 《齊民要術校釋》, 645쪽 주2 참조.

[1] 諳 : 저본에는 "暗".《齊民要術·醯酪》에 근거하여 수정.

[2] 斬 : 저본에는 "軒".《齊民要術·醯酪》에 근거하여 수정.

[3] 屎 : 저본에는 "尿".《齊民要術·醯酪》에 근거하여 수정.

붓고 박박 문질러 씻는다. 나온 즙이 먹처럼 검게 보이면 물을 퍼내 버린 다음 다시 비계로 문질러 씻고서 또 물을 붓고 박박 문지른다. 이와 같이 10번 정도 하여 문질러 나온 즙이 맑아 다시는 검어지지 않은 뒤에야 그친다. 이렇게 하면 다시는 솥이 변하지 않는다. 행락(杏酪)[11]을 끓이거나, 엿을 고거나, 지황(地黃)[12]을 달여 염료를 만들 때 모두 반드시 솥을 먼저 길들여야 한다. 그러지 않으면 검게 되어 품질이 나빠진다. 《제민요술》[13]

4) 작은 솥을 길들이는 법

새 작은 솥을 부뚜막에 건 뒤에는 물과 불의 배합에 유의해야 한다. 더러는 작은 솥 안에 물이 적은데 장작으로 센 불을 때면서 조절하지 않으면 물이 마르면서 솥이 타서 얼마 못 가 터져 갈라진다. 일반적으로 새로 작은 솥을 걸 때는 반드시 풀이나 섶으로 솥에 약하게 불을 때야 한다. 이때에는 먼저 개고기를 삶는데, 땔감으로는 볏짚을 써야 가장 좋다. 또 참기름으로 작은 솥 아가리 및 뚜껑을 자주 문질러 주는데, 이 일은 오로지 불 때는 주부에게 달려 있다. 작은 솥을 세심하게 간수하여 오래 길들이면 10년이 지나도 변하지 않는다. 《금화경독기》

却, 更脂拭, 疏洗. 如是十遍許, 汁淸無復黑乃止, 則不復渝. 煮杏酪, 煮餳, 煮地黃染, 皆須先治釜, 不爾則黑惡. 《齊民要術》

馴鍋法

新鍋支竈後, 宜留意水火之劑. 或鍋內少水, 而䕙薪猛火, 烘爨無節, 則水乾鍋焦, 不久坼裂. 凡新支鍋者, 必用草薪慢火鐪物. 先煮犬肉, 薪用稻藁最佳. 又數數用脂麻油擦揩鍋口及蓋, 專在爨婦. 細心看護, 馴調旣久, 可經十年不易. 《金華耕讀記》

---

11 행락(杏酪) : 살구씨와 1년 묵은 귀리를 끓여 만든 행락죽(杏酪粥)을 가리킨다. 《齊民要術校釋》, 645쪽 '煮杏酪粥法' 참조.

12 지황(地黃) : 현삼과의 여러해살이풀.

13 《齊民要術》 卷9 〈醴酪〉 第85(《齊民要術校釋》, 644~645쪽).

5) 작은 솥 때우는 법

민간에서 작은 솥이 터지면 때워 고치는 방법이
있다. 솥땜장이가 작은 화로를 지고서 터진 솥을 때
운다고 소리치며 시골 마을을 다니는데, 이들은 하
루에 2~3개가량의 솥을 때울 수 있다. 갈라져 2~3
조각이 난 작은 솥이라도 때워 붙일 수 있다. 그 방
법은 다음과 같다. 터진 자국을 한데 붙이고 대를
얽어 단단히 테를 두른 다음 쇠못으로 터진 가운데
를 쪼아서 작은 구멍을 뚫는다. 그러고는 쇠를 녹여
구멍에 붓고서 원래의 작은 솥 조각을 두드리고 토
닥거리며 평평하게 해 준다. 터진 자국의 길이를 가
늠하여 2~3개의 구멍을 만들기도 하고, 3~4개의
구멍을 만들기도 한다. 다시 온전한 솥이 되면 솥에
물을 부어도 새지 않는다. 그러나 때운 곳은 쉽게
흠이 나고 평평하지 않고 볼록 튀어나와서 일반적
으로 솥을 솔질하거나 물을 따를 때 그 부분이 자
극을 치우치게 받는다. 그러므로 때운 솥은 꿰맨 옷
과 같아 끝내 오래 견딜 수 없으니 궁벽한 마을의 가
난하고 검소한 재산이다. 건문(建文)[14] 연간의 유민
중에 솥땜장이가 있었는데 그 이름을 잃었다고 하
니,[15] 내 생각에는 중국에도 이런 장인이 있었던 것
같다. 《금화경독기》

補鍋法

民間破鍋有補綴之法. 補
鍋匠負小鑪, 呼行村閭,
一日可補數三鍋. 雖裂作
二三片者, 亦可補合. 其
法 : 接合坼痕, 縮竹籬固,
用鐵釘琢作小穴于坼痕之
中, 鎔鐵灌穴, 打濕草片
按平. 視坼痕短長, 或作
二三穴, 或作三四穴, 復
成完鍋, 注水不滲. 然補處
易欠, 凸突不平, 凡刷鍋酌
水, 偏受觸動. 故補鍋終不
能耐久如補紉之衣, 窮閻
寒儉之産也. 建文遺民有
補鍋匠, 失其名意中國亦
有此匠也.《金華耕讀記》

---

14 건문(建文) : 중국 명나라 혜제(惠帝, 1399~1402) 때의 연호.
15 건문(建文)……하니 : 이와 관련된 내용은 《明史》 卷143 〈列傳〉 第31 '牛景先'에 보인다.

6) 양숙과(두 가지 요리를 하는 솥)

솥 2개를 서로 잇고 가운데를 막는다. 각각의 솥에 뚜껑이 있어 하나로는 밥을 짓고 다른 하나로는 국을 끓인다. 또한 솥 3개를 이어 하나의 그릇으로 만든 것도 있다. 지금 곳곳의 주물공이 모두 이 솥을 만들 수 있으니, 이 솥을 쓰면 땔감을 상당히 아낄 수 있다. 《위략(魏略)》[16]을 살펴보면 다음과 같다. "종요(鍾繇)[17]가 상국(相國, 재상)이 되어 오숙정(五熟鼎, 5가지 요리를 하는 솥)의 본을 만들자 그에 의거하여 태자가 솥을 주조했다. 솥이 만들어지자 태자가 종요에게 편지를 보내 말했다. '옛날 주(周)나라의 구정(九鼎)[18]이라도 모두 1개에 1가지 음식만 조리할 수 있었을 것이니, 구정이 어찌 5가지 음식이 한꺼번에 향기를 내는 이 솥만 하겠는가?'라 했다."[19] 이로써 옛날부터 이 제도가 있었음을 알 수 있다. 《금화경독기》

7) 뚝배기

모양은 작은 항아리처럼 생겼지만, 귀 2개가 배 부분에 있어서 이 양쪽 가장자리를 부뚜막에 걸고, 그 뚜껑도 질그릇으로 만든다. 잘 길들이면 2~3년

兩熟鍋

雙鍋相連而中隔之, 各有蓋, 一以炊飯, 一以煎羹. 亦有三鍋連作一器者. 今處處鑄戶皆能爲之, 頗能省薪. 案《魏略》"鍾繇爲相國, 以五熟鼎範, 因太子鑄之, 釜成, 太子與繇書曰'昔周之九鼎, 咸以一體調一味, 豈若斯釜五味時芳?'", 是知自古有此制也. 《金華耕讀記》

陶鍋

形如小缸, 而兩耳在腹, 兩邊以支竈, 其蓋亦陶造. 善馴則可用二三年, 南方

---

16 《위략(魏略)》: 서진(西晉) 때 어환(魚豢)이 지은 조위(曹魏)의 역사책이다. 배송지(裴松之)가 《삼국지》를 주석할 때 참고하였으나 현재는 전해지지 않는다. 배송지의 《삼국지주(三國志註)》와 기타 서적에 인용된 글을 모아 청(淸) 장붕일(張鵬一)이 《위략집본(魏略輯本)》을 편찬하였다.

17 종요(鍾繇): 151~230. 조위(曹魏)의 정치가 및 서예가. 후한(後漢) 말기부터 벼슬을 하여 상서랑(尙書郞), 시중상서복야(侍中尙書僕射), 태부(太傅) 등을 역임하였다. 해서(楷書), 행서(行書)로 이름을 날려 장지(張芝), 왕희지(王羲之) 등과 위치가 비슷하였다.

18 구정(九鼎): 우임금이 하나라를 세운 뒤 구목(九牧)에서 바친 쇠로 주조한 9개의 솥. 구주(九州)를 정벌하여 통일한 일을 상징한다.

19 《王禎農書》卷17 〈農器圖譜〉11 "鼎釜門", 303쪽 ;《農政全書》卷23 〈農器〉 "圖譜" 3 (《農政全書校注》, 581쪽).

은 쓸 수 있는데, 남쪽 지방의 오지뚝배기[烏甕鍋]는 더욱 오래 견딘다. 《왕정농서》에서 《영표록이(嶺表錄異)》[20]를 인용한 부분을 살펴보니, "남쪽 지방에 모래흙을 구워 만든 솥이 있는데, 불에 제대로 굽고 유약을 바르면[21] 깨끗하기가 쇠그릇보다 나아서 약을 달이는 데 더욱 알맞다. 1말들이 솥의 가격이 겨우 10전이니, 이는 가난을 구제하는 도구라 없어서는 안 된다"[22]라 했다. 중국의 뚝배기 제도가 우리나라에 비해서 어떤지는 모르겠다.《금화경독기》

烏甕鍋尤耐久. 案《王氏農書》引《錄異[4]》曰:"南方有以沙土燒爲釜者, 燒熟油之, 淨逾鐵器, 尤宜煮藥. 一斗者纔直十錢, 斯濟貧之具, 不可無者." 未知中國陶釜之制, 與吾東何如也.《金華耕讀記》

8) 돌솥[石鼎]

전해지는 말[23]에 황제(黃帝)가 처음으로 솥[鼎]을 주조했다고 한다. 그 제도는 귀 2개가 위에 있고 다리 3개가 아래에 있으며, 가운데에는 구름과 번개 같은 온갖 사물의 모습을 그려 넣었다. 지금의 밥 짓는 그릇은 다리가 없고 귀가 좌우에 달려 있기 때문에 솥 가운데 작은 것이라, 정(鼎)이라는 글자가 들어간 이름은 잘못이다.【지금 민간에서는 솥 가운데 크고 아가리가 넓은 솥을 가리켜 부(釜)라 하고, 작고 아가리가 좁은 솥을 가리켜 정(鼎)이라 한다.】일 만들기 좋아하는 사람들은 간혹 옛 제도를 본떠

石鼎

傳稱黃帝始鑄鼎. 其制, 兩耳在上, 三足居下, 中畫雲雷百物之象. 今炊飯之器無足而耳在左右, 乃釜之小者, 而冒鼎之名非也.【今俗指釜之大而闊口者爲釜, 指小而斂口者爲鼎.】好事者, 或倣古制, 琢石爲鼎, 兩耳三足, 中刻雷紋, 作爲林園淸供, 亦不多

---

20 《영표록이(嶺表錄異)》: 당(唐) 유순(劉恂)이 편찬하였다. 영표(嶺表, 현재 광동성에서 광서성에 이르는 지역) 지역의 물산과 소수민족, 풍토, 동식물 등을 기록한 지방지 성격의 책이다.

21 유약을 바르면: 원문의 "油之"를 옮긴 것이다. 油를 釉와 같은 뜻으로 풀었다.《王禎農書》, 304쪽 주8.

22 《王禎農書》卷17〈農器圖譜〉11 "鼎釜門", 303쪽.

23 전해지는 말: 출전을 정확히 알 수 없으나《史記》卷28〈封禪書〉에 다음과 같은 말이 있다. "黃帝采首山銅, 鑄鼎於荊山下. 鼎旣成, 有龍垂胡髥下迎黃帝."

[4] 錄異: 저본에는 "異錄".《王禎農書·農器圖譜·鼎釜門》에 근거하여 수정.

곱돌솥(국립민속박물관)

도철무늬

서 돌을 쪼아 정(鼎)을 만드는데, 귀 2개에다 다리가 3개이고, 가운데에는 번개무늬를 새겨 임원(林園)에서의 청공(清供)24으로 삼기도 하지만 또한 많이 보이지는 않는다. 양생(養生)을 하는 사람들이 고두밥을 쪄 부드럽게 익힐 때에 더러 돌솥을 쓰기도 하지만, 아침저녁으로 밥을 지을 때는 그대로 가마솥 제도를 사용하여 부뚜막에 걸고 밥을 짓는다. 대개 돌솥을 만드는 돌은 따로 한 종류가 있는데, 결이 치밀하면서도 부드러워 도끼날로 나무를 깎듯이 깎고 색은 새까맣거나 청백색이다. 지금 목수들이 아교를 달이는 데 쓰는 그릇은 이천(伊川)에서 생산되는 물건이 가장 좋다.【민간에서는 이 돌을 '곱돌'25이라 한다.】《금화경독기》

見也. 或養生家, 爲蒸飯頓爛, 用石鼎, 朝夕炊飯, 則仍用釜制, 支竈而炊. 蓋作鼎之石另有一種, 密理而頓, 受斧⑤鑿如木, 色烏黑或靑白. 今梓人用作煎膠器者, 是伊川産者最佳.【俗呼"곱돌"】《金華耕讀記》

돌솥은 갈이틀로 나무를 깎아 뚜껑을 만들어야   石鼎宜鏇木爲蓋. 苟鼎倣

---

24 청공(清供) : 맑고 운치 있는 생활에 갖추는 자연물. 청공과 관련한 자세한 내용은《이운지》권2~3에 나온다.
25 곱돌 : 기름 같은 광택이 있고 맨질맨질한 감촉이 있는 암석. 한약재로도 쓰였다. 곱돌로 만든 솥은 위의 사진과 같다.
⑤ 斧 : 저본에는 "釜". 버클리본에 근거하여 수정.

한다. 만약 솥[鼎]을 옛 제도를 본떠 만들려면 덮개 위에도 도철(饕餮)무늬[26]를 새긴 꼭지를 만들어야 한다.《금화경독기》

古制, 則蓋上亦當作饕餮鈕. 同上

일반적으로 새로 만든 돌솥은 볏짚을 태운 불로 3~4번 태웠다가 식힌 뒤에야 단단해진다. 돌솥을 축축한 곳에 두면 깎여서 떨어지고 쉽게 깨지기 때문에 항상 건조한 곳에 두고 땅 위에 그대로 놓지 말아야 한다.《산림경제보》[27]

凡新造石鼎, 用稻藁火, 燒冷三四度, 然後堅固. 置濕地則剝落易破, 常置燥處, 勿襯放地上.《山林經濟補》

9) 청석(靑石)[28] 굽는 법

청석은 땅속에서 막 캐냈을 때에는 너무 무르기 때문에 이 돌로 화로나 솥을 만든 뒤에 법제한 들기름을 발라 겻불에 묻어 두었다가 하룻밤 지나 꺼낸다. 이때 두드려 봐서 울림이 있는 돌이 단단하여 오래 견딘다.《금화경독기》

燔靑石法

靑石初探於地中甚頓. 作爐、鼎後, 塗法油埋糠火中, 過一宿取出. 敲之有響者, 硬而耐久.《金華耕讀記》

10) 시루

불을 때서 음식물을 찌는 그릇이다. 바닥에 구멍을 8~9개 뚫고서 솥 아가리에 앉혀 김을 쬔다.《주례》〈고공기(考工記)〉에 “도공이 시루를 만드니 그 용량은 2부(鬴)[29]요 두께는 0.5촌이다.”[30]라고 했으니,

甑

炊饐之器也. 底鑿八九孔, 以安于釜口而受氣.〈考工記〉“陶人爲甑, 實二鬴, 厚半寸”, 可知其自古爲陶器.

---

26 도철(饕餮)무늬 : 중국 고대 전설에 나오는, 무엇이든 먹어 치우는 탐욕스런 짐승인 도철을 새긴 문양. 사람들에게 탐욕을 경계하라는 의미에서 제기(祭器) 등의 장식으로 사용되었다.

27 출전 확인 안 됨.

28 청석(靑石) : 푸른빛을 띤 응회암. 변성암 가운데의 녹니편암(綠泥片岩).

29 부(鬴) : 6.4두(斗)의 용량.

30 《周禮注疏》卷41〈冬官考工記〉下(《十三經注疏整理本》9, 1326쪽).

옛날부터 질그릇으로 시루를 만들었음을 알 수 있다. 그러나 《광운(廣韻)》[31]에서 "치(鉹)는 시루이다"[32]라고 했고, 《집운(集韻)》[33]에서 "조(鉝)는 시루이다. 양(梁) 지방 사람들은 치(鉹)라 하고, 오(吳) 지방 사람들은 조(鉝)라 한다."[34]라고 했다. 치(鉹)와 조(鉝)는 모두 쇠금 변을 쓰니 옛날에도 놋시루가 있었음을 또한 알 수 있다. 지금 사람들이 간혹 놋시루를 만들어 대대로 전하여 사용하니, 해마다 바꿔야 하는 질시루와는 다르다. 백거이(白居易)[35]가 불광(佛光)[36]과 함께 향산(香山)[37]에 가서 오동시루로 물고기를 익혀

然《廣韻》云"鉹, 甑也", 《集韻》云"鉝, 甑也. 梁人呼爲鉹, 吳人呼爲鉝". 鉹與鉝皆從金, 則古亦有銅甑, 又可知矣. 今人或作銅甑, 用之傳世, 不似陶甑之每歲一易也. 白樂天同佛光往香山, 炊桐甑烹魚, 則又可以鏇桐爲甑矣. 《金華耕讀記》

질시루(국립민속박물관)

구리시루

---

31 《광운(廣韻)》: 송(宋)의 운서(韻書, 발음 표기 자전). 정식 이름은 《대송중수광운(大宋重修廣韻)》이다. 수(隋)나라 육법언(陸法言)의 《절운(切韻)》(601년)을 당대(唐代) 이후에 여러 차례 증정(增訂)하여 마지막으로 나온 운서이다.

32 《重修廣韻》卷3〈上聲〉"紙"第4.

33 《집운(集韻)》: 송(宋)의 운서(韻書). 절운(切韻) 계통의 운서 체제를 따르면서 다시 그것을 넓혔다. 수록된 글자는 5만 여 자로 《광운》의 약 2배이며 다르게 쓰이는 글자와 다르게 읽히는 글자를 널리 수록하였다.

34 《集韻》卷10〈入聲〉下"鐸"第19.

35 백거이(白居易): 772~846. 당(唐) 중기의 시인이다. 호는 낙천(樂天). 시문집인 《백거이집(白居易集)》을 직접 편찬하였다.

36 불광(佛光): 당대의 선승 마조도일(馬祖道一)의 제자로 불광사(佛光寺)에 주석하였으며, 여만선사(如滿禪師)로 불린다. 백거이의 도움으로 향산사의 주지가 되었으며 함께 구로사(九老社)를 결성하여 활동하였다.

37 향산(香山): 지금의 북경(北京) 외곽 서북부에 있는 산.

먹었다고 하니, 오동나무를 갈이틀에 깎아도 시루
를 만들 수 있겠다.[38] 《금화경독기》

《운회(韻會)》[39]를 살펴보니 "언(甗)[40]으로서 바닥이
없는 그릇을 증(甑)이라 한다."[41]라고 했다. 《설문》에
서 "시루밑[箅]은 가린다는 뜻인데 시루 바닥을 가리
기 때문이다."[42]라고 했다. 그러니 어찌 중국의 시루
는 원래 바닥이 없고 시루밑으로 밑을 가리고서 쌀
을 안치는 형태가 아니겠는가? 우리나라의 시루는
바닥이 있고 거기에 구멍을 뚫어 증기를 받아들이
기 때문에 찌는 증기가 혹시라도 고르게 퍼지지 않
으면 번번이 한쪽은 설고 한쪽만 익을 우려가 있으
니, 마땅히 중국 제도가 낫겠다. 《금화경독기》

案《韻會》"甑無底曰甗",
《說文》"箅, 蔽也. 所以蔽
甑底也." 豈華制甑本無底,
而用箅蔽底以裝米耶? 東
制有底, 而穿孔受氣, 故蒸
餾之氣, 一或未遍, 輒患偏
生偏熟, 當以華制爲勝. 同
上

11) 언(솥과 시루의 기능을 겸비한 시루)

《정자통(正字通)》[43]에 다음과 같이 적혀 있다. "《박
고도(博古圖)》[44]에서 '언(甗)'이라는 그릇은 윗부분
이 시루처럼 생겨서 음식을 익히고, 아랫부분이 역

甗

《正字通》云 : "《博古圖》甗
之爲器, 上若甑可以炊物,
下若鬲可以餰物, 蓋兼二

---

38 이 항목에서 설명한 질시루, 구리시루의 모양은 앞 페이지 사진과 같다.
39 《운회(韻會)》: 송의 운서. 《대송중수광운:광운》의 206운을 107운으로 줄여 1202년에 간행한 《고금운회
(古今韻會)》를 말하는 것으로 보인다. 원의 《고금운회거요(古今韻會擧要)》, 조선의 《운회옥편(韻回玉篇)》
등이 이 운서를 기준으로 편찬되었다.
40 언(甗): 솥과 시루가 애초에 붙어 있는 형태의 그릇.
41 《古今韻會擧要》 卷14 〈上聲〉 "十六".
42 《說文解字》 卷5 上 〈六十三部〉.
43 《정자통(正字通)》: 명말(明末) 장자열(張自烈)의 자서(字書). 청초(清初) 요문영(廖文英)이 원고를 입수하여
새로 편집, 간행하였다. 《자휘(字彙)》의 형식을 따랐으며 《자휘》를 구본(舊本) 또는 구주(舊注)로 하고 다
시 대폭 보완하여 출전을 명시하였다. 이 형식은 《강희자전(康熙字典)》에 계승되었다.
44 《박고도(博古圖)》: 송(宋) 왕보가 편찬한 옛날 그릇의 도록이다. 《선화박고도록(宣和博古圖錄)》이라고도
한다.

역《박고도》　　　　　　　　언《박고도》

(鬲)[45]이라는 솥처럼 생겨서 음식을 삶을 수 있다. 대개 2가지 그릇의 기능을 겸하여 둔 것이다. 발 3개에 둥근 모양도 있고, 발 4개에 네모난 모양도 있다.'[46]라고 했다. 은(殷)나라에는 도철무늬의 언[饕餮甗]이 있었고, 주(周)나라에는 드리워진 꽃무늬와 번개무늬가 새겨진 언[垂花雷紋甗]이 있었으며, 한(漢)나라에는 시루 귀가 누운 언[偃耳甗]이 있었는데 이들

器而有之. 或三足而圜, 或四足而方.' 商有饕餮甗, 周有垂花雷紋甗, 漢有偃耳甗, 皆銅爲之."

언

45　역(鬲) : 다리가 밖으로 굽어 벌어진 솥.
46　《重修宣和博古圖》卷18〈甗錠總說〉.

은 모두 구리로 만들었다.[47]"[48]

이제 비록 도철무늬, 번개무늬, 시루 귀가 누운 모양을 꼭 쓸 필요는 없지만 대략 윗부분의 시루와 아랫부분의 역을 갖춘 제도를 본떠 구리로 그릇 하나를 만든다. 이 그릇은 윗부분의 시루에 떡 만드는 재료를 안치고 아랫부분의 솥에 물과 불로 조리하는 재료를 갖춘다. 역 아래에서 숯을 피워 익히면 방에서 나가지 않고도 밀가루 떡이나 쌀가루 떡, 인절미나 가루떡 같은 음식을 만들 수 있다.《금화경독기》

今雖不必用饕餮、雷紋、偃耳之象, 而略倣上甑下鬲之制, 銅鑄一器, 上甑以裝餅餌之劑, 下鬲以具水火之用, 爇炭鬲下而炊之, 則不出房闥之間, 而可炊餅餌、瓷糕之類.《金華耕讀記》

12) 노구솥[49]

쇠를 주물하여 만드는데, 몸통은 납작하고 바닥이 평평하며, 발은 없지만 전[50]이 있다. 발이 3개인 노구솥도 있다. 그 뚜껑은 쇠로 만드는데 모양이 가마솥 뚜껑 같다. 일반적으로 고기를 삶거나 죽을 쑤거나 생선을 익히거나 채소를 데치는 등 못하는 음식이 없으니 부엌살림 중에 없어서는 안 되는 것이다. 자서(字書)를 살펴보니 "노(鏴)는 음이 노(魯)이고, 솥이다."[51]라고 했으나 노(鏴)의 제도가 어떠한지는

鏴口

鑄鐵爲之, 體匾而底平. 無足而有唇, 亦或有三足者. 其蓋鐵爲之, 形如釜蓋. 凡烹肉熬粥, 飪魚瀹蔬, 無所不可, 廚竈中不宜闕者也. 案字書"鏴, 音魯, 釜也", 未詳鏴之制如何, 而東俗之呼爲鏴口, 方言也. 京

---

47 은(殷)나라에는……만들었다 : 이 문장에서 설명하는 언(甗)은 앞 페이지 사진과 같다.
   현존하는 언의 모습은 앞 페이지 사진과 같다.
48 《正字通》〈午集〉上 卷7 "瓦部"(《續修四庫全書》235, 119쪽).
49 노구솥 : 일반적으로 놋쇠나 구리로 만든 솥을 일컫는다. 하지만 여기서 소개한 노구솥은 쇠로 주물한다고 하여 지금의 노구솥(뒤에 놋 노구솥으로 나온다)과는 다른데, 발이 3개인 노구솥은 위의 사진과 비슷할 것으로 추정된다.
50 전 : 물건의 위쪽 가장자리에 있는 넓은 부분.
51 《御定康熙字典》卷31〈戌集〉上 "金部" '鏴'.

노구솥(태백석탄박물관)

새옹(국립민속박물관)

자세하지 않으며, 우리나라 민간에서 노구(鑪口)라 부르는 말은 방언이다. 경기도 삭녕(朔寧)[52]에서 생산되는 솥이 좋다.《금화경독기》

畿 朔寧産者佳.《金華耕讀記》

13) 새옹[53]

놋쇠로 만들고 모양은 발 없는 노구솥과 같지만, 깊이가 그보다 2배이다. 새옹 뚜껑도 놋쇠로 만드는데, 뚜껑의 가장자리가 구부러져 꺾였다가 가운데쪽으로 둥글게 올라오고, 가운데는 높게 일어나 들떠 있으며, 위에는 작은 꼭지가 있다. 일반적으로 삶거나 데치거나 달이거나 볶는 등 어떤 요리나 다 할 수 있으며, 노구솥보다 몸체가 얇아 음식물이 쉽게 익는다. 그러므로 급히 삶거나 익혀서 제공해야 하는 일체의 음식은 대부분 이 그릇을 써서 한다. 자서를 살펴보면 "사(鈔)는 동기(銅器)이다."라 했고, 또 "사(鈔)

鈔用

鍮造, 形如無足鑪口而深倍之. 其蓋亦鍮造, 而邊界曲折弦起, 中隆起, 上有小頂子. 凡烹瀹煎熬, 無所不宜, 較鑪口, 體薄易熟. 故一切烹飪之急需者, 多用此器. 案字書"鈔[6], 銅器也", 又曰"水盆如今之銅面盆". 今鈔用形與有脣銅盆相似, 特徑圍小耳. 其稱鈔

---

52 삭녕(朔寧) : 현재 경기도 연천군과 강원도 철원군의 일부 지역.
53 새옹 : 놋쇠로 만든 작은 솥을 가리킨다.
[6] 鈔 : 저본에는 "鈔". 버클리본에 근거하여 수정.

는 물대야[水盆]로, 지금의 구리 세숫대야 같다."[54]라
했다. 지금의 새옹은 모양이 전 달린 놋동이와 비슷
하지만 단지 둘레가 대야에 비해 작을 뿐이다. 새옹
이라 부르는 말은 방언이다.《금화경독기》

用, 方言也.《金華耕讀記》

14) 놋 노구솥

놋쇠로 만들고 모양은 새옹과 같지만 크기는 이
보다 더 커서 물 3~4두를 담는다. 뚜껑은 없고 전
이 좁으며 2개의 타원형 고리가 배 양쪽에 못으로
박혀 있어 잡고서 들기 편하다. 일반적으로 물을 많
이 부어 음식 재료를 흐물흐물하게 삶아야 할 때는
이 솥이 아니면 할 수 있는 솥이 없다.《설문》을 살
펴보면 "오(鏖)는 데우는 그릇이고, 동기(銅器)라고도
한다."[55]라 했으며,《박아(博雅)》[56]에서는 "오(鏖)는 부
(䶃)다."라 했고,《육서고(六書故)》[57]에서는 "지금 사람
들은 약한 불로 고기를 흐물흐물하게 삶는 그릇을
오(鏖)라 한다."[58]라 했다. 이로 보면 오(鏖)의 제도는
지금의 놋 노구솥과 서로 비슷했던 것 같다.《금화
경독기》

銅鏉口

鏉造, 形如鈔用而大, 容水
三四斗. 無蓋而唇狹, 兩墮
環釘在腹兩邊, 以便持擧.
凡欲多灌水爛煮, 非此莫
可. 案《說文》"鏖, 溫器, 一
曰銅[7]器",《博雅》"鏖, 䶃
也",《六書故》"今人, 以慢
火爛煮肉物爲鏖". 意鏖之
制, 與今銅鏉口相似也.
《金華耕讀記》

---

54 예를 들어《御定康熙字典》卷31〈戌集〉上 "金部" '鈔'에 유사한 내용이 나온다.
55 《說文解字》卷14 上〈五十一部〉.
56 《박아(博雅)》: 위(魏) 장읍(張揖)이 편찬한 자전. 원래 이름은《광아(廣雅)》이고《이아(爾雅)》를 증보한 것
   이다. 형식은《이아》와 같지만 독자적인 내용으로 이루어져 있다. 수(隋) 조헌(曹憲)이 10권으로 나누어 다
   시 편찬할 때 수양제(隋煬帝)의 이름을 피휘하여《박아》라고 했다.
57 《육서고(六書故)》: 원(元)의 대동(戴侗)이 쓴 사전이다.
58 《御定康熙字典》卷31〈戌集〉上 "金部" '鏖'.
[7] 銅:《說文解字·五十一部》에는 "金".

솥솔(국립민속박물관)

시루밑(국립민속박물관)

15) 솥솔[59]

솥을 닦는 도구다. 종려털[60]로 만든 것이 가장 좋지만 구하기 어렵다. 지금 사람들은 꽃창포뿌리로 솔을 만드는데, 이 솔만으로도 충분히 닦을 수 있다.《금화경독기》

鍋刷

刷鍋之具也. 棕絲最佳而難得. 今人用馬藺根爲之, 亦足充事.《金華耕讀記》

16) 시루밑[61]

우리나라 시루는 바닥이 있지만 바닥에 구멍이 있기 때문에 반드시 시루밑으로 바닥을 막은 다음에야 비로소 떡 만드는 재료를 안칠 수 있다. 또는 대오리로 엮은 발을 쓰거나 기름새[62]를 엮어 만들기도 한다.《금화경독기》

箅

東甑有底, 而以其有孔穴也, 故須用箅蔽底, 然後始可裝餠餌之劑. 或用竹篾, 或以蒯草結成.《金華耕讀記》

---

59 솥솔 : 《물명고》에는 "솔"로 적혀 있고, 《광재물보》에는 "솟솔"이라 적혀 있다. 모양은 위의 사진과 같다.
60 종려털 : 종려의 잎자루나 껍질에 붙어 있는 섬유질의 털.
61 시루밑 : 시루의 내용물이 아래로 새지 않도록 막는 깔개.
62 기름새 : 산지에서 자라는 볏과의 여러해살이풀로, 60~90cm까지 자란다.

이남박 1(국립민속박물관)

이남박 2(국립민속박물관)

17) 이남박[63]

갈이틀로 나무를 깎아 만들되, 바닥 부분은 좁게 만들고 윗부분은 넓게 만든다. 안쪽 면을 계단처럼 차례로 층이 지도록 깎되, 층층이 빙 둘러 에워싸도록 한다. 이남박에 쌀을 담고 물을 부은 뒤 두 손으로 바가지를 잡고 흔들어 출렁거리게 했다가 조금 뒤에 다른 바가지에 기울여 부으면 먼지흙이나 모래는 모두 계단처럼 차례로 층이 진 곳 사이로 가라앉고, 다른 바가지는 깨끗한 쌀만 받아들인다. 쌀을 받은 바가지를 기울여 물을 버리고 쌀을 솥에 넣은 다음 불을 때서 쌀을 익힌다. 이남박이 비록 하찮은 물건이지만 취사도구 가운데 하루도 없어서는 안 되는 도구이다. 《금화경독기》

淘米瓢

鏇木爲之, 底弇上侈. 內面刻作䃃級, 層層環繞. 貯米注水, 兩手執瓢搖漾, 移時傾注他瓢, 則塵沙皆落在䃃級之間, 而他瓢所受則淨米也. 傾去水入鍋, 炊熟物. 雖微, 亦炊具之不可一日闕者也.《金華耕讀記》

18) 조리[64]

쌀이 많아서 이남박에 담을 수 없으면 물을 큰

淅米蒭

米多瓢不能容者, 貯水大

---

63 이남박 : 쌀 등을 이는 바가지의 일종.
64 조리 : 조리의 모양은 현대까지 내려오고 있다.

동이에 담아 쌀을 넣고 씻는다. 쌀이 깨끗해지면 조
리로 쌀을 일어 다른 그릇에 옮겨 담는다. 조리는 대
나무를 쪼개고서 이를 엮어 만드는데, 모양이 국자
같으면서도 삼각형으로 만든다. 조리 자루는 눕지
않고 세워지도록 만든다.《금화경독기》

19) 욱(籅, 중국 조리)[65]

욱(籅)【어(於)와 육(六)의 반절(反切)[66]이다.】은 쌀을
이는 도구이다.《설문》에서 "욱(籅)은 키이다."라 했
고, 다시 "쌀을 이는 수(籔)【소(蘇)와 후(后)의 반절이
다.】 또는 취욱(炊籅)이다."라 했으며,[67]《광아》에서는
"석상(淅籔, 쌀 이는 조리)【'籔'의 음은 상(箱)이다.】은 선
(匝),【음은 선(旋)이다.】이고, 욱(籅)【수(籔)라고도 한

盆, 入米淘洗. 旣淨用籔漉
米, 移盛他器. 其籔, 剖竹
結成, 形如枓而作三角形,
其柄不偃而豎.《金華耕讀
記》

籅

籅,【於六切】漉米器.《說
文》"淅箕也", 又云"漉米
籔,【蘇后切】又炊籅也",
《廣雅》曰"淅籔,【音箱】匝,
【音旋】籅【一曰籔】",《方言》
云"炊籅謂之縮,【漉米籅

조리(국립민속박물관)

욱(《왕정농서》)

---

65 욱(籅):《왕정농서》의 욱(籅)은 위의 그림과 같다.
66 반절(反切):한자의 음을 표기할 때 다른 두 한자의 음을 반씩 취하여 합치는 방법. 여기에 나온 사례로 보
　　면 '어(於)'의 초성(이를 성모聲母라 한다)인 'ㅇ'과 '육(六)'의 중성 및 종성(이를 운모韻母라 한다)의 'ㅠㄱ'을
　　합쳐 읽어야 한다는 뜻이다.
67 《說文解字注》卷9〈五篇〉上"籅", 192쪽.

다.]이다.”라 했으며, 《방언(方言)》68에서는 “취욱(炊爨)은 축(縮)【쌀을 이는 욱(爨)이다.】이라고 하고, 또는 수(蔞)【음은 수(籔)이다.】라고도 하며, 또는 선(匝)이라고도 한다.【강동에서는 석첨(淅籤)이라 부른다.】”라 했다.69 이들은 대개 오늘날 쌀로 밥을 지을 때 날마다 쓰는 도구이다.《왕정농서》70

소(籍)【소(所)와 교(交)의 반절이다.】는 반소(飯籍, 밥할 때 쓰는 조리)이다. 《설문》에서는 “진류(陳留)71에서는 밥주걱 모양의 조리를 소(籍)라 하는데 죽(竹)의 뜻을 따르고 소(捎)로 소리 난다.”라 했다. 지금 사람들도 밥할 때 쓰는 키를 소기(籍箕)라 부른다. 남쪽에서는 욱(爨)이라 하고 북쪽에서는 소(籍)라 하며, 남쪽 지방에서는 대나무를 쓰고 북쪽 지방에서는 버드나무를 쓰는데, 모두 쌀을 이는 도구이다. 또는 밥을 담아 술밥을 만드는 데 쓰이기도 한다.《왕정농서》72

20) 대바구니73

대바구니[篝]【재(才)와 하(何)의 반절이다.】는 라

也】或謂之蔞,【音籔】或謂之匝.【江東呼爲淅籤也】” 蓋今炊米, 日所用者.《王氏農書》

籍,【所交切】飯籍也.《說文》“陳留謂飯帚曰籍, 從竹捎聲.” 今人亦呼飯箕爲籍箕. 南曰爨, 北曰籍;南方用竹, 北方用柳, 皆漉米器. 或盛飯, 所以供造酒食. 同上

篝

篝,【才何切】比籮稍匾而

68 《방언(方言)》:전한(前漢) 양웅(揚雄)이 지은 자서. 본래 이름은 《유헌사자절대어석별국방언(輶軒使者絕代語釋別國方言)》이고 줄여서 《방언》, 《양자방언(楊子方言)》이라고 했다. 원본은 실전되었고 송(宋) 이맹전(李孟傳)의 각본 등이 남아 있다. 곽박(郭璞), 항세준(杭世駿) 등의 주석서가 편찬되었다.
69 《方言》卷5 '炊爨';《御定康熙字典》卷22〈未集〉上 “竹部” '爨'.
70 《王禎農書》卷15〈農器圖譜〉8 “蓧蕢門”, 273쪽.
71 진류(陳留):현재 하남성(河南城) 개봉시(開封市) 인근이다.
72 《王禎農書》, 위와 같은 곳, 273쪽.
73 대바구니:《왕정농서》의 대바구니는 위의 그림과 같다.

대바구니(《왕정농서》)　　　　　　　라(籭)(《왕정농서》)

(籭)라는 대바구니에 비해서 조금 납작하면서 작으며 쓰임도 다르다. 【안】 라(籭)는 《왕정농서》〈농기도보 (農器圖譜)〉에 보인다.[74] 대바구니는 술을 빚거나 밥 을 지을 때 쌀을 이는 데 쓰고, 먹을거리 원재료를 담을 수도 있다. 대개 라(籭)에는 거친 재료를 담고 대바구니에는 고운 재료를 담는다. 《왕정농서》[75]

小, 用亦不同. 【案】籭見《農 器圖譜》. 籮則造酒造飯, 用之漉米, 又可盛食物. 蓋 籭盛其粗者, 而籮盛其精 者. 《王氏農書》

21) 주걱[76]

밥이 다 익으면 이 도구로 밥을 푼다. 구리로 만

鍋鏟

飯旣熟, 用此取之. 或銅

주걱 1(국립민속박물관)

주걱 2(국립민속박물관)

---

74 《王禎農書》, 위와 같은 곳, 269쪽에 그림도 수록되어 있다.
75 《王禎農書》, 위와 같은 곳, 270쪽.
76 주걱 : 현재 주걱의 모양과 유사하다.

밥소라(국립민속박물관)

놋동이(국립민속박물관)

놋국자(국립민속박물관)

들거나 나무로 만든다. 모양은 국자와 비슷하지만 평평하고 둥글어서 국자처럼 떠내지 않는다. 그 손잡이는 약간 누워 있으면서 짧다.《금화경독기》

或木, 形如杓而平圓不舀. 其柄微偃而短.《金華耕讀記》

22) 밥소라[77]

놋쇠로 만들고, 위는 넓고 아래는 좁으며, 밑이 평평하고 전이 좁다. 밥이 다 익으면 주걱으로 이 그릇에 옮겨 담고 흐릿하게 올라오는 김이 대강 나간 뒤에 비로소 밥사발에 나눠 담는다. 시골의 재력이 없는 사람은 질동이[瓦盆]로 대신하기도 한다.《금화경독기》

飯鑼

鍮造, 上闊下斂而底平唇狹. 飯旣熟, 用鑼搬貯此器, 略出濛騰之氣, 然後始可分盛鉢盂. 鄕村無力者, 或用瓦盆代之.《金華耕讀記》

23) 놋동이[78]

놋쇠로 만들고, 모양은 물 긷는 질그릇 물동이와 같다. 밥이나 죽, 국, 떡 등의 먹을거리를 담는데, 담지 못하는 음식이 없다.《금화경독기》

銅盆

鍮造, 形如汲水陶缶. 以盛飯粥、羹臛、餠餌之屬, 無所不可.《金華耕讀記》

---

77 밥소라 : 밥이나 국, 국수 등을 담는 그릇이다. 모양은 위의 사진과 같을 것이라 생각된다.
78 놋동이 : 모양은 위의 사진과 같을 것이라 생각된다.

24) 놋국자[79]

놋쇠로 만든다. 국자의 음식 뜨는 곳은 둥글며, 지름이 3~4촌이고 네 가장자리가 둥글게 올라와있다. 그 자루는 길면서 약간 누워 있다. 일반적으로 묽은 죽이나 국이 다 되면 이 국자로 뜨는데, 그 기능은 마치 밥을 풀 때의 주걱과 같다.《금화경독기》

銅杓

鍮造, 其酌物處圓, 徑三四寸, 四邊弦起. 其柄長而微偃. 凡粥飲、羹臛之旣熟, 用此酌取, 猶飯之有鏟也.《金華耕讀記》

---

[79] 놋국자 : 자루가 약간 누워 있는 국자의 모양은 위의 사진과 같다.

2. 데우거나 볶거나 굽는 여러 도구

溫熨、炒煿、燔炙
諸器

1) 쟁개비[銚, 냄비]

《설문》에서 "요(銚)는 데우는 그릇이다."[1]라 했고, 《정자통》에서는 "요(銚)는 솥 가운데 작고 자루와 귀때[2]가 있는 그릇이다."[3]라 했다. 지금 일본에서 수입되는 냄비는 자루와 귀때가 있는 것, 귀때와 자루는 없고 손잡이가 있는 것, 손잡이는 없지만 전이 있어서 들 수 있는 것 등이 있다. 구리로 만들거나 쇠로 만들기도 하여 그 제도가 한결같지 않지만 모두 종이처럼 얇으니, 이 때문에 음식을 담아 불을 때면 쉽게 데워진다. 뚜껑은 나무로 만들어 옻칠한다. 일반적으로 익힌 음식을 데우거나 적은 양의 묽은 죽을 쑬 때 대부분 이 그릇을 쓴다. 우리나라 사람들은 이 그릇을 '잔가비(棧可飛)'[4]라 부른다. 방언으로 빠른 것을 '잔(棧)'이라 하는데, 잔가비는 아마도 그 빠르기가 나는 듯하다는 말인 것 같다. 《금화경독기》

銚

《說文》, "銚, 溫器", 《正字通》, "銚, 釜之小而有柄有流者". 今來自日本者, 或有柄有流, 或無流無柄而有擧梁, 或無擧梁而有唇可擧. 或銅造, 或鐵造, 其制不一, 皆薄如紙, 所以炊物易溫也. 蓋用木造髤漆. 凡溫熨熟物, 或作小小粥飮, 多用此器. 東人呼爲"棧可飛", 方言謂速爲"棧", 蓋言其疾速如飛也. 《金華耕讀記》

---

1 《說文解字注》卷27〈十四篇〉上 "金部", 704쪽.

2 귀때 : 주전자의 부리같이 그릇 한쪽에 바깥쪽으로 내밀어 만든 구멍.

3 《正字通》〈戌集〉上 卷11 "金部" '銚'(《續修四庫全書》235, 627쪽).

4 잔가비(棧可飛) : 쟁개비를 이두식 한자로 표현한 것으로 보인다. 뒤의 '잔' 역시 '재다(재빠르다)'는 뜻이다.

양푼(국립민속박물관)

2) 양푼[鏇][5]

《육서고》에서 "선(鏇)은 데우는 그릇이다. 끓는 물 속에서 이 그릇을 돌려 가며 술을 데운다."[6]라 했다. 지금 우리나라 사람들이 놋쇠로 작은 동이를 만들어 술이나 음식을 끓는 물 속에 담가 데우는데, 대개 선(鏇)의 전해 내려온 제도이다. 민간에서는 이 그릇을 '양푼[涼盆]'이라 부르는데, 양(涼)은 얇다는 뜻이다. 《금화경독기》

鏇

《六書故》, "鏇, 溫器也. 旋之湯中以溫酒". 今東人鍮造小盆, 以爇溫酒饌于湯中, 蓋鏇之遺制也. 俗呼 "涼盆", 涼者, 薄也. 《金華耕讀記》

3) 완자탕기[7]

중국 제도로, 유랍(鍮鑞)[8]으로 만들고 모양은 작은 동이 같지만 동이와 달리 뚜껑이 있다. 바닥 한복판에 구리 통 하나를 세워 뚜껑 위로 뚫고 나오게 하고, 양 가장자리에는 타원형 고리를 달아 잡고서 들기 편하다. 탕이 다 익으면 통 속에서 숯에 불을

卍字湯器

華制也, 用鍮鑞造. 形如小盆而有蓋. 當底之中, 豎以一銅筒, 穿出蓋上, 兩邊綴墮圜環, 以便持擧. 作湯旣熟, 爇炭于筒中, 貯湯于

---

5 양푼[鏇] : 음식을 담거나 데우는 용도로 쓰는 그릇이다.
6 《御定康熙字典》 卷31 〈戌集〉 上 "金部" '鏇'(《節本康熙字典》, 465쪽).
7 완자탕기 : 지금의 신선로와 비슷하면서 가운데의 구리 통을 중심으로 십(十)자 모양으로 구획이 지어진 그릇이다. 중국에서는 이 그릇을 무엇이라 하는지 모르겠다.
8 유랍(鍮鑞) : 놋쇠와는 성분이 다르나, 성분이 무엇인지는 잘 모르겠다. 조선에서는 유랍을 다루는 법을 모른다는 내용과 더불어 더 자세한 내용은 뒤에 나오는 '유기' 조를 참조 바람.

붙이고 탕을 통의 언저리 4곳에 담아 끓인다. 겨울에 음식을 데우는 그릇 중에 가장 좋은 것이다.《금화경독기》

四沿而瀹之. 冬月溫器之最佳者也.《金華耕讀記》

4) 삼발이솥[鐺, 쟁]

데우는 그릇이다.《통속문(通俗文)》[9]에서 "가마솥[鬴]에 발 달린 그릇을 '쟁(鐺)'이라 한다."라 했고,《위략(緯略)》[10]에서 "쟁은 발이 셋 달린 술 데우는 그릇이다."[11]라 했으니, 이 삼발이솥은 발이 있었을 것이다. 송나라 태조가 뇌덕양(雷德驤)[12]을 꾸짖으며 "정(鼎)이나 쟁에도 귀가 있다."라 했으니, 귀 역시 있었을 것이다. 오늘날의 제도는 뜻대로 하기 때문에 한결같지 않으나, 그 쓰임은 같다. 또《광운》을 살펴보면 "오육(鎢錥)은 데우는 그릇이다."라 했고,《진서(晉書)》〈두예전(杜豫傳)〉에서 "가마솥, 독, 쟁개비, 볶음판, 오육(鎢錥)은 모두 민간에서 급할 때 쓰는 그릇이다."[13]라 했다. 오육(鎢錥)의 제도가 쟁에 견주어어떠한지는 모르겠으나 요점은 모두 음식을 급히 익히거나 데울 때 쓰는 데에 있으니, 뜻대로 만들어도 되며, 일일이 옛 제도를 따라서 만들 필요는 없다.《금화경독기》

鐺

溫器也.《通俗文》, "鬴有足曰'鐺'",《緯略》, "鐺, 三足溫酒器", 是鐺有足矣. 宋 太祖叱雷德驤曰 : "鼎鐺亦有耳", 則又有耳矣. 今制隨意不一, 而其用則同也. 又案《廣韻》, "鎢錥, 溫器",《杜豫傳》, "釜、甕、銚、槃、鎢錥, 皆民間之急用也", 未知鎢錥之制, 比鐺如何, 而要皆饎爨之急需, 可隨意制造, 不必一一依倣古制也.《金華耕讀記》

---

9 《통속문(通俗文)》: 후한(後漢) 복건(服虔)이 저술한 속어사전.

10 《위략(緯略)》: 남송(南宋) 고사손(高似孫)의 저술.

11 《통속문》에서……그릇이다:《御定康熙字典》卷31〈戌集〉上 "金部" '鐺'(《節本康熙字典》, 467쪽).

12 뇌덕양(雷德驤): 917~992. 북송(北宋)의 관료. 오대(五代) 후주(後周) 때 등용되어 송 태종(太宗) 때까지 관직 생활을 하였다. 사관이 그를 평하여 "덕은 컸으나 문채가 없고, 꽤 강직하다고 자임했다. 성격이 매우 급하여 다른 사람의 원한을 산 일이 많았고, 사대부의 책임을 다하지 않았다."라고 했다.

13 《광운》을……그릇이다:《御定康熙字典》卷31〈戌集〉上 "金部" '鑮'.

5) 사라

일본에서 왔으며 적동(赤銅)[14]으로 만든다. 모양은 세숫대야와 같지만 깊이는 그보다 더 얕고, 양쪽 가장자리에는 타원형 고리를 달아 잡고서 들기 편하다. 크고 작은 사라를 서로 포개면 5개의 그릇이 1벌로 합쳐진다. 일반적으로 참깨 등의 재료를 볶거나 덖을 때는 어느 것보다도 사라를 써야 한다. 지금 사람들은 간혹 세숫대야로 쓰는데, 이는 그 쓰임새를 잃은 것이다. 《금화경독기》

鈔鑼

來自日本, 用赤銅造. 形如盥盆而淺, 兩邊綴以墮環, 以便持擧. 大小相疊, 五器合爲一部. 凡炒煿芝麻等物, 最宜用此. 今人或作盥匜, 則失其用矣. 《金華耕讀記》

6) 볶음판(초반)

구리로 만들고, 모양은 솥뚜껑을 뒤집어 놓은 듯하다. 약방에서는 이 그릇으로 약재를 볶아 조제한다. 일반적으로 익히는 식재료 가운데 적은 양을 볶거나 덖을 때에도 이 그릇을 쓸 수 있다. 《금화경독기》

炒�?

銅造, 形如鍋蓋之仰者. 藥鋪用此器炒製藥料. 凡餱料之小小炒煿者, 亦可用此器.《金華耕讀記》

7) 튀김판(자철)[15]

모양은 볶음판과 같지만 쇠로 만든다. 일반적으로 과자, 떡, 생선이나 고기를 기름에 튀길 때는 모두 이 도구를 쓴다. 《금화경독기》

炙鐵

形如炒鏷而鐵爲之. 凡油煎果飣、糕餌、魚肉, 皆用此器.《金華耕讀記》

---

14 적동(赤銅):구리에 2~8%의 금만을 배합하거나 또는 다시 1% 정도의 은을 첨가한 흑자색(黑紫色)의 구리 합금. 이 합금을 약품으로 처리하면, 아름다운 자색(紫色)을 띤 흑색의 광택 있는 상태가 되므로 자동(紫銅)·홍동(紅銅)·적금(赤金)이라고도 한다.

15 튀김판(자철):원문의 '炙鐵'은 보통 '석쇠'로 옮기지만, 해설하는 내용이 석쇠와는 전혀 달라서 해설에서 소개한 기능을 반영하여 옮겼다. 튀김판의 모양으로 볶음판의 모양도 유추할 수 있을 것으로 보인다.

석자(국립민속박물관)

벙거짓골(국립민속박물관)

8) 석자(누표)[16]

제도는 놋국자와 같지만 음식 뜨는 곳에 완(卍)자 무늬를 아로새겨 영롱담 무늬처럼 훤하게 뚫어놓거나 혹은 구리로 네모진 테두리를 두르고서 그 안에 구리철사로 그물을 뜨듯 엮기도 한다. 튀김판으로 떡이나 점과(黏果)[17]를 기름에 튀기고 이 석자로 건져 올리면 기름이 모두 석자 아래로 빠져나간다.《금화경독기》

漏杓

制如銅杓, 而其酌物處鏤雕卍字紋, 玲瓏透徹, 或銅作匡圍, 而用銅絲結網. 用炙鐵油煎餠糕、黏果, 以此撈取, 則油盡漏下.《金華耕讀記》

9) 벙거짓골(전립과, 전립투)[18]

쇠로 만들고 모양이 벙거지(전립)를 뒤집어 놓은 듯하기 때문에 이런 이름이 붙었다. 풍로로 숯에 불을 붙이고 벙거짓골을 그 위에 얹어 움푹 들어간 가운데에서는 채소를 끓이고 벙거지의 챙처럼 생긴 사

氈笠鍋

鐵爲之, 形如氈笠之仰者, 故以名. 風爐爇炭, 置鍋其上, 瀹蔬于中, 燔肉于沿. 其制始來自倭今遍國中. 然

---

16 석자(누표) : 철사를 엮어 바가지 모양을 만들고 손잡이를 단 조리도구. 구리석자는 찾을 수 없으나 모양은 위의 사진과 유사할 것으로 생각된다.

17 점과(黏果) : 산자나 약과처럼 기름에 튀겨 기름지고 끈적한 과자.

18 벙거짓골(전립과, 전립투) : '전립'을 뒤집어 놓은 모습과 비슷한 모양의 벙거짓골. 양쪽에 손잡이가 달려 있으며, 육수를 부을 수 있도록 가운데가 오목하게 들어간 것이 특징이다.

번가(국립민속박물관)

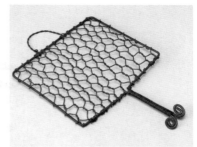
번망(국립민속박물관)

방 언저리에서는 고기를 지진다. 그 제도는 일본에서 왔는데, 지금은 나라 안에 퍼져 있다. 그러나 끝내 일본에서 만든 솥만큼 좋지 못하다.[19]《금화경독기》

終不如倭造者佳也.《金華耕讀記》

10) 번가(일자석쇠)[20]

쇠로 네모난 테두리를 만들고 그 속에다 0.1척의 사이를 두어 굵은 철사를 세로로 건다. 작은 손잡이가 있으니, 손잡이를 잡고 석쇠를 들어 화롯불 위에 올려놓고서 생선이나 고기를 불에 살라 굽는다.《금화경독기》

燔架

鐵作方匡, 就其內, 相距一寸, 豎架鐵條. 有小柄, 舉置爐火上, 以燒炙魚肉.《金華耕讀記》

11) 번망(그물석쇠)[21]

쇠로 네모난 테두리를 만들고 구리철사로 그 안에 그물을 뜬다. 번망 또한 생선과 고기를 불에 살라 굽는 도구이다.《금화경독기》

燔網

鐵作方匡, 而用銅線作網于其內. 亦燔炙魚肉之具也.《金華耕讀記》

---

19 벙거짓골로 실제 요리하는 내용에 대해서는《정조지》권5〈고기와 해산물〉 "번자" '쇠고기 굽는 방법' 전립투(氈笠套) 참조.
20 번가(일자석쇠) : 번가의 모양은 위의 사진과 같다.
21 번망(그물석쇠) : 여기서 설명한 번망의 모양은 대략 위의 사진과 같다.

석쇠받침(국립민속박물관)

12) 석쇠받침(노교)[22]

굵은 철사 2개의 끝을 고리로 이어 연결한다. 일반적으로 생선이나 고기를 불에 살라 구울 때는 먼저 석쇠받침을 화로 위에 다리처럼 걸어 놓은 뒤에 비로소 번망 등의 도구를 그 위에 놓고 음식을 굽는다.《금화경독기》

爐橋

兩鐵條頭, 綴連環. 凡燔炙魚肉, 先用此作橋于爐上, 而後始可置燔網等器而燔之.《金華耕讀記》

---

22 석쇠받침(노교) : 여기에서 설명한 석쇠받침의 모습은 위의 사진과 같다.

3. 양조하는 데 쓰는 여러 도구　　釀造諸器

1) 독

질그릇 중 가장 큰 그릇으로, 또한 날마다 쓰는 가장 필요한 물건이다.[1] 일반적으로 술을 빚거나, 장을 담그거나, 식초를 만들거나, 채소를 절이는 데에도 모두 이 그릇을 쓴다. 《자서》를 살펴보면 "옹(甕)은 앵(罌)이다. 또한 물 긷는 그릇이다."[2]라 했고, "한나라 포선(鮑宣)의 처는 독을 지니고 나가 물을 길었다."[3]라 했고, "진나라의 유령(劉伶)은 술병과 술통을 들었다."[4]라 했으니, 옹(甕)과 앵(罌)은 모두 작아서 몸에 지닐 수 있는 그릇이다. 장자(莊子)는 독[甕盎]을 큰 혹덩어리[大癭]에 비유했고,[5] 《포박자》에서는 "사독(四瀆)[6]의 흐림이 옹 속의 물이 맑음만 못하

甕

陶器之最大者, 亦日用之最需者也. 凡釀酒、造醬、沈醯、作菹, 皆用此器. 案《字書》, "甕, 罌也. 又汲器也", "漢鮑宣妻, 提甕出汲", "晉劉伶, 捧罌承槽", 則甕罌皆小, 可提挈之器也.《莊子》以甕盎喻大癭,《抱朴子》云"四瀆之濁不如甕水之清", 瀆以喻至大, 甕以喻至小, 則甕之非大

1　질그릇……물건이다 : 독의 모양은 지역마다 차이가 있다.
2　출전 확인 안 됨.
3　독을……길었다 :《후한서》권114〈열녀전〉74 '포선처(鮑宣妻)' 및《동관한기(東觀漢記)》권22〈열전〉17 '포선처(鮑宣妻)' 등에 내용이 보인다. 다음과 같은 고사 중에 나오는 말이다. 포선(鮑宣)이 환소군(桓少君)의 아버지에게 학문을 배웠는데 환소군의 아버지가 포선의 청렴함을 높이 사서 그에게 소군을 시집보내고 더불어 많은 재물을 보냈다. 하지만 포선이 이를 기뻐하지 않자, 소군이 재물을 친정으로 다 돌려보내고 혼례가 끝나자 직접 물동이를 들고 물을 길으면서 아내로서의 도리를 다하였다.
4　술병과……들었다 :《진서(晉書)》권49〈열전〉19 '유령(劉伶)' 조에 보이는 유령의〈주덕송(酒德頌)〉의 한 구절로 세속에 얽매이지 않는 모습을 그리고 있다.
5　독을……비유했고 : 이 내용의 출전은 다음과 같다. "독[甕瓷]만 한 큰 혹이 달린 꼽추가 제환공에게 유세하자, 제환공은 그의 말을 듣고 기뻐했다. 그 뒤로 제환공은 온전한 사람을 보면 목이 가늘어 측은해 보였다.(甕瓷大癭說齊桓公, 桓公說之. 而視全人, 其脰肩肩.)"《莊子》卷2〈德充符〉第5.
6　사독(四瀆) : 나라의 운명과 관계되었다 여겨진 4개의 강. 장강, 제수, 황하, 회수를 의미한다.

독(국립민속박물관)

다."[7]라고 하여, 독(瀆)으로 지극히 큰 물을 비유하고 옹으로 지극히 작은 물을 비유했으니 옹이 큰 그릇이 아니었음을 더욱 알 수 있다.

그러나 후위(後魏)[8] 가사협(賈思勰)[9]의 《제민요술》에는 서미주(黍米酒),[10] 당량주(當粱酒),[11] 갱미주(秔米酒)[12] 등을 빚는 방법이 있다.[13] 그 물과 누룩의 양을 계산해 보면 처음 다시 빚고 두 번째 다시 빚고 세 번째 다시 빚는 데 쓴 쌀이 20~30두가 훨씬 넘는데도 오히려 옹이 다 차지 않았다고 했으니, 옹 또한 작은 그릇은 아니었다. 그러니 이 어찌 옹이란 질그릇을 통틀어 부르는 말이라, 크기에 관계없이 똑같이 옹이라 이름 붙인 것이 아니겠는가?

器, 又可知矣.

然後魏 賈思勰《齊民要術》, 有黍米酒、當粱酒、秔米酒諸法. 計其水麴之量, 及一酘、再酘、三酘之米恰過數三十斗, 而猶未滿甕, 則甕又非小器矣. 豈甕是瓦器之通稱, 而不論大小, 同名爲甕耶?

---

7 《抱朴子》外篇 卷4〈喻蔽〉第43.
8 후위(後魏):선비족 탁발부(拓跋部)가 중국 화북 지역에 세운 북조 최초의 왕조(386~534). 북위(北魏). 후에 황실이 원(元)씨로 개성하여 원위(元魏)라고도 함.
9 가사협(賈思勰):?~?. 《제민요술》의 저자이나 생애는 자세히 알려지지 않았다.
10 서미주(黍米酒):기장을 주재료로 하여 담근 술.
11 당량주(當粱酒):대들보 아래에 술항아리를 둔 데서 유래한 이름이다. 3월 3일 기장밥으로 담근다.
12 갱미주(秔米酒):쌀을 주재료로 하여 담근 술. 쌀, 누룩, 물의 양을 동일하게 하여 담근다.
13 《齊民要術》卷7〈法酒〉第67(《齊民要術校釋》, 525~526쪽).

지금 옹 중에 큰 것은 물 40~50두를 담고 작은 옹도 15~16두 아래로 내려가지 않는다. 곳곳의 도공들이 소나무숲이 있는 곳에다가 가마를 설치하여 옹을 구워 만든 다음 배로 나르거나 사람들이 지고 들이 넓은 지역에 나가서 판다. 일반적으로 술 빚는 집에서는 독을 특별히 가려서 모아야 한다. 모래알만 한 틈이라도 있으면 술이나 장이 빠져나가고, 독에서 진이 나오면 양조한 결과물의 맛이 변한다.《금화경독기》

남쪽 지방에는 오지독이 있는데 백토로 날그릇을 만들고 석간주(石間朱),[14] 검검수(儉黔水)[15]를 고루 섞어서 발라 가마에 넣고 구워서 만든다. 다른 질그릇보다 훨씬 오랫동안 버티어 견딜 수 있다.《금화경독기》

일반적으로 술을 빚고 식초를 만들 때는 기름종이와 조릿대 잎으로 아가리를 봉하여 나무뚜껑으로 덮는다.【갈이틀로 나무를 깎아 가늠해서 만드는데, 뚜껑의 지름은 독 아가리의 크기를 가늠해서 전을 덮을 수 있게 한다.】일반적으로 장을 담그는 독은 아가리가 넓은 것을 써서 햇볕을 쬘 수 있어야 하고, 그 뚜껑으로 아가리가 넓은 소래기[大鹽盆] 같은 그릇을 쓴다.【안 제도는 아래에 자세하다.】낮에는

今甕之大者容水四五十斗, 小者亦不下十五六斗. 處處陶戶, 逐松林設窯燔造, 船輸人負, 出售于野. 凡釀造之家宜揀別收之. 有沙隙則走失酒醬, 津則能令釀造變味.《金華耕讀記》

南方有烏甆甕, 用白土爲坯, 以石間朱、儉黔水調塗之, 入窯燔成, 比陶器最能持久. 同上

凡釀酒造[1]醯酢者, 用油紙、箬葉封口, 以木蓋覆之.【鏇木爲蓋, 圓徑視甕口大小, 令可覆唇.】凡造醬之甕, 宜用闊口者以受日曬, 其蓋, 用闊口大鹽盆.【案 制詳下.】晝去夜覆以避霜露, 或日中有雨, 亦取覆

---

14 석간주(石間朱):산화철을 포함한 흙으로 만든 안료. 검붉은색을 띤다.
15 검검수(儉黔水):무엇을 가리키는지 모르겠다.
[1] 造:저본·버클리본에는 "醋". 규장각본에 근거하여 수정.

뚜껑을 열어 놓았다가 밤에 다시 덮어 주어 서리나 이슬을 피한다. 어쩌다 한낮에라도 비가 오면 또한 소래기를 덮어 준다. 큰 삿갓을 씌우거나 대나무를 깎아 산개(傘蓋)16 모양을 만들고 여기에 종이를 발라 기름을 먹이면 또한 비나 이슬도 피할 수 있다.《금화경독기》

之. 或用大簑笠或削竹, 作傘蓋樣, 紙塗灌油, 亦可避雨露. 同上

지금 민가에서는 볏짚을 엮어 부들방석 모양을 만들고서 이를 독 뚜껑으로 쓰는데 그 두께는 0.2 척쯤이다. 겨울에는 독에 김치를 넣고서 독을 땅속에 묻고 이 뚜껑으로 덮으면 심한 추위로 얼어붙는 일을 막을 수 있다. 그러나 여름에는 벌레들이 이를 통해 숨어들까 우려된다.《금화경독기》

今民家用稻藁結作蒲團樣爲甕蓋者, 其厚幾二寸. 冬月作葅, 埋甕地中, 用此蓋覆, 能御寒凍, 夏月則恐蟲蟻緣伏. 同上

2) 독 고르는 법

일반적으로 독은 7월에 만든 날그릇을 최상으로 치고, 8월에 만든 날그릇을 그다음으로 치며, 그 나머지 날그릇을 최하로 친다. 가마에서 막 나와 뜨거운 상태일 때 기름을 바른 독이 매우 좋다.《제민요술》17

選甕法

凡甕, 七月坯爲上, 八月爲次, 餘月爲下. 新出窯及熱脂塗者大良.《齊民要術》

독을 살 때는 독이 새것인지 옛것인지에 관계없이 먼저 모래알 틈이 있는지를 살핀다. 땅을 쓸어 평평하게 하고 그 땅에서 섶을 태워 불꽃이 잦아들면 독을 거꾸로 뒤집어서 연기를 덮는다. 그런 다음 땅

買甕, 不論新故, 先審沙隙有無. 掃地令平, 蓺薪于地, 趁焰止, 煙上覆甕, 其上聚土封口, 勿令有罅隙.

---

16 산개(傘蓋) : 불좌나 높은 좌대를 덮는 우산 모양의 장식품.
17 《齊民要術》卷7〈塗甕〉第63(《齊民要術校釋》, 477쪽).

위 흙을 모아 독 아가리를 막되, 틈이 있게 해서는 안 된다. 독의 몸통 주위를 자세히 살펴 연기가 새어 나오면 바로 이곳이 모래알 틈이다. 《금화경독기》

周身細察, 有煙氣透漏者, 卽是沙隙. 《金華耕讀記》

3) 독에 기름 바르는 법

塗甕法

일반적으로 독은 크기에 관계없이 모두 기름을 발라 길들여야 한다. 독에서 진이 나오면 만들어 둔 온갖 재료가 모두 나빠져 음식이 제대로 만들어지지 않으니, 이 점을 특별히 유의해야 하는 까닭이다. 시장에서 파는 독은 먼저 기름을 발라 길들여야지 급히 물을 담아서는 안 된다. 【㊟ 아직 기름을 바르기 전에 비를 맞아도 나쁘다.】

凡甕, 無問大小, 皆須塗治. 甕津則造百物皆惡, 悉不成, 所以特宜留意. 市買者, 先宜塗治, 勿遽盛水. 【㴱 未塗遇雨亦惡.】

바르는 법:땅을 파서 작고 둥근 구덩이를 만들고, 【㊟ 구덩이 가장자리 양쪽으로 길을 내서 바람이나 불을 끌어들인다.】구덩이 속에서 생숯에 불을 붙인 다음 독 아가리를 구덩이 위에 맞춰 놓고 연기를 쏘인다. 【㊟ 불이 세면 독이 쉽게 깨지고 약하면 독을 뜨겁게 하기 어려우니 불의 세기를 알맞게 조절하도록 힘써야 좋다.】자주 손으로 만져 보다가 손을 델 정도로 뜨거우면, 바로 독을 내려놓는다. 뜨거운 기름을 독 속에 붓고 기름이 천천히 흐르도록 독을 돌리면서,[18] 독 안 전체에 고루 퍼지게 하여 기름이 더 이상 스며들지 않으면 그친다. 【㊟ 소나 양

塗法 : 掘地爲小員坑, 【㴱 傍開兩道, 以引風火②.】生炭火於坑中, 合甕口於坑上而熏之. 【㴱 火盛喜破, 微則難熱, 務令調適乃佳③.】數以手摸之, 熱灼人手, 便下. 寫熱脂於甕中, 廻轉濁流, 極令周匝, 脂不復滲乃止. 【㴱 牛羊脂爲第一, 好猪脂亦得. 俗人用

---

18 기름이……돌리면서:원문의 '廻轉濁流'를 옮긴 것이다. '濁流'는 《제민요술》에 '獨流'로 적힌 판본도 있으나, 모두 이해가 안 되는 말이다. 실제로는 기름이 독에 스며들 수 있도록 천천히 돌려 주어야 한다. 《齊民要術校釋》, 477쪽 주2 참조.
② 火:저본에는 "大". 《齊民要術·塗甕》에 근거하여 수정.
③ 佳:저본에는 "可". 《齊民要術·塗甕》에 근거하여 수정.

의 기름이 가장 좋고 좋은 돼지기름 또한 괜찮다. 일반인들이 삼씨기름을 쓰는 것은 사람들을 잘못에 빠지게 하는 일일 뿐이다. 만약 기름이 천천히 흐르도록 하지 않고 바로 한 번에 두루 비비기만 하면 역시 독에서 진이 나오는 일을 면하지 못한다. 일반인들은 독을 솥 위에 놓고 찌기도 하는데 수증기 또한 좋지 않다. 〔농정전서〕 '황랍이 매우 좋지만 값이 비싸니 송진을 써도 된다.'[19] 끓는 물 몇 말을 독 속에 부어 깨끗이 씻고 쏟아 버린 다음 찬물을 가득 채워 며칠 두면 쓰기에 알맞다. 【주 쓸 때는 다시 깨끗이 씻어 햇볕에 쬐어 말린다.】《제민요술》[20]

麻子脂者, 誤人耳. 若脂不濁流, 直一偏拭之, 亦不免津. 俗人釜上蒸甕者, 水氣亦不佳. 農政全書 黃蠟甚佳, 價貴, 用松脂亦可.】以熱湯數斗著甕中, 滌盪疏洗之, 瀉却, 滿盛冷水, 數日便中用. 【注 用時更洗淨, 日曝令乾.】《齊民要術》

4) 독 때우는 법

항아리가 터져서 때울 곳이 있으면 【안 항아리나 독 모두 질그릇이라 때우는 법이 같다. 그러므로 여기에 붙여 개략적인 방법을 밝힌다.】 먼저 독을 대껍질 테로 고정시키고 뙤약볕에 때울 곳을 쬐어 말린 다음 역청(瀝靑)을 불에 녹여 바른다. 바를 때는 역청이 이어 붙인 틈에 가득 차도록 넣어 준다. 다시 불로 대략 그을려서 역청을 바른 부분이 펴지도록 한다. 그러면 물조차도 새지 않으니, 그 효과가 유회(油灰)보다 낫다. 《왕정농서》[21]

補甕法

缸有裂縫者, 【案 缸與甕皆是陶器, 補法一同. 故系此以發凡.】先用竹篾箍定, 烈[4]日中曬縫令乾, 用瀝靑火鎔塗之. 入縫內令滿, 更用火略烘塗開, 水不滲漏, 勝於油灰.《王氏農書》

---

19 《農政全書》卷42〈製造〉"營室"(《農政全書校注》, 1209쪽).
20 《齊民要術》卷7〈塗甕〉第63(《齊民要術校釋》, 477쪽).
21 출전 확인 안 됨. 인용문헌을 잘못 적은 것 같다. 대신《농정전서》에 보인다.《農政全書》卷42〈製造〉"營室"(《農政全書校注》, 1225~1226쪽).
[4] 烈 : 저본에는 "列". 버클리본·《農政全書·製造·食物》에 근거하여 수정.

또 다른 방법 : 침사(針砂)²²에 간수를 섞어서 때울 곳에 이를 아교로 고정시켜 그늘진 곳에 놓는다. 1달 정도 그대로 두면 터지기 전과 같아진다. 《산림경제보》²³

又法 : 針砂和鹽滷, 膠固, 置於陰處, 不動一月, 如舊. 《山林經濟補》

항아리나 술단지가 터진 곳에는 쇳가루를 식초에 타서 발라 주는데, 여기서 녹이 생기면 새지 않는다. 또는 토란 끝을 외제(煨製)²⁴하되 절반만 익혀 터진 곳을 문지르기도 한다. 《증보산림경제》²⁵

缸罈裂處, 用鐵屑醋調塗之, 生銹則不漏. 或以芋[5]頭煨, 半生半熟擦之. 《增補山林經濟》

5) 중두리²⁶

독 중에 작은 독을 민간에서 '중원이(中圓伊)'【중두리】라 부르는데, 이는 방언이다. 큰 중두리는 물 12~13두를 담을 수 있고 작은 중두리는 물 5~6두를 담을 수 있다. 일반적으로 얼마 되지 않는 양을 양조하는 일에 이 그릇을 쓴다. 또 장을 담가서 다 익으면 국자로 간장을 떠내 이 그릇으로 옮겨 담고 다시 물에 소금을 타서 장독에 붓고는 거듭 숙성시킨다. 대개 음식 만드는 살림집에서 많이 갖춰 둬야 할 독이다. 오지독이면 더욱 좋다. 《금화경독기》

中圓伊

甕之小者, 俗呼"中圓伊", 【듕두리】方言也. 大者容水十二三斗, 小者容水五六斗. 凡小小釀造者, 用此器. 且造醬旣熟, 用杓酌取其淸, 移儲此器, 而更以水和鹽, 傾入醬甕, 以取再釀. 蓋治饍之家, 所宜多備者也. 烏甆者尤佳. 《金華耕讀記》

---

22 침사(針砂) : 바늘을 만들기 위하여 쇠를 갈 때 나오는 고운 쇳가루. 한약재로도 쓰였다.

23 출전 확인 안 됨.

24 외제(煨製) : 약재로 약을 만들거나 각종 제형으로 만들기 전 가공하는 포제법(炮製法)의 하나이다. 축축한 밀가루 반죽, 축축한 습지(濕紙) 등의 보료(補料)를 이용하여 약재의 겉면을 둘러싸고 연기가 나지 않는 뜨거운 잿불에 파묻어 굽는다.

25 《增補山林經濟》 卷16 〈雜方〉 "補缸罈方"(《農書》 5, 175쪽).

26 중두리 : 독보다 조금 작고 배가 볼록한 그릇.

[5] 芋 : 저본에는 "等". 규장각본·버클리본·《增補山林經濟·雜方·補缸罈方》에 근거하여 수정.

중두리(국립민속박물관)　　　　　　　바탱이(국립민속박물관)

6) 바탱이[27]

모양은 지금 날마다 쓰는 작은 항아리 같지만 이보다 커서 물 5~6두를 담을 수 있다. 민간에서 '전항이(田缸伊)'【바탱이】라 부르는데, 이는 방언이다. 그 쓰임은 중두리와 같고, 이 또한 오지그릇이면 좋다.《금화경독기》

田缸伊

形如今日用小缸而大, 容水五六斗. 俗呼"田缸伊",【밧항이】方言也. 其用與中圓伊同, 亦以烏甆者爲佳.《金華耕讀記》

7) 고내기[28]

높게 솟아 있으며 바닥은 평평하고 아가리는 넓으며 사방의 운두[29]가 평평하고 곧아 물 3~5두를 담을 수 있다. 방언으로 '고낙이(高擧伊)'【고내기】라 한다. 대개 얼마 되지 않는 양을 양조하는 그릇이다. 오지그릇이면 좋다.《금화경독기》

高擧伊

高聳, 而底平口闊, 四檣平直, 容水三五斗. 方言謂之"高擧伊".【고낙이】蓋小小釀造之器也. 烏甆者佳.《金華耕讀記》

---

27 현재 전하는 바탱이의 모양은 위의 사진과 같다.
28 고내기 : 그릇의 하나로, 자배기(둥글넓적하고 아가리가 넓게 벌어진 그릇)보다 운두가 높고 아가리가 넓다.
29 운두 : 그릇의 둘레나 높이.

고내기(국립민속박물관)

《광운》을 살펴보면 "앵(甖)은 질그릇이다."[30]라고 했다. 양웅(楊雄)[31]의 《방언(方言)》에서는 "조나라와 위나라의 접경 지역에서는 옹(甕)이라 하고, 앵(甖)이라고도 한다."[32]라고 했다. 《옥편》에서는 "무(甒)는 작은 앵(甖)이다."[33]라고 했다. 《예기(禮記)》〈예기(禮器)〉의 "임금의 술두루미는 와무(瓦甒)로 한다."라는 구절에 대한 주석에서, "큰 단지는 1석들이이고 와무는 5두들이이다."[34]라고 했다. 《의례(儀禮)》〈사관례(士冠禮)〉의 "곁에 두는 술두루미 중 1무(甒)에는 예주(醴酒)[35]를 담아 둔다."[36]라는 구절에 대한 소(疏)에서는 "무(甒)는 술그릇으로, 중간이 넓고 아래가 곧

案《廣韻》, "甖, 瓦器." 揚子《方言》, "趙魏之郊, 謂之甕, 或謂之甖."《玉篇》, "甒, 小甖也."《禮·禮器》 "君尊瓦甒"註, "壺大一石, 瓦甒五斗."《儀禮·士冠禮》 "側尊一甒醴"疏, "甒爲酒器, 中寬下直, 上銳平底."《正韻》, "甒, 小口甖也." 《淮南子》"抱甒而汲"註, "今兗州曰小甒爲甒, 幽州曰

30 《原本廣韻》卷2〈下平聲〉.

31 양웅(楊雄) : BC 53~AD 18. 전한(前漢) 말의 학자로 왕망(王莽) 때까지 관직 생활을 했다. 시와 문장에 뛰어났으며 저서로 《방언(方言)》, 《법언(法言)》 등을 남겼다.

32 《方言》卷5〈甀〉;《康熙字典》卷19〈午集〉上 "瓦部", 259쪽.

33 《玉篇》卷16〈瓦部〉242.

34 《禮記正義》卷23〈禮器〉《十三經注疏整理本》13, 850쪽).

35 예주(醴酒) : 곱게 가루 낸 찹쌀에 쌀과 누룩을 넣고 밀봉하였다가, 찐쌀을 넣고 빚어 먹는 전통주. 주로 손님 접대나 제사에 쓰였다.

36 《儀禮注疏》卷1〈士冠禮〉第1《十三經注疏整理本》10, 30쪽).

으며 위는 뾰족하고 바닥은 평평하다."37라고 했다. 《정운(正韻)》에서는 "추(甀)는 아가리가 작은 앵(罌)이다."38라고 했다. 《회남자(淮南子)》의 "추(甀)를 안고 물을 긷다."라는 구절에 대한 주석에서, "지금 연주(兗州)에서는 소무(小甒)를 추(甀)라 하고, 유주(幽州)에서는 와(瓦)라 한다."39라고 했다. 《광운》에서는 "수(甀)를 쪼갠 것이 와영(瓦罌)이다."40라고 했다. 《한서》〈양웅전(揚雄傳)〉에서는 "나는 뒷사람이 장독[醬瓿] 뚜껑으로나 쓸까 우려되네."라고 한 대목의 주석에서, "부(瓿)는 작은 앵(罌)이다."41라고 했다. 《광운》에서는 "영적(瓴甋)은 앵과 비슷하지만 귀가 있다."42라고 했다. 《회남자》에서는 "불을 끄려는 사람은 물을 길어 나르는데, 옹령(甕瓴)으로 길어 나르기도 하고 또는 분우(盆盂)로 길어 나르기도 한다."43라고 했다. 《설문해자》에서는 "강(瓨)은 앵과 비슷하지만 목이 길다."44라고 했다. 《한서》〈화식전(貨殖傳)〉의 "식초와 장이 1,000강(瓨)이다."는 구절에 대한 주석에서, "강(瓨)은 목이 긴 독으로 10승을 담는다."45라고 했다. 《자전》에서는 "담(瓵)은 큰 앵으로, 1석을 담

瓦."《廣韻》, "剖⑥甀, 瓦罌." 《漢書·揚雄傳》 "吾恐後人用覆醬瓿也" 註, "瓿, 小罌也." 《廣韻》, "瓴甋, 似罌, 有耳." 《淮南子》, "救火者, 汲水而趍之, 或以甕瓴, 或以盆盂." 《說文》, "瓨, 似罌, 長頸." 《漢·貨殖傳》 "醯醬千瓨" 註, "瓨, 長頸甕, 受十升." 《字典》, "瓵, 大罌, 可受一石."

37 소(疏) 부분은 《儀禮注疏》에서 발견되지 않는다.
38 《康熙字典》卷19〈午集〉上 '瓦部'.
39 《淮南鴻烈解》卷13〈氾論訓〉;《康熙字典》卷19〈午集〉上 '瓦部'.
40 《原本廣韻》卷3〈上聲〉.
41 《漢書》卷87〈揚雄傳〉, 3585쪽.
42 《原本廣韻》卷2〈下平聲〉.
43 《淮南鴻烈解》卷19〈修務訓〉;《說文解字》卷20 下〈文五〉.
44 《康熙字典》卷19〈午集〉上 '瓦部'.
45 《漢書》卷91〈貨殖傳〉, 3687~3688쪽.
⑥ 剖：저본·버클리본에는 "瓿". 규장각본에 근거하여 수정.

을 수 있다."⁴⁶라고 했다.

　대개 이런 여러 그릇은 비록 모양과 만드는 방법이 한결같지 않고 크기 또한 다르지만 요컨대 모두 독이나 단지의 종류이다. 지금 민간에서 사용하는 중두리니, 바탱이니, 고내기니 하는 그릇 또한 이런 그릇들이 전해 내려온 제도인데, 이리저리 변하다 보니 그 이름을 잃어버린 것이다.《금화경독기》

蓋此諸器, 雖形製不一, 大小亦異, 而要皆甕甖之類也. 今俗所謂中圓伊、田缸伊、高擧伊, 亦其遺制, 而轉輾失其名者也. 同上

8) 소래기⁴⁷

　물 긷는 동이와 이름은 같고 제도는 다른 그릇이다. 이 그릇은 몸통이 납작하고 운두가 누웠으며, 밑은 좁으나 아가리는 넓고, 귀는 없으나 전이 있다. 지금의 세숫대야와 같지만 크기가 이보다 배가 되기도 한다. 일체의 양조에 모두 이 그릇에 재료를 담아 나르니, 인가에서는 많이 갖춰 둬야 할 그릇이다. 장독이 비와 이슬에 맞지 않게 할 때도 이 그릇으로 덮는다.《금화경독기》

盆

與汲水盆, 名同制異. 此則體匾檣偃, 底狹口闊, 無耳而有脣. 與今盥盆同, 而大或倍之. 一切釀造皆用此器, 搬運物料, 人家所宜多備者也. 醬甕避雨露, 亦以此蓋之.《金華耕讀記》

9) 용수⁴⁸

　대를 짜서 만들고, 모양은 바닥이 있는 죽통 같다. 길이는 1.8척, 둘레는 1척이다. 빚은 술이 다 익으면 이 용수를 술독 속에 박아 우물처럼 만든 뒤에 맑은 술을 떠낸다.《정운》에서 "용수는 술 대그릇으

篘

編竹爲之, 形如有底竹筒. 長尺有咫, 圍一尺. 釀酒旣醹, 嵌此作井于酒罈中以取清.《正韻》, "篘, 酒籠,

---

46 《康熙字典》卷19〈午集〉上 '瓦部'.
47 현재 전하는 소래기의 모양은 다음 페이지의 사진과 같다.
48 용수의 모양은 다음 페이지의 사진과 같다.

소래기(국립민속박물관)　　　　　　용수(국립민속박물관)　　　　　　싸리나무용수(국립민속박물관)

로, 술을 걸러서 뜬다."라고 한 말이 이것이다. 서수 (箇簌)라고도 한다.[49]《금화경독기》

대가 없으면 싸리나뭇가지의 껍질을 벗긴 다음 엮어서 만든다. 지금 서울의 상점에서 파는 용수는 모두 싸리나무용수[50]이다.《금화경독기》

漉取酒"是也. 亦名箇簌. 《金華耕讀記》

無竹者, 用杻枝去皮結成. 今京肆所售皆杻篘也. 同 上

---

49 《정운》에서⋯⋯한다:《康熙字典》卷22〈未集〉上 "竹部", 309쪽.
50 싸리나무용수의 모양은 위의 사진과 같다.

4. 곡물을 가루 내는 여러 도구

粉麪諸器

1) 쇠절굿공이[1]

쇠를 주조하여 절굿공이를 만드는데, 길이는 1.2~1.3척이고 둘레는 1위(圍)[2] 정도이다. 공이의 양 끝은 조금 두툼하고, 한쪽 끝에는 구멍을 뚫어 나무 자루를 도끼 구멍에 자루 꽂듯이 꽂는다. 두 사람이 각각 절굿공이 하나씩을 잡고 마주 서서 나무절구에 번갈아 찧는다. 일반적으로 찹쌀을 가루 내어 인절미를 만들거나 멥쌀을 가루 내어 떡을 만들 때 모두 이 절굿공이를 쓴다. 《금화경독기》

鐵杵

鑄鐵爲杵, 長一尺二三寸, 圍可一圍. 兩頭稍豐, 一頭穿孔, 以貫木柄, 如斧釜之貫柯. 兩人各執一杵對立, 互搗于木臼. 凡屑稬爲餈, 粉秔作餌, 皆用此杵. 《金華耕讀記》

2) 콩맷돌

돌을 쪼아 맷돌을 만드는데 제도는 보리맷돌과 같지만 크기는 그보다 작다. 부인 한 명이 한 팔의 힘만으로 돌려 콩을 갈기 위한 맷돌이다. 다른 제도에는 아래짝[承磨]이 위짝[轉磨]보다 조금 커서 주위로 0.1~0.2척이 더 나와 있는 것도 있는데,【위에서 도는 돌이 위짝이고 아래에서 움직이지 않는 돌이 아래짝이다.】주위를 따라 홈을 파고 그 한쪽에다

豆磨

琢石爲磨, 制如麥磨而小. 一婦用一腕之力而轉之, 所以破豆者也. 一制, 承磨較轉磨稍大, 四圍剩出一二寸,【上轉者爲轉磨, 下不動者爲承磨.】緣圍掘槽, 一邊作嘴. 凡作綠豆粉及他

---

1 쇠절굿공이의 모양은 다음 페이지의 사진과 같다.
2 1위(圍) : 한 아름. 절굿공이의 둘레치고는 너무 넓은 것 같다.

쇠절굿공이(국립민속박물관)

맷돌(국립민속박물관)

주둥이를 낸다. 일반적으로 녹두가루를 낼 때와 기타 쌀과자를 만들 때, 곡물을 물에 불려 맷돌에 넣고 갈아서 즙을 낼 때는 모두 이 맷돌을 쓴다.[3]《금화경독기》

米菓之水泡入磨取汁者, 皆用此磨.《金華耕讀記》

3) 보리맷돌

맥류를 갈아 보릿가루나 밀가루를 만드는 맷돌은 콩을 가는 작은 콩맷돌에 비해 그 크기가 2~3배 크고 위짝과 아래짝의 둘레와 지름이 같다. 중국에서는 소로 돌리거나, 나귀로 돌리거나, 수력으로 돌리거나, 사람이 돌리는 등 여러 방법을 사용하지만, 우리나라는 단지 사람이 돌리는 방법밖에 없어 힘을 쓰면서 효과가 적으니 서둘러 중국의 방법을 연구해야 한다.《금화경독기》

麥磨

磨麥爲麪之磑, 比破豆小磑, 其大再倍三倍, 轉磨承磨同一圍徑. 中國有牛轉、驢轉、水轉、人轉諸法, 我東只有人轉法, 費力而尠效, 亟宜講究中國之法也.《金華耕讀記》

4) 중국의 맷돌 돌리는 법

밀은 까부른 뒤에 물로 일어 깨끗이 씻는다. 먼

中國轉磨法

小麥旣颺之後, 以水淘

---

3 일반적으로……쓴다 : 여기서 설명하는 맷돌의 모습은 위의 사진과 같다.

지나 때가 깨끗이 없어지면 다시 햇볕에 말린 다음 맷돌에 넣는다. 일반적으로 밀에는 자주색과 누런색 두 종류가 있는데, 자주색 밀이 누런색 밀보다 낫다. 일반적으로 좋은 밀은 1석마다 120근(觔)의 가루를 얻을 수 있지만, 질이 나쁜 밀은 거기서 1/3이 더 깎인다.

일반적으로 맷돌의 크기에는 정해진 규격이 없다. 큰 맷돌은 살찌고 거세한 힘센 수소를 이용하여 끌어서 돌리게 한다. 소가 맷돌을 끌 때에는 유동(油桐) 열매의 껍질로 눈을 가려 주어야 한다. 눈을 가려 주지 않으면 소가 어지럼증을 일으킨다. 소의 배에는 통을 달아 배설물을 받아 내야 한다. 배설물을 받아 내지 않으면 맷돌 주위가 더러워진다. 그보다 작은 맷돌은 나귀를 이용하여 가는데, 무게가 조금 가볍다. 그보다 더 작은 맷돌은 사람의 힘을 이용하여 밀고 당긴다.

일반적으로 힘센 수소는 하루에 밀 2석을 갈고 나귀는 그 절반을 가는데, 사람은 힘센 사람이라야 3두를 갈고 힘이 약한 사람은 그 절반만 간다. 수력으로 가는 물맷돌은 〈공도〉⁴ 편의 물레방아 제도⁵와 서로 같은데, 물맷돌이 소로 가는 맷돌보다 3배나 편리하다. 일반적으로 소나 말, 그리고 수력으로 가

① 洗, 塵垢淨盡, 又復曬乾, 然後入磨. 凡小麥有紫、黃二種, 紫勝于黃. 凡佳者, 每石得一百二十觔麪, 劣者損三分之一也.

凡磨大小無定形. 大者用肥犍力牛曳轉, 其牛曳磨時, 用桐殼掩眸, 不然則眩暈. 其腹繫桶以盛遺, 不然則穢也. 次者用驢磨, 觔兩稍輕. 又次小磨, 則止用人推挨焉.

凡力牛一日攻麥二石, 驢半之, 人則強者三斗, 弱者半之. 若水磨之法, 與〈攻稻〉水碓制度相同, 其便利又三倍于牛犢也. 凡牛馬與水磨, 皆懸袋磨上, 上寬下

4　《天工開物》卷4〈粹精〉"攻稻".

5　물레방아 제도를 보여 주는 그림은 다음 페이지의 그림과 같다. 1개만 설치하는 조선의 물레방아와 달리 방아가 여러 개 설치되어 있다. 이 물레방아는 《王禎農書》에 나오는 기대(機碓)와 구조가 유사하다. 《본리지》 권11〈그림으로 보는 농사 연장〉 하 "찧기 기구와 고르기 기구" '기대'를 참조 바람.

① 淘 : 저본에는 "陶". 버클리본·《天工開物·粹精·攻麥》에 근거하여 수정.

는 물맷돌은 모두 맷돌 위에다 자루를 달아 놓는데, 자루의 위는 넓고 아래는 좁다. 밀 몇 두(斗)를 자루 속에 담아 맷돌의 가운데 구멍으로 떨어뜨려 넣는다.[6] 하지만 사람 힘으로 미는 맷돌은 꼭 그럴 필요는 없다.

일반적으로 맷돌에는 두 종류가 있고, 밀가루의 품질은 맷돌 재료인 돌에 따라 나뉜다. 강남 지역에는 곱고 흰 상품 밀가루가 적은데, 이는 돌에 모래 찌꺼기가 있어 맷돌이 서로 갈려 불이 나면 그 밀기울도 함께 부서져서 까맣게 탄 밀기울이 밀가루 속에 뒤섞여 체로 제거할 길이 없기 때문이다. 강북 지역의 돌은 성질이 차고 매끄러운데, 그중에서도 지군(池郡)[7]의 구화산(九華山)[8]에서 나는 돌이 매우 좋다. 이 돌로 맷돌을 만들면 맷돌에서 불이 나지 않

窄, 貯麥數斗于中, 溜入磨眼. 人力所挼則不必也.

凡磨有兩種, 麪品由石而分. 江南少粹白上麪者, 以石懷沙滓, 相磨發燒, 則其麩併破, 故黑纇參和麪中, 無從羅去也. 江北石性冷膩而産于池郡之九華山者, 美更甚, 以此石製磨, 石不發燒, 其麪壓至[2]扁秕之極不破, 則黑疵一毫不入,

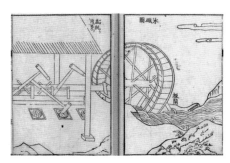

물레방아(《천공개물》)

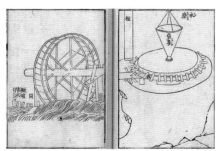

물맷돌(《천공개물》). 맷돌 위에 맥류가 담긴 자루가 매달려 있다.

---

6 물맷돌의 구조를 보여 주는 그림은 위의 그림과 같다.
7 지군(池郡) : 지금의 안휘성(安徽省) 지주시(池州市)이다.
8 구화산(九華山) : 지금의 안휘성 청양현(靑陽縣) 서남쪽에 위치한 산.
[2] 麪壓至 : 저본에는 "麪壓去". 《天工開物·粹精·攻麥》에 근거하여 수정.

으며, 밀기울을 죽정이까지 납작해지도록 눌러도 부서지지 않아서 까맣게 탄 밀기울이 조금도 들어가지 않아 밀가루가 지극히 하얘진다. 일반적으로 강남 맷돌은 20일이면 이가 나가지만 강북 맷돌은 6개월은 지나야 비로소 이가 나간다.

【안】 우리나라의 철원, 연천, 장단 등 강에 접한 지역에서는 청흑석(青黑石)이 나는데, 이 돌에는 벌레 먹은 모양 같은 타고난 자국이 있다. 그곳 토박이들은 이 돌을 쪼아 맷돌로 만들고 '괴석매[怪石磨, 괴상한 돌로 만든 맷돌]'⁹라 부른다. 이 돌은 단단하고 결이 치밀하면서 차고 매끄러워 오래 써도 이가 나가지 않는다. 다른 지역에서 나는 일반적인 돌로 만든 맷돌은 1개월도 안 돼 번번이 이가 나간다. 대체로 북쪽 지역의 돌이 좋고 남쪽 지역의 돌이 나쁜 점은 중국과 거의 비슷하다.】

남쪽 맷돌로 밀가루 100근을 얻는다면 북쪽 맷돌로는 80근을 얻는다.【안】 남쪽 맷돌로 간 밀가루는 대부분 까맣게 탄 밀기울이나 모래 가루가 섞여 있어 양이 많지만, 북쪽 맷돌로 간 밀가루는 이런 불순물이 없기 때문에 양이 적다.】《천공개물》¹⁰

而麪成至白也. 凡江南磨二十日卽斷齒, 江北者經半載方斷.

【案】我東鐵原、漣川、長湍等邑沿江之地, 産靑黑石, 天生瘢痕如蟲食形. 土人琢造磨磑, 呼爲"怪石磨". 堅緻冷膩, 用久不斷齒. 若他處用凡石造者, 未一月③輒斷齒. 大抵北勝南劣, 與中國彷彿.】

南磨得麪百斤, 北磨得麪八十斤.【案】南磨多雜黑纇沙屑, 故麪量多；北磨無此, 故麪量少.】《天工開物》

---

9 괴석매[怪石磨]:《본리지》권11〈그림으로 보는 농사 연장〉하 "찧기 기구와 고르기 기구" '우리나라 매'에도 나온다.

10 《天工開物》卷4〈粹精〉"攻麥", 135~136쪽.

③ 月:저본에는 "目". 버클리본에 근거하여 수정.

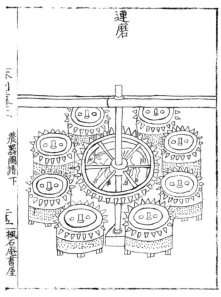

連磨

農器圖譜下　二五　楓石庵書屋

三十三字二

연마(《본리지》)

전마(轉磨, 연마連磨)[11]는 큰 톱니바퀴를 2층에 만들고 그 중앙에쇠 축을 꽂아 건물 안에 세운 뒤 기계를 설치하여 돌린다. 톱니바퀴는 마치 자명종의 톱니 같은 돌기가 서로 맞물린 모양과 같다. 건물 안의 네 구석에도 2개 층에 맷돌판을 놓고 판 가장자리에도 톱니 같은 돌기를 만들어 큰 바퀴의 톱니와 맞물리게 한다. 큰 바퀴가 한 번 돌면 8개의 맷돌판이

轉磨, 爲大牙輪二層, 以鐵軸[4]串之, 立于屋中, 設機而旋之. 牙輪者如自鳴鍾齟齬互當也. 屋中四隅, 亦以兩層置磨槃, 槃沿亦爲齟齬, 以互當大輪之牙. 大輪一旋, 八槃爭轉, 頃刻

---

11 전마(轉磨) : 전마는 위의 기사에서 설명한 '위짝'이 아니라 《왕정농서》에서 소개하고 이를 《본리지》에서 반영한 연마이다. 그러나 《왕정농서》와 《본리지》에서 보여 준 연마 그림은 여기서 설명하는 전마의 구조와는 다르다. 여기서는 맷돌을 상하 2층으로 2개씩 4곳에 설치했다면, 《왕정농서》의 연마는 큰 톱니바퀴 주위에 맷돌 8대를 설치했다. 왕정이 기록한 당시에 팔마(八磨)의 실물은 전하지 않아 상상으로 그렸으므로, 연마(또는 전마)의 제도에 대해서는 실물을 목도한 박지원의 설명이 이 당시의 현실에 더 부합할 것이다. 연마에 대해서는 《본리지》 권11 〈그림으로 보는 농사 연장〉 하 "찧기 기구와 고르기 기구" '연마'를 참조 바람.
④ 軸 : 저본에는 "輡". 버클리본·《熱河日記·馹汛隨筆·車制》에 근거하여 수정.

다투어 돌아 잠깐 사이에 밀가루가 눈처럼 쌓인다. 작동 방법이 문신종(問晨鐘)[12]과 서로 비슷하다.

【안】 이것이 바로 옛날의 팔마(八磨)[13] 제도이다. 혜함(嵇含)[14]은 《팔마부(八磨賦)》에서 "나의 고종형 유경선(劉景宣)이 맷돌을 만들었는데 기이하고 교묘하기에 이를 계기로 부(賦)를 지었다. '네모난 나무 곱자처럼 우뚝하고, 둥근 바퀴 그림쇠처럼 돌아가네. 아래는 고요하여 곤(坤, 땅)과 같고 위는 움직이니 건(乾, 하늘)과 같다네. 큰 바퀴 안에서 굳건하고, 여덟 짝 딸린 바퀴 밖에서 돌아간다네.'"[15]라고 했다.[16]

우안 북위의 최량(崔亮)[17]이 옹주(雍州)[18]에 있을 때 〈두예전〉을 읽다가, 유경선이 팔마(八磨)를 만든 것을 보고 그가 당시에 필요한 일에 도움을 주었다고 높이 평가했다.[19] 대개 그 제도가 멀리 위진(魏晉) 시대로부터 지금까지 널리 퍼져 천하가 그 이로움을

之間, 麨如積雪, 其法與問⑤時鐘相似.

【案】 此卽古八磨之制也. 嵇⑥含《八磨賦》云: "外兄劉景宣作磨奇巧, 因賦之, 云: '方木矩峙, 圓質規旋. 下靜似坤, 上動似乾. 巨輪內建, 八部外運.'"

又案 後魏 崔亮在雍州讀《杜預傳》, 見其爲八磨, 嘉其有濟時用. 蓋其制遠自魏 晉流傳至今, 天下享其利, 而獨東人昧如也. 今京

---

12 문신종(問晨鐘): 고동을 누르면 시각을 알려 주는 탁상용 시계.

13 팔마(八磨): 팔마는 연마(連磨)라고도 하는데, 소가 가운데 들어간다. 《왕정농서》에 실린 그림을 옮긴 《본리지》의 그림은 378쪽을 참조 바람.

14 혜함(嵇含): 263~306. 서진(西晉)의 정치가로 글을 잘 지었다. 중국 최초의 식물학 문헌인 《남방초목장(南方草木狀)》을 썼다.

15 이 《팔마부》의 내용은 음양론과 《주역》의 원리를 반영한 것이다. 음은 고요하고 그 상징은 곤(坤)이며, 양은 움직이고 그 상징은 건(乾)이다. 그러므로 혜함은 돌아가지 않는 아래짝을 음에 비유하고, 돌아가는 위짝을 양에 비유하여 동정(動靜)으로 설명하고 있다. 또한 건(乾)은 건(健), 또는 건(建)과 통한다. 그러므로 《주역》 건(乾)괘에서는 "하늘의 운행은 건실하니, 군자는 이를 본받아 스스로 강해지기 위해 쉬지 않는다(天行健君子以自强不息)."고 하였다. 가운데 큰 바퀴가 굳건하다는 것은 바로 이 "하늘의 운행은 건실하다"는 의미가 반영된 것이다.

16 혜함은……했다: 《王禎農書》 卷16 《農器圖譜》 9 "杵臼門", 287~288쪽.

17 최량(崔亮): 460~521. 북위의 대신. 옹주 자사를 지냈으며 이부상서로 있을 때 정년 제도를 만들었다.

18 옹주(雍州): 지금의 섬서(陝西), 감숙(甘肅), 청해(靑海)성 일대.

19 《魏書》 卷66 〈列傳〉 第54 "崔亮", 1481쪽.

⑤ 間: 저본에는 "聞". 《熱河日記·馹汛隨筆·車制》에 근거하여 수정.

⑥ 嵇: 저본에는 "稽". 일반적인 용례에 근거하여 수정.

누리는데도 오직 우리나라 사람들만 모르고 있다. 지금 서울 마포, 서강(西江) 등지에 맥류가루 만드는 집이 무려 천여 호(戶)나 되지만 한 호에서 한 해에 보리나 밀 수백 곡(斛)을 갈 때 모두 사람의 힘으로 밀고 당겨서 하니, 낑낑거리면서 힘들여 일하며 날을 소모해 버린다. 그런데도 끝내 편리한 기계를 이롭게 쓰는 방법을 생각하지 않으니 정말 이들의 생각 없음이 심하다.

우안 이 책에는 단지 기계를 설치하여 돌린다고만 말하고 기계를 돌리는 방법은 자세하지 않으니, 어찌 유경선의 방법을 그대로 써서 소를 채찍질하여 돌린 것이 아니겠는가? 아니면 자명종의 제도를 본떠 추를 달고 바퀴를 돌린 것인가? 마땅히 연경에 가는 사람이 그 방법을 자세히 연구해야 할 것이다.】《열하일기》[20]

都 麻浦、西江等造麴[7]之家, 毋慮千餘戶, 一戶一歲磨麥數百斛者, 率皆用人力推挨, 搰搰然勞力費日, 而終不思便器利用之道, 誠不思之甚也.

又案 此書但言設機旋之, 而不詳旋之之法, 豈仍用劉景宣法, 策牛轉之耶? 抑倣自鳴鍾制, 懸錘轉輪耶? 當從赴燕人, 詳究其法.】《熱河日記》

5) 우리나라에서 인력으로 맷돌 돌리는 방법

아(丫) 자 모양으로 가장귀진, 팔뚝이나 장딴지만 한 나무를 평평하고 곧게 깎고 다듬는데, 길이는 10척 남짓이다. 다시 나뭇가지 하나를 길이 5척으로 깎아 전탕(田盪)의 모양처럼 갈라진 끝에 가로로 꿰어 만든다.[21] 【안 전탕은 논을 고르게 하는 연장으로, 《본리지》〈그림으로 보는 농사 연장〉에서 자세

東國人轉法

用臂膊大叉木, 削治平直, 長丈餘. 復削木一條, 長五尺, 橫貫叉頭如田盪形.【案 田盪, 均泥器, 詳《農器圖譜》.】一頭穿孔,【一頭, 卽不叉處】貫在磨柄,【轉磨邊

---

20 《熱河日記》〈馹汛隨筆〉"車制".
21 전탕의 모양은 위의 그림과 같다.
[7] 麴 : 저본에는 "麵". 문맥에 근거하여 수정.

전탕(《본리지》)

토매[礱]를 돌리는 모습(《본리지》)

히 설명한다.22】 다른 한쪽 끝에 구멍을 뚫고【다른 한쪽 끝은 바로 갈라지지 않은 곳이다.】맷손(맷돌 손잡이)을 그 구멍에 끼운다.【맷돌 위짝 옆에는 쪼아서 얕은 홈을 만들고 세로로 나무 자루 하나를 그 홈에 끼운다. 다시 대나무를 둘러 테로 고정시키고 작은 쐐기를 단단히 박는다.】맷돌을 방앗간에 두고 굵은 새끼로 갈라진 끝에 가로지른 나무의 양 끝을 각각 묶어 들보 위에 매단다. 한 사람은 맷손을 잡아 돌리고 2~3명은 갈라진 곳에 가로지른 나무를 잡아 밀고 당기면서 돌리는 작업을 돕는다.23 그러나 두세 사람이 힘을 합쳐도 끝내 나귀 한 마리에 미치지 못한다.《금화경독기》

側, 琢作淺槽, 豎嵌一木柄. 復縮竹箍定, 以小檞檝固.】置磨廠廊中, 以大繩繫叉頭橫木之兩頭, 懸于梁上. 一人執磨柄而旋之, 二人或三人執叉處橫木而推捼助之, 併數三人之力, 終不及一驢也.《金華耕讀記》

---

22 《본리지》 권10 〈그림으로 보는 농사 연장〉 상 "갈이 연장과 삶이 연장" '전탕'.
23 이상에서 설명한 맷돌 돌리는 법은 위와 같은 그림에서 비교적 잘 보인다.

체(국립민속박물관)

6) 체[24]

체의 테두리는 소나무 또는 버드나무로 만든다. 아름드리나무를 벌채하여 벽련(劈鍊)[25]하고서 네모 기둥 모양으로 만들고 이를 다시 톱으로 잘라 3~5 척 길이로 만든다. 이를 물속에 담그고서 시일이 오래 지나 몸통이 전부 물이 배어 축축해지면, 날이 긴 날카로운 칼로 나무 끝에서부터 얇게 깎는데, 이때 작은 몽치로 칼등을 살살 치면서 천천히 깎아 내려가는데, 밑동까지 내려오면 거의 전후지(錢厚紙)처럼 얇아진다. 그제야 이를 말아 쳇바퀴를 만들고 말총 노끈으로 쳇바퀴가 겹쳐서 맞닿는 곳을 꿰매어 고정시킨다. 그 바닥에 쳇불[26]로 사라(紗羅, 깁)[27]를 끼워 넣으면 깁체(나사)라 하고, 말총으로 짜면 마미체(마미사), 대나무로 짜면 대체(죽사)라 한다. 대체

篩

篩匡, 用松或柳爲之. 伐合抱木, 劈鍊作方柱形, 復鉅斷作三五尺長. 漚淹日久, 待通身潤濕, 用長刃利刀, 從頭薄批, 以小椎徐徐椎刀背, 次次批下, 以迄于趾, 則其薄僅如錢厚紙矣. 乃捲作篩輪, 鬐繩縫住交襟處. 其底嵌以紗羅, 曰羅篩, 馬鬐織成曰馬尾篩, 竹條織成曰竹篩. 竹篩, 以篩小豆粉者也. 凡粉麮之粹者, 非羅不可. 《金華耕讀

---

24 체의 모양은 위의 사진과 같다.
25 벽련(劈鍊) : 통나무를 네모지게 뗏목으로 대강 다듬는 일.
26 쳇불 : 쳇바퀴에 메워 액체나 가루 따위를 거르는 그물 모양의 물건.
27 사라(紗羅, 깁) : 조금 거칠게 짠 비단.

는 팥가루를 체질하는 도구이다. 일반적으로 곡물 가루 가운데 고운 가루는 깁체가 아니면 얻을 수 없다.《금화경독기》

記》

7) 사롱[28](체를 설치하는 상자)

키버들을 짜서 바구니를 만드는데, 위는 둥글고 아래는 네모난 모양이 중국 태평차(太平車)[29]의 상(廂)[30] 모양과 같다. 앞쪽만 열고 아래의 절반은 또한 키버들로 짜서 막는다. 위아래의 안팎을 모두 종이로 여러 겹 바르고 종이에 차조기기름으로 기름칠한다. 다시 가는 나무막대로 작은 시렁을 만들어【시렁의 제도는 정(井) 자 모양과 같으며 그 밑에 4개의 짧은 기둥이 있다.】사롱 안에 놓고 체를 시렁 위에 놓는다. 한 사람이 사롱 앞에 앉아 아(丫) 자 모양으로 가장귀진 작은 나무를 쳇바퀴에 끼워서 밀고 당기면서 체를 친다.《금화경독기》

篩籠

編杞柳爲籠, 上圓下方, 如中國太平車廂樣. 惟開前面, 而下一半亦編杞柳障遮. 上下內外皆塗紙數重, 以蘇麻油油之. 復用細木條作小架,【架制, 如井字, 而下有四矮柱.】置架籠內, 置篩架上. 一人坐在籠前, 用小叉木, 挾住篩輪而推挨之.《金華耕讀記》

8) 사면차(밀가루 체 치는 기계)

밀가루를 체 치는 방법 : 막힌 방에 바퀴 셋 달린 흔들수레[搖車]를 놓는다. 그 바퀴는 앞바퀴가 2개이고 뒷바퀴가 1개이다. 수레 위에는 기둥 4개를 세우고 아슬아슬하도록 두 층으로 큰 체를 놓으면 몇 석을 담을 수 있다. 위 체에 밀가루를 붓고 아래 체

篩麪車

篩麪之法 : 密室中置三輪搖車. 其輪前兩而後一. 車上立四柱, 危置兩層大篩, 可容數石. 上篩注麪, 下篩空置, 以承上篩, 更繹細

---

28 사롱 : 실제 모양을 확인하지 못해 구체적인 형태를 모르겠다.

29 태평차(太平車) : 중국 고대부터 사용된 타는 수레. 양쪽 옆은 널빤지로 차단하고, 위를 둥글게 만들어 유(U) 자가 뒤집어진 모양의 승차 칸에 사람이 타고, 앞에서 가축이 끌었다. 더 자세한 설명은《섬용지》권4〈탈것〉'타는 도구' '태평차'를 참조.

30 상(廂) : '곁채', '곁'이라는 뜻이어서 태평차의 양쪽에 있는 구조물을 지칭한 것으로 보이나, 확신할 수 없다.

는 비워 두었다가 위 체에서 거른 밀가루를 이어 받아 다시 고운 가루만을 걸러 낸다. 흔들수레 앞에는 나무 하나를 곧게 걸쳐 놓고 나무의 한쪽 끝이 수레 한쪽 끝을 거머쥐게 한 채로 벽을 뚫고서 집 밖으로 빠져나오게 한다. 집 밖에는 기둥 하나를 세워 나무의 다른 쪽 끝을 묶는다. 이 기둥 아래쪽에는 구덩이를 판 다음 큰 판자를 하나 놓아 기둥뿌리를 받친다. 이때 판자 아래쪽 한가운데에 침목(枕木)을 만들어 풀무질하는 방법처럼 판자를 띄워 놓는다.[31]

　판자 위에 의자를 놓고 앉아 발을 살짝 움직이면, 판자의 양 끝이 널뛸 때처럼 서로 낮아졌다 높아졌다 하여 판자 위의 기둥이 흔들림을 이기지 못한다. 그리하여 기둥 끝에 가로로 걸쳐 놓은 나무가 세게 밀고 당겨서 집 안의 수레가 앞으로 나왔다 뒤로 물러났다 한다. 집 안의 사방 벽에는 10층으로 시렁을 설치하고 그릇을 그 위에 놓아 날리는 가루를 받게 한다. 집 밖에서 의자에 앉은 사람은 책을 보거나 글씨를 베껴 쓰거나 손님과 말을 주고받는 등 못하는 일이 없다. 단지 등 뒤에서 시끄럽게 부딪치는 소리가 들리지만 누가 그렇게 하는지도 모른다. 대개 그 발을 매우 살짝 움직일 뿐이지만 거두어들이는 효과는 매우 크다. 우리나라는 부녀자들이 한 번에 밀가루 몇 두만 체 치면 하루아침에 귀밑털과 눈썹이 새하얘지고 손목이 저리고 힘이 빠질 정도이다. 그 수고로움과 편안함으로 얻는 득실을 이

粉. 搖車之前, 直架一木, 木之一頭攬車一頭, 穿出屋外. 屋外立一柱以繫木頭, 柱底坎地, 置一大板以承柱根, 板底正中爲枕, 以泛之如鼓冶之法.

椅坐板上, 微動其足, 則板之兩頭互相低昂, 板上之柱不勝搖蕩. 於是柱頭橫架猛加推排, 而屋中之車一前一却. 屋中四壁, 十層設架, 置器其上, 以承飛粉. 屋外坐椅者, 看書寫字, 對客酬談, 無所不宜. 但聞背後擾攘之響, 而不知孰所使然也. 蓋其動足甚微, 而收功甚鉅. 我東婦女一篩數斗之麪, 則一朝鬢眉皓白, 手腕麻頓. 其勞逸得失, 比諸此法, 何如也?

31　이때……놓는다 : 이는 마치 널뛰는 널판 한가운데에 짚단이나 가마니를 괴는 모양과 비슷하다.

수력으로 체를 쳐서 밀가루를 체질하기(《농정전서》)

방법을 사용하여 얻는 득실과 비교하면 어떠한가?

【안 《왕정농서》에는 수력으로 밀가루를 체 치는 방법이 있는데 수배(水排, 수력으로 풀무를 작동하는 기구) 제도[32]와 서로 비슷하다. 또 맷돌바퀴의 굴대에 기계를 만들어서 체 치는 방법도 있는데 더욱 교묘하고 빠르니,[33] 모두 연구하여 시험해 보아야 한다.】 《열하일기》[34]

【案 《王氏農書》有水擊麭羅法, 與水排之制相似. 又有就磨輪軸作機, 擊羅之法, 尤爲巧捷, 并宜講究試之.】《熱河日記》

9) 함지박

산골백성은 큰 나무를 쪼개고 깎아 그릇을 만든다. 모양은 박과 같지만 다리가 있고 전이 있다. 큰 함지박은 1곡(斛)을 담고 작은 함지박은 4~6두를 담

木瓢

峽民剡大木爲器. 形如瓢, 而有足有脣. 大者容一斛, 小或四五六斗. 或髹漆, 或

---

32 수배(水排) 제도:《農政全書》卷18〈水利〉"利用圖譜" '水排'(《農政全書校注》, 454~455쪽)에도 보인다.

33 《왕정농서》에는……빠르니:《王禎農書》卷19〈農器圖譜〉14 "利用門", 356쪽.

34 《熱河日記》〈馹汛隨筆〉"車制".

는 것도 있다. 옻칠을 하거나 석간주로 색을 칠하기도 하는데, 법제한 들기름으로 닦아 광을 낸다. 민간에서 '함지박'이라 부르는데, 이는 방언이다. 일반적으로 체에 받쳐 가루를 받거나 곡물가루를 반죽할 때 모두 이 그릇을 쓴다.《금화경독기》

以石間朱設色, 而用法製油刷光. 俗呼"涵池瓢", 方言也. 凡承篩取屑及搜粉麪, 皆用此器.《金華耕讀記》

5. 짜거나 누르는 여러 도구 【무록 찍어 내는 여러 도구】

榨壓諸器
【附 模印諸器】

1) 기름틀

기름을 짜는 도구이다. 중국의 제도에는 남방식 기름틀과 북방식 기름틀, 누운 홈통과 세운 홈통의 차이가 있고, 우리나라의 제도에도 압축식 기름틀[壓榨], 회전식 기름틀[旋榨], 껍질말이식 기름틀[皮捲榨]의 구별이 있어 모양과 제도가 한결같지 않다. 【안 각 기름틀의 모양과 만드는 방법은 모두 〈이용도보(利用圖譜)〉[1]에 자세히 나와 있다.】 마땅히 그중에서 편리한 도구를 골라 집에 몇 개를 두어야 할 것이다. 《금화경독기》

油榨

打油具也. 華制有南榨、北榨、臥槽、立槽之異, 東制亦有壓榨、旋榨、皮捲榨之別, 形制不一.【案 各榨形製, 俱詳《利用圖譜》.】當擇其便利者, 家置數器.《金華耕讀記》

2) 기름 짜는 법

기름틀을 다 정리해 놓은 다음 여러 마(麻)류나 채소의 씨를 가져다가 【안 여러 마류는 참깨·들깨·삼씨·아마(亞麻, 양삼)·아주까리 따위를 가리키고, 여러 채소는 무씨·배추씨·유채씨·비름씨·차씨·목화씨·유동씨·오구나무씨 껍질·녹나무씨·사철나무

榨油法

榨具既整理, 乃取諸麻菜子,【案 諸麻指脂麻、蘇麻、大麻、亞麻、蓖麻等屬, 諸菜指萊菔、菘菜、蔓薹子、莧菜、樣子、棉子、桐子、柏

---

1 〈이용도보〉:《섬용지》의 〈이용도보〉이다. 서유구는 《섬용지》 뒷부분에 〈이용도보(그림으로 보는 쓰임에 이로운 도구)〉를 추가하려 했으나, 결국 집필을 못한 채 마무리되었다. 도보가 실려 있는 《본리지》나 《전공지》의 사례에 비추어 볼 때 그가 구상한 〈이용도보〉는 적어도 2권 분량이 되었을 것이다.

씨 따위를 가리킨다.】솥에 넣고 약한 불로 천천히 볶아 【일반적으로 오구나무씨나 유동씨 종류는 나무에서 나는 재료에 속하므로 모두 볶지 않고 맷돌에 갈아 찐다.】향기가 완전히 빠져나온 뒤에 맷돌로 갈아 찐다. 일반적으로 여러 마류나 채소의 씨를 볶을 때는 바닥을 평평하게 주조하고 깊이가 0.6척 정도 되는 솥이 알맞은데, 씨들을 솥 안에 투입하고 부지런히 뒤집으며 섞어야 한다. 만약 솥 바닥이 너무 깊어서 뒤집으며 섞기가 대충 되거나 느려지면 재료가 불기운에 상하여 기름의 질이 떨어진다. 볶는 솥 또한 부뚜막에 비스듬하게 놓으며, 찌는 솥과는 매우 다르다. 【안 볶는 솥을 꼭 따로 만들 필요는 없고 왜(倭)에서 들여온 초라(鈔鑼)를 쓰면 매우 좋다.】

일반적으로 절구는 절구통을 흙 속에 묻고 【나무로 만든 절구는 철판으로 덮는다.】그 위에서 끝에 쇠가 박힌 장나무(굵고 긴 나무)를 두 사람이 마주 들고 쳐 댄다. 자본이 많은 사람은 돌을 겹쳐 소가 돌리는 연자방아를 만드니, 소 1마리의 힘이 사람 10명의 힘에 맞먹을 수 있다. 또한 절구나 연자방아를 쓰지 않고 맷돌을 쓰는 재료도 있는데, 목화씨 종류가 이것이다. 다 찧고 이를 체질하여 거친 가루를 가려 다시 찧고, 고운 가루는 솥이나 시루에 넣어 찐다. 김이 충분히 오르면 건져 볏짚이나 밀짚으로 떡 모양처럼 싼다. 【안 우리나라 민간에서는 거친 삼베로 자루를 만들어 싼다.】그 떡 밖으로는 테를 두르는데, 테는 쇠를 두드려 만들거나 대오리를 쪼개 엮어 만들기도 한다. 이 테는 기름틀 속 홈의 길이

皮、樟①子、冬靑等屬.】入釜, 文火慢炒,【凡柏、桐之類, 屬樹木生者, 皆不炒而碾蒸.】透出香氣, 然後碾碎受蒸. 凡炒諸麻、菜子宜鑄平底鍋, 深止六寸者, 投子仁于內, 翻拌最勤. 若釜底太深, 翻拌疏慢, 則火候交傷, 減喪油質. 炒鍋亦斜安竈上, 與蒸鍋大異.【案 炒鍋不必另造, 卽用倭來鈔鑼甚好.】

凡碾, 埋槽土內,【木爲②者以鐵片掩之】其上以木竿銜鐵, 兩人對擧而椎之. 資本廣者則砌石爲牛碾, 一牛之力可敵十人. 亦有不受碾而受磨者, 棉子之類是也. 旣碾而篩, 擇麤者再碾, 細者則入釜, 甑受蒸, 蒸氣騰足取出, 以稻稭③與麥稭包裹如餠形.【案 東俗用粗麻布, 作袋包裹.】其餠外圈箍, 或用鐵打成, 或破篾絞刺而成, 與榨中槽尺寸相穩合.

와 서로 꼭 맞게 한다.

일반적으로 기름은 원래 증기를 통해 얻는 것이니, 유형의 기름이 무형의 증기에서 생긴다. 따라서 시루에서 꺼낼 때 느릿느릿 싸면 수기와 화기가 뒤섞인 자욱한 증기가 흩어지고 이 때문에 기름이 줄어든다. 능숙한 사람은 빨리 시루에서 붓고 빨리 싸고 빨리 테를 두르니, 얻는 기름의 양은 틀림없이 여기서 결정된다. 다 쌌으면 이를 기름틀 속에 쟁여 넣다가 그 양이 차는 대로 말뚝으로 치거나 밀어내면 거기서 기름이 흘러나온다. 기름떡 안에서 기름이 나오고 찌꺼기가 남는데, 이를 마른떡[枯餅]이라 한다. 일반적으로 참깨, 무, 유채 등의 여러 떡은 모두 거듭 새로 찧어 간 뒤, 짚과 까끄라기를 체질하여 버리고서, 다시 찌고, 싸서 짠다. 처음에 얻는 기름이 2/3이고 두 번째 얻는 기름이 1/3이다. 오구나무나 유동 같은 재료는 한 번 짜면 기름이 다 흘러나오기 때문에 반드시 다시 짤 필요는 없다. 《천공개물》[2]

3) 철판으로 깨 볶는 법

지금 연(燕)과 조(趙) 지역에서는 새로운 방법을 사용하는데, 쇠로 볶음판[炕面]을 만들고 찜솥을 거는 부뚜막에 올린 다음 위에다 참깨를 붓고 넉가래

凡油原因氣取者, 有生于無, 出甑之時, 包裹怠緩, 則水火鬱蒸[4]之氣游走, 爲此損油. 能者疾傾疾裹而疾箍之, 得油之多, 決出于此. 包裹既定, 裝入榨中, 隨其量滿, 揮撞擠軋, 而流泉出焉. 包內油出渾存, 名曰"枯餅", 凡胡麻、萊菔、蔓菁諸餅, 皆重新碾碎, 篩去稭芒, 再蒸再裹而再榨之. 初次得油二分, 二次得油一分. 若柏、桐諸物, 則一榨已盡流出, 不必再也.《天工開物》

鐵炕炒麻法

今燕、趙間, 創法有以鐵爲炕面, 就接蒸釜爨項, 乃傾脂麻於上, 執枕匀攪, 待

---

2 《天工開物》卷12〈膏液〉"法具", 313~314쪽.

[1] 樟 : 저본에는 "獐". 규장각본·버클리본에 근거하여 수정.

[2] 爲 : 저본에는 "圍".《天工開物·膏液·法具》에 근거하여 수정.

[3] 稭 :《天工開物·膏液·法具》에는 "秸". 이하 저본의 "稭"는 이와 동일.

[4] 鬱蒸 : 저본에는 "蒸鬱".《天工開物·膏液·法具》에 근거하여 수정.

로 이를 고르게 섞다가 익으면 맷돌에 넣는다. 참깨를 맷돌에 부으면 바로 흐물흐물해지니, 가마솥에 볶아 절구로 찧을 때보다 들이는 힘을 몇 배로 줄인다. 남북의 농가들이 해마다 이용하여 이 도구가 많아졌으니 더욱 본받아야 한다. 《왕정농서》[3]

4) 물로 끓여 기름 얻는 법

물로 끓이는 법에서는 두 솥을 함께 쓴다. 아주까리나 차조기씨를 갈아 솥에 넣고 물을 부어 끓이면 그 위에 거품이 뜨는데, 그것이 바로 기름이다. 이 거품을 국자로 건져 마른 솥에 따르고 그 아래에서 약한 불로 끓여 물기를 말리면 기름이 바로 만들어진다. 【안 이시진의 《본초강목》에서 "아주까리기름을 얻는 법:아주까리씨 5승(升)을 흐물흐물하게 찧어 물 1두로 끓인다. 거품이 일면 떠내다가 거품이 다 나오고서야 그친다. 물을 제거하고 거품을 달이되 등불을 켜도 기름이 튀지 않고 물을 떨어뜨려도 물이 흩어지지 않는 정도까지 한다"[4]라고 했다. 이곳에 비하면 내용이 더 자세하다. 게다가 이와 같이 하면 반드시 두 솥을 쓰지 않아도 될 것이다. 우안 우리나라 사람들은 이 방법을 모방하여 참깨나 차조기 등의 기름을 얻는데, 이 방법으로 기름을 짜도 기름틀로 짤 때보다 줄지 않는다고 한다.】그러니 기름을 얻는 수량이 결국에는 줄어들 것이다. 지

水煮取油法

水煮法, 竝用兩釜. 將蓖麻、蘇子碾碎, 入一釜中, 注水滾煎, 其上浮沫卽油. 以杓掠取, 傾于乾釜內, 其下慢火熬乾水氣, 油卽成矣.【案 李時珍《本草綱目》云:"取蓖麻油法:用蓖麻仁五升搗爛, 以水一斗煮之. 有沫撇起, 待沫盡乃止. 去水, 以沫煎至點燈不炸, 滴水不散爲度." 比此加詳. 且如此則不須用兩釜矣. 又案 東人倣此法, 取脂麻、蘇子等油, 謂取油不減油榨云.】然得油之數畢竟減殺. 今北方又有粗麻布袋揻絞取油之法.《天

---

3 《王禎農書》卷16〈農器圖譜〉9 "杵臼門", 289쪽 ;《農政全書》卷23〈農器〉"油榨"(《農政全書校注》, 576쪽.)
4 《本草綱目》卷17〈草部〉"蓖麻", 1145~1146쪽.

금 북쪽 지방에는 거친 삼베자루에 넣고 이를 비틀 어 짜서 기름을 얻는 방법도 있다. 《천공개물》[5]

5) 술주자

기둥 4개를 세우고 기둥에 판 1개를 가로로 끼운 다.【판의 네 귀퉁이에 장부를 만들고 기둥의 허리 위로 네모난 구멍을 만들어 그곳에 판에 만들어 놓 은 장부를 끼워서 판을 설치한다. 판을 약간 기울게 만들고 싶으면 판을 기울여 놓은 채로 판 아래 네 귀퉁이에다 인방 4개를 설치하여 판을 받치면서 고 정해 준다.】판의 앞 끝 한가운데에 주둥이를 내고 판 윗면에 둥근 홈을 낸다. 다시 둥근 홈에서부터 주둥이까지 홈을 한 길로 이어지게 파고, 또 둥근 홈 안에는 가로세로로 홈을 낸다. 판 위 사방 둘레 에 가로로 널빤지를 설치하여 벽을 만든다. 빚은 술 이 익을 때마다 용수로 맑은 술을 떠내고, 맑은 술 이 다 나와 용수가 비면 용수를 빼낸다. 그런 뒤에 비단 자루에 거르지 않은 술을 담아 이 자루를 둥근 홈 위에 놓고 널빤지로 누른 다음 다시 돌덩어리를 널빤지 위에 얹으면 술이 주둥이를 따라 아래로 흐 르는데, 이때 술단지를 주둥이 아래에 두어 술을 받 는다.[6] 《금화경독기》

工開物》

酒榨

四柱豎立, 一板橫嵌.【板 四隅作筍, 柱腰上作方穴, 以嵌板筍而設板. 欲微偏, 仍於板下四隅, 設四枋承 板爲固.】板之前頭正中作 嘴, 板上面作圓槽. 復自圓 槽至于嘴, 鑿槽一道, 又 於圓槽之內, 縱橫作槽. 板 上四圍, 橫設木板爲墻. 每 釀酒旣醅, 用篘取清, 及夫 清盡篘空, 則拔去篘. 用絹 袋盛醅, 置圓槽上, 以木 板鎭壓, 復載石塊于板上, 則酒從嘴流下, 安瓴樽于 嘴下而承受之.《金華耕讀 記》

---

5 《天工開物》卷12〈膏液〉"法具", 314~315쪽.
6 이상에서 설명한 술주자의 구조는 대체로 다음 페이지의 그림과 같다.

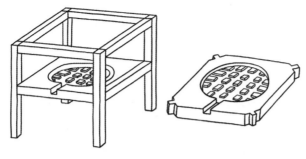

| 술주자의 구조(사방에 벽을 만들기 전의 모습) | 귀퉁이에 장부를 만들고 둥근 홈을 낸 판 | 국수 누르는 모양(《기산풍속도첩》) |

6) 국수틀[7]

아름드리 크기의 나무를 깎고 다듬어 배는 불룩하고 양 끝은 점점 줄어들게 한다. 배 한가운데에 둥근 구멍을 하나 뚫는데, 직경은 0.4~0.5척 정도 되게 한다. 구멍의 둘레와 지름에 맞춰 쇠로 둥근 판을 만들고 여기에 가는 구멍을 여기저기 뚫는다. 판 둘레에는 테두리를 두르고 판을 나무에 뚫은 구멍의 바닥에 끼워 넣은 다음, 테두리를 따라 작은 쇠못을 박아서 둥근판을 고정한다.

일반적으로 삭면(索麪)[8]을 만들 때는 이렇게 만든 국수틀을 솥 위쪽에 놓되, 좌우변에 놓아둔 시렁에 걸쳐 국수틀 구멍이 솥 한가운데에 오도록 하여 솥 아가리와 0.2~0.3척 떨어트린다. 솥 안에다 물을 끓이면서 밀가루를 반죽하여 덩어리를 만들고 이 덩어

麪榨

用合抱大木, 削治, 令腹飽兩頭殺. 于腹正中鑿一圓穴, 徑可四五寸. 準穴之圍徑, 鐵作圓槃, 亂鑿細孔. 槃圍有緣, 嵌入于穴底, 而環緣釘小鐵釘以固之.

凡作索麪, 置榨鍋上左右架木, 令榨穴正當鍋上, 而離鍋口二三寸. 鍋內滾水, 搜麪爲劑, 捻作團塊入于穴. 復用一圓橛【橛之圍

---

7 국수틀 : 밀가루를 반죽한 덩이를 넣고 눌러 국수를 뽑는 틀.
8 삭면(索麪) : 현재 소면과 같다. 《정조지》〈구면지류〉 "면"에 "삭면"이라는 중국 국수가 수록되어 있으나 만드는 방법이 이와는 다르다.

리로 둥근 덩이를 빚어 국수틀 구멍에 넣는다. 다시 둥근 말뚝【말뚝의 둘레와 지름은 이 말뚝이 들어갈 구멍을 가늠하여 만드는데, 말뚝이 바닥까지 끼워 들어갈 수 있게 한다.】을 구멍 위쪽 입구에 끼우고, 긴 널빤지로 말뚝 위를 누른다. 다시 큰 돌덩이로 널빤지 위를 누르면 국수가 둥근 쇠판의 작은 구멍을 통해 끊이지 않고 솥으로 내려오는데, 이를 잠시 데쳤다가 건져 낸다.[9] 중국 사람들은 이를 '삭병(索餠)'이라 부르고 우리나라의 민간에서는 '국수(掬水)'라 부르는데, 국수가 무슨 뜻인지 모르겠다.《금화경독기》

徑, 視穴, 令可嵌入至底.】嵌穴上口, 以長木板壓鎭橛上. 復以大石塊壓板上, 則麪自細孔連綿不斷而下于鍋, 暫瀹撈出. 華人呼爲"索餠", 東俗呼爲"掬水", 未知何義.《金華耕讀記》

7) 속성국수틀(급수면자)

쇠로 작은 원통을 만들고 통 바닥에는 가는 구멍을 여기저기 뚫는다. 통의 좌우에 쇠로 끌채 2개를

急須麪榨

鐵作小圓桶, 桶底亂鑿細孔. 桶之左右, 鐵作雙轅,

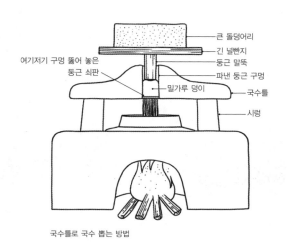

국수틀로 국수 뽑는 방법

---

9 이상의 설명을 그림으로 표현하면 대강 위의 그림과 같다.

만들어 솥 입구 위에 멍에를 매고, 다시 쇠로 작고 둥근 말뚝을 만들어 원통에 끼워 바닥까지 닿게 한다. 밀가루를 반죽하여 덩어리를 만들고, 이를 통에 넣고서 그 상태로 쇠말뚝을 끼워 넣어 누르면 국수가 바닥의 구멍에서 나와 솥 안의 끓는 물로 천천히 내려가 둥그렇게 포개지면서 면발이 만들어진다. 반죽된 덩어리가 조금 질면 말뚝을 힘들여 누르지 않아도 면발을 뽑을 수 있다. 메밀가루 속에 다시 녹두가루나 칡가루를 넣으면 면발이 중간에 끊어지지 않는다. 손님이 뜻하지 않게 찾아와도 눈 깜짝할 사이에 준비할 수 있기 때문에 이를 '속성국수틀'이라 한다.《금화경독기》

以駕在鍋口上, 復鐵作小圓橛, 令可嵌桶至底. 搜麪爲劑, 納于桶, 仍以鐵橛嵌入鎭壓, 則麪自底孔, 次次下蟠于鍋中滾水而爲索. 搜劑稍淖, 則壓不甚重, 而亦能引索. 蕎麥麪內, 更入綠豆粉或葛粉, 則索不中絶. 客至不意, 可咄嗟而辦, 故曰"急須麪榨".《金華耕讀記》

8) 떡판(병안)[10]

아름드리 크기의 나무를 쪼개다가 짧은 다리가 달린 큰 상을 만들고, 그 윗면은 대패로 깨끗하고 매끈하게 다듬는다. 고자(糕礤)【민간에서는 이를 '인

餅案

剖合抱大木, 作矮足大案, 其上面, 鉋治淨滑. 每作糕礤【俗呼"引切餠".】及作湯

떡판(국립민속박물관)

떡메(국립민속박물관)

---

10 떡판과 떡메의 모습은 위의 사진과 같다.

떡밀개(국립민속박물관)

절미'라 부른다.】나 탕병(湯餠)【민간에서는 '골무떡[權謀餠]'[11]이라 한다.】 만들 재료를 모두 여기에 놓고 주무르고 친다. 떡을 칠 때는 손잡이가 가로로 달린 떡메를 쓰는데 모양이 밭을 고르는 곰방메 같다. 느릅나무로 만든 떡메가 좋다. 《금화경독기》

餠之料,【俗呼"權謀餠".】皆就此揉打, 打用橫柄槌, 形如磨田耰. 黃楡木造者佳. 《金華耕讀記》

9) 떡밀개(餠槌)[12]

회양목으로 작고 둥근 밀개를 만든다. 지름은 0.1척이고, 좌우에는 대패 손잡이 모양과 같은 작은 손잡이가 있다. 멥쌀가루를 반죽하여 떡을 만들 때 다 찌고 떡메로 다 쳤으면 이를 다시 빚어 작은 공 모양으로 만든다. 이를 떡판에 놓고 이 밀개로 눌러 밀면서 얇게 만든 뒤 여기에 떡소를 싸 떡을 만든다. 이렇게 만들어 시중에서 파는 떡을 민간에서 "산병(散餠, 개피떡)"[13]이라 부른다. 《금화경독기》

餠槌

用黃楊木作小圓槌. 徑一寸, 左右有小柄, 如鉋柄形. 搜粳米粉爲餠, 旣蒸旣打, 復捏作小毬子, 置案上, 用此槌鎭壓令薄, 包餡爲餠, 市買者, 俗呼"散餠." 《金華耕讀記》

---

11 골무떡[權謀餠] : 골무 모양으로 생겨서 붙은 이름. 《洌陽歲時記》〈正月〉 "元日"에는 '拳摸'로 나온다. 비빈 떡이란 의미로, 권모술수로 빚어냈다는 뜻이다.
12 떡밀개(餠槌) : 떡만 미는 용도의 밀개.
13 산병(散餠) : 흰떡을 반달 모양으로 빚어 소를 넣은 떡. 바람떡이라고도 한다.

10) 다식판[14]

회양목으로 만든 다식판이 좋다. 길이 1척 남짓, 너비 0.2척, 두께 0.1척이다. 앞면과 뒷면에는 모두 갈이틀을 이용해 몇 분(分)을 사이에 두고서 갈이틀로 둥근 구멍을 파는데, 구멍 지름의 크기는 일정하지 않아 크게는 0.12~0.13척이고, 작게는 0.08~0.09척이다. 구멍 바닥은 평평하게 하고 사방의 둘레는 수직으로 깎은 뒤 속새[木賊][15]로 문질러 광이 나고 매끄럽게 한다. 다시 구멍 바닥에 수(壽)·복(福)·만(卍)이라는 글자나 칠보(七寶)·꽃·새 모양을 새긴다. 여러 가지 과일 가루나 콩가루, 깨가루 등을 꿀로 반죽하여 구멍에 채우고 평평하게 한다. 그런 다음 나무떡판에 모로 기울여 놓고 몽치로 두드리면 먹틀에서 먹이 빠져나오는 듯이 낱낱이 빠져나온다. 또는 밀가루를 기름과 꿀로 반죽하고 틀에 찍

茶食模

用黃楊木造者佳. 長尺餘, 廣二寸, 厚一寸. 前後面皆間數分, 旋鑿圓坎, 坎徑大小無定, 大者一寸二三分, 小者八九分. 其坎底平, 四圍削立, 用木賊刷治光滑. 更就坎底, 刻壽·福·卍字·七寶·花鳥之形. 蜜[5]搜諸般菓屑、豆·麻屑, 塡坎平齊, 就木案, 斜稜敲椎, 則箇箇脫出如墨脫模. 或用小麥麪, 搜以油·蜜[6], 脫模油煎者, 俗名"茶食"、"藥果". 其模最大, 圍徑一寸

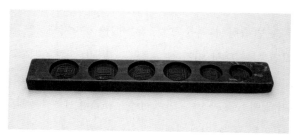

다식판(국립민속박물관)

떡살(국립민속박물관)

14 다식판의 모양은 위의 사진과 같다.

15 속새[木賊]: 속새과 다년생 상록초이다. 규산염 성분이 들어 있는 줄기가 나무를 가는 데 적당하므로 나무의 적이 된다 해서 목적(木賊)이라 불린다.

⑤ 蜜: 저본에는 "密". 버클리본에 근거하여 수정.

⑥ 蜜: 저본에는 "密". 버클리본에 근거하여 수정.

밀개(국립민속박물관)

어 내 기름으로 튀기기도 한다. 민간에서는 이를 '다 식'이나 '약과'라 한다. 이런 다식판 가운데 가장 큰 다식판은 지름이 0.15~0.16척이고, 대부분 꽃잎 모 양으로 만든다. 《금화경독기》

五六分, 多作花瓣[7]形. 《金華耕讀記》

11) 떡살[16]

쇠로 작고 둥근 본을 만드는데, 모양은 길이가 몇 촌 되는 죽통(竹筒) 같다. 찹쌀가루를 반죽하고 떡판 위에서 밀어 얇은 피를 만든 뒤 이 떡살로 찍어 낸 다음 기름에 튀긴다. 민간에서는 '산승병(山僧餅)'이라 하는데, 아마도 원래 불가의 채식 식단에서 나왔을 것이다. 《금화경독기》

餅範

鐵作小圓範, 形如長數寸 竹筒. 搜糯粉, 就案上捍作 薄皮, 以此器印脫, 油煎. 俗名"山僧餅", 疑本出僧家 素食品也. 《金華耕讀記》

12) 밀개[17]

단단한 나무로 만든다. 모양은 옷을 두드리는 다 듬잇방망이와 같지만 손잡이는 만들지 않는다. 찹

麪碾

用剛木爲之. 形如擣衣杵, 而不作柄. 毋論稬秔麥麪,

---

16 떡살의 모양은 대체로 위의 사진과 같다.
17 밀개의 모양은 대체로 위의 사진과 같다.
[7] 瓣 : 저본에는 "辦". 버클리본에 근거하여 수정.

쌀이나 멥쌀, 보리, 밀가루를 가리지 않고 일반적으
로 밀어서 얇은 피를 만들려고 할 때 모두 이 밀개
를 써서 재료를 떡판 위에 올려놓고 민다. 구리로 만
들거나 돌로 만들면 더욱 좋다. 《금화경독기》

凡欲捍作薄皮者, 皆用此,
就案上捍碾. 銅造石造則
尤佳. 《金華耕讀記》

6. 익힐 식재료를 다듬는 여러 도구　割飪諸器

1) 식칼[1]

칼날의 길이는 1척 남짓이고 자루 길이는 0.3~0.4척이다. 날이 꼭 너무 단단하고 날카로울 필요는 없고 고기를 가르거나 채소를 자를 정도면 충분하다. 또 껍질이 있는 과일[膚果]의 껍질을 깎는 데에 쓰는 작은 칼이 있는데, 그 제도는 요즘의 패도(佩刀)[2]와 같다.[3] 《금화경독기》

饌刀

刃長尺餘, 柄長三四寸. 刃不必太犀利, 但可批肉切菜則足矣. 又有小刀, 以批削膚果之皮, 制與今佩刀同. 《金華耕讀記》

2) 도마[4]

나무로 다리가 짧은 작은 탁자를 만든다. 일반적

俎

木作矮足小案. 凡剉爛魚

식칼(국립민속박물관)

도마(국립민속박물관)

1　식칼의 모양은 위의 사진과 같다.
2　패도(佩刀) : 호신용이나 자잘한 용도로 쓰기 위해 노리개와 같이 차거나 주머니에 넣고 다니는 칼. 장도(粧刀)라고도 한다.
3　또……같다 : 여기서 작은 칼은 과도(果刀)를 가리킨다.
4　도마의 모양은 위의 사진과 같다.

으로 어육을 자르고 다지거나 채소를 갈라서 나눌 때는 모두 이 도마를 모탕[5]으로 삼아 칼날을 받는다. 주방에서 쓰는 조리 도구 중에서 가장 많이 갖추어야 하는 도구이다. 《금화경독기》

肉, 裁割菜蔬, 皆用此爲椹, 以受刀刃. 饎爨器具中最宜多備者也.《金華耕讀記》

3) 가위

제도는 마름질 가위와 같으나 이보다 조금 길다. 말린 고기나 말린 과일, 추복(槌鰒)[6] 등을 자를 때 쓴다.《금화경독기》

剪刀

制同裁衣剪刀而差長. 用以裁割脯脩、槌鰒等物.《金華耕讀記》

4) 병도(떡뜨개)[7]

나무로 만든다. 길이는 1척 남짓이고, 너비는 몇 촌, 두께는 몇 푼이다. 떡뜨개의 손잡이 부분은 양쪽을 비스듬히 베어 반달 모양으로 되어 있다. 떡을 쪄 떡이 다 익으면 시루를 밥상에 엎고서 시루를 들어 떡을 빼고, 켜켜이 나눠져 있는 사이에 떡뜨개를 끼워 넣은 뒤 높이 들어 올린다. 《금화경독기》

餠刀

以木爲之. 長可尺餘, 廣數寸, 厚數分. 其手執處, 兩邊斜劖, 作半月形. 炊餠旣熟, 覆甑于槃而去甑脫餠, 用此批入層隔之間而揭起之.《金華耕讀記》

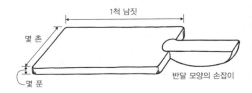

떡뜨개

떡뜨개(국립민속박물관)

---

5 모탕 : 도끼나 톱으로 나무를 패거나 자를 때 밑에서 날을 받는 나무.
6 추복(槌鰒) : 두드려 가며 펴서 말린 전복.
7 여기서 설명하는 떡뜨개의 모양과 현존하는 유물 사진은 위의 사진과 같다.

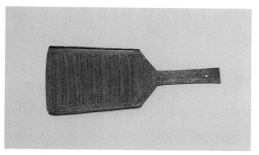

강판(국립민속박물관)

5) 강판[8]

일본에서 왔다. 구리로 작은 판을 만들고 판면에 순서대로 줄을 세워 자잘한 이빨들을 만든다. 판의 좌우로 가장자리가 있고 위에는 짧은 자루가 있다. 한 손으로는 이 자루를 잡아 판을 그릇에 기대어 놓고, 다른 한 손으로는 껍질 벗긴 생강을 쥐고서 이 위에 대고 문지르면 실처럼 썰린 생강과 즙이 모두 그릇에 떨어진다. 일반적으로 순무, 무, 배, 능금 등의 즙을 낼 때도 모두 이 도구를 쓴다. 《금화경독기》

磨薑板

來自日本. 銅作小板, 板面排行作細齒. 左右有沿, 上有短柄. 一手執柄, 倚板于器, 一手取去皮薑, 磨揩齒上, 則薑絲與汁俱下于器. 凡取蕪菁、萊菔、梨、柰[1]等汁, 皆用此器.《金華耕讀記》

6) 잣집게

2개의 쇠막대가 목 부분을 교차하여 서로 갈라지는데, 갈라지는 곳의 아래는 손잡이가 되고 위는 주둥이가 된다. 주둥이 안쪽에 이빨을 차례로 새겨 넣고, 작은 쇠 지도리로 교차하는 목에 꿰어 고정시켜서 가위처럼 벌리고 닫을 수 있게 한다. 잣은 껍질

鐵叉碓

兩鐵條交頸相叉, 自叉處以下爲柄, 以上爲口. 口內邊, 刻作齒級, 用小鐵樞貫固交頸, 令可張翕. 海松子殼厚難破, 用此破殼取

---

8 강판의 모양은 위의 사진과 같다.

[1] 柰 : 저본에는 "奈". 일반적인 용례에 근거하여 수정.

이 두꺼워 깨기가 어려우니, 이 도구로 껍질을 깨서 씨를 얻는다.《금화경독기》

仁.《金華耕讀記》

7) 철침(건포 모루)

쇠로 작고 둥근 모루를 만들어 나무받침 위에 끼운다. 다시 쇠로 작은 망치를 만들어 나무 손잡이를 가로로 끼운다. 일반적으로 건포 같은 종류를 두드려 다지고자 하면 이를 철침 위에 놓고 쇠망치로 두드린다.《금화경독기》

鐵椹

鐵作小圓椹, 嵌在木跗子上. 復鐵作小槌, 木柄橫貫. 凡欲槌爛脯腊之類, 置于鐵椹上, 用鐵槌槌之.《金華耕讀記》

7. 밥상에 올리는 여러 그릇　登槃諸器

1) 자기

우리나라 민간에서 아침저녁으로 올리는 밥그릇과 반찬그릇을 '반상기(槃牀器)'라 한다.【밥그릇 1개, 나물국대접 1개, 고깃국대접 1개, 김치종지, 즉 민간에서 보시기[1]라 하는 그릇 1개, 장종지 1개, 초장종지 1개, 포·육장·나물·구이 등을 담는 쟁첩(반찬접시) 각각 1개, 이렇게 갖가지 구색을 다 갖춘 그릇을 '전부반상기명(全部槃牀器皿, 반상기 세트)'이라 하는데, 밥그릇과 국대접에는 둘 다 뚜껑이 있다.】광주(廣州) 관요(官窯)【바로 지금의 분사옹원(分司饔院, 사용원의 분원)이다.】에서 갑발(匣鉢)[2]에 쟁여서 구워 만든 자기를 상품으로 쳤다. 완전 둥근 자기를 아란기(鵝卵器),[3] 면이 10개인 자기를 십면기(十面器)[4]라 부른다. 갑발에 쟁이지 않은 채로 구워 만든 자기를 그다음으로 쳤다. 갑발에 쟁이지 않으면 자기를 둥글게만

瓷器

東俗謂朝夕飯饌之器曰"槃牀器".【飯盂一、菜羹椀一、羹臘椀一、葅菜鍾俗稱甫兒一、醬鍾一、醋醬鍾一、腊·醢·菜·炙等楪各一, 諸色俱備, 謂之"全部槃牀器皿", 其飯盂、羹椀竝有蓋.】廣州官窯,【即今分司饔院】裝匣鉢燒造者爲上. 正圓者呼爲鵝卵器. 十角者呼爲十面器. 不裝匣鉢而燒造者次之. 但能爲圓, 不能作十角、八角也. 其設色, 但用回靑一料,【圂 今燕貿

1　보시기 : 반상이나 주안상을 차릴 때 국물이 있는 음식을 담는 그릇이다. 사발과 종지(장을 담는 그릇)의 중간 크기이며 아가리 부위와 아래 부위가 거의 같은 크기이고, 주로 김치를 담아 올려놓는 데 사용한다.

2　갑발(匣鉢) : 도자기를 구울 때 담는 큰 그릇. 그릇에 재가 앉는 것을 방지하고, 불길이 직접 그릇에 닿지 않게 하는 내화토(耐火土)로 만든다.

3　아란기(鵝卵器) : 거위알을 연상시키는 곡선을 보여 주는 자기. 407쪽의 옥호춘(玉壺春)이 참고가 된다.

4　십면기(十面器) : 자기가 사각병이나 십각형접시 등 여러 면으로 구성된 경우가 있는데, 십면기는 10개의 면으로 만든 자기이다. 아래의 십각형접시가 참고가 된다.

옥호춘(국립중앙박물관)　　　　십각형접시(국립중앙박물관)

할 수 있고 10각이나 8각의 자기는 만들 수 없다. 자기에 색을 칠할 때는 오로지 회청(回靑)[5] 한 가지 재료만을 쓰니,【안 요즘 연경에서 수입하는 회청은 진짜 회청이 아니라 바로 무명이(無名異)이지만, 이름만 빌려 '회청'이라 한다. 회청과 무명이에 대한 설명은 아래 〈공업 총정리〉에 보인다.[6]】그 외에 다른 재료는 쓰지 않는다. 최근에 들으니 다갈색이나 담자색으로 만든 자기가 있다고 하는데,【안 다갈색과 담자색은 모두 강반(絳礬)[7]으로 농도를 조절해 이를 자기에 칠하여 안료의 색깔을 낸다.】어떤 재료들을 썼는지 모르겠다. 곳곳의 사요(私窯)에서 구워 만든 자기는 거의 뒤틀리거나 찌그러지고 조악하며, 색이 어둡고 품질도 거칠어 그저 농부들이 밭으로 들밥을 내가는 데나 쓸 수 있을 뿐이다. 그러나 성글고

回靑卽無名異, 而假名"回靑", 說見下《工制總纂》.】外更無他料. 近聞有作茶褐色、淡紫色者,【案 茶褐色、淡紫色竝以絳礬濃淡, 畫出作顔色.】未知用何料也. 若處處私窯之燔造, 擧皆苦窳麤惡, 色黯質麤, 但爲農氓饁田之用而已. 然疏脆善破, 不如木器之耐久也.《金華耕讀記》

5　회청(回靑) : 도자기에 사용하는 청색의 안료. 아라비아에서 수입한 것이라 하여 회회청(回回靑)이라고도 한다.

6　《섬용지》권4 〈공업 총정리〉 "질그릇과 사기그릇 빚기" '중국의 사기그릇'에 나온다.

7　강반(絳礬) : 녹반(綠礬)을 붉게 태워 추출하는 물질로 반홍(礬紅)이라고도 한다. 《本草綱目》卷11 〈石部〉 "綠礬", 677쪽 참조.

연하여 잘 깨지므로 오래 견디는 목기보다도 못하다. 《금화경독기》

2) 중국에서 만든 자기【일본 자기가 덧붙여 보인다.】

중국 여관에서는 그릇으로 모두 그림을 그린 자기를 쓴다. 비록 두메산골의 낡고 허름한 집이라도 그들이 날마다 쓰는 식기는 모두 아름다운 빛깔들로 색칠하여 그림을 그린 사발과 쟁첩이다. 이는 사치를 숭상해서 그런 것이 아니라 사기장이가 만드는 것이 원래부터 이와 같기 때문이다. 이러하기에 비록 조악한 자기를 쓰려고 해도 그럴 수 없는 것이다. 《열하일기》[8]

요즘 연경에서 수입하는 주발이나 사발이나 쟁첩 따위는 대체로 회청으로 그린 게 많고【회청은 바로 무명이(無名異)이다.】 그중에 금색이나 붉은색을 쓴 그릇은 열에 두셋이다. 몸통 전부가 자색이나 황색, 혹은 벽록색 등 여러 색으로 된 그릇은 대부분 병이나 단지, 술잔이나 합(盒)의 종류이고 사발이나 쟁첩에는 많이 보이지 않는다. 요동과 심양의 동쪽 책문(柵門) 근처에서 수입하는 그릇은 품질이 떨어지고, 연경에서 수입하는 그릇은 품질이 우수하다. 청나라 사람들은 그림이 없으면서 순백색이 밝게 빛나는 자기를 귀하게 여기는데, 대개 백토(白土)가 약간 거칠 때는 오히려 색을 입혀서 가리어 꾸밀 수 있지

華造瓷器【倭瓷附見】

中國店舍器皿皆用畫瓷. 雖荒僻去處破敗屋中, 其日用飯飡之器皆用金碧彩畫之碗楪, 非其尙侈而然也, 陶工窯家之事功本自如此. 雖欲用麤瓷惡窯, 不可得矣. 《熱河日記》

今燕貿盂鉢、碗楪之屬, 大抵多回靑畫,【卽無名異】其用金、朱者十之二三也. 若通身作或紫或黃, 或碧綠諸色者, 多在瓶壺、杯盒之類, 而碗楪則不多見也. 遼、瀋以東柵門近處貿者品劣, 燕京貿者品優. 彼人以無畫而純白明瑩者爲貴, 蓋堊料稍麤者, 尙可假采色掩飾, 而純白者除非上等細料, 不可燔造. 故其價倍

---

8 《熱河日記》〈馹汛隨筆〉"店舍".

만, 순백색 자기는 고급의 고운 재료가 아니면 구워 만들 수 없기 때문이다. 그러므로 순백 자기의 값이 곱절이 된다. 요즘 권문세가에서 날마다 밥상에 올리는 그릇들은 대부분 그림이 그려진 사기그릇이다. 손님을 대접하는 술자리에서 3~5명이 한 탁자에 앉는 경우, 그 사발이나 쟁첩은 지름이 0.7~0.8척이거나 1척 정도이며, 거기에는 옛사람의 시구(詩句)를 적어 놓거나 꽃과 새, 벌레와 물고기 등을 그려 넣기도 한다. 일찍이 회 쟁첩 하나를 본 적이 있는데, 작고 네모난 여러 쟁첩을 네모난 쟁첩 하나에 촘촘히 배열하면서 끼워 넣어 탁자에 늘어놓으면 합쳐서 그릇 하나가 되고, 사람들이 거기서 각각 가져다 먹으면 제각각 각자의 그릇이 되었다. 또 큰 쟁첩 하나를 본 적도 있는데 그 형태는 직사각형으로 길이가 1척 남짓 정도이고 네 가장자리가 둥글게 올라왔으며, 가운데는 물풀 속에서 큰 잉어가 뛰어오르는 모습을 그려 넣었는데, 물고기 통찜을 담는 접시이다. 큰

之. 今豪貴日用登槃之器多畫瓷也. 若賓筵酒席三五人共一卓者, 其碗楪徑圍, 或七八寸或一尺, 或書古人詩句, 或畫花鳥、蟲魚. 嘗見一膾楪, 衆小方楪, 密排嵌托于一方楪, 陳設在卓, 則合成一器, 人各取喫, 則各自爲器. 又見一大楪, 其形墮方, 長可尺餘, 四沿弦起, 中畫水藻中大鯉飛躍之狀, 以盛全魚蒸者也. 至於杯盞、壺盒之類, 種種設色, 種種鬪巧, 有難殫擧矣.《金華耕讀記》

일본 에도시대 소메쓰케 매화 무늬 사발(국립중앙박물관)

잔과 작은 잔, 단지나 합 같은 종류에 이르면 여러
가지로 색을 칠하고 여러 가지로 솜씨를 다투니, 그
종류를 이루 다 열거하기도 어렵다.《금화경독기》

일본에서 만든 사발이나 쟁첩은 중국의 그릇 제
도에 비해 더욱 세밀하고 아름답다. 대체로 대부분
순백에 금으로 아가리 둘레를 장식하는데, 더러는
금으로 가운데에 수(壽)나 복(福) 같은 글자를 쓰기도
한다.[9] 그중 대마도에서 사 온 사발이나 쟁첩은 일
본의 외진 공방에서 만든 그릇에 불과하지만, 그것
을 우리나라 자기와 비교하면 보통의 돌인 연석(燕
石)[10]을 좋은 옥에 비교하는 수준에서 그치지 않을
정도로[11] 우리나라 자기보다는 질이 훨씬 더 좋다.
그렇다면 에도나 오사카성 등 도회지의 가마 제도
와 굽는 방법은 짐작조차 할 수 없이 뛰어날 것이다.
《금화경독기》

倭造碗楪, 視華制尤精美.
大抵多純白而金飾口緣,
或金作壽·福字于中. 其從
對馬島購來者, 不過彼中荒
徼工造, 而較諸我東瓷器,
不翅如燕石之於良玉. 未
知江戶·大坂城等都會窯
制與燔法何如也. 同上

3) 자기 때우는 법

먼저 자기 사발을 불에 달구고 달걀흰자를 석회
에 개어 때우면 매우 단단해진다. 또 다른 방법:백
급(白芨)[12] 1전, 석회 1전을 물에 개어 때운다.《왕정
농서》[13]

補瓷器法

先將瓷碗烘熱, 用鷄子
淸調石灰補之, 甚牢. 又
法:用白芨一錢·石灰一
錢, 水調補之.《王氏農書》

---

9 일본에서……한다:여기서 설명한 일본 제품의 사례는 위의 사진과 같다.
10 연석(燕石):연산(燕山)의 돌. 옥(玉)과 비슷하여 옥으로 혼동하지만 보통의 돌에 불과함.
11 그중……정도로:대마도에서 만든 자기가 우리나라 자기보다 훨씬 질이 좋다는 말이다.
12 백급(白芨):난초과 식물인 백급(대왐풀)의 덩이줄기를 말린 것이다. 폐가 허하여 기침하는 데, 객혈, 코
   피, 외상성 출혈, 옹종(癰腫), 창양(瘡瘍), 화상, 손발이 트는 데 등의 증상에 사용하기도 한다.

백급 1냥을 가루 내고 달걀흰자와 고르게 개어 자기를 때운 뒤 실로 단단히 매어 불 위에서 달궈 말리면 새것처럼 오래도록[13] 깨지지 않는다. 이때 닭 국물로 씻는 일은 금해야 한다.《고금비원》[14]

우렁이 살로 풀을 쑤어 자기를 붙이면 자기가 오래도록 갈라지지 않는다.《화한삼재도회》[15]

백반(白礬)가루를 뭉근한 불로 거품이 나도록 끓였다가 뜨거울 때 자기를 붙이면 효과가 빼어나다.《산림경제보》

달걀흰자에 백반가루를 개어서 자기를 붙인다.《증보산림경제》[16]

좋은 옻에서 맑은 부분을 골라내고, 이를 고운 비단 체로 체 친 밀가루 조금과 개어서 자기를 붙이면 자기가 매우 단단해진다. 깨진 도기나 깨진 벼루도 붙일 수 있다.《증보산림경제》[17]

땅에 심은 파의 잎 안에 환대(環帶)가 흰 큰 지렁

白芨一兩爲末, 鷄子淸①調勻修補, 以線札緊, 火上烘乾, 如新永不壞. 忌用鷄湯洗.《古今秘苑》

用田螺肉爲糊, 粘瓷器, 永不離.《和漢三才圖會》

白礬末, 熬火沸沫, 乘熱粘之妙.《山林經濟補》

鷄子白和白礬末, 粘之.《增補山林經濟》

好漆取淸者, 以細羅小麥麪少許和之, 粘磁器, 甚牢. 亦可粘破陶器、破硯.同上

地種蔥葉內, 納白頸大蚯

---

13 《農政全書》卷42〈製造〉"營室"(《農政全書校注》, 1225쪽);《便民圖纂》16〈製造類〉에 나오며《王禎農書》에서는 확인 안 됨.

14 《古今秘苑》〈一集〉卷4 "粘磁器法", 2쪽.

15 《和漢三才圖會》卷47〈介貝類〉"田螺"(《倭漢三才圖會》5, 95쪽).

16 《增補山林經濟》卷16〈雜方〉"粘磁器方"(《農書》5, 174쪽).

17 《增補山林經濟》, 위와 같은 곳.

① 淸:저본에는 없음.《古今秘苑·粘磁器法》에 근거하여 보충.

이 한 마리를 넣고 잎 끝을 묶는다. 하루 지나서 보면 지렁이가 녹아서 물이 되어 있는데, 그중에 맑은 부분으로 자기를 붙이면 때운 흔적이 없으면서 단단하다.《증보산림경제》[18]

蚓一枚, 封葉端. 過一日見之, 則蚓化爲水, 取其淸粘磁器, 無痕且牢. 同上

중국에서는 깨지거나 이가 빠진 자기를 버리지 않고, 자기의 바깥쪽에 쇠못을 대어 온전한 그릇을 만든다. 다만 이해할 수 없었던 점은, 못이 자기 안으로 뚫고 들어가지도 않는데 단단히 물려 빠지지 않고 딱 붙어서 깨진 흔적이 없다는 점이다.《열하일기》[19]

中國瓷器破缺者不棄, 皆外施鐵釘爲完器. 但所未可曉者, 釘不透內, 而緊含不退, 襯貼無痕.《熱河日記》

4) 유기(鍮器, 놋그릇)[20]

우리나라 민간에서 가장 귀한 그릇이 유기이다.

鍮器

東俗最貴, 鍮器. 朝夕登槃

칠첩반상기(대구대학교박물관)

---

18 《增補山林經濟》, 위와 같은 곳.
19 《熱河日記》〈馹汛隨筆〉"店舍".
20 유기의 모양은 위의 사진과 같다.

아침저녁으로 밥상에 올리는 그릇은 모두 놋쇠로 만든 제품을 쓴다.【안 우리나라에서 말하는 놋쇠는 바로 중국에서 말하는 향동(響銅)이나 주동(鑄銅)인데, 이와 관련된 설명은 아래의 〈공업 총정리〉에 보인다.】유기 제도는 한결같지 않아서 발이 있는 그릇도 있고 발이 없는 그릇도 있으며, 밥그릇이나 국대접에만 뚜껑이 있고 나머지는 모두 뚜껑이 없는 그릇도 있고, 쟁첩이나 종지까지 다 뚜껑이 있는 그릇도 있다. 예전에는 여름에 자기를 쓰고 겨울에 유기를 썼는데, 유기를 쓴 이유는 담은 음식이 쉽게 식지 않았기 때문이다. 지금은 겨울이건 여름이건 모두 놋밥그릇에 밥을 담는다. 예전에는 서울의 재산이 넉넉하고 세력이 있는 집안에서나 유기를 썼지만, 지금은 외딴 마을 집집마다 놋밥그릇과 놋대접 2~3벌 정도는 없는 데가 없다. 곳곳에서 유기장이 화로를 피우고 풀무질하여 제련하는데, 호남의 구례(求禮)에서 만든 유기가 나라 안에서 유명하고, 근년에는 송도(松都, 개성) 사람들 역시 유기를 잘 만든다. 두드려 만든 방짜유기는 품질이 좋고, 녹여서 주물로 만든 유기는 질이 조금 떨어진다. 전부반상기명 1벌은 값이 3,000~4,000전에 이르기도 하며, 화려하게 만든 것은 어쩌다 백동(白銅)[21]으로 만들기라도 하면 그 값은 배가 된다.《금화경독기》

之器皆用鍮造.【案 我東所謂鍮卽中國所謂響銅、鑄銅, 說見下《工制總纂》.】其制不一, 或有足或無足, 或只飯盂羹碗有蓋, 餘皆無蓋, 或竝[2]與楪鍾有蓋. 古則夏用甕器, 冬用鍮器, 爲其貯食不易冷也. 今則無冬夏, 皆以鍮盂貯飯矣. 古則惟輦轂豪富之家, 始用鍮器, 今則荒村繩戶之中, 無不有鍮盂、鍮碗數三事矣. 處處鍮匠, 開爐鼓冶, 湖南 求禮造者名於國中, 近年松都人亦善爲鍮器. 錘造者品佳, 熔鑄者差劣. 一部槃皿全者値[3]或至三四千錢, 鬪靡者或用白銅造, 則其値[4]倍之.《金華耕讀記》

---

21 백동(白銅):구리·아연·니켈의 합금.
[2] 竝:저본에는 "異". 규장각본·버클리본에 근거하여 수정.
[3] 値:저본에는 "直". 일반적인 용례에 근거하여 수정.
[4] 値:저본에는 "直". 일반적인 용례에 근거하여 수정.

유기는 값이 오른다. 그러므로 그 집이 잘사는지 아닌지를 따질 때는 반드시 먼저 그 집의 유기 수량을 센다. 일반적으로 들판이나 골짜기에 사는 사람들은 유기를 많이 쌓아 두었다가 도둑을 유인하는 일을 절대 조심해야 한다.[22] 그리고 본초서를 살펴보면, "동기(구리그릇)에 음식을 담을 경우, 밤이 지나면 독이 생긴다."[23]라 했다. 또 "술을 새로 만든 주석그릇 안에 담아 두어 술이 오랫동안 주석을 적시면 이 술을 마시는 사람이 죽는 경우도 있다."[24]라 했다. 일반적으로 날마다 쓰는 식기는 모두 구리나 주석을 써서는 안 된다. 백동의 경우 비석(砒石)[25]을 써서 제련한 금속이니, 더욱 반찬그릇으로 만들어 써서는 안 된다. 만약 겨울에 음식을 담아 쉽게 식지 않는 점을 취하려면, 유랍(鍮鑞)[26]으로 그릇을 만들어야 한다. 중국의 술잔은 모두 유랍으로 주조해서 만드는데, 이를 닦아 윤을 내고 색을 내면 은처럼 하얗고 깨끗하다. 다만 우리나라 사람들은 유랍을 주물하고 담금질하는 방법을 몰라서 우리나라에 들어온 모든 유랍그릇은 한번 망가지면 이를 다시 고쳐 주조할 수 없다. 중국으로 가는 사신을 통하여 유랍 다루는 방법을 알아내야 할 것이다. 《금화경독기》

鍮器價翔, 故論人家豐儉者, 必先數鍮器多少. 凡野居、谷處者, 切戒多畜鍮器以誨盜. 且考之本草, "銅器盛飲食, 經夜有毒." 又 "置酒於新錫器內, 浸漬日久, 或有殺人者." 凡日用飲飡之器皆宜勿用銅、錫, 至於白銅, 旣知其用砒制鍊, 尤不可作饌器. 如取冬月貯食不易冷, 當用鍮鑞造器. 中國酒斝皆鍮鑞鑄成, 刷光出色, 白淨似銀. 但東人不知鑄冶之法, 凡鍮鑞器東來者, 一或傷缺, 更不能改鑄, 宜從赴燕者, 求其法也. 同上

---

22 《周易正義》卷7〈繫辭〉上《十三經注疏整理本》1, 328쪽).

23 《本草綱目》卷8〈金石部〉"諸銅器", 486쪽.

24 《本草綱目》卷8〈金石部〉"錫", 481쪽.

25 비석(砒石) : 비상. 현재의 비소.

26 유랍(鍮鑞) : 놋쇠의 일종으로 구리와 주석의 합금.

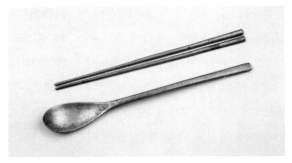

수저(국립민속박물관)

5) 숟가락과 젓가락(수저)[27]

    숟가락과 젓가락은 모두 놋쇠로 만든다. 은으로 만든 숟가락과 젓가락은 1,000개나 100개 중 하나이다. 그러나 숟가락과 젓가락의 재질로는 반드시 은을 써야 하니, 음식에 독이 있으면 은이 바로 변색되기 때문이다. 재력이 없는 사람은 숟가락의 밥을 뜨는 곳이나 젓가락의 반찬을 집는 곳만이라도 은으로 만들고 나머지를 적동(赤銅)[28]으로 만들어도 순은으로 만든 숟가락이나 젓가락과 다름없다.

    중국의 자루 짧은 도자기 숟가락과 같은 경우는 뜨거운 탕이나 국을 뜨기 위한 도구이다. 또 상아젓가락이나, 오목(烏木)[29]젓가락은 10짝이 1묶음인데, 요즘 사람들이 혹 수십, 수백 짝씩 사다 두는 이유는 많은 사람이 모이는 모임에서 쓸 용도로 준비해

匙筯

匙與筯皆鍮爲之, 其用銀者, 千百之一. 然匙筯須用銀, 以食有毒, 則銀輒變色也. 無力者或只匙之拘飯處、筯之掇饌處, 以銀爲之, 餘以赤銅續之, 亦與純銀造無異也.

若中國短柄瓷匙, 所以酌取熱湯羹者, 象筯、烏木筯, 每十隻爲一束, 今人或貿置數十百隻者, 所以備稠筵衆會之用也.《物類相感

---

27 수저의 모양은 위의 사진과 같다.

28 적동(赤銅) : 금이 조금 섞인 구리합금. 홍동(紅銅)이나 적금(赤金)이라고도 부른다.《섬용지》권4〈공업 총정리〉"금속 다루기"'구리' 참조.

29 오목(烏木) : 흑단(黑檀, 쌍떡잎식물 감나무목 감나뭇과의 상록 활엽교목)의 중심(中心)으로 검다. 매우 단단하여 젓가락, 담배설대, 문갑 따위를 만드는 데 쓰인다.

놓기 때문이다. 《물류상감지》에서 "대추나무로 숟가락을 만드는 이유는 대추나무가 밥을 쉬지 않게 하고 밥이 달라붙지도 않기 때문이다."[30]라고 했으니, 옛날에는 대추나무 숟가락도 있었다. 《금화경독기》

6) 상아젓가락 쓰는 법

상아젓가락을 쓰려면, 한나절 전에 미리 깨끗한 물이 담긴 그릇 속에 젓가락을 넣어 젖어 들게 했다가, 쓸 때 베로 닦아 말려야 한다. 그러면 오래 쓰더라도 젓가락에 기름이 배어 누레지지 않는다. 대개 상아젓가락을 상자 속에 보관하면 저절로 말라, 한 번이라도 어육 반찬을 집거나 기름진 탕에 담그면 저절로 기름이 스며들기 마련이다. 하지만 젓가락에 물이 먼저 가득 스며들게 하면 기름진 탕에 젓가락을 담가도 기름이 젓가락에 스며들지 않는다. 일반적으로 상아젓가락은 햇볕에 말리면 안 되고, 뜨거운 물로 씻어도 안 되며, 화로나 부뚜막같이 따뜻한 곳에 가까이 두어도 안 된다. 만약 그렇게 하면 젓가락이 모두 쉽게 휘거나 트기 때문이다. 상아젓가락이 휘면 깨끗한 물에 2~3일 담가 두었다가 휜 젓가락을 반듯한 젓가락들 중간에 넣고서 위아래를 단단히 감아 두면 저절로 반듯해진다. 평상시에 상아젓가락을 보관할 때도 위아래를 단단히 감아 두어야지 흐트러지게 두어서는 안 된다. 《인사통》[31]

志》云"棗木作匙者, 爲其不餿及不粘飯", 古又有棗匙矣. 《金華耕讀記》

用象箸法

如用象牙筯, 豫先半日前, 放入淨水盆中浸透, 用時以布拭乾, 雖久用, 亦不油黃. 蓋牙筯收藏箱篋內, 自然乾燥, 一遇肴饌、油湯, 自必侵入. 今以水先浸飽, 雖遇油湯, 亦不入矣. 凡牙筯不可日曬, 不可用熱水洗, 不可近爐竈熱煖處, 俱易於彎裂. 牙筯如彎, 可用淨水浸二三日, 將彎筯安在直筯中間, 上下札緊, 其彎筯自直. 平日收藏牙筯, 亦要上下札緊, 不可散放. 《人事通》

---

30 《物類相感志》〈器用〉(《說郛》卷22).
31 《傳家寶》卷9〈人事通〉"用象牙箸", 309쪽.

7) 실수로 불에 떨어져 검게 그을린 놋수저 등의 물건을 갈아 광내는 법

탄 물건을 뜨거운 불 속에서 다시 달궜다가 꺼내어 모래나 돌이 없는 땅 위에서 문지르면 새 물건처럼 된다. 《증보산림경제》[32]

8) 밥상

중국 사람은 모두 의자에 앉기 때문에 식사할 때마다 2~3명이 한 탁자를 쓴다. 그러나 우리나라 사람은 바닥에 자리를 깔고 앉기 때문에 1명이 밥상하나를 다 차지한다. 밥상의 제도는 나무를 갈이틀로 깎아 만들며, 아랫부분에 다리 4개가 있고, 상의 크기는 일정하지 않다. 그중 가장 작은 밥상에는 겨우 2~3그릇만 늘어놓을 수 있는데, 민간에서는 수반(手槃)이라 부르니, 이는 한 손으로도 들 수 있다는 뜻이다. 크기에 관계없이 모두 옻칠한다. 시중에서 사 온 밥상은 옻에 대부분 가짜 약이 뒤섞여 있기 때문에 오래되지 않아 칠이 바로 깎여서 떨어진다. 처음에 샀을 때 다시 진짜 생옻으로 두껍게 칠하면 10년이 지나도 썩지 않는다. 삼남(三南, 충청·전라·경상도)과 양서(兩西, 황해·평안도)에서 만든 밥상은 18각 또는 12각으로 만들거나, 직사각형으로 만들기도 한다. 모두 옻칠을 하고서 다리 4개를 상판에 끼우는 곳은 황동으로 만든, 대가리가 넓은 못으로 단단히

磨光鍮匙箸等物失落火灰焦黑法

復以所焦物燒熱火中，取出，揩磨於無沙石土地上，如新.《增補山林經濟》

槃

華人皆椅坐，故每食，數三人共一卓；東人席地坐，故一人專一槃. 槃之制，鏇[5]木爲之，四足居下，大小不一. 其絶小只可陳二三器者，俗呼"手槃"，謂一手可擧也. 不論大小，皆髹漆. 市買者，漆多雜僞藥用之，未幾漆輒剝落. 初買更用眞生漆厚漆之，可十年不敗也. 三南、兩西造者，或作十八角十二角，又或作墮方形，皆髹漆而四足含槃處，用黃銅廣頭釘，釘固，亦頗耐久. 統制營文木槃之黃漆者亦佳.《金華耕讀記》

---

32 《增補山林經濟》卷16〈雜方〉'磨光鍮匙箸等物失落火灰焦黑方'(《農書》5, 191쪽).

[5] 鏇 : 저본에는 "旋".《섬용지》에 나오는 유사한 용례에 근거하여 수정.

박으니, 또한 몹시 오래 견딘다. 통제영(統制營)33에서
만든, 무늬가 아름다운 나무로 만든 밥상 중에 황칠
(黃漆)을 한 것도 좋다.34 《금화경독기》

9) 일본쟁반

일본에서 온 쟁반은, 몸통이 둥글고 다리가 없으
며 작다. 옻칠을 하고, 금물[金泥]35로 풀이나 훼류
(卉類)의 꽃과 잎 모양을 그렸다. 여기에 차와 술, 과
자 종류를 올릴 수 있다. 《금화경독기》

倭槃

來自日本, 體圓無足而小.
髹漆而金畫草卉花葉之形,
可托茶酒、果釘之類. 《金
華耕讀記》

10) 중국쟁반

몸통은 네모나고 작으며 네 가장자리가 둥글게
올라왔다. 옻칠을 하거나 주칠(朱漆)을 하고 아름다
운 빛깔들로 꽃과 새를 그려 넣는다. 대개 중국인들

華槃

體方而小, 四沿弦起. 或髹
漆或朱漆, 金碧畫花鳥. 蓋
華人所以托茶盞者也, 東

통영반(국립민속박물관)

쟁반(국립민속박물관)

33 통제영(統制營) : 삼도수군통제사(三道水軍統制使)의 군영(軍營). 조선(朝鮮) 선조(宣祖) 26년(1593)에 한
  산도(閑山島)에 설치했다가 곧이어 지금의 통영(統營)으로 옮겼다. 고종(高宗) 32년(1895)에 폐지했다. 여
  기서는 통제영이 있던 통영을 가리킨다.

34 통제영(統制營)에서⋯⋯좋다 : 통영에서 생산되었던 밥상의 모습은 위와 같다.

35 금물[金泥] : 아교에 개어 만든 금박 가루. 그림을 그리거나 글씨를 쓸 때 사용하며, 특히 어두운 바탕의 종
  이에서 독특한 효과를 낸다. 이금(泥金)이라고도 한다.

에게는 찻잔을 받치기 위한 그릇인데, 우리나라 사람들은 일본쟁반과 같은 용도로 쓴다.《금화경독기》

11) 쟁반

놋쇠로 만든다. 모양이 징과 비슷하기 때문에 민간에서는 쟁반이라 부른다.[36] 크기는 일정하지 않아서 작은 쟁반과 큰 쟁반을 서로 끼워 5개의 그릇을 포개 1벌을 만들기도 한다. 그 용도는 일본쟁반과 같다. 일반적으로 우행교(牛骱膠)[37]를 만들 때는 이 그릇에 즙을 담았다가 즙이 엉기면서 식으면 우행교가 된다.《금화경독기》

人用與倭槃同.《金華耕讀記》

錚槃

鍮造. 形似鉦, 故俗呼"錚槃". 大小不一, 或小大相嵌, 疊累五器爲一部. 其用與倭槃同. 凡作牛骱膠者, 用此器貯汁, 凝冷爲膠.《金華耕讀記》

---

36 놋쇠로……부른다 : 여기서 설명하는 쟁반의 모양은 앞쪽 페이지 사진과 같다.
37 우행교(牛骱膠) : 겨울에 쇠족을 고아 놋쟁반에 굳혀 먹는 우족병(牛足餠).《정조지》권5〈고기와 해산물〉 "쇠고기 삶는 법" '우행교방' 참조.

8. 여러 저장 용기

儲藏諸器

1) 찬합

일본에서 만든 찬합이 좋다. 그 제도는 일정하지 않다. 네모나거나, 둥글거나, 꽃잎 모양으로 만들기도 하고, 층층이 3~4칸을 겹쳐 1벌로 만들거나, 작은 궤짝 1개를 만들고서 그 안에 서랍을 3~4층 두기도 하는 등 여러 가지 모양과 제도는 이루 다 열거할 수 없을 정도이다. 옷칠을 하거나 청칠·녹칠·황칠·주칠을 하는데, 모두 금물로 화초나 새와 나비의 모양을 그렸다.[1] 우리나라 장인들이 지혜를 다

饌盒

倭造者佳. 其制不一, 或方或圓, 或如花葉形, 或層累三四格爲一部, 或作一小櫃, 內有抽屉三四層, 種種形制, 不可殫擧. 或髤漆, 或靑綠黃朱漆, 皆金畫花卉, 鳥蝶之狀. 東匠竭心智傚則, 終不能髣髴, 其設

찬합 1(국립민속박물관)

찬합 2(국립민속박물관)

---

1 일본에서……그렸다 : 여기에서 설명한 찬합의 일부 사례는 위의 사진과 같다.

하여 본받으려 하지만 끝내 비슷하게도 만들지 못한다. 그중에서도 색을 칠하는 기법은 더더욱 배우기 힘들다고 한다. 《금화경독기》

色尤不可學云. 《金華耕讀記》

2) 등합(등나무합)

얇은 나무판으로 토대를 만들고, 위에 등나무오리[藤絲]로 2칸이나 3칸으로 짠 것은 중국에서 만든 합이다. 음식을 오래 담아 두어도 맛이 변하지 않는다. 【안 범성대(范成大)[2]의 《계해우형지(桂海虞衡志)》[3]에서는 "등합은 등나무를 휘면서 빙빙 둘러 감아 쟁반과 합치되는 모양을 만들고, 여기에 옻을 단단하게 칠하여 보호하는데, 등현(藤縣)[4]과 오주(梧州)[5]의 여러 군(郡)에서 난다."[6]라고 했으니, 이는 나무판 토대를 쓰지 않고 등나무만을 엮어 만든 합이다.】《금화경독기》

藤盒

用薄木板爲胎, 上用藤絲織或二格或三格, 華造也. 貯食久不變味.【案 范成大《桂海虞衡志》云:"藤合, 屈藤縈繞, 成槃合狀, 漆固護之, 出藤、梧諸郡." 此則不用木胎, 而但用藤結成者也.】《金華耕讀記》

3) 죽합(대나무합)[7]

대나무를 쪼개어 나란히 붙여 담장(옆면)을 만들고 뚜껑도 이와 같이 만든다. 반죽(斑竹)으로 만든 합이 좋다. 영남과 호남의 대나무 산지에서 모두 만

竹盒

剖竹排糊爲墻, 蓋亦如之. 斑竹者佳. 嶺、湖南産竹處, 皆能爲之. 《金華耕讀

---

2 범성대(范成大) : 1126~1193. 남송(南宋) 소주(蘇州) 오현(吳縣) 사람. 저서에 《석호거사시집(石湖居士詩集)》 34권과 《석호사(石湖詞)》 1권이 있고, 그 밖에 《오군지(吳郡志)》와 《계해우형지(桂海虞衡志)》, 《오선록(吳船錄)》 등이 있다.

3 《계해우형지(桂海虞衡志)》 : 송나라의 범성대(范成大)가 지었고, 모두 13편으로 구성되어 있다. 자연과 물산, 토속과 민속에 대해 다뤘다.

4 등현(藤縣) : 지금의 중국 광서장족자치구(廣西壯族自治區)에 있던 현.

5 오주(梧州) : 지금의 중국 광서장족자치구(廣西壯族自治區) 남동쪽에 있던 주.

6 《桂海虞衡志》〈志器〉.

7 죽합의 모양은 위의 사진과 같다.

죽합(국립민속박물관)

목합 1(국립민속박물관)

목합 2(국립민속박물관)

들 수 있다. 《금화경독기》

記》

4) 사기합(사기찬합)

일본에서 만든 합이 좋다. 가요문(哥窯紋)을 만들어 금물로 칠보(七寶)를 그리거나, 아름다운 빛깔들로 채색화를 그리기도 하는데,[8] 모두 3칸을 층층이 겹쳐 하나의 합이 된다. 중국에서 만든 합의 제도도 이와 비슷하다. 우리나라 관요에서는 한 칸짜리만을 만들 수 있을 뿐 층층이 겹쳐지는 칸을 만들 수 없는 데다, 품질 또한 거칠고 떨어져서 감상할 만한 반열에 들지 못한다. 《금화경독기》

瓷盒

倭造者佳. 或作哥窯紋而金畫七寶, 或金碧彩畫, 皆三格層累爲一盒. 華造者, 制亦似之. 我東官窯造者, 但能作一格, 不能作層累之格, 品亦麤劣, 不入鑑賞. 《金華耕讀記》

5) 목합[9]

산골백성은 나무를 갈이틀로 깎아 합을 만들어 들이 넓은 지역으로 나가 판다. 그 모양이 납작하면서 둥글다. 크기는 일정하지 않아 큰 합은 지름이

木盒

峽民鏇[1]木爲盒, 出售于野. 其形匾圓, 大小不一, 大者, 徑一尺二三寸, 或髹

---

8 아름다운……하는데 : 대표적인 것이 금벽산수화(金碧山水畫)이다. 금벽산수화는 청록풍의 산이나 바위의 윤곽선 안쪽에 금물로 선을 첨가해 그린 산수화로 청록산수화(靑綠山水畫)라고도 한다.
9 목합의 모양은 위의 사진과 같다.
[1] 鏇 : 저본에는 "旋". 《섬용지》에 나오는 유사한 용례에 근거하여 수정.

놋합(국립민속박물관)

병 1(국립민속박물관)

병 2(국립민속박물관)

1.2~1.3척이다. 옻칠을 하거나, 속에는 흑칠을 겉에 는 주칠을 하기도 한다. 주칠을 할 때는 석간주(石間 朱)를 쓰고 법제들기름으로 문질러 광을 낸다.《금화 경독기》

漆, 或內黑外朱. 朱用石間 朱, 而以法製油刷光.《金 華耕讀記》

6) 놋합[10]

제도는 목합과 같고 그 크기가 일정하지 않은 점 도 같다. 대개 사기합에는 밀전과(蜜煎果)[11] 종류를 담고, 목합에는 한구(寒具)[12]나 장황(餦餭)[13] 종류를 담으며, 놋합에는 일체의 점과(黏果) 종류를 담으니 모두 많이 갖추어야 하는 그릇이다.《금화경독기》

鍮盒

制如木盒, 其大小不一亦 如之. 蓋瓷盒以貯蜜煎果 之類, 木盒以貯寒具、餦餭 之類, 鍮盒以貯一切黏果 之類, 皆宜多備者也.《金 華耕讀記》

---

10 놋합의 모양은 위의 사진과 같다.
11 밀전과(蜜煎果) : 과일이나 생강, 연근, 인삼, 당근, 도라지 따위를 꿀에 재거나 졸여 만든 과자로 정과(正 果)라고도 한다.
12 한구(寒具) : 한구는 지금의 유과[饊子]이다. 금연일(禁煙日, 寒食의 이칭)에 먹기 때문에 한구(寒具)라 부 른다.《정조지》권7 〈부록〉 "절식보유" 참조.
13 장황(餦餭) : 엿[飴糖]이다.《본초강목(本草綱目)》권25 〈곡부(穀部)〉 "이당(飴糖)" 참조.

7) 병[14]

질병은 곳곳의 도요(陶窯)에서 생산되고, 사기병은 광주(廣州)의 관요(官窯)에서 생산되며, 오지병[15]은 삼남에서 생산되는데 관동에도 있다. 크기나 정세함이 일정하지 않으나, 모두 매일 쓰는 술·장·기름·식초 따위를 담아서 살강에 올려 두는 그릇이다. 중국에서 만들어진, 그림 사기병·가요문 병·유리병 및 몇 척 되는 술잔이나 역(鬲), 꽃이나 깃을 꽂는 병 같은 그릇은 책문(柵門)에 들어간 이후로는 가게든 시골집이든 가는 곳마다 있다고 한다. 그러나 우리나라는 오직 서울의 잘사는 사람이 연회에서 사치스럽게 보이려 애쓸 때 겨우 그림 그려진 사기 술

瓶

陶者出處處陶窯, 瓷者出廣州官窯, 烏瓷者出南中, 關東亦有之. 大小、精粗不一, 皆廚棧間貯日用酒、醬、油、醋之類者也. 若華造畫瓷瓶、哥窯瓶、琉璃瓶及數尺瓴甄, 插花挿翠之壺罇, 入柵以後, 店房、村舍到處皆有云. 而我東則惟京貴讌會努力侈觀者, 僅有畫瓷壺杯, 唱酬而已, 雖公

항아리 굽는 가마(《천공개물》)

병 굽는 가마(《천공개물》)

---

14 병의 모양은 위의 사진과 같다.

15 오지병 : 붉은 진흙으로 만들어 볕에 말리거나 약간 구운 다음, 오짓물(잿물)을 입혀 다시 구운 질그릇.

병과 잔을 쓰면서 시문을 주거니 받거니 할 뿐, 고관들이나 권문세가에서 부엌일하는 계집종이라도 가요문병이나 유리병이 어떤 물건인지 눈으로 식별하지 못한다. 대개 우리나라의 질그릇 굽는 가마가 그 제도를 잃은 탓에 도기 만드는 제도도 황폐해졌기 때문이다.

《천공개물》을 살펴보면, 병 굽는 가마와 항아리 굽는 가마가 각각 다르다. "병 굽는 가마에서는 작은 그릇을 굽고, 항아리 굽는 가마에서는 큰 그릇을 굽는다. 일반적으로 항아리 가마나 병 가마는 평지에 두지 않고, 반드시 경사진 언덕 위에 가마 수십 개를 이어 붙이고, 가마 하나당 한 단씩 올려 불기운도 그 단을 따라 위로 통하게 한다."라 했다.[16] 우리나라는 질그릇 굽는 가마든 사기그릇 굽는 가마든, 병을 굽건 항아리를 굽건, 이와 관계없이 모두 한결같이 누운 가마라서 불이 위로 타오르지 못하여 반드시 소나무 장작으로 화력을 높여야 한다. 그 결과 불 가까이 있는 그릇은 항상 뒤틀리거나 찌그러질 일이 걱정되고 멀리 있는 그릇은 또 잘 구워지지 않을까 걱정된다. 이것이 우리나라의 그릇 굽는 기술이 천하에서 천한 기술이 된 까닭이다.《금화경독기》

卿、豪貴家廚婢, 目不識哥窯、琉璃之爲何物. 蓋由國中陶窯之失其制, 而陶制因以魯莽也.

案《天工開物》, 瓶窯、缸窯各異. "瓶窯燒小器, 缸窯燒大器. 凡缸瓶窯不于平地, 必就斜阜崗之上, 連接數十窯, 一窯高一級, 令火氣循級透上." 我東則不論陶窯、瓷窯, 燔瓶燔缸都是一臥窯, 火不炎上, 必用松肪烈火, 近火者常患苦窳, 遠火者又苦不熟. 此所以東燔之爲天下之賤工也.《金華耕讀記》

---

16 《天工開物》卷7〈陶埏〉"罌甕", 191~192쪽. 이를 보여 주는 그림은 앞쪽 페이지 그림과 같다.

단지(국립민속박물관)

사기단지(국립민속박물관)

8) 단지[17]

질단지도 있고, 사기단지도 있고, 오지단지도 있으며, 크기와 모양 및 만드는 방법이 일정하지 않다. 날마다 쓰는 기름이나 꿀 및 필수 양념 일체를 저장한다. 사기단지에는 뚜껑이 있기도 하다. 《금화경독기》

缸

有陶者, 有瓷者, 有烏瓷者, 大小、形製不一. 用以貯日用油、蜜及一切飪料之需者也. 瓷者或有蓋. 《金華耕讀記》

9) 단지나 물장군의 악취 씻어 내는 법

먼저 물로 2~3번 깨끗하게 씻은 다음, 다시 은행을 찧어 물에 넣고, 거품이 나도록 끓여서 이 물로 씻어 낸다. 《속사방》[18]

洗缸、鉼臭法

先以水再三洗淨, 却以銀杏搗碎泡湯洗之. 《俗事方》

10) 새는 술병 수리하는 법

양의 피로 문지르면 새지 않는다. 《고금비원》[19]

治酒瓶漏法

以羊血擦之則不漏. 《古今秘苑》

---

17 단지의 모양은 앞쪽 페이지 그림과 같다.
18 출전 확인 안 됨.
19 《古今秘苑》〈一集〉 卷4 "油瓶漏法", 2쪽.

11) 사기꿀단지[20]

광주 관요에서 만든 꿀단지가 좋다. 모양은 술단지 같지만 그보다 더 크다. 회청(回靑)으로 물고기와 용, 구름과 풍경을 그리고, 뚜껑 꼭대기에는 꽃술 모양의 꼭지를 만드는데, 벌꿀을 저장할 수 있다. 우리나라 자기 중에서 오직 사기꿀단지만이 조금 품평할 반열에 들 만하다. 《금화경독기》

瓷樽

廣州官窯造者佳. 形如酒罇而大. 用回靑畫魚龍、雲物之狀, 蓋頂作花蕋鈕, 可貯蜂蜜. 我東瓷器, 惟此稍可入品. 《金華耕讀記》

12) 죽상자[21]

대오리로 엮어 만드는데, 네모나거나 둥글다. 그 뚜껑은 바닥까지 덮어 땅에 닿거나 윗머리의 0.1척 정도만을 덮기도 한다. 죽상자는 남쪽 지방과 죽주군(竹州郡)[22]에서 생산되며, 여기에는 마른 과일이나 생과일을 저장할 수 있다. 《금화경독기》

竹箱

用竹絲編成, 或方或圓. 其蓋或冒底至地, 或但冒上頭寸許. 産南方, 産竹州郡, 可貯乾菓、生菓. 《金華耕讀記》

죽상자(국립민속박물관)

---

20 사기꿀단지(사기단지)의 모양은 앞쪽 페이지의 사진과 같다.
21 죽상자의 모양은 위의 사진과 같다. 형태는 위의 설명과 비슷하나, 이 상자는 옷을 담는 용도로 쓰였다. 대나무를 재료로 만들고 천을 씌운 형태.
22 죽주군(竹州郡) : 지금의 경기도 안성시 죽산면 일대.

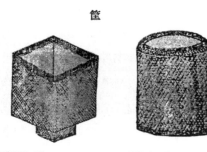

筐　　　　　筥

광(《왕정농서》)　　　거(《왕정농서》)

대바구니(국립민속박물관)

13) 광거(筐筥, 대바구니)[23]

네모난 그릇은 광(筐)이라 하고 둥근 그릇은 거(筥)[24]라 하는데, 모두 대그릇이다. 《삼례도(三禮圖)》[25]에 "대광(大筐)은 5곡을 담고, 소광(小筐)은 5두를 담으며, 거는 5승을 담는데, 모두 쌀을 담는다. 방문한 손님에게 드릴 때 쓴다."[26]라 했다. 그러나 《시경(詩經)》에서 도꼬마리를 따든지[27] 콩을 따든지[28] 모두 광이나 거에 담았다고 하는 것으로 미루어 보면, 이는 예부터 역시 나물을 담는 그릇이었던 것이다. 《금화경독기》

筐筥

方曰筐, 圓曰筥, 皆竹器也. 《三禮圖》: "大筐受五斛, 小筐受五斗[2], 筥受五升, 皆以盛米, 致饋於聘賓." 然考之於《詩》, 采卷耳采菽, 皆盛以筐、筥, 則自古亦爲貯菜之器矣. 《金華耕讀記》

14) 바구니[籃]

람(籃)은 대그릇이다. 끈이 없는 그릇은 광(筐),

籃

籃, 竹器. 無繫爲筐, 有繫

23　광(筐)과 거(筥)의 모양은 위의 사진과 같다.

24　《毛詩正義》 卷1〈召南〉 "采蘋"(《十三經注疏整理本》, 86쪽).

25　《삼례도(三禮圖)》: 중국 송나라 섭숭의(聶崇義)가 편찬한 삼례(三禮)의 도해서(圖解書). 《주례(周禮)》와 《의례(儀禮)》 및 《예기(禮記)》의 이해하기 곤란한 부분에 그림을 덧붙인 책이다.

26　《三禮圖集注》 卷20〈匏爵〉 "筥".

27　《毛詩正義》 卷1〈周南〉 "卷耳"(《十三經注疏整理本》, 44쪽).

28　《毛詩正義》 卷15〈小雅〉 "采菽"(《十三經注疏整理本》, 1048쪽).

[2]　斗 : 저본에는 "升". 《三禮圖集注·匏爵·筥》에 근거하여 수정.

끈이 있는 그릇은 람인데, 크기는 한말들이와 같다. 또 영성(箸箐, 다래끼)【영(箸)은 랑(郎)과 정(鼎)의 반절이다. 성(箐)은 상(桑)과 정(鼎)의 반절이다.】이라고도 한다. 농가에서는 뽕이나 산뽕을 따거나 채소와 과일 종류를 채집할 때 사용하는데, 들고 다니기 쉽다. 《방언》에서는 "농(籠)이라 하고, 남쪽 초(楚) 지방과 양자강과 면(沔)강[29] 지역에서는 '방(篣)'이라 하거나 '노(筊)'라고도 한다."[30]라고 했다. 곽박(郭璞)은 "람(籃)이라고도 부른다."라고 했으니, 대개 이들은 같은 그릇이지만 이름이 다른 것이다.[31] 《왕정농서》[32]

요즘 서울에서 아침과 낮에 열리는 시장에 어깨

爲籃, 大如斗量. 又謂之箸【郎③鼎切】箐【桑鼎切】. 農家用採桑柘取蔬果等物, 易挈提者.《方言》"籠, 南楚江、沔之間謂之篣, 或謂之筊", 郭璞云"亦呼籃", 蓋一器而異名也.《王氏農書》

今京都朝晝之市, 磨肩錯

람(籃)(《왕정농서》)

대나무 바구니(관동대학교박물관)

---

29 면(沔)강 : 중국의 섬서성(陝西省)에 있는 강으로 한수(漢水)의 발원이 된다. 한수는 호북성(湖北省)에 이르러 장강(長江), 즉 양자강으로 합류한다.

30 《方言》卷13〈籠〉.

31 이상의 내용은《王禎農書》卷15〈農器圖譜〉8 "蓧蕢門" '籃', 271쪽에 나오며, 그곳에 함께 실린 람(籃)의 그림은 위와 같다.

32 《王禎農書》卷15〈農器圖譜〉8 "蓧蕢門", 271쪽.

③ 郎 : 저본에는 "卽".《王禎農書·農器圖譜·蓧蕢門》에 근거하여 수정.

를 부딪치고 발걸음을 뒤섞으며 오는 사람들은 모두 타원형의 작은 농(籠) 하나를 지니고 있다.【민간에서는 이를 '바구니'33라 부른다.】일반적으로 생선이나 고기, 채소나 과일을 사서 모두 이 그릇에 거두어 모은다. 여자는 왼쪽에 끼고 남자는 새끼줄로 끈을 만들어 휴대한다. 한강 이북에는 대나무가 없기 때문에 싸릿대의 껍질을 벗겨서 이를 짜서 만드니, 대개 옛날 다래끼(영성)가 전해 내려온 제도이다.《금화경독기》

15) 쌀독[甔]

원래 쌀을 저장하는 질그릇이다. 글자는 담(儋)으로 쓰기도 한다. 한(漢)나라의 양웅(揚雄)이 "1~2석의 비축미도 없다."34라 한 말이나 진(晉)나라의 유의(劉毅)가 "집에는 1~2석의 비축미도 없다."35라 한 말36이 이것이다. 그 제도는 항아리와 비슷한데, 지금 사람들은 항아리에 쌀을 담거나 어포나 육포, 과일과 과(苽)37와 같은 종을 담는다. 또 싸릿대를 엮어 만들고 그 안팎에는 종이를 바르기도 한다. 그 덮개 역시 싸릿대를 엮고서 종이를 바르는데, 마른 과실을 담을 수 있다.38《금화경독기》

趾而至者, 皆持墮圓一小籠.【俗呼바군이】凡買魚肉、蔬果, 無不收貯此器. 女則左挾之, 男則用稿繩爲繫而携之. 漢北無竹, 以杻條去皮結成, 蓋古等筥之遺制也.《金華耕讀記》

甔

本儲米之瓦器. 字或作儋, 漢揚雄"無儋石之儲", 晉劉毅"家無儋石之儲"是也. 其制與甕相似, 今人用甕藏米, 或以貯魚腊、果蔬之類. 又有用杻條結成, 內外塗紙, 其蓋亦杻結而紙塗, 可藏乾果.《金華耕讀記》

---

33 바구니의 모양은 위의 사진과 같다.
34 1~2석의……없다:《漢書》卷87〈揚雄傳〉, 3514쪽.
35 집에는……없다:《晉書》卷85〈劉毅傳〉.
36 이상의 내용은《王禎農書》卷15〈農器圖譜〉8 "蓧蕢門" '儋', 270쪽에 나오며, 그곳에 함께 실린 쌀독의 그림은 379쪽과 같다.
37 과(苽):수박(西苽), 동아(冬苽), 참외(話苽) 등의 채소.
38 또 싸릿대를……있다:이 구절에서 설명하는 쌀독의 모양은 다음 페이지의 사진과 비슷할 것으로 보인다.

僑

쌀독(《왕정농서》)

지독(국립민속박물관)

뒤주(국립민속박물관)

16) 뒤주[39]

기둥 4개를 세운 뒤 횡목[桄] 4개를 위에 가로로
걸고 횡목 4개를 아래에도 가로로 거는데, 기둥과
횡목에는 모두 가는 홈이 있어서 널빤지를 끼워 옆
면과 바닥을 만든다. 그 뚜껑의 뒤쪽 절반은 쇠못

斗廚

四柱豎立, 四桄上橫, 四桄
下橫, 柱、桄皆有細槽, 嵌
木板爲墻爲底. 其蓋後半
截, 釘固不動, 前半截, 爲

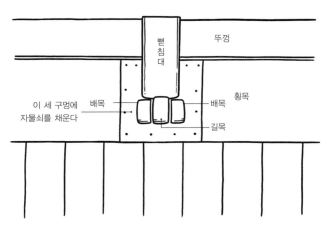

뒤주의 자물쇠 장치

---

39 뒤주의 모양은 다음 페이지의 사진과 같다.

으로 고정시켜 움직이지 못하게 하고, 앞쪽 절반은 여닫이문으로 만든다. 문 가장자리 한가운데에 뻗침대를 달고 앞쪽 위 횡목에는 배목 2개를 설치하여 뻗침대의 길목과 맞물리게 한 뒤 여기에 자물쇠를 채운다.[40] 크기는 일정하지 않은데, 큰 뒤주는 혹 100곡을 담기도 하지만 작은 뒤주는 겨우 2~3곡을 담기도 한다. 지금 서울과 지방의 중산층 가정에는 모두 크고 작은 뒤주를 2~3개씩 두지 않는 곳이 없다. 날마다 쓰는 쌀과 콩 및 어포나 육포, 말린 과일 같은 일체의 먹을거리를 이 뒤주들에다 나누어 저장한다. 혹 뒤주 기둥의 길이를 들보에까지 이르게 하고서, 아래쪽에는 뒤주를 만들고 위쪽에는 찬장을 1칸 만들면 또한 두 가지 기물의 용도를 겸할 수 있다. 《금화경독기》

開闔之門. 門邊正中, 綴以鐵曲搭, 前上桄設雙鐵樞, 與曲搭之頭相銜, 以施扃鐍. 大小不一, 大或受百斛, 小或止數三斛. 今京外中産之家, 無不置大小數三具, 分藏日用米豆及魚腊·脯脩一切食物. 或柱長及梁, 下作斗廚, 上設一格饌欌, 則又兼二器之用也.《金華耕讀記》

찬장 1(국립중앙박물관)

찬장 2(국립민속박물관)

찬장 3(국립민속박물관)

---

40 이상에서 설명한 자물쇠 장치를 그림으로 보면 대략 위와 같다.

17) 찬장⁴¹

무늬가 아름다운 나무로 만든다. 길이는 1장 정도이고, 너비는 4~5척인데, 3칸이거나 2칸이다. 칸의 앞쪽 면마다 중간에 문짝 2개를 설치하고 밖에 자물쇠를 채워 일체의 먹을거리를 담아둔다. 심괄(沈括)⁴²의 《보필담(補筆談)》⁴³을 살펴보면 "대부(大夫)는 70세에 각(閣)을 둔다. 천자의 각(閣)은 왼쪽으로 협실이 5칸, 오른쪽으로 협실이 5칸이다. 각은 널빤지로 칸을 만들어 음식을 보관하는 곳이니, 바로 지금의 입궤(立鑽)이다. 지금 오(吳) 지방 사람들이 입궤를 주(廚)라고 하는 말이 원래 여기서 기인했다. 그것이 먹을거리를 담아 두기 때문에 주(廚)라 한다."⁴⁴라고 했다. 내 생각에는 주나라의 각과 송나라의 입궤가 모두 우리나라의 찬장과 큰 차이는 나지 않을 것이다. 《금화경독기》

18) 나무궤짝⁴⁵

두꺼운 널빤지로 길쭉한 직사각형 궤짝을 만든다. 일반적으로 매일 쓰는 식기 외에 부족할 때를

饌櫥

文木爲之. 長可一丈, 廣四五尺, 或三格或二格. 每格前面, 當中設兩扇門, 外施扃鐍以貯一切食物. 案沈括《補筆談》云："大夫七十而有閣. 天子之閣, 左達五右達五. 閣者, 板格以庋^④膳羞者, 正是今之立鑽^⑤. 今吳人謂立鑽爲廚者, 原起於此, 以其貯食物, 故謂之廚." 意周之閣、宋之立鑽, 皆與吾東之饌櫥, 不相遠也. 《金華耕讀記》

木櫃

用厚木板, 造墮長方櫃. 凡日用飮饌器外, 儲備代置

---

41 찬장의 모양은 앞쪽 페이지 사진과 같다.
42 심괄(沈括) : 1031~1095. 북송 항주(杭州) 전당(錢塘) 사람. 자는 존중(存中)이고, 호는 몽계옹(夢溪翁)이다. 《몽계필담(夢溪筆談)》26권과 《보필담(補筆談)》3권에 풍부한 과학적 기사가 실려 있다. 그 밖의 저서로 《소심양방(蘇沈良方)》과 《장흥집(長興集)》 등이 있다.
43 《보필담(補筆談)》:《사고전서간명목록》에는 모두 2권. 송나라의 심괄이 지었는데 《몽계필담》과 《속필담》과 함께 옛날에 산실된 글과 옛날의 문물제도, 문장과 기예부터 소설가들의 말까지 수록하였다.
44 《補筆談》卷2〈器用〉(《夢溪筆談》, 25쪽).
45 나무궤짝의 모양은 위의 사진과 같다.
④ 庋 : 저본에는 "度". 《補筆談·器用》에 근거하여 수정.
⑤ 鑽 : 저본에는 "饋". 《補筆談·器用》에 근거하여 수정. 이하 모든 "饋"는 "鑽"로 고치며 교감기를 달지 않음.

케(국립민속박물관)

대비해 비축해 둔 그릇 및 연회에서 쓰는 그림 그려진 자기 따위를 모두 궤짝 안에 넣어 둔다. 그중에서도 유기는 특히 궤짝에 넣고 자물쇠를 채워서 '보관을 소홀히 하면 도둑을 불러들인다.'[46]는 격언을 새겨야 한다. 나무궤짝은 느릅나무로 만든 것이 좋다. 크기와 수량은 보관할 그릇의 많고 적음을 가늠하여 결정한다.《금화경독기》

之器及讌會所用畫瓷之類, 皆藏儲櫃內. 鋪器尤宜櫃藏扃鐍, 以存"慢藏誨盜"之戒. 其櫃, 黃楡木造者佳. 大小多少, 視所藏器皿豐儉.《金華耕讀記》

19) 곡갑

곡갑은 곡물을 담기 위해 네모난 널빤지를 층층이 쌓아 만든 궤짝이다. 널빤지 4장을 서로 맞물리게 조립하여 네모지게 만드는데, 크기는 일정하지 않고 높이도 쓰임에 따라 적당하게 한다. 아래에는 바닥의 다리를 만들고, 널빤지는 몇 층으로 겹겹이 쌓으며, 맨 위에는 덮개를 만들어 곡물을 그 안

穀匣

穀匣, 盛穀方木層匣也. 用板四葉, 相嵌而成[6], 大小不等, 高下隨[7]宜. 下作[8]底足, 疊累數層, 上作頂蓋, 貯穀於內. 置穴於下, 可以啓閉. 用之多在屋室,

---

46 《周易正義》卷7〈繫辭〉上(《十三經注疏整理本》1, 328쪽).

6 成:《王禎農書·農器圖譜·蕢簣門》에는 "方".

7 隨: 저본에는 "墮". 규장각본·버클리본·《王禎農書·農器圖譜·蕢簣門》에 근거하여 수정.

8 作: 저본에는 없음.《王禎農書·農器圖譜·蕢簣門》에 근거하여 보충.

네모 곡간(《본리지》)

에 넣어 둔다. 아래에는 구멍을 설치하여 열고 닫을 수 있게 한다. 사용할 때는 주로 실내에 두지만, 밖에다 두고서 기와로 덮어 놓고 쓸 수도 있다. 둥구미[囤]나 네모 곡간[京]⁴⁷에 견주면 옮기기가 쉽고, 천(篅, 둥구미의 일종)이나 저(䈭, 둥구미의 일종)와 비교하면 늘이거나 줄일 수 있다.⁴⁸ 참새나 쥐로 말미암은 곡물 손실이 없는 데다 습기가 차서 썩을 걱정도 없기 때문에 실로 좋은 곡물 저장 용기이다.⁴⁹【안】밖에다

亦可露置以瓦覆之．比之
囤、京, 可以移頓, 較之篅、
䈭, 可以增減．旣無雀、鼠
之耗, 又無濕浥⑨之虞, 實
穀藏之佳者．【案】露置之匣,
與囤、京同其用, 則其制忒
大, 一層須容數十斛, 搬運
層度, 豈不費力? 且露置須

47 네모 곡간[京]：《왕정농서》에 수록된 그림을 《본리지》에서 소개한 그림은 위의 그림과 같다.
48 《王禎農書》卷15 〈農器圖譜〉 8 “蓧蕢門”, 267~268쪽에 실린 둥구미[囤], 천(篅), 저(䈭)의 그림은 위와 같다.
49 이상의 내용은 《본리지》 권11 〈그림으로 보는 농사 연장〉 하 “갈무리 시설 및 기구” ‘곡갑’에도 소개된 바 있다. 여기서 소개한 《왕정농서》의 그림은 392쪽의 그림과 같다.
⑨ 浥：저본에는 “炪”. 《王禎農書·農器圖譜·蓧蕢門》에 근거하여 수정.

둔 곡갑이 둥구미[囤]나 네모 곡간과 그 용도가 같다면 그 제도가 너무 커서 한 층에 수십 곡을 담을 수 있어야 하니, 층이 진 곡갑을 운반하는 데에 어찌 힘이 들지 않겠는가? 게다가 밖에다 둘 때는 기와를 얹어 바람이나 비를 맞지 않도록 보호해야 하는데, 어떻게 지붕을 만들어 기와를 깔아야 할지 모르겠다. 만약 덮개 위에 서까래를 깔고서 그 서까래 위에 기와를 얹는다면 또 앞으로는 어떻게 문을 여닫고 곡식을 꺼내거나 넣겠는가? 이 가구의 모양과 제도를 마음속으로 자세히 따져보니 이는 집 안에서 쓰는 도구로, 날마다 조리하는 데에 쓰는 필수품들을 담을 수 있는 가구이다. 그러므로 여기에 이 글을 붙인다.50】《왕정농서》51

瓦覆以庇風雨, 未知當如何鋪瓦. 若于頂蓋上鋪椽, 椽上覆瓦, 則又將何以啓閉出納乎? 竊詳此器形制, 要是室屋內器用, 可貯日用饎爨之需者也. 故系之于此.】《王氏農書》

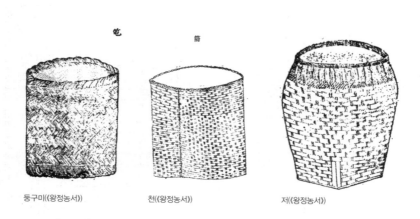

둥구미(《왕정농서》)　　　천(《왕정농서》)　　　저(《왕정농서》)

50 그러므로……붙인다:곡갑이 곡간의 역할을 한다는 점에서 이 내용을 《본리지》에서 다루었지만, 곡간으로 사용하기에 문제가 있다는 점을 파악한 뒤, 다시 《섬용지》에 이 기사를 배치하게 된 이유를 밝힌 언급이다.
51 《王禎農書》卷15〈農器圖譜〉 8 "蔟簀門", 268쪽.

20) 일계체(30칸짜리 쌀서랍)[52]

내가 《왕정농서》에 나오는 곡갑(穀匣) 제도를 본떠 약간 변통하고자 한다. 나무로 입주(立櫥, 서랍장)를 하나 만들어 안에 서랍 30개를 설치하고, 서랍마다 쌀을 2~3두씩 담는다. 매달 말에 일가족이 한 달 동안 먹은 밥과 죽의 재료를 계산하여 이를 기준으로 30칸의 서랍 안에 나눠 담는다. 매일 새벽 서랍 하나를 바로 빼어 하루치로 쓰고, 그믐이 되어 양식이 다 떨어지면 다시 곳간에서 가져다 전처럼 서랍에 나눠 저장한다. 하루에 사용할 분량이 계량되어 있으니 주부가 번거롭게 되와 말로 출납해야 하는 수고가 없다.

日計屜

余欲倣《王氏農書》穀匣之制, 而稍通變之. 木作一立櫥, 內設抽屜三十, 每一屜, 受米二三斗. 每於月終, 計一家人口一月飯粥之料, 分貯三十屜內. 每日晨, 輒抽一屜, 以供一日之用, 月晦用盡, 復取諸囷廩, 如前分儲于屜. 日計有程, 無煩主婦升斗出納之勞.

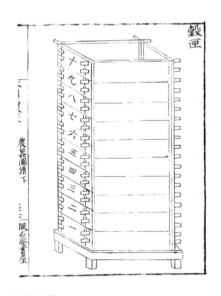

곡갑(《본리지》)

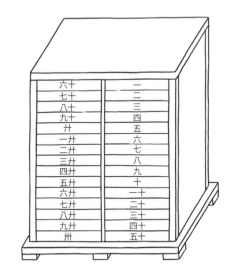

일계체

---

52 일계체의 모습은 대략 위의 그림과 같다.

소식(蘇軾)이 황주(黃州)에 있을 때 몸소 철저하게 절약과 검소를 실천하여 날마다 쓰는 돈이 150전을 넘지 않았는데, 그 비결은 다음과 같다. 매달 초하루에 4,500전을 가져다 30개 뭉치로 나누어 집 들보 위에 걸어 둔다. 이른 아침에 한 뭉치씩 가져다 하루치로 쓰고 거기서 남는 돈은 따로 모아 손님을 접대했다.[53] 나의 30칸짜리 쌀서랍은 소식의 30개 돈뭉치와 같다. 《금화경독기》

蘇子瞻在黃州, 痛自節儉, 日用不得過百五十文. 每月朔, 取四千五百錢, 斷爲三十塊, 挂屋梁上. 平朝取一塊, 給一日之用, 餘則別貯, 以給賓客. 余之三十米屈, 猶子瞻之三十錢塊也. 《金華耕讀記》

섬용지 권제2 끝

瞻用志卷第二

---

53 소식(蘇軾)이……접대했다:《東坡全集》卷74〈書〉"答秦太虛書"에 관련 내용이 나온다.

🪷 임원경제연구소

임원경제연구소는 고전 연구와 번역, 출판을 주요 목적으로 하는 사단법인이다. 문사철수(文史哲數)와 의농공상(醫農工商) 등 다양한 전공 분야의 소장학자 40여 명이 회원 및 번역자로 참여하여, 풍석 서유구의 《임원경제지》를 완역하고 있다. 또한 번역 사업을 진행하면서 축적한 노하우와 번역 결과물을 대중과 공유하기 위해 관련 전문가 및 단체들과 교류하고 있다. 연구소에서는 번역 과정과 결과를 통하여 '임원경제학'을 정립하고 우리 문명의 수준을 제고하여 우리 학문과 우리의 삶을 소통시키고자 노력한다. 임원경제학은 시골살림의 규모와 운영에 관한 모든 것의 학문이며, 경국제세(經國濟世)의 실천적 방책이다.

번역, 교열, 교감, 표점, 감수자 소개

번역

정명현

고려대 유전공학과를 졸업하고, 도올서원과 한림대 태동고전연구소에서 한학을 공부했다. 서울대 대학원 '과학사 및 과학철학 협동과정'에서 전통 과학기술사를 전공하여 〈정약전의 《자산어보》에 담긴 해양박물학의 성격〉과 《서유구의 선진농법 제도화를 통한 국부창출론》으로 각각 석사와 박사를 마쳤다. 《본리지》를 김정기와 함께 번역했고, 《본리지》의 설명대로 파주에서 텃밭농사를 아주 조금 짓고 있다. 또 다른 역주서로 《자산어보》가 있고, 현재 《임원경제지》 번역 사업에 참여하고 있으며 임원경제연구소 소장이다.

이동인

청주대 역사교육과에서 꿈을 키웠다. 한림대 태동고전연구소에서 한학을 연수했고, 서울대 국사학과에서 석사학위를 받았으며, 한국학중앙연구원 한국

사학과 박사과정을 수료했다. 현재 수원시정연구원 수원학연구센터에서 연구원으로 근무하고 있다.

이강민

서울대 건축학과를 졸업하고, 같은 대학에서 건축역사를 전공하여 석사와 박사를 마쳤다. 한국과 동아시아의 건축사를 연구해 왔으며, 주요 저서로 《3칸×3칸 : 한국건축의 유형학적 접근》(2006)과 《도리구조와 서까래구조 : 동아시아 문명과 목조건축의 구조원리》(2013) 등이 있다. 건축도시공간연구소 국가한옥센터장을 역임하면서 다수의 한옥과 문화재 정책연구를 수행한 경험이 있으며, 현재는 한국예술종합학교 건축과 교수로 재직 중이다.

김태완

서울시립대학교 국사학과에서 공부했고, 〈조선후기 구황식품의 활용에 대한 연구〉로 석사를 마쳤다. 《임원경제지·본리지》, 《정조지》의 일부와 《섬용지》, 《전어지》 등의 교열에 참가했다. 수원화성박물관을 개관하는 데 일조했고, 현재 부천교육박물관에 재직 중이다.

최시남

성균관대학교 유학과 학사 및 석사를 마쳤으며 동 대학원 박사과정을 수료했다. 성균관한림원과 도올서원에서 한학을 공부했다. 현재 IT 회사에 근무하며 조선시대 왕실 자료와 문집, 지리지 등의 고전적 디지털화 작업을 하고 있다.

교열

정정기 (임원경제연구소 연구원, 서울대 소비자아동학과, 동 대학원 박사)

김현진 (임원경제연구소 연구원, 공주대 한문교육학과, 성균관대 한문학과 석사 수료, 태동고전연구소 한학연수과정 수료)

강민우 (한남대 사학과, 태동고전연구소 한학연수과정 수료, 성균관대 사학과 박사 수료)

이유찬 (경상대 사학과. 성균관대 대학원 한문고전번역협동과정 수료. 한국고전번역원 문집번역위원)

교감 및 표점

민철기 (임원경제연구소 선임연구원, 연세대 철학과, 동 대학원 석사)

김수연 (임원경제연구소 연구원, 한국전통문화학교 전통조경학과, 태동고전연구소 한학연수과정 수료)

황현이 (임원경제연구소 연구원, 중앙대학교 역사학과, 태동고전연구소 한학연수과정 수료)

노성완 (한림대 국문학과, 태동고전연구소 한학연수과정 수료, 한국고전번역원 교정편집위원)

윤성훈 (서울대 미학과, 동 대학원 박사 수료, 태동고전연구소 한학연수과정 수료, 《옛 편지 낱말사전》(공저), 《한자의 모험》 저술)

자료 정리

고윤주 (푸르덴셜 라이프 플래너)

감수

안대회 (성균관대 한문학과 교수)

이강민 (한국예술종합학교 미술원 건축과 교수)

정선용 (한국고전번역원 선임연구원)

이문현 (전 국립민속박물관 학예연구관)

풍석문화재단

(재)풍석문화재단은 《임원경제지》 등 풍석 서유구 선생의 저술을 번역 출판하는 것을 토대로 전통문화 콘텐츠를 현대에 되살려 창조적으로 진흥시키고 한국의 학술 및 문화 발전에 기여함을 목적으로 하여 2015년 4월 28일 설립하였습니다.

재단은 현재 ① 《임원경제지》의 완역 지원 및 간행(출판 및 온라인, 총 67권 예상), ② 《완영일록》, 《풍석고협집》, 《금화지비집》, 《번계시고》, 《금화경독기》 등 선생의 저술·번역·출간, ③ 풍석학술대회 개최 및 풍석학회 지원, ④ 풍석디지털기념관 구축 등 풍석학술진흥 및 연구기반 조성에 필요한 사업을 중점적으로 추진 중입니다.

재단은 또한 출판물, 드라마, 웹툰, 영화 등 다양한 풍석 서유구 선생 관련 콘텐츠 개발을 추진하는 한편, 우석대학교와 함께 풍석문화재단 음식연구소를 설립하여 《임원경제지》 기반 전통음식문화의 복원 및 현대화 사업 등도 진행 중입니다.

풍석문화재단의 사업 내용, 구성원 등에 대한 자세한 소개는 풍석문화재단 홈페이지(www.pungseok.net)를 참조하여 주시기 바랍니다.

풍석학술진흥및연구기반조성위원회

(재)풍석문화재단은 《임원경제지》의 완역완간 사업 등의 추진을 총괄하고 예산 집행의 투명성을 기하기 위해 풍석학술진흥및연구기반조성위원회를 두고 있습니다.

풍석학술진흥및연구기반조성위원회는 사업 및 예산계획의 수립 및 연도별 관리, 지출 관리, 사업 수익 관리 등을 담당하며 위원은 아래와 같습니다.

위원장 : 신정수(풍석문화재단 이사장)

위　원 : 서정문(한국고전번역원 수석연구원), 안대회(성균관대학교 한문학과 교수), 유대기(활기찬인생2막 회장), 정명현(임원경제연구소 소장)

《임원경제지·섬용지》완역 출판을 후원해 주신 분들

㈜DYB교육 ㈜우리문화 ㈜벽제외식산업개발 ㈜청운산업 (사)인문학문화포럼
대구서씨대종회 강흡모 고관순 고유돈 곽미경 곽의종 곽중섭 구자민 권희재
김경용 김동범 김문자 김병돈 김상철 김석기 김성규 김영환 김용도 김익래
김일웅 김정기 김정연 김종보 김종호 김지연 김창욱 김춘수 김현수 김후경
나윤호 류충수 민승현 박동식 박미현 박보영 박상준 박용희 박종규 박찬교
박춘일 박현출 백노현 변흥섭 서국모 서봉석 서영석 서정표 서청원 송은정
송형록 신영수 신응수 신종출 신태복 안순철 안영준 안철환 양태건 양휘웅
오성열 오영록 오영복 오인섭 용남곤 유종숙 윤남철 윤정호 이건호 이경근
이근영 이동규 이동호 이득수 이세훈 이순례 이순영 이승무 이영진 이우성
이재용 이 철 이태인 이현식 이효지 임각수 임승윤 임종훈 장상무 전종욱
정갑환 정 극 정금자 정명섭 정상현 정소성 정연순 정용수 정진성 조문경
조재현 조창록 주석원 진병춘 진선미 차영익 차흥복 최경수 최경식 최광현
최정원 최필수 태의경 하영휘 허영일 홍미숙 홍수표 황재운 황재호 황정주
황창연

* 지금까지 오랫동안 후원을 통해 《섬용지》번역 출판을 함께해 주신 여러분께 진심으로 감사드립니다.